社會叢書

中國古文化

文崇一 著

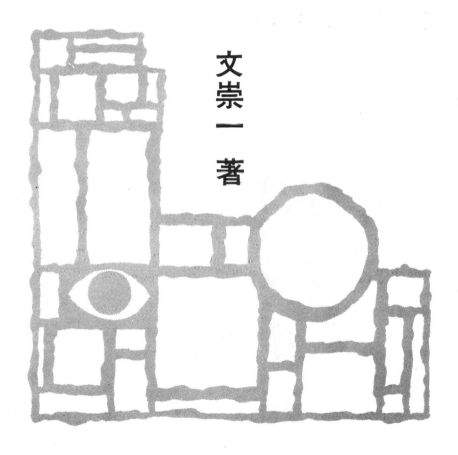

東大圖書公司印行

序　言

　　個人對中國古文化研究發生興趣，最早是起自中國歷史上的農民運動。我們大多數人都來自農村，最瞭解農民的生活狀況。可是，傳統社會的讀書人，一經獲得功名或進入官僚組織，不僅立即離開了農村，而且把農民忘得一乾二淨，根本不替他們說話。一直等到另一個農民運動興起，把現有的統治者推翻，換上一批新的統治階級；農民功成身退，依然成為最多的被統治者，生活毫無改善。這樣的循環往事，的確令人感到困惑。可是，在民國四十年代，與中國大陸隔絕的情形下，可供研究的資料奇缺，幾乎不可能把這種研究做好。於是只得改變方向，這就是我的第一篇論文，〈漢代匈奴人的社會組織與文化形態〉。許多史料和參考文獻，當時也嚴重不足，仍然只是在因陋就簡的研究環境中把它完成。

　　研究文化現象，本來就不太受時間和地域的限制，可以就古代或現代某一文化特質加以研究，也可以從古代一直延續到現代；可以做單一地區內的研究，也可以做不同地區間的比較。可以說，研究的彈性相當大。中國古文化與現代文化的相續性很高，這一點是無庸置疑的，如宗教中的多神崇拜和祖先崇拜、陰陽五行、風水、父系家庭制度、廣泛的道德規範之類；許多非漢族文化的輸入，也保留了原來的特徵，並且可以分辨，如橫笛、胡琴、胡服之類。這也可以說是原來從事古文化研究的一種想法，使現代文化的時間性擴大，能夠往上追溯或承接，以顯示文化本身的感染力。比如因為研究龍舟競賽，而了

解它對農業稻作人民的重要性；因爲研究濊貊文化，而了解渤海沿岸人民的活動能力。這些問題，都可能產生古今文化上的啟發性聯想。

從前做古文化的研究，祇能從現存的若干文獻資料和少數的文物中去找線索，可以說相當辛苦，而又經常無法直接解決難題。近年來是好多了，一方面大陸陸續發現了大批的考古遺物，可以從器物上去解釋許多不易求證的問題；另方面開放大陸資料，不至無法閱讀新近出土的材料。本書的幾篇論文，都寫成於民國四十年代和五十年代之間，當時就受到資料的限制，以致許多已有的文獻都無法接觸。前後做了十幾年的古文化研究，少部分是跟隨姚從吾師，大部分是跟隨凌純聲師。我在這裡要特別感謝所給予的指導。

結集在本書的六篇論文，除〈漢代匈奴人的社會組織與文化形態〉發表於《邊疆文化論集》(1953)外，其餘各篇均先後發表於《中央研究院民族學研究所集刊》，依序分別爲〈楚的河伯傳說〉(1960年，9期)，〈楚的水神與華南的龍舟賽神〉(1961年，11期)，〈楚的上帝與自然神〉(1964年，17期)，〈濊貊民族及其文化〉(1958年，5期)，〈亞洲、北美及太平洋的鳥生傳說〉(1961年，12期)。這些都是早年的作品，目前也無法進行修訂的工作，只是在文詞或推論上，偶爾作了一些改變。這次的集結出版，恐怕只能算作敝帚自珍。要不是劉振強董事長再三鼓勵，也許就不至於重排了，感謝他所給予的出版機會。並感謝當初出版的機構。

文　崇　一

1990年5月於南港民族所

中國古文化　目次

序　言

楚的河伯傳說

楚的水神與華南的龍舟賽神

楚的上帝與自然神

漢代匈奴人的社會組織與文化形態

濊貊民族及其文化

亞洲、北美、及太平洋的鳥生傳說

圖版目次

表目次

楚的河伯傳說[*]

一　前言

就文學史的觀點來說，《楚辭》是中國古代南方文學的代表作品，在形式上它雖也受了北方文學——《詩經》的許多影響，然而在精神上，甚至寫作技巧上，它卻是完全獨立的，那就是所謂南方浪漫派的文學。

〈九歌〉是《楚辭》裏的一篇，有着非常濃厚的浪漫氣質。那些故事，每一則都是一個美麗的神話。從天上到地下，從神到鬼，全有。現在我們已不知這些個歌是怎樣唱法，但只就故事的本身來看，已經是很動人的了。

〈河伯〉只是〈九歌〉中的一支曲子，內容似乎是描寫一對戀人（神）的相聚與分離，有歡快，也有悲戚的調子。

河伯是個什麼？從民俗學的眼光來看，我們說它是河神。但是，歷來的學者對它的解釋卻不甚一致，近來蘇雪林認爲它是「淵源於西亞的水主哀亞（Ea）」[❶]，作了一些中西水神的比較研究。

---

[*]　原篇名爲〈九歌中河伯的研究〉。
[❶]　參閱蘇雪林，民47。衞聚賢亦以爲河伯「和加爾狄亞的河神海亞全然同型」，民18。

傳說這個東西，本來就很難捉摸，遠開去，它可以遠到我們的想像能力之外，但偶然巧合的情形也不是沒有，我們要分辨起來，實在不太容易。

〈河伯〉是《楚辭・九歌》中的一章，在討論傳說之前，我們應該對〈九歌〉的性質作一點了解。

關於〈九歌〉的性質，近代學者討論的甚多，如胡適、凌純聲、游國恩、陸侃如、蘇雪林、劉大杰、張長弓、聞一多，他們有的把它看成宗教舞歌，有的把它看成歌詩，有的又把它看成民歌；有人說它是人與人的愛情故事，也有人說它是人與神的愛情故事；有人認爲這些個歌是屈原作的，有人又認爲不是，它只是一種民間形式。各種各樣的說法，眞是多極了。我以爲下列五點是應該加以考慮的。

第一，在風格上，〈九歌〉固與〈離騷〉等篇不盡相同，但也不大像民歌；民歌總帶有濃厚的鄉土味和純樸的情感，而〈九歌〉卻缺乏這種氣氛，它的句子，許多都已臻於上乘的文學創作的形式，如「橫流涕兮潺湲，隱思君兮悱惻」（〈湘君〉），「嫋嫋兮秋風，洞庭波兮木葉下」（〈湘夫人〉），等等。民歌的感情，一般說來，是很難描寫到刻劃入微的程度，可是像上列一類的描寫，技巧卻是很細膩的。

第二，〈九歌〉也不全然是所謂「宗教舞歌」，宗教舞歌自然該在宗教的節日以歌以舞，而當時的〈九歌〉卻不是，〈離騷〉說：「啟〈九辯〉與〈九歌〉兮，夏康娛以自縱」；又說：「奏〈九歌〉而舞韶兮，聊假日以媮樂」。這種「娛以自縱」和「假日以媮樂」，顯然已不屬於宗教上的歌舞，而是個人的享樂，怎麼好說是「宗教舞歌」呢？也許起初是有宗教上的祭祀性質，但到後來就變爲一般的歌舞了。

第三，〈九歌〉確是「神曲」，我們可以這樣區分：東皇太一，

天神或上帝；雲中君，雲神；湘君、湘夫人，男女水神；大司命、少司命，命運之神；東君，日神；河伯，河神；山鬼，山神；國殤，鬼靈；禮魂，謝神（即劇終）。可是神曲也可能是文學上的作品，作者利用當時的神話把它編成一個劇。如果當時的寫作技巧就是現行〈九歌〉中所表現的樣子，那末這也不是不可能的事，而且，那技巧是很純熟的。

　　第四，〈九歌〉是樂曲名，非數目名，劉大杰早已言之，我以爲這解釋是對的。在我們的歷史上，九字往往代表着多數或極數，而不是指定在「九」的意義上，比如九天，九泉，九州……等等。

　　第五，在現階段，我們尚缺乏積極的證據來證明〈九歌〉是屈原作的，或者不是；但可能與他有點關係。

　　因此，我認爲〈九歌〉的本質是一支可以配舞的樂曲，可以使用在祭祀的場合，也可以使用在一般的場合。它是由許多個神話改編過來的，有民歌的成分，也有宗教的成分。它的精神是代表南方的浪漫派文學。

二　河伯的起源

　　用我們現在的觀念來解釋，河伯自然只是一個河神的名字，它所代表的意義就是主宰一條河的神。可是起初怎麼來的呢？何以稱之爲河伯？追究起來，問題就不容易解決，因爲河伯傳說和許多其他的傳說一樣，它在很久很久以前，甚至在有文字之前，就開始了的，並且已經經歷過一個廣大的地區，今天我們卻只能憑藉一點有限的史料去了解它。

　　當初人們把河神叫做河伯，也許是由人名（或部落名）轉化過來

的，因爲這個人與河有着某種地理上或者英雄式的故事上的關係，時間久了，河伯與河神便漸漸地成爲一個東西，一方面是人的神化，一方面又是神的人格化。但也許根本就是一次偶然的排列，就如我們叫風伯雨師一樣。至於起於何時，卻很難說。

也有人以爲河伯是黃河之神的專稱，爲什麼叫河伯呢？王夫之說：「四瀆視諸侯，故稱伯」❷。這可能是一種沒有根據的臆測。可是朱熹也說過：「河伯……大率謂黃河之神耳」❸。其後跟着這樣說的人就不少❹。他們大都以爲，河伯之所以爲黃河之神，和洛水之有洛神，江水有江妃，湘水有湘君湘夫人是一樣的道理。這種說法，實在很難令人滿意。

我們現在把河伯的事實，依出現時間的先後次序敍證如次，看它究竟起於什麼時候，什麼地方，同時爲什麼而起。

1. 夏

關於夏這個時代，早就有人懷疑它存在的眞實性❺，茲姑依一般習慣稱之。把河伯出現的時間排得最早的是屈原，屈原在〈天問〉裏說：

> 帝降夷羿，革孽夏民；胡射夫河伯，而妻彼雒嬪？

這個故事的本質，我們已經不太清楚，據王逸說，這些都是從壁畫上發展開來的。看樣子也許是的，因爲夷羿本身就是屬於東方或者南方的神話人物，他的時間性很不確定，有時在堯，有時在夏。實際就是

---

❷　王夫之《楚辭通釋》卷二〈九歌〉。

❸　朱熹《楚辭集注》〈九歌〉。

❹　如程仰之，民32、蘇雪林，民48、劉永濟，民23，均認爲河伯是黃河之神。

❺　參閱陳夢家，民25。他認爲「虞夏商三系實本于一種傳說」。

說，這本來只是一個古老的傳說而已。不過，這裏雖然提到河伯，我們卻不大敢相信。 第一， 夏這個時代的本身對我們尚沒有肯定的意義；其次，這事是由屈原追記下來的，難保沒有出入。也許是當時流傳的歷史故事。

　　稍遲，今本《竹書紀年》也提到河伯在夏時的三件事：

　　　　帝芬十六年，洛伯用與河伯馮夷鬥。

　　　　帝泄十二年，殷侯子亥賓于有易，有易殺而放之。

　　　　十六年，殷侯微以河伯之師伐有易，殺其君緜臣。

這裏的故事，彷彿是當時幾個部落酋長的爭奪戰，一點沒有神話的痕跡，原也可信； 但是，《紀年》是一部僞出書，《山海經》及《水經注》注引這事又未標明發生的年代，因而也值得懷疑。

　　從上面兩則事實來看，河伯神話存在於夏代的可能性似乎很少；也許有，但找不出確切的證據。

　　2. 殷商

　　先就史書上關於這事的記載加以討論，王國維《古本竹書紀年輯校》「無年世可繫者」載：

　　　　洛伯用與河伯馮夷鬥（《水經》洛水注引）。

　　　　殷王子亥賓於有易而淫焉，有易之君緜臣殺而放之，故殷主甲微假師於河伯以代有易， 滅之， 遂殺其君緜臣（《山海經·大荒東經》注引）。

　　　　河伯僕牛（《山海經·大荒東經》注引）。

這一個故事，在《山海經·大荒東經》是這樣的：

　　　　有困民國句姓，而食，有人曰王亥，兩手操鳥，方食其頭。

　　　　王亥託於有易，河伯僕牛，有易殺王亥，取僕牛。

兩相比較， 書中的河伯似乎都說的是人， 但以整個故事而言，〈荒

經〉的神話性就比《紀年》濃厚得多，《紀年》較偏向於事實的陳
述。

據王國維的解釋，僕牛就是服牛，王亥是殷的先公，有易是當時
位於易水流域的一個部落❻。這事就是〈天問〉裏的「該秉季德，厥
父是臧；胡終弊於有扈，牧夫牛羊？」就是說，「王亥旣然繼承了爸
爸王季的事業，就該好好地幹下去，爲什麼又跑到有扈那裏去趕牛羊
呢？」

三書所記的故事實際是一個，以史料言，自以〈天問〉較爲可靠
（〈荒經〉、《紀年》均晚出），然而〈天問〉卻沒有提到河伯。河
伯是後來人附會上去的嗎？不可知。

卜辭中記載祭王亥的事甚多，如「癸卯□貞□□高祖王亥□□
□」（《殷虛書契後編》卷上第21頁），「貞之於王亥□三百牛」（同
上第28頁）。因而使王國維認爲這是「祭禮之最隆者，必爲商之先公
無疑」❼。王亥雖是殷之先公，河伯卻仍然沒有着落，因爲我們無法
僅憑這一點就完全相信這故事的全部。這個傳說也許是夏那個時代傳
下來的神話，也許是與殷民族有關的歷史，但也許是出於後人的假
造，這都有可能，卻都找不出積極的證據。

卜辭中雖沒有發現河伯之名，祭河的事倒是不少。祭河不一定
就是祭黃河，陳夢家以爲「河於卜辭爲大河，河水，黃河之河」❽。
我很同意這個解釋，因爲商人對於祭山川是一種普遍的祭典，決不限
於某一大山大水。今依祭河的不同的情形類別如下三項。

(1) 一般的祭河

---

❻❼　王國維，民29。
❽　陳夢家，民25。但屈萬里先生以爲「在先秦時代，所有的河字都指黃河
　　而言」，民48。

祊于河，酚。《鐵雲藏龜》96.4

貞于河，秦年。《鐵》196.2

辛酉卜賓秦年于河。《鐵》216.1

貞巳祀河。《鐵》263.4

秦年于河。《戩壽堂殷虛文字》7.15

□亥卜又奠于河。《戩》9.7

貞乎……酚我……祊于河。《簠室殷契徵文》41

奠于河。《簠》219

戊午卜亙貞奠于河。《簠》221

□□卜賓貞奠于河。《中央研究院》4.0.0057

□未卜㱿貞求雨匄于河，十三月。《中》4.0.0008

甲午卜㱿貞乎量先賛，御奠于河。《中》4.2.0007

庚午卜王奠河。《殷契佚存》9

癸巳貞既奠于河十岳。《佚》146

于河秦年。《佚》375

勿于河秦。《佚》145

貞勿奠于河。《殷虛書契續編》1.35.3

勿于河秦。《續》1.36.4

量先……御奠于河。《續》1.38.2

己亥貞秦禾于河，受禾。《續》4.17.6

□巳卜㱿貞丁未酚河。在鬥。《殷虛書契前編》2.9.4

戊午卜㱿貞今□辛酉乎酚河。《前》1.32.2

戊午卜賓貞秦年于岳河夒。《前》7.5.2

壬申卜秦禾于河。《殷虛書契後編》卷上 22.4

貞于河秦年。《殷虛書契後編》卷下 7.7

甲申卜賓貞其酌祊于河。《殷契卜辭》371

祊、酌、巳、尞、夆均屬於祭祀之類，或為祭名，如祊（報祭也），酌（以酒祭），尞（焚薪或牲以祭），或為祭之事實，如巳（祀也），夆（求也，祈其來臨）。在祭祀的時候，有時洒一些酒到河裏去，有時但燒點乾柴枝而已。

(2) 用牲祭河

辛卯卜賓其（夆）禾于河，□二宰沈。《後上》23.6

埋于河二宰，三月。《後上》23.10

丙子卜，殼，貞乎（呼）言酌河，尞三豕三羊，卯五牛。《後上》24.10

己丑卜河尞，夕霁豚，叀夕河。《後上》24.8

丁卯卜丙尞于河十牛，囹十牛。《後上》24.4

己亥卜賓貞王至于淦，尞于河三小牢，沈三牛。《後上》25.3

乙巳卜㱿貞尞于河五牛，沈十牛，十月，在門。《前》2.9.3

㞢于河一宰，埋二宰。《前》1.32.6

□□卜古埋（于）河。《前》6.39.2

沈□牛于河。《庫方二氏藏甲骨卜辭》76

河二宰埋三。《庫》543

夆年于河，尞，三牢沈。《簠》222

貞夆年于河，尞，沈二牛。《新獲卜辭寫本》182

沈與埋是用牲祭河的兩種方法。《爾雅》所謂「祭地曰瘞貍（埋）」，「祭川曰浮沈」（〈釋天〉），其法也許還是來自這裏。不過卜辭中之埋只用於祭河。

(3) 用人或玉祭河

丙子卜賓貞似珏酌河。《鐵》127.2

　　辛丑卜于河妾。《後上》6.3

　　丁巳卜其尞于河牢，沈卻。《後上》23.4

珏就是玉❾。似即伲即奴，從二人從女。卻從妾從卩，妾義與奴同，卩
于卜辭爲俘❿。這意思就是把女奴隸或者抓來的女俘虜當作祭品丟到
河裏去。這種以玉或人祭河的辦法到春秋戰國，甚至更後的時期還
在使用，如《左傳》文公十二年：「冬，秦伯伐晉……秦伯以璧祈戰于
河」；昭公二十四年：「王子朝以成周之寶珪湛于河」；《史記》秦
靈公八年：「以君主妻河」（〈六國表〉）。河神在這時似乎就已經完
全的人格化了。

　　爲什麼這樣怕它呢？這大約有三個原因：一是當時沿河（一般的
河，非僅指黃河）一帶的人民需要河水灌溉農作物，河水直接控制了
人們的生活資料；二是河川有時泛濫起來，會把人們的生命財產都毀
掉；三是人們的原始的宗教觀念，總以爲河必然有一個能降禍福的
河神。基於這些原因，人們對於河自然就怕起來了，並且也常常會懷疑
河在跟人們搗亂，比如卜辭說：「壬申卜賓貞河祟」（《戩》 7.14）；
《左傳》哀公六年說：「初，（楚）昭王有疾，卜曰：河爲祟」。這
都是人們對河的恐懼心理的表現。

　　這時，河神的威望已經不小，祭河只能表示對河或河神的畏懼，
但誰也不知有河伯之名——至少卜辭沒有提到過。

　　3. *西周*

　　這時談到河伯的有兩書，一是《太公金匱》，記武王時事；一是
《穆天子傳》，記穆王時事。《金匱》云：

---

❾　從王國維之說，民29。
❿　從陳夢家之說，民25。

武王都洛邑……兩騎止王門外 欲 謁 武 王 …… 太公 …… 進
粥……兩騎曰：先進南海君，次東海君，次西海君，次北海君，
次河伯雨師……太公謂武王曰：……五車兩騎，四海之神與河伯
雨師耳（《太平御覽》卷882）。

《太公金匱》是一部僞出書，這話也顯然是道家的鬼話，未可置信。
我們再看《穆天子傳》：

辛丑，天子西征，至於䣙人。河宗之子孫䣙栢絮旦逆天子於
智之□……甲辰……以祭於河宗……戊寅天子西征，騖行至於陽
紆之山，河伯無夷之所都居，是惟河宗氏。河宗伯夭逆天子燕然
之山……戊午，天子授河宗璧，河宗伯夭受璧，西向沉璧於河，
再拜稽首，祝沉牛馬豕羊。河宗□命於皇天子，河伯號之。《穆

天子傳》也是一部晚出之書， 而且所述河宗、 河伯的關係有點亂，
實亦未可深信。 不過， 其中有兩點頗與商人有關： 其一是用「 沈
牛馬豕羊」和「沈璧」的方式祭河， 與殷商如出一轍； 其次是所謂
「河宗」一辭， 卜辭也有， 如「貞於南方將河宗， 十月」（《續》
1.38.3）， 「將河宗西」（《�》760）。這是否暗示着與河伯有些關
係呢？不過，我們並不能確定這些史料出於西周。

4. 春秋戰國

我們在《史記·晉世家》上可以讀到這樣一個故事：

文公元年春，秦送重耳至河。咎犯曰：「臣從君周旋天下，
過亦多矣，臣猶知之，況於君乎？請從此去矣」。重耳曰：「若
反國所不與子犯共者，河伯視之」。乃投璧河中，以與子犯盟。

重耳把璧投到河中，用河神來保證他將與子犯共富貴,這種方法似乎是
傳統的。文公元年當周襄王十六年 （636 B.C.），這表示在公元前第
七世紀中，河伯在人們的意識中已經是河神之名了。不過，《左傳》

和《國語》對這事的記載卻有些不同，它們是這樣的：

> 秦伯納之（文公），……及河，子犯以璧授公子曰：「臣負
> 羈絏，從君巡於天下，臣之罪甚多矣，臣猶知之，而況君乎？請
> 由此亡」。公子曰：「所不與舅氏同心者，有如白水」。投其璧
> 於河（《左傳》僖公二十四年）。

> 秦伯納公子，及河，子犯授公子載璧曰：「臣從君還軫，巡
> 於天下，怨其多矣，臣犯知之，而況君乎？不忍其死，請由此
> 亡」。公子曰：「所不與舅氏同心者，有如河水」。沈璧以質（《國
> 語・晉語》）。

在事實的本質上，三書是一樣的，不同的是《左傳》稱「白水」，
《國語》稱「河水」，而《史記》稱「河伯」。很顯然，司馬遷的意
識是受了當時關於河伯傳說的影響，以致寫書時作了修改。我們認
為，《左傳》、《國語》的說法可靠些，在這個故事中，本來沒有提
到河伯，也就是說，河伯之名在這時尚未見於史籍。

其次是《晏子春秋》，它說：

> 齊大旱，逾時，景公召羣臣問曰：「天不雨久矣，民且有饑
> 色，吾使人卜云：『祟在高山廣水……』。吾欲祠河伯，可乎」？
> 晏子曰：「不可，河伯以水為國，以魚鱉為民……彼獨不欲雨
> 乎？祠之何益」。景公曰：「今為之奈何」？晏子曰：「君誠避宮
> 殿，暴露，與靈山河伯共憂，其幸與雨乎」？（〈內篇・諫上〉）

晏子是公元前第六世紀中葉人，其書已佚，現存之《晏子春秋》實偽
出，自不可全信。劉向的《說苑・辨物篇》也有這一段話，內容完全
一樣，不知是誰抄誰的。在這裏，晏子已把河伯當作水中國王了。河
伯為水中國王，那是後來的事，春秋時無此神化可能。

其後秦靈公八年（424 B.C.）以「君主妻河」（《史記・六國

表》），仍然沒有說是妻河伯。褚少孫補《史記‧滑稽列傳》，說「魏
文侯時西門豹爲鄴令……會長老問之民所疾苦。長老曰：『苦爲河伯
娶婦，以故貧』。豹問其故。對曰：『鄴三老廷掾常歲賦歛百姓……爲
河伯娶婦……』」。這些話自然是褚少孫的追記。褚是西漢末時人，追
記便難保沒有錯誤，像司馬遷寫子犯的故事一樣。比如三老這一個官
名，便是秦代的官制❶，廷掾更是漢代所創設的，兩者都非魏制，這
顯然是以當時人的眼光來述說西門豹的故事。

　　第一次把當時流行在民間的河伯傳說直接記下來的要算《楚辭》
的〈九歌〉，其次便是《莊子》中的〈秋水〉。

　　〈九歌〉裏的河伯，「子交手兮東行，送美人兮南浦」，頗有點
風流倜儻的樣子，可見這故事已經經過了一個美化的歷程，不是原始
形態，也許流傳到那時已經有很久了，屈原不過把一個民間故事改編
（或者修改）一下而已。

　　〈秋水〉中的河伯是一個寓言的主人公，看它「欣然自喜，以天
下之美爲盡在己」❷，其氣魄也夠雄偉的。在作者的想像中，河伯只
是用來發揮他的思想，然而卻在無意中透露了一點它在民間傳說中的
地位。

　　〈九歌〉是楚國的產品，〈秋水〉是描寫東方的思想。它們最晚
約成於公元前三、四世紀之間。因而我們知道，最初寫下這個傳說來的
是南方或東方人，時間約在公元前三、四世紀。當時這個傳說的地域
性也許已經很廣濶了，但似乎與東方或南方的關係密切些。或者我們

❶　《漢書‧百官表》：十里一亭，亭有長；十亭一鄉，鄉有三老……三老
　　掌敎化……皆秦制也。
❷　一般均認爲〈秋水〉爲莊子學派所作，該文約晚出於莊子數十年。

可以這樣說，這個河伯傳說是起源於東方或南方的，然後才越傳越遠。因為到處都有河，河對人類的用途甚大，所以這個傳說的適應性也就特別大。

從上面的論略，我們可以知道一個大概：

（1）河伯傳說產生的原因，是由於人類對於河水的需要和怖懼，以為這都是神的主使。

（2）河神被叫做河伯，可能是一個偶然的排列，並沒有必然的理由，像風伯雨師一樣。

（3）祀河在商代已經是一個平常的祭典，故實際可能早於此時，並且在商代就有用人祭河的事。

（4）最先直接把河伯傳說寫下來的是《楚辭》和《莊子》，因而我們推斷，這個傳說也許是在東方或南方發生的，然後慢慢地傳開去。

三　河伯與馮夷

馮夷之名，最早見於《楚辭》和《莊子》，《楚辭·遠游》云：

使湘靈鼓瑟兮，令海若舞馮夷。

這個「馮夷」實在不知是什麼，如果說是河神河伯，則「令海若舞馮夷」於義不通；如果說是〈九歌〉中之河伯，「舞馮夷」即為為「河伯之舞」，則於史又無據。並且依一般考定，〈遠游〉實非屈原之作品，而係秦漢間晚出。至於《莊子》云：

夫道……可傳而不可受，可得而不可見……馮夷得之，以遊大川（〈大宗師〉）。

馮夷似乎是一個善於游泳，或是善於航海的人，這雖與河有關，卻不

見得就是河伯。就整個語意來看，也沒有神的意味，更沒有河神的意味。《淮南子‧齊俗訓》所說「昔者馮夷得道，以潛大川」之語，大致是從這裏抄過去的，意思也沒有變更。

但《淮南子‧原道訓》另有一說：

> 昔者，馮夷大丙之御也，乘雲車，入雲蜺，游微霧，鶩怳忽，歷遠彌高以極往，經霜雪而無迹，照日光而無景（影），扶搖抮抱羊角而上，經紀山川，蹈騰崑崙，排閶闔，鑰天門。

這個馮夷的本事大極了，真是無遠弗屆，但卻不大像是河神，因為它騰雲駕霧，有時還會跑到天上去的。許慎說：「馮遲太白，河伯也」[13]。高誘則以為是「古之得道能御陰陽者」[14]。其實兩種說法都無確實的證據。我以為這個馮夷也不過是一個寓言式的人物而已，不必與河伯有關，更不必與其他馮夷有關。

此外尚有一些不同性質的馮夷，如：

> 氾濫水嬉兮，使靈媧鼓瑟而舞馮夷（司馬相如〈大人賦〉）。
>
> 馮夷鳴鼓，女媧清歌（曹植〈洛神賦〉）。
>
> 號馮夷俾清津兮，櫂龍舟以濟予（張衡〈思玄賦〉）。
>
> 粲兮若馮夷，剖蚌列明珠（謝惠連〈雪賦〉）。
>
> 此時驪龍亦吐珠，馮夷擊鼓羣龍趨（杜甫〈渼陂行〉）。
>
> 中天積翠玉臺遙，上帝高居絳節朝；遂有馮夷來擊鼓，始知嬴女善吹簫（杜甫〈玉臺觀〉）。
>
> 馮夷蹁躚舞綠波（劉禹錫詩）。

上面的馮夷可以分為四類：一種是與舞有關的，如司馬相如、劉禹錫

---

[13] 許慎《說文解字》。
[14] 高誘《淮南子注》。

所說；一種是打鼓的，如曹植、杜甫所說；一種是貌美的，如謝惠連所說；一種是開河路的，如張衡所說。在各類之中，只有〈大人賦〉中的馮夷與〈遠游〉所言近似❶，其他的均與以前所見馮夷無關。可見馮夷的傳說，自戰國以至於唐，其性質累變，漫無定式。我們已經無法分辨它們究竟是一個馮夷演變出來的，還是本來就是各自獨立的，因爲在各個故事的本質上，我們找不出一點相關的頭緒。

也有人認爲馮夷又叫冰夷，《山海經・海內北經》說：

> 從極之淵，深三百仞，維冰夷恒都焉。冰夷人面乘兩龍。

郭璞注云：「冰夷，馮夷也」。另外他在〈江賦〉中也說：「冰夷倚浪以傲睨，江妃含嚬而聯娉」。看他把冰夷與江妃對舉，顯然也是把它當作馮夷看待。

冰夷何以卽是馮夷呢？郭璞沒有說明。也許冰，馮對轉假借，卻也不是必然的，同時，我們又沒有另外的資料來證明它們是屬於一個東西。

從上述各個傳說的性質與形式來看，不獨冰夷不一定是馮夷，連馮夷本身也是多樣的；如果是要把它們與河伯連接起來，就更差得遠了。因爲在上列的史料中，誰也沒有提出直接或間接的證據來證明三者間的關聯性。像屈原、莊周、劉安、曹植和杜甫諸人，都曾同時在詩文上談到過河伯，然而卻沒有一人說及河伯就是馮夷，或河伯與馮夷有某種關係。他們心目中的河伯都是在河神的意義上把它肯定下來，如「鳥有沸波者，河伯爲之不潮」（《淮南子・說林訓》）；「河伯典澤，屏翳司風」（曹植〈誥洛文〉）；「河凍未漁不易得，鑿冰恐侵河伯宮」（杜甫〈閿鄉姜七少府設鱠戲贈長歌〉）。這全是講河神

---

❶　這一點也許可以做爲〈遠遊〉出於秦漢間的一個旁證。

的河伯，卻全沒有馮夷那種迷離恍惚的樣子。

　　使河伯與馮夷最早發生關係的，怕是今本《竹書紀年》那句話：「洛伯用與河伯馮夷鬥」。後人便毫無條件地加以接受了，以爲河伯卽馮夷。而事實上這種關係是怎麼拉起來的呢？誰也沒有說明，甚至誰也不知道。從上列的史實來看，我們實在沒有理由相信這話的正確性。第一、馮夷之名後於河伯而起，兩者在事故上沒有必然的關連；第二、河伯與馮夷在本質和形式上都不一樣；第三、河伯卽馮夷之說，除《紀年》一語外，找不出其他的旁證來，而且《紀年》之語義也並不很確定；第四、馮夷本身在內容和形式上也不統一。

　　其後把河伯與馮夷連起來談的也有不少，如《楚辭‧九歌‧河伯》注引《抱朴子‧釋鬼》：

　　　馮夷以八月上庚日渡河溺死，天帝署爲河伯。

這個河伯卻不是名馮夷，而是馮夷因溺死而被天帝立爲河神，與《紀年》之說剛好相反。又〈清冷傳〉說：

　　　馮夷華陰潼鄉隄首人也，服八石得水仙，是爲河伯。

這完全是晉人道家之說，如果不是假造出來的，便是有意的附會。此外像《龍魚河圖》、《老子中經》以及《河東記》等書所載，其事更屬敷衍過甚，甚至有些荒誕。特錄如下：

　　　東海君姓馮名修……河伯姓呂名公子，夫人姓馮名夷（《龍魚河圖》）。

　　　河伯之神名曰馮夷，號梁使者（《古今圖書集成》引《老子中經》）。

　　　馮六郎名夷卽河伯，軒轅天子之愛子也……（韋）浦曰：「馮何得第六？」曰：「馮，水官也，水成數六耳。故黃帝四子，軒轅四郎，卽是最小者也」（《古今圖書集成》引《河東

記》)。

這些話的來源，大致不出於兩途：一是以訛傳訛，把故事隨便的加以渲染；一是為了某種原因，好事者杜撰出來的故事。

因而我們可以說，河伯與馮夷實在並非一個東西，它們是兩個不相統屬的故事，雖是經過時代的演變，各個傳說仍然在其自身的限度內發展下去。

四　河伯傳說的演變

從《楚辭》的記載來看，河伯傳說似乎很早就有兩種不同的形態在民間流傳。一種是〈天問〉裏「胡射夫河伯，而妻彼雒嬪」的形式，這個形式可能與《竹書紀年》的「洛伯用與河伯馮夷鬥」有點關係，也許就是因緣於當時的部落政治，發展的結果，流傳到中國的東北，乃至於朝鮮，便變成朝鮮人的祖宗，這即是《魏書·高句麗列傳》所說的「朱蒙告水曰：『我是日子，河伯外孫』」。另一種便是〈九歌〉裏所描寫的河伯，完全是神話性的，演變到後來，形式和內容都有着許多變化。

這種變化，如果依時代的先後排列起來，自然很容易看出它的變化的軌跡，可惜的是，這個「時代」幾乎困難到找不出來，比如《晏子春秋》所載河伯為祟一事，我們能把它列在晏子時候嗎？但是該書究竟偽出於何時，卻又無法斷定；又比如《博物志》言澹臺子羽與河伯之事，我們把它放在那個時代才妥呢？張華是晉時人，而澹臺子羽是孔老先生的弟子。

因而在下面的敍述，我大致是先找出一個比較確定的年代，然後依類去觀察它的變化的情況，這法子也許不十分可靠，但目前我們卻

只能這樣做。

我在前面說過，早在殷商時代，河就爲人們所神化，人們爲求得自己的幸福，不惜用珍貴的物質、美玉或人去祭祀它，以期確保某些福利。這種方法，經過春秋戰國，經過漢，一直到很晚的時期都被保存着。如《史記‧河渠書》：

> 天子旣臨河決，悼功之不成，乃作歌曰……爲我謂河伯兮何不仁，泛濫不止兮愁吾人……搴長茭兮沈美玉，河伯許兮薪不屬。

《淮南子‧說山訓》：

> 凱屯犁牛，旣犅以犧，決鼻而羈，生子而犧，尸祝齋戒以沈諸河，河伯豈羞其所從出，辭而不享哉。

《漢書‧趙尹韓張兩王傳》：

> （王）尊爲徐州刺史遷東郡太守。久之，河水盛溢，泛浸瓠子金隄，老弱奔走，恐水大決爲害。尊躬率吏民投沈白馬，祀水神河伯。尊親執圭璧，使巫策祝，請以身塡金隄。

《博物志》：

> 澹臺子羽齎千金之璧渡河，河伯欲之，陽侯波起，兩鮫挾船。子羽左操璧，右操劍，擊鮫皆死。旣渡，三璧投於河伯，河伯三躍而歸之。子羽毀璧而去。

《酉陽雜俎》：

> 李彥佐在滄景，太和九年有詔，詔浮陽兵北渡黃河。時多十二月。至濟南郡，使擊兵延舟。冰觸舟，舟覆詔失……（從事）乃令津吏，不得詔，盡死。吏懼，且請公一祝沈浮於河。吏憑公誠明，以死索之。李公乃令具爵酒，言祝傳語詰河伯，其旨曰：「明天子在上，川瀆山岳，祝史咸秩，予境之內，祀未嘗匱，爾

河伯洇鱗之長，當衞天子詔，何返溺之？」

像這些例子，無論從那一方面看，都保留着一種原始的形態，只不過河伯替代了原來的河神而已，它的整個形式仍然停滯在宗教的膜拜階段，毫無故事的內容。

所以這個傳說的初步形成，怕仍然得從〈九歌〉的河伯算起，然後才慢慢地演變成各種不同樣式的故事。

現在我把所搜集到的有關河伯的傳說，依其發展的情況，類別爲數式，述之如後。

1. 神話式的河伯傳說

這個河伯的形態，不能說是最早的，但可能是最早被寫定下來的一個。當初的河神，只存在人們的想像中，這裏卻把它具體化了；不過，在本質上它依舊是一個渺茫而不可捉摸的神，這個神是怎麼樣的呢？《九歌·河伯篇》說：

> 與女遊兮九河，衝風起兮橫波，乘水車兮荷蓋，駕兩龍兮驂螭。登崑崙兮四望，心飛揚兮浩蕩，日將暮兮悵忘歸，惟極浦兮寤懷。魚鱗屋兮龍堂，紫貝闕兮朱宮，靈何爲兮水中。乘白黿兮逐文魚，與女遊兮河之渚，流澌紛兮將來下。子交手兮東行，送美人兮南浦；波滔滔兮來迎，魚鄰鄰兮媵予。

河伯從波濤中跑出來，乘水車，駕龍，走得又高又遠，那麼遊目聘懷的，幾乎忘了回去。住的地方也很不錯，有紫色的宮殿，有魚鱗斑斑的龍堂，還有美人作伴。這已經構成了一個故事的整體，設想出那麼美麗的畫面。

《莊子》卻不然，〈秋水篇〉說：

> 秋水時至，百川灌河，涇流之大，兩涘渚崖之間，不辯牛馬，於是焉河伯欣然自喜，以天下之美爲盡在己。順流而東，至

於北海，東面而視，不見水端，於是焉河伯始旋其面目，望洋向
若而歎曰：「野語有之曰：『聞道百，以爲莫己若者，我之謂
也』」。

這完全是一個寓言，河伯與北海若是這個寓言的主人公。作者只是借
它們說出自己的思想，至於河伯本身的故事，一點也沒有透露。因而
我疑心，像〈九歌〉裏的那種初期的河伯也許並沒有傳到北方去。

2. 物化式的河伯傳說

這類傳說，可能是由第一類轉變過來的，但也可能由物轉變爲
神。在人們的想像中，河伯所經常接觸的東西是魚、是黿……等等。
就是說，河神所能統治的不外是一批水族動物，於是就有《晏子春秋》
的說法。〈內篇・諫上〉說⑯：

齊大旱，逾時。景公召羣臣問曰：「天不雨久矣，民且有饑
色，召使人卜云：『祟在高山廣水』。……吾欲祠河伯，可乎？」
晏子曰：「不可，河伯以水爲國，以魚鱉爲民，天久不雨，泉將
下，百川竭，國將亡，民將滅矣，彼獨不欲雨乎？祠之何益」。
景公曰：「今爲之奈何」？晏子曰：「君誠避宮殿，暴露，與靈
山河伯共憂，其幸而雨乎」？於是景公出野居，暴露三日。天果
大雨。

從「乘白黿逐文魚」到「以魚鱉爲民」，這種思想的轉變是很自然
的。但這裏尚係以河伯爲魚鱉的統治者，《韓非子》便直以魚爲河伯
了。〈內儲說〉上云：

齊人有謂齊王曰：「河伯，大神也，王何不試與之遇乎？臣
請使王遇之」。爲壇場大水之上，而與王立之焉。有間，大魚

---

⑯ 劉向《說苑・辨物篇》有同樣的記載。

動。因曰：「此河伯」。

《搜神記》則另有一說[17]，以爲黿卽河伯：

> 齊景公渡於江沅之河，黿銜左驂，沒之。眾皆驚惕。古冶子
> 於是拔劍從之，邪行五里，逆行三里，至於砥柱之下，殺之，乃
> 黿也。左手持黿頭，右手挾左驂，燕躍鵠踴而出，仰天大呼，水
> 爲逆流三百步。觀者皆以爲河伯也。

直接把魚與黿指爲河伯，很顯然這是與《晏子春秋》同一思維上發展
開來的。這是一種現實的想法，人們覺得用一個實物來代替一個虛無
的神，在情緒上要穩定得多，而且也覺得實在些。後來，「江東……
呼黿爲河伯使者」，「鼈名河伯從事」[18]，「烏賊一名河伯度事小
吏」[19]，想卽是這樣派生出來的。這也就是任何一種神發展到後來必
定有一個偶像的原因。

　　但是，無論如何，這種辦法仍然是比較具有原始性的。神的進一
步的發展，應該是它的人格化。

　　3. 人格化的河伯傳說

　　這類傳說就是河伯娶婦的故事。以人祭河的事實，早在殷商就有
了，但那是把河純然地當作一個神，屬於原始性的宗教範疇；這裏卻
是把河神當作人來了解，使它和人一樣的生活起來。

　　爲河伯娶婦，是褚少孫補《史記·滑稽列傳》所描寫的一個動人
的故事，也可以說，是河伯傳說中一個最具有代表性的故事。全文是
這樣的：

> 魏文侯時，　西門豹爲鄴令。　豹往到鄴，　會長老問之民所疾

---

⑰　《水經注》河水注引。
⑱　見崔豹《古今注》卷中。
⑲　見蘇鶚《蘇氏演義》卷下。

苦。長老曰：「苦爲河伯娶婦，以故貧」。豹問其故。對曰：「鄴
三老、廷掾常歲賦歛百姓，收取其錢，得數百萬，用其二三十萬
爲河伯娶婦，與祝巫共分其餘錢持歸。當其時，巫行視人家女好
者云：『是當爲河伯婦』。即娉取洗沐之，爲治新繒綺縠衣，閒
居齋戒，爲治齋宮河上，張緹絳帷，女居其中，爲具牛酒飯食。
行十餘日，共紛飾之，如嫁女床席，令女居其上，浮之河中，始
浮行數十里乃沒。其人家有好女者，恐大巫祝爲河伯取之，以故
多持女遠逃亡，以故城中益空無人。又困貧所從來久遠矣。民人
俗語曰：『即不爲河伯娶婦，水來漂沒，溺其人民云』」。西門
豹曰：「至爲河伯娶婦時，願三老、巫祝、父老送女河上，幸來
告語之，吾亦往送女」。皆曰：「諾」。至其時，西門豹往會之
河上。三老、官屬、豪長者、里父老會以人民往觀之者三二千
人。其巫，老女子也，已年七十。從弟子女十人所皆衣繒單衣，
立大巫後。西門豹曰：「呼河伯婦來，視其好醜」。即將女出帷
中，來至前。豹視之，顧謂三老、巫祝、父老曰：「是女子不好，
煩大巫嫗爲入報河伯，得更求好女，後日送之」。即使吏卒共抱
大巫嫗投之河中。有頃曰：「巫嫗何久也？弟子趣之」。復以弟
子一人投河中。有頃曰：「弟子何久也？」復使一人趣之……凡
投三弟子。西門豹曰：「巫嫗弟子是女子也，不能白事，煩三老
爲入白之」。復投三老河中……嚮河立待良久。長老、吏、傍觀
者皆驚恐。西門豹顧曰：「巫嫗、三老不來還，奈之何？」欲復
使廷掾與豪長者一人入趣之。皆叩頭，叩頭且破額，血流地，色
如死灰。西門豹曰：「諾，且留待之須臾」。須臾豹曰：「廷掾
起矣，狀河伯留客之久，若皆罷去歸矣」。鄴吏民大驚恐。從是
以後，不敢復言爲河伯娶婦。

這個故事被寫得有聲有色，河伯自己雖沒有出場，卻說明了它在人們心目中所佔的勢力，而且把河伯當作一個完完全全的人，河伯的生活方式也就是人的生活方式，即是神的一切都擬人化了。

演變下去，這故事就走了一點樣，也可以說是更進一步的發展。《搜神記》說：

> 胡毋班，字季友，泰山人也。曾至泰山之側，忽於樹間逢一絳衣騶呼班云：「泰山府君召」。班驚愕，逡巡未答。復有一騶出呼之。遂隨行。數十步，騶請班暫瞑。少頃，便見宮室，威儀甚嚴。班乃入閣拜謁。主爲設食，語班曰：「欲見君無他，欲附書與女壻耳」。班問女郎何在？曰：「女爲河伯婦」。班曰：「輒當奉書，不知緣何得達？」答曰：「今適河中流，便叩舟呼青衣，當白有取書者」。班乃辭出。昔騶復令閉目。有頃，忽如故道。遂西行。如神言而呼青衣。須臾，果有一女僕出，取書而沒。少頃，復出云：「河伯欲暫見君」。婢亦請瞑目。遂拜謁河伯。河伯乃大設酒食，詞旨殷勤。臨去，謂班曰：「感君遠爲致書，無物相奉」。於是命左右取吾青絲履來以貽班。

在這個故事裏，有幾個很重要的特點，也是轉變：第一、泰山府君嫁女給河伯是神與神的聯姻，不復是以前那種人與神的交往；第二、河伯儼然是一個王者，有僕從，也有婢女，還有那麼多的酒食；第三、人情味那麼重。

在這種情形下，很顯然，河伯已完全建立了它的人格化的地位。至於像《幽明錄》那樣的記載，就更顯得清楚明白了。《太平廣記》引《幽明錄》云：

> 餘杭縣南有上湖，湖中央作塘。有一人乘馬看戲，將三四人至岑村，飲酒小醉。暮還時炎熱，因下馬入水中，枕石眠。馬斷

走歸，從人牽追馬，至暮不還。眠覺日已向晡，不見人馬，見一婦人來，年可十六七。女郎再拜云●：「日旣向暮，此間大可畏，君作何計？」問女郎姓何，那得忽相問？復有一年少，年十三四，甚了了。乘新車，車後二十人，至呼上車云：「大人暫欲相見」。因迴車而去。道中絡繹把火，見城郭邑居。旣入城，進廳事，有信幡題云：「河伯」。俄見一人，年三十許，顏色如畫，侍衞繁多，相對欣然，敕行酒炙云：「僕有小女，頗聰明，欲以給君箕帚」。此人知神，不敢拒逆。

這故事就更美了，居住在「城郭人民」中的河伯，「年三十許，顏色如畫」，簡直是一個十足的美男子。同時故事的內容也有一個很大的**轉變**，從前，河伯娶婦的形式大抵不出兩途，一是娶人女爲婦，另一是娶神女爲婦；這裏不然，卻是河伯以自己的女兒嫁給人爲婦。

從以人祭河，到河伯娶婦（包括娶神女爲婦），再到河伯嫁女，這是河伯由神變革到爲人的整個歷程。所以《幽明錄》中的河伯，形式上雖仍然是神，實質卻是一個不折不扣的人。

河伯娶婦的故事發展到這裏，就自然的只有暫時停滯下來，因爲人化了以後，一切的神秘感也就無法再加以渲染，如果要**變**，那就必然得走上另外一條路。

4. 附會的河伯傳說

這類傳說的來源也許與《竹書紀年》所說的「洛伯用與河伯馮夷鬥」有點關係，因爲它們多半把河伯與馮夷拉在一塊；但也不是必然的，因爲在事實上它們的距離仍很大。比如《楚辭‧九歌‧河伯》注引《抱朴子‧釋鬼》云：

● 原書爲：「云，女郎再拜……」恐有誤。

馮夷以八月上庚日渡河，溺死，天帝署爲河伯。

這事實是那裏來的呢？ 誰也不知道， 但這故事卻傳開了去。《清冷傳》說：

馮夷，華陰潼鄉隄首人也，服八石得水仙，是爲河伯。

現在，連籍貫也有了，成仙的原因也說了出來，但很明顯的，這是魏晉道家之說，想用藥石之功，把自己飛昇到仙人的境界，這是晉人的最高理想。

《博物志》把兩說綜合起來，又加了一點新的意見，它說：

馮夷，華陰潼鄉人也，得仙道，化爲河伯，豈道同哉？仙夷
乘龍虎，水神乘魚龍。其行恍惚，萬里如室。

這卻有點像是眞的成仙了。不管眞的成不成，在他們的想像中，仙人總歸是在空際裏遊蕩，飄飄然的，多自在。

《龍魚河圖》卻另提一新說：

東海君姓馮名修，靑夫人姓朱名隱娥……河伯姓呂名公子，
夫人姓馮名夷。

究竟誰是誰非呢？馮修與馮夷，注家往往以爲一人，這裏卻是兩人，並且馮夷變成了河伯的太太，正如《古今圖書集成》所引《河東記》一樣的有些荒唐：

馮六郎名夷，即河伯。軒轅天子之愛子也。

誰也不知道軒轅究竟是個什麼東西，它卻把他的兒子都安排好了。

我們自然不必把傳說考證得像歷史一樣的眞確，但這種亂加附會的臆測，卻與傳說的本來面目有點離了譜，我們似乎應該了解一點它的來龍去脈，才不至於被弄得像霧裏看花，迷迷糊糊的。

五　河伯與濊貊民族

濊貊民族是一個很古老的民族，在中國的傳說時代，他們便生活在渤海灣的沿岸，在現今朝鮮、遼東和山東三大半島地區過着原始的漁獵生涯。一直到漢初，這一帶地方以及中國北邊的部分地方仍然有他們的後裔住著。在朝鮮，三國（新羅、百濟、高麗）時代的人民，絕大部份也是屬於濊貊民族的，其統治者的血統與這個民族的關係就更爲密切些❷ 。

高句麗是濊貊民族的一支，當時有一個關於立國的傳說，就是描寫河伯與他們間種族的關連性。朝鮮《三國史記‧高句麗本紀‧第一》這樣說：

> 始祖東明聖王，姓高氏，諱朱蒙。先是，扶餘王解夫婁老無子，祭山川求嗣。其所御馬至鯤淵，見大石相對流淚，王怪之。使人轉其石，有小兒，金色蛙形。王喜曰：「此乃天賚我令胤乎？」乃收而養之，名曰金蛙。及其長，立爲太子……其舊都有人，不知所從來，自稱天帝子解慕漱來都焉。及解夫婁薨，金蛙嗣位。於是時，得女子於太白山南優渤水，問之。曰：「我是河伯之女，名柳花。與諸弟出游時，有一男子，自言天帝子解慕漱；誘我於熊心山下鴨淥邊室中私之，卽往不返。父母責我無媒而從人，遂謫居優渤水」。金蛙異之，幽閉於室中，爲日所炤，引身避之，日影又逐而炤之，因而有孕。生一卵，大如五升許。王棄之與犬、豕，皆不食。又棄之路中，牛馬避之。後棄之野，

---

❷　參看本書〈濊貊民族〉一節。

鳥覆翼之。王欲剖之，不能破。遂還其母，以物裹之，置於暖處，有一男兒破殼而出，骨表英奇。年甫七歲，嶷然異常。自作弓矢，射之，百發百中。扶餘俗語善射爲「朱蒙」，故以名之。……王子及諸臣又謀殺之。朱蒙母陰知之，告曰：「國人將害汝，以汝才略，何往而不可。與其遲留而受辱，不若遠適以有爲」。朱蒙乃與鳥伊、摩離、陝父等三人爲友，行至淹㴲水，欲渡無梁，恐爲追兵所迫，告水曰：「我是天帝子，河伯外孫，今日逃走，追者垂及，如何？」於是魚鼈浮出成橋，朱蒙得渡，魚鼈乃解，追騎不得渡。

在這個高麗人的始祖創生傳說裏，朱蒙是一個私生子，他的母親名柳花，柳花的父親是河伯，也即是朱蒙的外祖父，這個外祖父似乎就是淹㴲水的河神，因爲它能使魚鼈成橋，讓朱蒙渡過去，逃脫敵人的追擊。

這個故事，自然是比較後起的。實際它是根據〈好太王碑〉加以渲染而成。〈高麗國永樂好太王碑〉云：

惟昔始祖鄒牟王之創基也，出自北夫餘，天帝之子，母河伯女郎剖卵降出生子。有聖名□□□□□命駕巡車南下，路由夫餘奄利大水。王臨津言曰：「我是皇天之子，母河伯女郎，鄒牟王，爲木連葭浮龜」。應聲即爲連葭浮龜。然後造渡於沸流谷忽本西城山上而建都焉。

鄒牟王即東明王，奄利水即淹㴲水，所謂「爲木連葭浮龜」，其意義雖不甚明顯，大致也即是「使魚鼈成橋」的意思。故事的內容比起《三國史記》已經少了許多，但一般的面貌尚無多大差異。

這是說，高麗人自以爲他們的老祖宗就是河伯，所以〈牟頭婁塚墓誌〉就直接這樣的寫道：「河伯之孫，日月之子，鄒牟聖

王」[22]。

那麼，這種傳說究竟是怎樣產生的呢？實在很難說，正如中國境內的河伯傳說一樣，誰也不敢確切地肯定它究竟怎麼來的。在朝鮮，〈好太王碑〉怕要算是最早的資料了，再推上去，幾乎就沒有。在中國，卻有和〈好太王碑〉類似的傳說，時間則比它早些，那就是《魏書》。魏收《魏書》云：

> 高麗者，出自夫餘，自言先祖朱蒙。朱蒙母，河伯女，爲夫餘王閉於室中，爲日所照，引身避之，日影又逐。旣而有孕，生一卵，大如五升。夫餘王棄之與犬，犬不食；棄之與豕，豕又不食；棄之於路，牛馬避之；後棄之野，眾鳥以毛茹之。夫餘王割剖之，不能破，遂還其母。其母以物裹之，置於暖處，有一男破殼而出。及其長也，字之曰朱蒙。其俗言「朱蒙」者，善射也。夫餘人以朱蒙非人所生，將有異志，請除之……朱蒙母陰知，告朱蒙曰：「國將害汝，以汝才略，宜適遠方」。朱蒙乃與烏引、烏速等二人棄夫餘東南走，中道遇一大水，欲濟無梁。夫餘人追之甚急。朱蒙告水曰：「我是日子，河伯外孫，今日逃走，追兵垂及，如何得濟？」於是魚鼈並浮爲之成橋。朱蒙得渡，魚鼈乃解，追兵不得渡。

把這個故事與《三國史記》所言兩相比較，我們不難明白，《三國史記》所傳，可能卽出於魏收之說。因爲這兩個故事，除了極少部份不同外，主題是一樣的，而《魏書》卻早於《三國史記》甚久。

魏收自然也不是杜撰出來的，早在他以前，王充就曾說過，他在《論衡·吉驗篇》裏說：

---

[22] 池內宏，《通溝》卷上。

北夷橐離國王侍婢有娠。王欲殺之。婢對曰：「有氣大如雞子從天而下，我故有娠」。後產子，捐於豬溷中，豬以口氣噓之，不死；復徙置馬欄中，欲使馬藉殺之，馬復以口氣噓之，不死。王疑以爲天子，令其母收取奴畜之。名東明。令牧牛馬。東明善射，王恐奪其國也，欲殺之。東明走，南至淹淲水。以弓擊水，魚鼈浮爲橋，東明得渡。魚鼈解散，追兵不得渡。因都王夫餘，故北夷有夫餘國焉。

從上面的記載，我們幾乎可以肯定地說，魏收的故事是根據這裏而寫的（實際也有些像后稷的故事）；不過這裏卻並未提及河伯，河伯是怎樣加上去的呢？

六　結　論

河伯傳說最早來源似乎是出於殷商的祭河，到後來卻分爲兩類：東方和南方是一型，即〈九歌〉的　類；東北方則屬於另一型，即《竹書紀年》、〈天問〉的一類。濊貊民族的祖先創生傳說可能卽是《竹書紀年》那一類。在後來的故事裏，雖然把河伯當作神，實際上他仍是一個人。

《竹書紀年》的「洛伯用與河伯馮夷鬥」及「殷主甲微師於河伯以伐有易」的「河伯」，實際上也可能卽是當時的部落或地方首長，後來加上另一種河伯（河神）的傳說，這兩者便混合成爲一個東西。

殷商民族是古代濊貊民族的一個支派[23]，後來雖然分了家，但許多文化特質卻保留着相同的形態，河伯傳說卽是一個很顯然的例子。

---

[23]　參閱本書〈濊貊民族〉一篇。

參 考 書 目

王國維

民29a 〈殷卜辭中所見先公先王考〉，《觀堂集林》卷九。

民29b 〈說珏朋〉，《觀堂集林》卷三。

池內宏

1948 《通溝》卷上。

屈萬里

民48 〈河字意義的演變〉，《歷史語言研究所集刊》第三十本。

高 誘

漢 《淮南子注》，四部備要。

陳夢家

民25a 〈古文字中之商周祭祀〉，《燕京學報》第十九期。

民25b 〈商代的神話與巫術〉，《燕京學報》第二十期。

許 慎

漢 《說文解字詁林》，臺北。

崔 豹

晉 《古今注》卷中，漢魏叢書。

程仰之

民32 〈古神話中的女神〉，《說文月刊》三卷九期，重慶。

劉 向

漢 〈辨物篇〉，《說苑》，漢魏叢書。

劉永濟

民23 〈九歌通箋〉，《文哲季刊》第四卷第一號。

衛聚賢

民18 〈中國上古傳說補遺〉，《古史研究》第二集下冊，上海。

蘇雪林

　　民47a　〈屈原九歌乃整套神曲說〉，《學術季刊》六卷四期。

　　民47b　〈龍馬〉，〈河伯的形貌〉，《大學生活》第四卷第十二期及第五

　　民48　　卷第六期。

蘇　鶚

　　唐　　《蘇氏演義》卷下，函海。

楚的水神與華南的龍舟賽神[*]

一 序言

> 重午龍舟逐隊新，輕鳧飛燕滿江津；
>
> 女兒十五閒無事，邀上城樓看賽神。
>
> ——拱釣〈竹枝詞〉❶——

就詩而言，這不能算是一首好詩；然而作者在詩裏把競渡和賽神兩件事聯結起來，使我們可以了解到賽神和龍舟的若干關係的神話，以及後來由這些神話所發展出來的各種各樣的故事。

神話和傳說❷往往是多樣而又多變的，比如西王母，起初只是一隻人面虎齒的怪物，後來卻變成了一個絕色的美人；宙斯（Zeus）原不過是希臘人民古老神話中的一個神，後來卻成了天地的主宰，眾神之王。

---

* 原篇名爲〈九歌中的水神與華南的龍舟賽神〉。

❶ 《鉛山縣志》卷五風俗： 17a 引。

❷ 一般都認爲：神話（myth）是創造出來的故事（invented story），而傳說（legend）却是與歷史有關（basis of history）。我覺得這是不十分確當的， 比如河伯這個故事，是神話還是傳說？ 我們可以說： 是傳說，又是神話。

神話也往往有一種普遍的傾向，比如一個太陽神的故事，希臘、羅馬、埃及、中國、北歐、印度⋯⋯全有，這種相同的傾向不一定與種族或民族有關，而是基於人類共通的經驗和情感。

我們在討論水神時也特別注意這一點，因為幾乎可以在任何一個民族找出他們對於水神的崇拜和水神的故事。可是，這也只是人們在共同的農業基礎上所產生的共同情感。

以中國而論，有關水神的神話實在太多：河伯、湘夫人、湘君、洛妃、李冰、夏禹、海龍王，這些水神，多半都有一個美麗而動人的故事。

祭水神的儀式，各民族自然不一樣，用龍舟競賽的辦法不過是其中的一種。這種辦法的興起，可能是龍神成為水神以後的事。《周易》裏的龍和雨尚沒有直接關係，《呂氏春秋·有始覽》怕是第一次說到「龍致雨」。中國的雨神本來是雨師的，但不知怎的忽然換上了龍神或龍王。王充曾經在〈龍虛篇〉大加否認龍神所擁有的各種傳說及其神性❸能力，然而沒用，人們照樣的相信下去。

聞一多認為「龍舟只是文身的範圍從身體擴張到身體以外的用具，所以它是與文身的習慣同時存在的」❹。他的有力的證據是引用一首唐無名氏的〈競渡歌〉：「須臾戲罷各東西，競脫文身請書上」。這只是一種片面的現象，我們不該忽略了那些為求雨、祈年、消災⋯⋯等等賽龍舟的傳說。

我們曾經盡可能把人們對賽龍舟的各種傳說都搜集起來，比較的結果，我們相信，它在宗教上的巫術作用，比任何其他理由都確實些。

---

❸　王充《論衡·龍虛篇》： 130–135。

❹　聞一多，民 45: 237。Riddell 也認為，龍和虎都是一種圖騰文化 (1945:29)。

所謂巫術作用，即包括求雨、祈福、驅瘟疫之類。白鳥清相信所謂
「龍見而雩」，就是和雨所發生的密切關係，並且具有巫術作用❺。
這話是對的，雖然各人對於龍的解釋不盡相同。

巫術工作，中國古代是由巫師執行，巫於是一般地成為鬼神的代
言人。《周禮》有「司巫」，為管理巫事的行政官吏。漢初設有梁
巫、晉巫、秦巫、荊巫❻等類的巫官。由此可見巫在社會上的普遍
性。荊楚一帶，巫風也許更盛些，這從各方面的記載可以看得出來。
《呂氏春秋》說「楚之衰也，作為巫音」❼。巫音固未必是促成楚國
衰落的原因，但卻說明了當時巫風之盛。明代，湖南有些地方划龍
船還要請巫坐在船上鎮壓，所謂「家家買得巫在船，船船鬥捷巫得
錢」❽是一個很好的寫照。中國人一向認為，巫是可以替代人們向
「天老爺」求雨的。《左傳》僖公二十一年「夏，大旱，公欲焚巫
尪」的故事，就因為巫沒有把雨求下來而使宋公惱怒了。

因此，我覺得把賽龍舟和宗教和農業聯貫起來理解，比其他的理
由要實在得多。

本文在許多方面，承凌純聲師指示，謹此致謝。

二　從龍說起

我們一談到龍，似乎就會聯想到許慎的話。許慎說：「龍，鱗蟲

---

❺　參看白鳥清，1934a；1934b。

❻　參看《史記·封禪書》；《漢書·郊祀志》。

❼　我以為〈九歌〉之類，當初也是一種巫音。

❽　《湖南通志》卷四十地理，頁 9b 引明李東陽〈競渡謠〉。又清時「道
　　州（今道縣）民家患疾……愈則歸功於巫，不愈則委咎於命」（《永州
　　府志》頁 51a）。

之長。能幽能明，能細能巨，能短能長。春分而登天，秋分而潛淵。
从肉飛之形，童省聲」（《說文》）。由他的解釋可以明白，至少在東
漢時，龍雖被歸納在鱗蟲一類，它本身卻已經是一種變化莫測的萬能
的動物。

這種想法是從什麼時候開始？據楊鍾健說：「殷墟所發見之動物
中，經余研究，並無龍之遺跡」❾。他的意思是說，當時並無龍這個
實體存在，但董作賓說：「龍字在商代是沒有作『神物』講的，可
是作爲人名、地名、國名，可見用此字之廣……見於著錄最早的要
算《周易》中的『飛龍在天』、『見龍在田』、『亢龍有悔』、『見
羣龍無首，吉』等等。這確切是神話的動物了」❿。龍在殷並不存
在，龍字又是怎麼造成的呢？何以許多人名、地名都用它來表達？現
存殷墟甲骨文龍作 𢑌（續 5.202）或 𢑌（佚 132）⓫；龍方作 𢑌𢑌
（乙 5340）或 𢑌 𢑌（續 4.26.3）⓬。金文中龍作 𢑌（龍母尊）⓭。
顯然，甲骨文和金文的寫法是屬於一個系統，那麼，龍究竟是一種什
麼動物，在什麼時候開始神化起來了？

龍是一種什麼動物？說法甚多。楊鍾健在〈龍〉一文中指出：
「依吾人目下之知識來批判，所謂龍者，代表種屬鑑定不確之若干爬
行動物，蛇與鱷魚或爲近似」；又說：「古生物學之所謂龍，係由西
文 sauria 而來，故凡語尾有 sauria 者，都稱之曰龍……龍在實際意
義上，只表示其爲一種爬行動物」⓮。這就是說，龍可能是蛇或鱷
魚或其他的爬行動物，統稱之曰龍。章鴻釗也曾這樣說過：「中國載

---

❾❿　楊鍾健，民 34: 6。董先生的話，見於該文所引「給作者的信」中。
⓫⓬　金祥恒，民 45: 17, 40a。按龍字的寫法自然不只這兩種，而以這兩
　　　種爲多。
⓭　容庚，民 28: 11a。
⓮　楊鍾健，民 34: 3。

籍，　或以龍蛇並稱，　或與黿鼉同列……則識者固知龍爲爬行動物之屬」❶。由此我們知道，中國近來的學者差不多都把龍肯定在爬行類中加以研究。

許多外國學者也這樣說，比如 Hodous 認爲「龍是一種神話的東西，有時候也像鱷魚」❶。Leach 引用一位權威專家的話：「龍是一種像蠍子或蜥蜴形態的鱷魚類」；同時，他自己又加以解釋說：「我要加一點意見，就是，龍無疑與蛇和蟒有密切關係」❶。Smith 則把蛇，　魚，　鱷魚……等等動物都看作是水力創造生命和毀滅生命的象徵，一些怪物或龍，又是這些生物的代表❶。綜合這些人的意見，龍便是一種類似蠍、　蜥蜴、　蛇或鱷魚的爬行動物。這與楊鍾健和章鴻釗之說頗爲暗合。但是，這種說法和甲骨文的龍有沒有某些關係呢？甲骨文的龍是否也像鱷魚之形，　或者竟是另外一種動物？ 有人說：「鍾鼎文龍字从辰巳之巳，右邊作𝄞。巳爲蛇，象龍蛇同類。」❶這與甲骨文或金文的寫法不大一樣。甲骨文巳作𝄞（乙 6604）或𝄞（佚110）或𝄞（續撫 335）❷，金文作𝄞（毛公鼎）或𝄞（盂鼎）❷。甲骨文和金文屬於一種寫法，和鍾鼎文卻有些距離，這從字形上可以看得出來。

也有人認爲所謂龍蛇，都是屬於蟲類。但在甲骨文和金文裏顯然有些區別：甲骨文蟲作𝄞（乙 1123）或𝄞（8718）❷，金文作𝄞（亞

---

❶　章鴻釗，民 8: 1a。但池田末利（1943: 4）指出，龍、鳳、麟是一種互爲音轉的想像中的動物，並且與祖靈有關。

❶　Hodous, 1927: 29。

❶　Leach, 1954: 79。

❶　Smith, 1919: ix。

❶　《說文解字詁林》頁5260a引〈義證〉。

❷❷❷　金祥恒，民 45: 21a, 3b, 17a。

鼎匕) ㉓ 。所以，實際上龍、蛇和蟲並非一種動物，甚至它們也不大相像。主要是我們尙無法判明，殷墟中的 ᾣ（甲 2418）㉔ 這種動物是否卽是後來我們所想像的龍？或是另外一種動物？

　　儘管龍是那麼的虛無飄渺，龍的傳說卻在世界各地，很早就散佈着。全世界的人們似乎都在相信龍的存在和龍的故事。

　　在幾個古老的社會裏，龍也是一種普遍的存在。希臘有龍㉕，巴比倫有龍㉖，馬亞有龍㉗，埃及也有龍㉘，中國的龍更是種類繁多。Leach 謂：「根據一個德國學者的報告，僅僅一個龍的故事就有一千種以上不同的說法」㉙。可見龍對於人們心理影響之鉅。他又說：他在中緬交界的卡金（Kachin Hille）所看到的中國式的龍，幾乎與所有歐洲式的龍的特質相同㉚。這是有可能的。我們雖不知 Achiles 的青龍（blue dragon）是怎樣，而埃及的龍卻是和蛇（serpent）相像到一樣的程度㉛。又如四川苗民傳說，他們的祖先是龍王的兒子㉜，夏民族認爲他們的祖先是由龍變化而來的㉝，緬北龍女與太陽神戀愛的故事㉞，Hittites 人傳說龍和司氣候之神（weather-god）鬥爭的

㉓㉔　容庚，民 28: 3a, 7a。

㉕　Homer, *The Iliad.*

㉖　參閱 *The Hittites*, p. 181.

㉗　Spinden, 1957: 53–57。

㉘　Müller, 1918: 104–108。

㉙㉚㉛　Leach, 1954: 79, 83; Barbeau (1952: 115–122) 也認爲有許多
　　相同的龍的神話散佈於歐、亞、美三洲。

㉜　D. Graham, 1954: 27。

㉝　Granet, 1950: 181。

㉞　Aung, 1954: 151。

故事⑮等等，在細節上雖有些變化，大體總是差不多遠。正如Gurney
說：「Hittites 人伏龍神話、新年神話一類的東西，正如巴比倫創世神
話、英國啞劇、和世界各地那些類似的故事和劇戲所表現的一樣」⑯。
事實也是如此，人們多半沒有看到過龍，甚至也不知道龍，可是，卻
到處有龍的傳說，有龍的各種各樣的形體。就像我們誰也沒有見過馬
利亞，而馬利亞卻被人們想像得那麼漂亮、聖潔。西王母、觀音菩薩
又何嘗不是被這樣創造出來的？

　　中國的龍起初是代表一個什麼動物，我們雖不十分清楚；但如董
作賓所說，在殷商時代的確尚沒有神話化卻是事實（我們假定：上述
甲骨文中之龍，即是後來傳說中之龍）。他認為：「見於著錄最早的
要算《周易》中的『飛龍在天』、『見龍在田』、『亢龍有悔』、
『見羣龍無首，吉』等等，這確切是神話的動物了」⑰。於是楊鍾健
跟着下了一個結論：「龍之神化，當在至少為周時或以後的事」⑱。
對於《周易》的製作年代，我們尚難下肯定的判斷，但那些飛龍、潛
龍、亢龍卻確乎已經神化了，這是實在的。不過，倘若我們再看一點
別的資料，對於龍在周即已神化一點就不免有些懷疑，比如《詩經》
中的「我龍受之」（〈周頌·酌〉），「旣見君子，為龍為光」（〈小
雅·蓼蕭〉），「何天之龍，敷奏其勇」（〈商頌·長發〉），「龍旂
承祀，六轡耳耳」（〈魯頌·閟宮〉），「山有喬松，隰有游龍」（〈鄭
風·山有扶蘇〉），這些龍，都看不出有多少神話的痕跡，那只是一
些比方，或者一種標幟。

　　《左傳》上的龍就更顯得平淡無奇，比如襄公二十一年（551 B.

---

⑮⑯　Gurney, 1954: 181。

⑰⑱　楊鍾健，民 34: 6。

C.），「深山大澤實生龍蛇」，「余懼其生龍蛇以禍女」； 昭公十七年 （525 B.C.），「大皡氏以龍紀， 故為龍師而龍名」；昭公二十九年 （513 B.C.），「蟲莫知於龍， 非龍實知」。《左傳》的作者，只不過把龍看作像蛇一類的動物， 它也許像蛇一樣會傷害人類； 以大皡氏的龍而論，他們是把龍當作一種與自己有某種傳說或信仰上的關係，也許是一種圖騰的崇拜，但並沒有昇化到神話的階段。

後來，《墨子·非攻下》說：「昔者，三苗大亂，天命殛之，日妖宵出，雨血三朝；龍生於廟，犬哭乎市」。這也只是把龍和犬對列起來， 作為動物的一種。〈貴義篇〉係墨子之徒所作， 把龍分成黑龍、青龍、赤龍、白龍等四類，且以方位定之，想係受鄒衍五行之說的影響，但仍然沒有把它們神化。

《孟子·滕文公》說：「當堯之時，水逆行，氾濫於中國，蛇龍居之……禹掘地而注之海，驅蛇龍而放之菹」。這種龍和《左傳》裏的龍實在毫無分別，都不過是蛇一類的東西。就是《荀子》中的龍，大致也是如此， 如〈勸學篇〉云：「積土成山， 風雨興焉； 積水成淵，蛟龍生焉」；〈致士篇〉云：「川淵者，龍魚之居也……川淵枯則龍魚去之」。這就很像一般所謂「鯉魚化龍」的傳說，本質上沒有多大變更。

從荀子（公元前第三世紀末）上溯到魯襄公（公元前第六世紀），經歷了三個多世紀，龍的形態和傳說，幾乎是在一個範疇裏發展，人們總把龍蛇或龍魚聯起來理解。再上去，到《詩經》所代表那一段漫長的時間，龍也沒有什麼了不得的神秘。

但是到《莊子·天運篇》，龍的神通就大起來了，該篇描寫一段孔子見了老子以後和弟子們的談話，內中有：「弟子問曰：『夫子見老聃，亦將何規哉？』孔子曰：『吾乃今於是乎見龍；龍，合而成

體，散而成章，乘雲氣而翱乎陰陽』」。這樣變化多端的龍就和《呂氏春秋》「龍與時俱化」的龍差不多了。我們都知道，《莊子・外雜篇》係莊子之徒所作，其時間可能與《呂氏春秋》不相上下，約為公元前第三世紀四十年代（《呂氏春秋》約成于 239 B.C.）。這以後，龍就變得多彩多姿了，比如《淮南子》「聖人能龍變」（〈人間訓〉），《方言》「未陞天龍謂之蟠龍」，漢代讖緯之書就把龍更神化起來了，《說文》便集了這個神化的大成。

龍一經神化，它的應用範圍便廣濶得多：皇帝要說自己是龍種，雨是龍散佈的，海是龍王統治着，結婚證書畫一對龍鳳，禮服上要繡上一條龍……龍是一切吉祥的象徵。

龍的傳說多了，故事難免要走樣；畫得多了，形體也自然不會一致。就漢代繪畫上的龍來看，其形態就不一樣，有時甚至是截然不同的兩種風格(附圖二)，這一方面是各人所根據的傳說不同，另方面也許還有次文化上的差別，比如這圖的兩條龍和兩隻老虎，顯然是兩種文化形態，我們認為，A, B 是南方文化，而 C, D 為北方文化系統，從反頭的形式來判斷，可能與西方文化也有些關係。下面這一段話是對於龍的形態的變遷所作的一個解釋：

按龍在神話及傳說中，為四靈之首，漢以後為封建天子的專用象徵，它在歷代裝飾藝術上是一種極重要的題材，其形狀亦隨時代的推移而各有不同，可作為考古中決定時代的參考。

漢以前的龍，在形態的表現上亦甚多，但多圖案化，絕大部份表現在銅器的裝飾上，與漢以後在龍的形狀上的統一化頗為不同……此時期（東漢）的龍，在形狀上大體與當時所繪的虎相類似，所謂「青龍白虎」。而龍與虎的區別，僅在於龍首有角及身有鱗甲。這種形狀一直保存至南北朝時期，但在身軀上和龍首的

顎部都逐漸變成細長,愈晚者愈甚,上顎上逐漸具有突出的尖形上
唇,但龍身與龍尾尙有清晰的界線——卽尾細而身粗大⑲。
就這樣地,龍在中國神話的領域裏寫下了一些輝煌的篇頁,一直到今
天,龍的神話依然在農村社會裏流傳着。

盤古相傳係苗族的始祖,他的樣子怪得很,「盤古之君,龍首蛇
身,嘘爲風雨,吹爲雷電,開目爲晝,閉目爲夜」⑳。透口氣就是風
雨雷電交加,這力量也眞不小,然而這就是龍。現在的川苗和湘苗㉑,
關於龍的傳說仍然很多。

畲族民間有一個傳說,〈狗皇歌〉歌詞說:「當初出朝高辛王,
出來嬉遊看田場;皇后耳痛三年在,醫出金蟲三寸長。醫出金蟲三寸
長,便置金盤拿來養;一日之時望長大,變成狗龍長二丈。變成狗龍
長二丈,五色花斑盡成行;五色花斑生的好,皇帝聖旨叫金龍」㉒。
狗龍是一條蟲變的,其形狀也許更像老虎,與東漢時期的龍甚至有些
歷史上的關聯。《後漢書·孔僖傳》云:「畫龍不成反類狗」,頗
與此相似。巴比倫(Babylon)有一條龍就完全像狗或老虎(附圖一
A),只是身上有鱗。

近來雲南的考古工作者在昆明附近挖出一批漢代的墓葬,內中有
六個銅編鐘(樂器),屬於西漢中期的東西,這些東西,據研究係當
時雲南土著民族所使用的:「銅編鐘(編號 M6: 114-119)六件。出
於墓的東端,排成兩列,每列三件,完整的只有二件,餘皆壓破。鐘
斷面作橢圓形,唇口平,上丰下殺,頂上作半環形鈕。鐘身兩面鑄有

---

⑲　馮漢驥,民 48: 437。

⑳　《廣博物志》卷九引〈五運歷年紀〉。

㉑　川苗見 Graham (1954),湘苗見凌純聲等(民 36)。

㉒　見《古史辨》第七冊上編,頁 172。

蜿蜒的龍形各四條，左右對稱，脣口有廻旋紋一周」⑬（附圖一D）。
這種龍的裝飾藝術，我們很可能想像係從漢民族傳過去的，可是同文
又指出：「至於蛇的問題也是很值得探討的。我們看到兵器上有蛇，
祭祀的銅柱上有蛇，許多美術工藝品上有蛇，滇王金印也作蟠蛇鈕，
這不會是一個偶然的現象」。眞的，這不會是一個偶然的現象。龍、
蛇在中國人，尤其是南方民族，似乎不是一個單純的概念，所謂「蟠
龍」或者「蟠蛇」，誰又了解它眞正的形狀和意義？

　　聞一多認爲「龍是一種圖騰（totem），並且是只存在於圖騰中
而不存在於生物界中的一種虛擬的生物，因爲它是由許多不同的圖騰
糅合成的一種綜合體」⑭。龍可能不是生物界的東西，這話也許是對
的，但要說是許多圖騰綜合起來的一個總圖騰，顯然缺乏確切的證
據。假定我們相信夏是屬於龍圖騰的民族，那個時候的龍必然要單純
得多，其後才越來越複雜化。

　　從各種跡象來看，如果說龍是由許多種不同的生物個體，比如
蛇、鱷魚、蜥蝪等等，在各種不同的想像之下所產生的一個象徵性的
生物，也許較爲合乎實際。日本人有時把住在水裏的龍神（ryūjin）認
爲只是一條大蛇⑮，可能就是這個道理。

三　龍與水神

　　中國人起初對於龍並沒有水或雨的觀念，只是把它當作一個有點
怪異的動物。其先，《周易》謂「雲從龍，風從虎」，也只是應用

---

⑬　《雲南晉寧石寨山古墓羣發掘報告》，頁 80, 136, 141。

⑭　聞一多，民 45: 26。

⑮　Daniels, 1960: 157。

到「飛龍」的交通工具上，當時的人尚沒有從雲產生雨的常識。《呂氏春秋》是第一次提到龍和雨的直接關係，它說：「龍致雨」。後來古《三墳》就說：「龍善變化，能致雷雨，爲君物也」。

　　人們把龍當作神，大抵就是從這個線索上發展下來的，因爲龍可以致雨，龍便是一個神了。這是宗教思想演變上的必然結果。廣東茂名縣有一個傳說，說該縣「大窩村石盤銅龍有五，相傳（明）永樂間……（五龍）悠去之龍山，因之深潭，或隱或現，可見不可捉。近山居民多啾唧疑其爲祟，立廟以祀。三月十五日見銅龍五……遂以是日爲五龍誕，祈雨立應，此神物也」[46]。很顯然，這是由龍的神話而轉變爲龍神，然後又向龍神求雨。向龍神求雨，在中國的農村社會中是一種相當普遍的祀典。人們都相信，我們的雨水是被龍所控制着的。黑龍江人「遇有旱時，鄉人求雨……集龍神祠致祭」[47]。不僅在一般的農業社會裏如此，即使是四川的苗族，他們也這樣相信的，他們認爲：「龍母(dragon wife)控制雨量，而龍公 (dragon husband)是控制水的」[48]。琉球人把許多颶風的名字都叫做「龍神會」或「龍神大會」或「龍神朝帝」[49]，無疑與龍神有着某種關係。颶風之後往往帶來豪雨，也許即由於這個緣故。所以「越中當三夏旱甚之時，有迎龍之賽」[50]。迎龍即是迎接龍神，因爲龍神會帶來農民們所需要的雨水。

　　這種龍神，據我們看，該是由龍的系統直接演變過來的。但在後

---

[46]　《高州府志》卷十六雜錄，頁 52b-53a。

[47]　《黑龍江志稿》卷六地理，頁 9b。

[48]　Graham, 1954:179.

[49]　《琉球志略》卷五，頁 84。

[50]　《紹興縣志資料》第一輯〈天樂志〉，頁 32b 引《紹興府志》。

來卻又有「龍王」出現了。龍王也是管理雨水，它的職責和龍神一樣。這是一個神的分化，還是本來就是兩個神呢？有人認爲龍王這個神是從印度傳過來的，比如林名均說：「四川各地，皆有龍王廟或龍神廟，爲鄉民祈雨之所。按《辭源》龍王條云：『華嚴經有無量諸大龍王，如毗樓博叉龍王，婆竭羅龍王等，莫不勤力，興雲佈雨，會諸眾生，熱惱消滅云云。後世求雨之祀龍王本此』……故龍王爲司水之神，乃民間一種普遍信仰，宜其祠廟之遍佈各處也」❺。林氏似乎把中國民間的龍神和龍王看作一個神，而這個神就是來自印度的龍王。印度的龍王的確很多，《華嚴經》說：「或見處座百光明龍王、難陀龍王、伏波難陀龍王、摩那斯龍王、伊羅拔難陀龍王、阿那婆達多龍王等龍子龍女所共圍遶。婆伽羅龍王而爲上首。此比丘尼爲說法門，名佛神通境界光明莊嚴」❺。但事實上這批龍王都是人格化了的神，與中國早期的龍神在本質上並不完全相同。中國早期的龍神完全是由「龍致雨」這個假定前提下所產生出來的一個動物神，起初並未把它人格化。例如上面所舉紹興迎龍的例子，當時是沒有特殊的意義，即沒有把「迎龍」固定在「迎龍王」這一意義上，但後來該書的注解就不同了：「天樂迎龍，不用草龍，乃奉龍王神像以巡行，稱天樂龍王，居大岩寺」。這種進一步的解釋，也可能眞的受了印度「龍王」的影響。

　　羅羅經典中也有龍王，並且分爲四種，即：「迎香清水、祭龍、祈雨、安龍奠土」❺。四種龍王似乎都與水有關，這正和四川苗族的傳

❺　林名均，民 32: 85-86。
❺　《大藏經・大方廣佛華嚴經》第六十七，頁 31a。
❺　楊成志，民 23: 42。

說一樣，「龍王係住在池中或者湖的宮殿裏」❺。這又像《洛陽伽藍記》所描述西域的龍王：西方烏場國西有池，龍王居之，池邊有一寺，世人名曰龍王寺❺。這種把龍王與寺聯在一塊的情形，簡直是印度式的龍王。印度人傳說，人死後的最高境界是「入於涅槃，如是中間，或住天宮，或住龍宮，乃至或復住於人宮」❺。他們認爲，再轉世做人，是最糟的事，住到龍宮裏卻是好得多。

　　廣泛地說，無論是中國式的龍神，或者印度式的龍王，都只是水神的一種。出石誠彥因此認爲雨神崇拜是對龍的崇拜中之一種❺。

　　水神的種類甚多，舉其大者，比如《莊子·秋水》裏北海若是海神❺。《山海經》的海神有四個：北海禺強❺，東海禺䝞❺，南海不廷胡余❺，西海弇茲❺。《太公金匱》之四海神「東海之神曰勾芒，南海之神曰祝融，西海之神曰蓐收，北海之神曰元冥」則又與《山海經》及〈龍魚河圖〉所舉者略有出入。希臘神話中有海神叫做尼普頓（Neptune）。印度的海神就更多，直可以說是「無量數」。

　　水神之中又有所謂河神，那是屬於某一條河專有之神。希臘神話

---

❺　Graham, 1954: 179.

❺　楊衒之，清 5: 42b。

❺　《大方廣佛華嚴經》第六十七，頁 32a。

❺　出石把龍的崇拜說分爲三種，卽蛇崇拜說，龍卷 (waterspout) 動物化說及雨神說(1928: 140-154)。

❺　北海若是莊子寓言中的海神。

❺　〈海外北經〉：「北方禺強，人面鳥身。珥兩青蛇，踐兩青蛇」。

❺　〈大荒東經〉：「東海之渚中有神，人面鳥身。珥兩黃蛇，踐兩黃蛇，名曰禺䝞」。

❺　〈大荒南經〉：「南海渚中有神，人面。珥兩青蛇，踐兩赤蛇，曰不廷胡余」。

❺　〈大荒西經〉：「西海渚中有神，人面鳥身。珥兩青蛇，踐兩赤蛇，名曰弇茲」。

中有阿克龍斯（Achelons）河神。埃及有尼羅河神（Nile）。印度有恒河（Ganges）神。中國的河神也很多，有黃河之神⑬，長江有江神⑭，洛水有洛神⑮，濟水有濟神⑯，汾水有汾神⑰，湘水有湘君、湘夫人⑱，甚至任何一條極小的河都有一個神主宰着，真像《華嚴經》所說，「有無量主河神」。

這些水神到後來慢慢地人格化起來，差不多都有一個廟，江神有江神廟，河有河神廟，龍有龍神廟或龍王廟，有「遼河神廟，渾河神廟」⑲。人們到廟裏去向菩薩誤拜，對每一個神都像對龍王一樣，「歲首焚香，旱時祈雨而已」⑳。

這許多種類的神，無疑都是分化出來的。就中國來說，起初也許只有水神一種，即是所謂川神。中國人很早就在祭祀山川，這是當初山神和水神的一元化。「秦並天下，令祠官所常奉天地名山大川鬼神」（《史記·封禪書》），可見這事由來已久。《尚書·呂刑》云：「禹平水土，主名山、川」。禹的變為「山川神主」（《史記·夏本紀》），可能就是這個道理。由於農作物上的需要，一般都以為川神是雨的控制者，而實際山神也和雨有若干的關聯性，《禮記·祭法》云：「山林川谷丘陵能出雲，為風雨，見怪物，皆曰神」。所以山也成了求雨的對象。湖南武岡人就向山求雨，《武岡州志》說：

---

⑬　參閱前節〈河伯傳說〉一文。

⑭⑮　見《史記·封禪書》。

⑯　曹植〈洛神賦〉：「古人有言，洛水（洛川）之神名曰宓妃」，《文選》頁 176。

⑰　《左傳》昭公元年：「臺駘，汾神也」。

⑱　《楚辭·九歌》及〈秦始皇本紀〉等。

⑲　《欽定盛京通志》第一冊，頁 27b。

⑳　《海城縣志》卷四人事志，頁 43。

「歲旱祈雨遣靈，巫將綵輿導儀，迎致山神。會巫晝夜鼓歌吹螺致雨」（卷二十八〈風俗志〉，頁 2b）。

較後，海神從水神中脫離了。水神只是代表內陸之河神而已。宋劉克莊〈卽事詩〉說：「香火萬家市，烟花二月時；居人空巷出，去賽海神祠」[71]。於是，近海居民便把原來的山神冷落了。

這種分裂始於何時，頗爲難說。至少在秦始皇時似尙無分裂的痕跡。「始皇夢與海神戰，如人狀，問占夢博士。曰：『水神不可見，以大魚蛟龍爲候』」（《史記·秦始皇本紀》）。這還是比較原始的想法。

馮承鈞氏以爲《山海經·大荒東經》所說「東海之外有神人，八首人面，虎身十尾，名曰天吳。卽古之水伯也。不幸自印度信仰輸入之後，其權勢轉移於外國之龍王，Nagaraja」[72]。從文獻上看，水神與龍王顯然是屬於兩個系統的神話，他的看法也許是對的。

不過，天吳爲水伯之說最早只見於〈海外東經〉（上引天吳爲水伯，乃郭璞注釋）所說「朝陽之谷，神曰天吳，是爲水伯」一語。〈海外東經〉實在是漢人的作品，頗晚出。在很早的傳說裏，玄冥也是水神。據楊寬的研究，玄冥與鯀與共工是一個神，「卽殷人東夷之水神」。他說：「（《禮記》）〈月令冬季〉，『其帝顓頊，其神玄冥』，冬於五行屬水，故《左昭》二十九年傳云：『水正曰玄冥』。又《左》昭十八年傳記鄭大火云：『祝史禳火於玄冥』，於玄冥禳火，亦以玄冥爲水神也」[73]。於是他以爲實沈、熙、臺駘等神全是從玄冥這個水神分化出來的。這種分化之說，頗有可能，但也不是絕對的。

---

[71] 《番禺縣志》卷六輿地，頁 17a 引。

[72] 馮承鈞，民 18：2。

[73] 楊寬，民 28：53。

　　總之，傳說這個東西是常常變的，一個新時代的人民往往會把老的傳說作一次新的了解，以適應他們自己的時代背景。水神的傳說自也不會例外。

　　從上面的論略，我們認爲中國人起初對於山川是基於一種泛神的觀點，進一步，水神才得到獨立的地位。由於日漸向海邊發展，人們又把海神從水神中分化出來，水神所代表的便只是內陸的河神。這樣，水神便從兩條路上分別展開來：一條是中國的海神仍然存在，而又接受了印度海龍王之說；另一條是從泛稱的河神發展爲四瀆（江、淮、河、漢）之神，再演變爲各小河川之神及龍神。龍神和龍王實在是兩個不同的水神。列表如下：

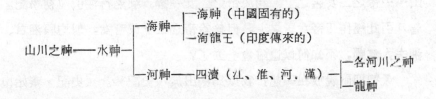

四　九歌中的水神

　　〈九歌〉中的水神，很明顯的只有三個，卽湘君、湘夫人和河伯。但有人以爲司命也是水神。聞一多說：「從〈大司命〉『踰空桑兮從女』一語，我們猜着司命就是帝顓頊之佐，玄冥」**⑳**。玄冥，我在前面說過，它是北方的一個水神，其來源甚爲古遠。在五行學說的分配上，它也是屬於水的位置。《淮南子·天文訓》云：「北方，水也；其帝顓頊，其佐玄冥」。惟司命是否卽爲玄冥，聞一多也只是

---

⑳　聞一多，民45：139。

一種推論，尙無積極的證據。

前面我們曾討論過，水神無論在中國或外國都很普遍，〈九歌〉提到的有三個，也許這三個水神與楚民族的關係密切些。我們在下面分別討論之。

（一）湘君和湘夫人

對於湘君和湘夫人的解釋，自來頗有異說，我們現在該從最早的兩種說起。一是〈九歌〉中所提到的湘君和湘夫人，很明顯的是有關於湘水水神的兩個神話，但不知爲甚麼，後來卻把娥皇、女英的傳說附會上去了；另一是《山海經・中山經》的帝女，該文云：「洞庭之山……帝之二女居之」。關於帝之二女一辭，郝懿行注引《初學記》卷八引此經作「帝女居之」。但無論帝之二女或帝女，似均與湘君、湘夫人無關，不知何以也附會上去了？

最初把兩說放在一起，我以爲係出於《史記》。《史記・秦始皇本紀》云：「（始皇）至湘山祠，逢大風，幾不得渡。上問博士曰：『湘君何神？』博士對曰：『聞之堯女，舜之妻，而葬此』」。博士的話是根據什麼而來，我們現在無從知道。〈堯典〉和《史記・五帝本紀》對於二女的下落都沒有交代，對於舜也只說「陟方乃死」（〈堯典〉）或「南巡狩崩於蒼梧之野，葬於江南九疑」（〈五帝本紀〉）。也許博士們的話只是把〈九歌〉和〈中山經〉兩種傳說加以敷衍而成。

可是，後來這些傳說卻有了新的發展。《列仙傳》說：「二女死於江湘之間，俗謂爲湘君」。《河圖玉版》曰：「湘夫人者，帝堯女也」。王逸認爲湘君爲湘水之神，湘夫人爲堯之二女，他說「堯二女娥皇、女英隨帝不反，墮於湘水之渚，因爲湘夫人」。迄後郭璞注〈中

山經〉云：「天帝之二女而處江爲神」。韓愈則以爲「璞與王逸俱失
也。堯之長女娥皇，舜之后，故曰君；其二女女英自宜降曰夫人也」
❼❺。到宋代，朱熹跟着韓愈說了一遍，他說：「君謂湘君，堯之長女
娥皇，爲舜正妃者也；帝子謂湘夫人，堯之次女女英，舜次妃也」
❼❻。洪興祖從之。明清人的解釋也很多，比如王夫之認爲湘君係指湘
水之神，湘夫人便是湘君的配偶❼❼；戴東原說：「以統言稱君，分言
則正妃稱君，次妃降爲夫人」❼❽。近人劉永濟從之，認爲「此二篇
辭意相類，自以分指二妃之說爲可信」❼❾。不管他們認爲那一說可
靠，說來說去，只是在「二妃」裏頭兜圈子，結果越來越使人不懂。
姜亮夫說：「按湘君湘夫人，蓋楚民俗獨奉之神也……自戰國以
來，舜死蒼梧，二妃死湘水之說已傳流至廣，哀艷之情，足以感人
情緒」❽〇。這話是對的，由於情感上的感染，人們便把兩個神話糅合
起來了。也許程仰之的話比較後起些，所以我覺得他的解釋較爲合
理。他說：「湘夫人當是湘水的女神，當是天帝之女而居於湘水者。
至於湘君，乃是湘水的水神；他和湘夫人，未必會如王夫之所說有什
麼夫妻的關係……至於二妃從舜，俱溺死於湘江，遂號爲湘夫人，當
是東漢以後發生的傳說」❽❶。說二妃從死之說發生於東漢一節是不大

---

❼❺　《湖南通志》卷七四頁引韓愈〈黃陵廟記〉。

❼❻　朱熹《楚辭集注·九歌》。

❼❼　參閱王夫之《楚辭通釋》。又張縱逸（民46：95）亦認爲湘夫人爲湘水
　　（湘君）之配偶神。

❼❽　戴震《屈原賦注》。又徐邦達（民45）謂湘君是湘水的女神（湘君圖），
　　湘夫人是湘君的妹妹（湘夫人圖）。

❼❾　劉永濟，民23：66。

❽〇　姜亮夫，民37：37。

❽❶　程仰之，民32：112。

確當的，因爲《史記・秦始皇本紀》及劉向《烈女傳》等都曾提到過
這一事，司馬遷是武帝時（公元前第二世紀）人，劉向是宣帝（公元
前第一世紀）時人，均在西漢。但他所說湘夫人爲女水神，湘君爲男
水神，卻是合乎〈九歌〉所說的事實。從積重的舊說裏解脫出來，程
氏和姜氏的意見比較接近民俗習慣。

我們從湘君和湘夫人兩篇的描寫中去查考，也只能發見兩個人物
（或者說兩個神）的動作，一點看不出與二妃的死亡有什麼關聯。湘
君起首一段說：「君不行兮夷猶，蹇誰留兮中洲。美要眇兮宜脩❽，
沛吾乘兮桂舟；令沅湘兮無波，使江水兮安流。望夫君兮未來，吹參
差兮誰思」？這是描寫一個人在等待中的一種複雜的心理狀態，那種
急切的樣子，眞不知要怎樣才好。又湘夫人云：「帝子降兮北渚，目
眇眇兮愁予❽。嫋嫋兮秋風，洞庭波兮木葉下」。分明寫的一個人站
在湖邊，看着秋風把樹葉子吹落了，一片片的，在空裏飛旋。

就上述兩段生動的描述， 可見南方民族的性格是比較富於幻想
的，他們用自己的生活經驗，來描繪一個神的美麗生活畫面，實在不
是件難事。王國維說：「歌舞之興，其始於古之巫乎」❽？我以爲巫
覡的行爲，完全是基於人們生活上的需要。想想看，當一切的水利工
作都沒有做好，幾個月的乾旱，把禾苗都枯死了；一場大水，帶走了
許許多多的生命和財產。人們的意志幾乎要在這種情形，在水神播弄
之下屈服了。於是他們以爲巫術可以挽救這一切的不幸。

湘江，在當時是一條大水（現在也還是），它的起點是零陵❽，

---

❽　聞一多謂「修疑當爲笑，聲之誤也」（民 31: 28-29）。

❽　同上書頁 30 謂「愁予應爲愁吁。目眇眇卽愁吁之狀」。

❽　王國維，民 19: 1。

❽　零陵就是〈五帝本紀〉所說舜死「葬於江南九疑，是爲零陵」那個地方。

出口是洞庭湖。從現今的霞凝港算起，到湘江口，這大約一百公里長
的地帶，其海拔今日尚不超過 50 公尺[86]，可見是一片低窪之地。然
而這片土地（包括洞庭湖及湘江沿岸）是湖南農業中心區。我們可以
想像得到，每逢漲水，洞庭湖定然是浩浩蕩蕩的，所造成的災害一定
不小。要想避免這樣的天災，在當時實在沒有什麼辦法，除了把它當
作神。神話就這樣產生了。

　　神話而用歌舞的場面來表達，這在原始民族也是很自然而常有的
事，他們以為只要歌舞一番，便可以得到神的歡喜和保護。左天錫在
〈校點粵風後記〉中說：「實際節歲有時兼祀神，而祀神後，又常在
相歌舞以成配偶。並且歌以樂神的歌，又多是言男女之情」[87]。他在
節歲用徒歌一節裏又說：「僮人於春季場期男女『會歌』，所以祈
年，禳疾病（檀萃〈說蠻〉）；黎人集會唱歌，有歌姬歌郎，所歌多
男女之情，用以樂神（《粵東筆記》）」[88]。這種情形，不是和〈九歌〉
所說完全一樣嗎？

　　臺灣的阿美族，他們每年都有一次收穫祭 (ilisin)。收穫祭的情
形是這樣的：第一步他們要祭祀已經獵來的頭（現在已沒有了），他
們認為祭獵頭也可以增加農業的收穫量。祭畢，大家都到總頭目家裏
去接受他的禳祓。然後又到廣場上去圍成一個圈子開始盛裝跳舞和唱
歌（這時只有男人參加）。這樣一共要好幾天（以前十天、七天不
等，現在只有三天），每天的儀式都不一樣。第二天卻一定得邀請鄰
社的人們參加。到快要結束的時候，不一定是最後，又要祭獵頭一
次。於是，收穫祭就算完了。祭的時候，他們要請很多的神，比如獵

---

[86]　丁文江等編，民 22（湖南省）：19。

[87][88]　朱自清，民 20: 105, 107。

首神，農業神，海神，雷神，創造神，太陽神，月神，戰神……他們把一切現象都安排了一個神。他們認爲這樣做，諸神便會快活。同時，人們結婚也多半在這個時候⑧。

看了這一段話，我們就可以發現，比較原始的人們，他們的想法是比較共通的。我們把〈九歌〉和西南民族、臺灣的土著族來比較一下，他們不是太相像了嗎？因此，我們也更有理由相信，湘君、湘夫人只不過是一個河神而已，不必附會到其他事物上去。

（二）河伯

我在〈河伯傳說〉⑨中，曾經把河伯這個傳說分爲兩個系統：一個是出自〈天問〉「帝降夷羿，革孽夏民；胡射夫河伯，而妻彼雒嬪」？和《古本竹書紀年》「殷王子亥賓於有易而淫焉，有易之君緜臣殺而放之。故殷主甲微假帥於河伯以伐有易，滅之，遂殺其君緜臣」的河伯。這個河伯的背景可能有它的歷史意義，就是說，在傳說時代也許有過那麼一個人和那樣一回事。後來人們向北走，把這個故事帶到了我國的東北，又帶到了朝鮮。朝鮮人民傳說他們的祖先就是河伯，比如〈高麗國永樂好太王碑〉云：「惟昔始祖鄒牟王之創基也，出自北夫餘，天帝之子，母河伯女剖卵降出生子。」這事在《魏書》裏也有相同的記載，《魏書》的朱蒙就是〈好太王碑〉的鄒牟，也卽是朝鮮《三國史記·高句麗本紀第一》所說的東明，只是三種不同的音譯。這個傳說，在中國的神話性不大，一直到了朝鮮，才有着

---

⑧　阿美族的資料是由劉斌雄先生所供給。劉先生在花蓮作阿美族民族調查甚久，研究方面頗多。

⑨　本節所寫各點，部份曾在該節中言及。

較多的發展。我以為它的本質與濊貊民族的關係要大些，和〈九歌〉
卻沒有什麼關係。

　　另一個就是〈九歌〉中的河伯。這個河伯，一開始就是以神的姿
態出現，看他「與女遊兮九河，衝風起兮橫波；乘水車兮荷蓋，駕
兩龍兮驂螭」，樣子顯得很威風。這種形態剛好和湘夫人成了一個對
比，湘夫人是柔情似水，河伯卻是有點「蠻」勁。

　　河伯是不是因黃河而起，很難說。有人因為「與女遊兮九河」及
「登崑崙兮四望」兩句而斷定是黃河之神。許多人也都這樣說。我覺
得未必然。九河之說，一般都認為係指黃河下游九條較大的水，但即
使如此，也不能硬排九河便是黃河，這是很明顯的道理。而事實上
有很大的出入，比如《孟子・滕文公》說：「禹疏九河，瀹濟漯而注
諸海，決汝漢、排淮泗而注之江」。這分明把南方的汝、漢、淮、泗
諸水也包括在九河之內，怎麼好說就是黃河？再以「登崑崙」一語來
說，也不見得就是指黃河的發源地，這不過是一種假想語而已。說實
在的，當時（春秋戰國）人對崑崙的地理觀念非常模糊，他們只以為
崑崙是個又高又遠的地方，實際情形卻一點也不明白。〈九章・涉
江〉說：「登崑崙兮食玉英」；〈悲回風〉說：「馮崑崙以瞰霧兮，
隱岐山以清江」。這也全是設想出來的，屈原並未真登過崑崙，或者
靠在崑崙的山尖上去幻想將來的遠景。此外屈原還說過幾回崑崙，如
〈離騷〉「邅吾道夫崑崙兮，路修遠以周流」，〈天問〉「崑崙懸
圃，其尻安在？」尤其是〈天問〉中那一問，十足表現屈原對於崑崙
這個地方知識的缺乏，更不必說「道夫崑崙」了。

　　河伯傳說發展到後來，其類型甚多，我把它們分為四類：(1) 神
話式的河伯傳說，如〈九歌〉的〈河伯〉、《莊子・秋水》等；(2)
物化式的河伯傳說，如《晏子春秋・內篇・諫上》、《韓非子・內儲

說上》、《莊子・雜篇・外物》等；（3）人格化的河伯傳說，如《史記・滑稽列傳》（河伯娶婦故事）、《搜神記》、《幽明錄》等；（4）附會的河伯傳說，如《抱朴子・釋鬼》、《清冷傳》、《龍魚河圖》等。

總括上述所論，〈九歌〉中所提到的神共九個，而水神佔了三分之一，可見人們對於它的重視。因此，不由得使我們聯想到：這一祭祀應該與農業有着很大的關係。

五　龍舟與賽龍舟的起源

（一）鷁　首

我們要討論龍舟和賽龍舟，似乎該先談一談鷁首。

鷁，首見於《春秋》。《春秋》僖公十六年：「六鷁退飛，過宋都」。《左傳》以爲這事與陰陽或吉凶有關，注家說：鷁，水鳥也。但《說文》無此字。陸贄《釋文》謂鷁即《說文》裏的鶂，後之注《說文》者多從其說。而甲骨文既無鷁，也沒有鶂這個字。那麼，《春秋》經文所說的那六隻鷁究竟是什麼？我以爲也就是六隻水鳥。「退飛」是由於遇到了一陣偶然的逆風，風速比鳥的飛速大，鳥自然無法前進，甚至被迫倒退，人們不常見，便以爲怪。

司馬相如〈子虛賦〉說：「怠而後發，游於清池。浮文鷁，揚旌桅」。這個「鷁」，郭璞注引張揖的解釋曰：「鷁，水鳥也；畫其象於船首也」❾①。張揖的解釋不完全對。「浮文鷁」就是船上畫了些「鷁」，

------

❾①　《文選》卷七，頁81。

但不一定畫在船首，四周也可以畫的，而且必須到處畫。現今蘭嶼雅美族人所使用的魚船就是如此，船的周圍全圖了些他們自己也不大了解的東西❾，不僅是畫在船首或船尾。

　　鷁首的說法卻較爲肯定。最早見於《淮南子‧本經訓》的「龍舟鷁首，浮吹以娛」。高誘注曰：「龍舟，大舟也，刻爲龍文；鷁，大鳥也，畫其像着船頭，故曰鷁首」❾。鷁首的說法大抵是對的。

　　張衡的〈西京賦〉云：「命舟牧爲水嬉；浮鷁首，翳雲芝」。薛綜注曰：「船頭象鷁鳥，厭水神，故天子乘之」❾。此處的鷁首與上面的完全相同。不過薛綜提了個新意見，他以爲船頭上畫（或放）了個鷁，目的在於壓鎮水神。他把船上畫鷁的作用看做不只是爲了裝飾，也爲了宗教的緣故。這是一個好見解，可惜以後沒有人再提過。

　　這些鷁首的描寫，是不是從《穆天子傳》的「鳥舟」承襲過來的呢？《穆傳》說：「天子乘鳥舟龍浮於大沼」。這句話常被引用錯誤，如《太平御覽》卷七六九舟部引作「天子乘鳥舟龍舟」❾，張協〈七命〉注引作「天子乘鳧舟」❾，等等。他們以爲原文若不是多了個「龍」字，便是龍字下少了個「舟」字。這都是犯了添字或者減字解義的毛病。實際上浮卽是舟，《方言》謂：「泭謂之簿」。泭，釋文作桴，作栚，或作柎❾；《爾雅‧釋言》：「舫，泭也」。我以

---

❾　本所藏有該類船隻。劉斌雄先生告訴我，蘭嶼雅美人自己也不明白那些畫的意義。

❾　參閱高誘注《淮南子》。

❾　《文選》第二卷〈西京賦〉。

❾　龍舟一作龍本，「本」想係誤刊，並參閱郭璞注《穆天子傳》。

❾　《文選》卷三十五張協〈七命〉。

❾　參閱揚雄《方言》卷九及戴震《疏證》頁 192。按：簿音數，爲舟之一種，或者就是舫。

爲桴與浮可通，浮卽舫也，《穆傳》中的「鳥舟龍浮」便是「鳥舟龍舟」，不必另作解釋。鳥舟係象水鳥形之舟，也可能卽係鷁舟或鷁首。

張協在〈七命〉裏歌曰：「乘鳬舟（一本作艦舟）兮爲水嬉，臨芳洲兮拔靈芝」。無論命題的意義或是句子的形式都是從〈西京賦〉抄過來的，而把鷁改作鳬。鷁，鳬本來全是水鳥，沒什麼大分別。該文注引郭璞的話說：「舟爲鳬形制，今吳之靑雀舫，此其遺象也」[98]。鳬舟是否卽爲今吳地之靑雀舫，尙難說，郭璞的話，想也不過是一種傳聞之辭。舟爲鳬形應該是像鳬鳥那樣的船，而鷁首也是船頭像鷁的首，或者在船頭畫了隻鷁或鷁的頭。兩者確乎有些相像的地方。

但《方言》又說，江淮之間的人，「（船）首謂之閣閭，或謂之艦艄」[99]。郭璞注曰：「鷁，鳥名也」。他把艦直當作鷁。朱駿聲《說文通訓定聲》以爲係「字變作艦」[100]。卽鷁、艦互通。這就是說，江淮一帶的人們[101]說「船頭」時就叫做「艦艄」，反過來說，艦艄就是南方人對於「船頭」二字的發音，它並不代表別的什麼。

從上面的解釋，我們對鷁首的意義可以得出下列三個結論：

第一，係在某一種船頭上畫了些畫鷁首，或者放一隻鷁鳥的首在船頭上；

第二，係船頭的樣子好像鷁首，或者整條船就像一隻鷁鳥；

第三，鷁首根本就係「船頭」二字的發音，並無別的含義。

這種鷁首的船（或鷁舟）似乎一直到後來均未受到淘汰，甚至還

---

[98] 張協〈七命〉及李善注《文選》卷 35 頁 325。

[99] 參閱《方言》卷九，頁 193-4。

[100] 《說文解字詁林》，頁 1628a。

[101] 這一個個域性的限定不大可靠，一般地說，該是吳楚一席，甚至包括粵在內。

在當作交通工具。我可以舉幾個例子，比如庾信〈和炅法師遊昆明池詩〉：「秋光麗晚天，鷁舸泛中川」[102]；孟浩然〈與黃侍御北洋泛舟詩〉：「本欲避驄馬，何如同鷁舟」[103]。庾係在鷁舟上遊玩，而孟卻是說騎馬不如乘船。孟是唐代人。唐代划龍船已經很盛了。

鷁首與龍舟，或賽龍舟有沒有關係呢？從《穆天子傳》的「鳥舟龍浮（舟）」及《淮南子》的「龍舟鷁首」來看，可能是有的。下兩節分別說明龍舟與賽龍舟之後，將加以比較的解釋。

（二）龍舟的起源

把某一種船叫做「龍舟」，是從什麼時候開始呢？

最早我們在〈九歌·東君〉上看到「龍輈」二字。〈東君篇〉云：「駕龍輈兮乘雷，載雲旗兮委蛇」。朱熹注云：「輈，車轅也；龍形曲似之，故以爲轅」[104]。後來，張衡在〈東京賦〉裏也提到「龍輈華轙」的話。薛綜注云：「輈，車轅。轅端上刻作龍頭也」[105]。

輈，當作車轅，這是自〈考工記〉以來一貫的說法。《周禮·考工記》云：「輈人爲輈。輈有三度，軸有三理」。戴震注云：「輈，車轅也」[106]。《方言》說：「轅，楚衞之間謂之輈」[107]。

〈考工記〉和〈東京賦〉裏的輈，當是車轅無疑。不過依揚雄的記錄，也只是楚衞一帶的人們才把轅講作輈，依這樣說，「龍輈」並

---

[102]　《庾子山集》卷五，頁1b。

[103]　《全唐詩》第三函第三册，頁9b。

[104]　朱熹《楚辭集注·九歌》頁 11。

[105]　《文選》張衡〈東京賦〉，頁 40。

[106]　戴震《考工記圖》，頁 19b。鄭玄也是這樣解釋。

[107]　揚雄《方言》卷九，頁 81。

不就是「龍車」，它只是車的一部份，除了有時被用來代表全體。

〈東君〉裏的「輈」，不一定就是「車輈」。細看全篇的意思，該是把龍當做舟或車，是一種象徵性的假借字。這句話，「駕龍輈兮乘雷」的意思，相當於湘君的「駕飛龍兮北征」的飛龍和〈大司令〉的「乘龍兮轔轔」的龍。在人們的心目中，這種龍輈也許就是指的「龍舟」，但卻沒有後來那種龍舟的特殊的意義。

我們現在所意味著的龍舟，第一次出現於《穆天子傳》所說的「鳥舟龍浮（舟）」。郭璞以爲係「舟以龍鳥爲形制」。他承認那種舟是像龍一類的東西，不過這只是晉人的解釋。

《淮南子》有兩處談到龍舟：一是〈本經訓〉的「龍舟鷁首」，一是〈修務訓〉的「摩其鋒鍔，則水斷龍舟」。高誘在兩處均訓「龍舟，大舟也」。以龍訓大，似乎沒有這種例子，不知高誘何所據。我們看〈修務訓〉，對龍舟一詞，確也很難判斷是什麼含義；但〈本經訓〉的龍舟與鷁首並列，顯然是象龍形或者繪有龍形的舟。

班固〈西都賦〉云：「後宮乘輚輅，登龍舟」。這種龍舟，我們雖不知其形制，但卻可以推知與龍有點關係，也許就是從《穆傳》那一個形式發展下來的，爲天子所乘之船。後來的皇帝大都把他們自己所乘的船叫做龍舟，一方面固由於自認爲係龍種，另方面也的確在船上圖畫了一些龍蛇之類的動物。這種作風，是因襲式的，如〈拾遺記〉云：「漢成帝嘗與飛燕汎舟戲太液池，以沙棠爲舟，貴不沈沒也；以雲母飾於鷁首，一名雲母舟。又刻大桐木爲虯龍，雕飾如眞像，以夾雲舟而行」。這樣就不只是圖畫，而且有龍繞着走了。

魏文帝黃初五年「八月，爲水軍，親御龍舟，循蔡穎浮淮，幸壽春」（《三國志・魏志・文帝紀》）；明帝青龍二年「秋七月，壬寅，帝親御龍舟，東征權，攻新城」（同上〈明帝紀〉）。這些龍舟，想全是

由於皇帝乘座的緣故，也許在船上圖畫了些龍鳳，也許根本沒有。

　　隋煬帝大業元年「御龍舟幸江都……舳艫相接二百餘里」●。龍舟不但多，而且大。後人經過那些地方，總由不得發出一點惋惜之詞。比如白居易說：「南幸江都恣佚遊，應將此樹蔭龍舟……龍舟未過彭城閣，義旌已入長安宮」●。李益說：「錦帆未落干戈起，惆悵龍舟更不回」。自然，這些也只是供皇帝們遊玩用的，和「莽應理僭用金葉龍舟五十艘」●的龍舟一樣。但暹羅國的龍舟卻可以當作主要的交通工具。楊炳南說：「暹羅國……國大而民富廣，船由港口入內河……陸乘象輦，水乘龍舟」●。這和班固所假定的交通工具有點像。事實上，〈思玄賦〉的「號馮夷俾清津兮，攉龍舟以濟予」的龍舟，已經是交通工具了。

　　我們說了那麼多的龍舟，畢竟龍舟是怎麼來的呢？Bishop 說：龍船與長屋制有很大的關係，在農業社會中，它是用來求雨的。這個文化在遠東分佈很廣，如印度、中印半島、朝鮮、日本、中國大陸、臺灣和印度尼西亞等都有。這種文化是構成中國古文化的一部份●。他在注解中又說：中國北方有時也有龍船節，但僅有這種船，而無雕刻；與南方的龍船，無論在形式上和作用上都不同。

　　龍船用來求雨是很可能的一種想法，但卻不限於求雨，諸如保平安，驅疫都是比較原始的念頭，他們也會想到的。凌純聲先生認為「所謂龍船，以民族學眼光視之，即越人祭水神時所駕之舟」●。這

●　參閱《隋書・煬帝紀》及〈食貨志〉。

●　《鳳陽府志》卷十五古蹟考頁 69b 引白居易〈隋堤柳詩〉及李益詩。

●　朱孟震《西南夷風土記》，頁 7 。

●　楊炳南《海錄》，頁 1 。

●　Bishop, 1938:415–24 及注 15。

●　凌純聲，民 42: 8。

是一種很好的新的想頭。

我在上面所舉的例子，並未顯示出與求雨有關，那完全是娛樂性的；自然，在後來各地方志中的傳說，很多均提到求雨或者求農業的豐收等。

龍船與長屋制的關係不太容易弄清楚。在南中國各省的農村裏並未看到「長屋」，划龍船倒是每年都在舉行，這能夠說與長屋制有關嗎？在婆羅洲（Borneo）地方有一種長屋是非常龐大的。據 Hose 的調查：「一幢平常的房子可以容納四、五十家，住約二百至三百人；大一點的就有一百二十家，多到五、六百人了。這種房子通常是建在靠河的地方，距離水源二十到三十碼的樣子」[114]。他們也使用一種戰船（war boats），這種船是長的（long boats）。船頭上常常放了一個用硬木雕刻的狗頭或鱷魚頭，並且染成深紅色[115]。

他們並未把船叫做龍船（dragon boats），雖然在船頭上裝飾了一隻鱷魚頭。我們知道，鱷魚是常被初民認爲是龍的，但他們自己沒有這樣說過，這也與長屋有關嗎？

如果說長屋，我國蛋戶的「水欄」倒頗爲近似。《炎徼紀聞》載：「蛋人，瀕海而居，以舟爲宅，或編篷水滸，謂之水欄。以漁釣爲業，辨水色，以知龍居，故曰龍人」[116]。一隻隻的船編織起來，不很像長屋嗎？他們對龍好像也很有點關係，可惜我們不知他們是否也划龍船，或者也刻了一隻龍頭什麼的放到船頭上去。

林有席有一首詩，把他們似乎說得更生動些。他說：「世世舟爲宅，年年竹作簰。浮沉波浪裏，生活海天涯。蛇祭全家喜，龍居辨穴

---

[114] Hose, 1926: 71。

[115] 同上注頁 162。

[116] 田汝成《炎徼紀聞》卷四，頁 24a。

乖；還携蠔與木，知爾是同儕」●。至今廣東人喜歡吃蠔油牛肉，也許與這事有關都說不定。

　　實在說來，我們很難找出「龍船」究竟起於什麼時候，什麼地方，和爲了什麼？我們怕只能這樣說：龍船在戰國時候也許就有了，晚期，它在南中國各省的農村社會裏已是一種普遍的存在，起初爲了什麼，仍不知道，後來卻被人民視爲有宗教上的作用，比如求雨、祈年之類。

（三）賽龍舟的起源

　　賽龍舟實際起於何時，幾乎查不出來。一般的說法很多，最佔勢力的自然是「弔屈原」一說。屈原是楚人，許多人便把「弔屈原」和「出於楚」兩說混爲一談。據史料的顯示，弔屈原是附會，出於楚卻可能是眞的。

　　在有龍舟競渡的各個省區裏，除現今之蜀、滇、桂三省外，差不多全是古代荊楚吳粤之地。荊楚吳粤是一個「信鬼而好巫」的地方，這一帶的人們對鬼神總是怕得不得了。荊楚是南方的一個最大國，她曾統治過南方各小國，時間不算短，因而，楚國之俗流傳到其他各國去，當是必然的現象。

　　《武陵競渡略》也以爲競渡「實始沅湘之間。今洞庭以北武陵爲沅，以南長沙爲湘也。故划船之盛甲海內，猶有周楚之遺焉」●。這裏，該書作者以爲划船是楚國民族的一種原始的競技，他甚至把時間推溯到周代去。這看法很有點民俗的意義，他並列舉了三個競渡的理

●　《桂平縣志》卷五九紀文詩錄五，頁 12b 引林有序〈詠山子〉。

●　《古今圖書集成‧歲功典》卷五一端午節，第一九冊 45a 頁引《武陵競渡略》。

由❶：

(1) 競渡事本招屈（原）；

(2) 俗傳競渡禳災；

(3) 划船不獨禳災，且以卜歲。

他把招屈原魂一事放在首位，顯然是看重它。這是受了一般傳說的影響；實際他的第二和第三個理由是比較正確的，這在後面的事實可以看得出來。

我們最先看得出來的是《淮南子》「龍舟鷁首，浮吹以娛」（〈本經訓〉）的事實，似乎是說划着船兒在水上遊玩。司馬相如所說的「游於清池，浮文鷁……榜金鼓，吹鳴籟；榜人歌，聲流喝」（〈子虛賦〉），也是一樣的情景。從整個兒來說，這些都只是一種供人娛樂的遊船，一點兒沒有競渡的意思。

〈西京賦〉似乎表現得明白些，它說：「於是命舟牧為水嬉：浮鷁首，翳雲芝……齊拽女，縱櫂歌」。這和張協在〈七命〉裏所說「乘鳧舟兮為水嬉」是同樣的意義。水嬉是什麼呢？李善在上述二文中注云：「水嬉則舫（〈七命〉作舫）龍舟」。

從全文來看，水嬉可以作兩種解釋：一是當時的貴族們乘着遊船在水上作樂；一是所謂「舫龍舟」。但後者的可能性甚少，原因是：第一，這些鷁首（包括鳧舟）祇能說是龍船的前身，而非真正的龍船；第二，沒有一點像是競渡的樣子，除了可以推知他們是坐着船兒在水上玩以外。

我們雖然不承認那就是划龍船，但也有些相關的事實：(1) 他們

---

❶ 同上注頁 45。又米澤玄尙認為扒龍船是由送龍船而來；送龍船就是送惡疫。所以他以為扒龍船的作用有三種：一是祭屈原，二是禳水災，三是驅除惡疫 (1933：84)。這見解與《武陵競渡略》所說暗合。

坐的是龍舟，雖不知那種龍舟與現在的究有什麼差別；（2）龍舟是在水面上遊戲，遊戲的方法雖不一樣。

在史書上，「競渡」兩字最早和人們見面，怕是《荊楚歲時記》，該書約成於南北朝，公元第六世紀之初。該書在第十二頁說：「是日（陰曆五月五日）競渡」。爲什麼競渡呢？怎樣競法？都沒有說明。從全文看，似乎是南方農業社會一種古老的習俗，相信它有些宗教上的用處。但注此書者❷卻引用了三個競渡的理由放在這裏：一是弔屈原，二是迎伍子胥，三是爲了越王句踐。

事實上，越到後來，競渡的理由便也越多。我想我們可以把它列舉出來。

（1）按五月五日競渡，俗爲屈原投汩羅日，傷其死，故並命舟檝以拯之。舸舟取其輕利，謂之飛鳧（《荊楚歲時記》注）。

（2）「五月五日，時迎伍君；逆濤而上，爲水所淹」。斯又東吳之俗，事在子胥，不關屈平也（同上注引邯鄲淳〈曹娥碑〉）。

（3）（競渡）起於越王勾踐，事不可詳矣（同上注引《越地傳》）。《事物原始》加了一點解釋：「競渡之事，起於越王勾踐，今龍船是也」❷。不知是作者以意測之，還是眞有所據。

（4）俗以是日（五月五日）爲小端陽，十五日爲大端陽，云始於馬伏波。俱競渡龍舟❷。

（5）三月初六日，張神誕辰。神，蕭山人。有捍海滅倭功，三江斗門集水車、鳧馬以侑神觴。甚至非水神而遇誕日，亦有以競渡奓游

---

❷　按《荊楚歲時記》之注者一般以爲杜公瞻，杜，隋時人。

❷　《古今圖書集成・歲功典》卷五一端午節，第一九冊頁47b引《事物原始》。

❷　《來鳳縣志》卷二八風俗志，頁13b。

戲者●。

（6）七月二十三日，相傳鄧詔妻慈善，以是日死節，故今太和鄧浪皆競龍舟弔之●。

（7）湖南人家重端午，大船小船競官渡；彩旗花鼓坐兩頭，齊唱船歌過江去……嚴訶力禁不得定，不然相傳得瘟病。家家買得巫在船，船船鬥捷巫得錢。屈原死後成遺事，千載傳訛等兒戲……●。

七種競渡的理由中，第一、二、三種都是戰國時候的人物和事蹟；第四的馬援是東漢時人，他曾參加過南方的長征；第五的張神，由「有捍海滅倭功」來推斷，大約是明代的事；第六種不太清楚，但也可能係清時人；第七種是一般的，並未說明發生的時代，背景是「用巫驅疫」，這理由是比較原始的，作者李東陽最後想把這事仍然拉回到屈原身上，但敵不住社會的力量，他們都把巫師請到船上來呢，原因是巫師可以趕鬼驅瘟疫。

顯然，第四、五、六三種競渡的理由是附會上去的。第二和第三種，甚至第一種是屬於同一時代的人和事，很可能是同一傳說的分化，而第二、三種只發現一次，也只是一個地方。第一種理由的存在價值也不十分真確，主要是我們無法證明屈原是實實在在投水而死（詳見下節〈賽龍舟與屈原投江的傳說〉），這個大前提如果被否定了，結論自然也要受到影響。

第七種理由應該淵源甚古，雖在史料中晚出於屈原一說。不過，這也不是不能解釋，我們可以從幾方面加以說明。

第一，賽龍舟與以龍舟鷁首為水嬉一事頗有些歷史上的關係。鷁

●　《山陰縣志》卷十一風俗，頁 3a。

●　《雲南通志》卷三十地理志，頁 15a 引《大理府志》。

●　《湖南通志》卷四十地理，頁 9b 引明李東陽〈競渡謠〉。

首與鷁，由上述的事實來看，很可能是一個東西。唐代的文人也常常這樣寫的，比如范慥〈競渡賦〉：「鷁首齊向，飄然羽輕……櫂櫂翻然，亂驚鷁之揮翼」●；張說〈岳州觀競渡詩〉：「畫作飛鷁艇，雙雙競拂流」●。范張兩人把賽龍舟比作飛鷁或鷁首自然有些傳統性，不能完全視為偶然。事實上船頭上擺的東西往往不一樣，《西南夷風土記》說：「莽應理僭用金葉龍舟五十艘，中設金花寶座。月把所乘，皆木刻成象頭、魚頭、馬頭、鴨頭、雞頭等」●。船的形狀大致沒什麼分別，只是船頭不同。這種現象，泰國到今天還是差不多沒有改變，「泰國的老百姓有龍船，而政府也設有龍船……泰國的龍船……有龍頭，有鳳頭，還有老虎頭」●。龍船的形式，大抵自古以來就不大相同；由於形式的不同，划的方法也就不可能一樣。臺灣今天的龍船，有的畫龍，有的畫鳳，有的卻在同一條船上畫上龍和鳳兩種動物。因此，我們認為鷁首也許就是龍船的一種，是比較早期的，約當於《穆天子傳》裏的龍舟。以後就演變到《淮南子》和〈七命〉那種情形。

　　第二，信鬼好巫，我們總以為是楚民族的特徵，其實不盡然。《周禮》上鬼神之官已經是太多了，如太卜、卜師、筮人、太祝、小祝、司巫、男巫、女巫……全是和神鬼打交道的，這和〈九歌〉沒有什麼分別。秦始皇、漢武帝他們成天的拜神，連最小的地方鬼也要祭祀一番。再推上去，殷商也是一個非常敬重鬼神的民族。這是人類的根性，他們征服不了神鬼，自然只好拜倒在神鬼的腳下。因此，我們可以相信，龍舟競渡的原始想法是和水神攀交情。《新喩縣志》有一

⑫⑫　《中華全國風俗志》上篇卷六湖南，頁 11, 12。

⑫　朱孟震《西南夷風土記》，頁 10b。

⑫　蕭莉，民 49。

個很好的解釋，我以爲可以做爲此事的代表，它說：「端午龍舟競
渡，猶傳楚俗。每旱雩禱，或近龍而激潭洞，或近巫以驅魃厲；蓋
《周禮》索鬼神之謂也」（卷二風俗，頁 80a）。索就是諂媚的意思。
人們以爲這樣子便可以邀福於鬼神。元稹說得好：「楚俗不愛力，
費力爲競舟……朝飲村社酒，暮推鄰舍牛。祭船如祭祖，習競如習
雠」●。把祭龍船的事看得和祭祖先一樣重要，已夠說明一切了。

第三，競渡弔屈原，以隋人吳均(《續齊諧記》)爲先倡，《隋書》
隨之。但宗懍(《荆楚歲時記》)之說早於吳均數百年，我們不能把前說
而附和後人，因爲宗氏並未說到屈原，顯然是一般性的說法，和其他
的農節一樣，是農村社會的產物。同時，我們還必須了解一點，各地方
志所言驅疫，祈年，保平安，卻是完完全全爲農業性的迷信。方志是
後起的一種地方史志，我們無法在宋以前看到它，自然形成一種晚出
的現象。但是，它所記的卻是一些從人們嘴裏流傳下來的傳說，這些
傳說，可能剛形成不久，也可能已是非常古老了。許多地方競渡時
不但要划船，還要唱「龍歌」，這種方法，正如求雨時必須唱歌跳舞
一樣。所唱的歌自然是通俗的民歌，《文中子》云：「子遊大樂。聞
龍舟五更之曲，瞿然而歸曰：『靡靡樂也』」●。這種靡靡之音，我
們難以想到係爲了弔屈原而作，實在是代表某一個地方的民間音樂。
這本書是隋代人寫的，我們至少可以說，隋代已是如此。所以我們把
競渡看做賽神不是沒有原因的。最後讓我再引一節萍鄉縣端陽競渡的
記載吧：「（端陽）龍舟競渡，角黍投江，相傳爲屈大夫踏汨羅之紀
念……賽船之人，咸集龍王廟，焚香燃燭，祭禱龍王後，披紅巾於龍

王首上，然後將龍首龍尾，迎下小舟。龍首置於船鎰，龍尾置於船末。水手數十人，撥槳前進」❶。人們相傳爲紀念屈大夫，而實際卻跑到龍王廟裏去祭祀，我想不必再加以任何解釋也可以想見了。

第四，由上面的敍述，我們可以相信，划龍船的宗教作用大於任何別的說法，但爲什麼要比賽呢？原來也是有理由的。順德縣的人們傳說：「鬥龍船……得全勝者……其埠必年豐、人樂、貿易以饒云」❶。想想看，這關係夠大的了，無怪人們拼命去爭取鬥船的勝利，甚至鬧得雙方械鬥起來，也在所不惜。《武陵競渡略》說：「俗傳，花船贏了得時年」❶。爲了一個好年歲，誰不願意賣點力氣呢。另有一種說法，如 de Groot，認爲競渡是「代替打龍，而打龍可以引起天上眞龍的鬥爭，於是帶來大雨」❶，這解釋也頗合乎道理。

幾千年來，中國人一直是靠天吃飯，賽龍舟不過是其中之一而已。

六　賽龍舟與屈原投江的傳說

說屈原投水而死，賈誼怕是第一個人。賈誼在〈弔屈原賦〉裏一開頭便說：「恭承嘉惠兮誤罪長沙，仄聞屈原兮自湛汨羅」。這個消息是從那裏拾來的？我們實在無法查考。〈懷沙〉並沒有示意說他要投江。〈漁父〉雖然說了一句「寧赴湘流葬於江魚之腹中，安能以皓皓

---

❶　《中華全國風俗志》下篇卷五江西引《萍鄉（縣）歲時之風俗》，頁50-51。

❶　《順德縣志》卷三輿地略，頁 37a。

❶　《古今圖書集成・歲功典》第十九册頁 45a。

❶　Bredon, 1927: 303。

之白而蒙世俗之塵埃乎」？衹是一個比喻的想法，不能因此作出一個
「投江而死」的推理❸；況且，〈漁父〉又可能是後人的僞作。賈
誼是不是由於這一個誤解而產生出他的不當判斷，我們不得而知。可
是，後來司馬遷寫〈屈原賈生列傳〉時卻肯定他「懷石，遂自投汨羅
以死」，卻未免有些妄斷是非。

　　故事也許就是這樣流傳下去，沒有什麼變化。

　　到梁時，忽然增加了一種新的內容。吳均除了認定屈原是投水而
死外，並且說是在五月五日這一天，漢建武中還有人碰到過他呢。他
說：「屈原五月五日投汨羅水，楚人哀之，至此日以竹筒貯米投水以
祭之。漢建武中，長沙區曲忽見一士人，自云三閭大夫」❸。這眞是
活見鬼。本來，吳均的話，人們也不必過於相信，他的目的只是在講
故事而已。可是，話卻傳開去了。《隋書》就講得更活潑一些，沒有
鬼氣，不吃粽，卻換上了競渡，日子改在五月十五日。它說：

　　　　屈原以五月望日赴汨羅，土人追至洞庭，不見。湖大舡小，
　　莫得濟者，乃歌曰「何由得渡湖」？因爾鼓櫂爭歸，競會亭上。
　　習以相傳爲競渡之戲（卷三一〈地理志〉，頁 465）。

土人想即係指當時當地的荊楚之民，如果只是爲了救屈原，歌就唱得
有點莫名其妙。

　　把《續齊諧記》和〈地理志〉兩個故事合併起來，這個傳說便僵
化了。以後經過唐、宋，一直到現在，人們大致都以爲：端午日吃
粽、划龍船，是爲了紀念屈原。比如蕭振說：「救溺之蒸徒競楫，招

---

❸　日本齋藤正謙也否認屈原是投江而死。他以爲這是司馬遷對於〈漁父〉
　　一文之誤解所致（參閱瀧川龜太郎《史記會注考證》第八冊 84 卷，頁
　　19）。我卻認爲司馬遷是根據賈誼的話而寫的。
❸　吳均《續齊諧記》，頁 7a。

魂之角黍爭投。寢爲午日之風，播作三閭之事」❸。

　　許多人也把這件事當作寫詩的題材，如唐范慥〈競渡賦〉：「因汨羅拯溺之事，爲江漢載浮之嬉」（《湖南通志》卷四十，頁 8a 引）；唐儲光羲〈觀競渡詩〉：「大夫沈楚水，千祀國人哀；習櫂江流長，迎神雨霧開」（同上頁 9a 引）。像這樣的例子，實在多得不可勝計。他們都毫不保留地將這事完全堆在屈原的故事上。

　　有沒有人懷疑過呢？自然也有，只是不多，並且也沒有提出有力的反證，比如《武陵縣志》說：「五月五日爲端午節……其造龍舟競渡，則相與互角勝負。安知其所自始？爲弔屈原耶？」（卷二六〈風俗〉，頁 2b）武陵一向係被認爲划龍舡的發源地，如劉禹錫說：「競渡始於武陵，及今舉楫而相和之」❸。可是當地的人們卻不知道它始於何時和爲了什麼，這證明這個傳說的否定性格已經存在了，但也沒有獲得另一方面的論據。

　　對於屈原之死，也有人表示不同意一般的說法。唐代的蔣昉曾經提出一個有趣的問題，說「我們怎麼知道屈原是懷沙投水而死呢」？他在〈汨羅廟碑記〉裏寫道：「太和二年春，昉奉命宜春，抵湘陰，歇帆西渚。邑宰馬搏謂予曰：『三閭之祠，有碑無文，豈前賢缺歟？』又曰：『俗以三閭投汨水之濱，所葬者招魂也。嘗所憾焉』。案圖經汨水多二尺，夏九尺，則爲大水也。古之與今，其不甚異也。又楚人惜三閭之才，憫三閭之死，舟馳楫驟，至今爲俗。安有尋常之水而失其遺骸哉？安有不視其骸而知其懷沙哉？但以《楚辭》有小大〈招魂〉，後人憑而穿鑿，不足徵也」（《湖南通志》卷七四典禮四祠廟

❸　《湖南通志》卷七四，頁 46b 引五代梁蕭振〈昭靈侯廟記〉。

❸　《湖南通志》卷四十地理，頁 8a 引劉禹錫〈競渡曲〉自注。

一）。我爲什麼把他的話抄了這麼一大段？有三個原因：第一，這話是唐時人在湘陰講的。湘陰在汨水之旁，而這個傳說見於唐代之詩文者最多；第二，用水深及水之流速而判定不會找不到遺骸是一個很切實的好見解，我不能不列舉出來；第三，從找不到遺骸而否定「懷沙投水」一語的眞實性，這個否定判斷是一個很合理的推論。

蔣昉的話雖然只是消極方面的疑問，仍然是很有價值的。至少他已經提醒我們，屈原投水及其與龍舟競渡的關係的說法，不是絕對的。

其實，《荊楚歲時記》早就把投水和競渡的傳說列出了三個假定，卻不知後來人怎麼只取了一個，這眞是有幸與不幸。三個假定是這樣的：

（1）按五月五日競渡，俗爲屈原投汨羅日，傷其死，故並命舟檝以拯之。

（2）〈曹娥碑〉云：「五月五日，時迎伍君。逆濤而上，爲水所淹」。斯又東吳之俗。事在子胥，不關屈平也。

（3）《越地傳》云：「（競渡）起於越王句踐」。不可詳矣。從上述三點來看，就以人而論，也不衹屈原一個。

事情已經過去了，我們自然有足夠的理由來懷疑屈原的投江，卻也很難說出他是怎樣死的，因爲我們拿不出具體的證據。但從上面的推理來看，他至少不曾投江。

七　賽龍舟與農業的關係

我們知道，划龍船的主要日子是在五月的端陽節前後。這期間，在南中國的農業社會裏，正是稻苗成長的季節。早稻或晚稻收成的好

壞，全要看四、五、六（指陰曆）三個月的雨量而定；而五月尤其重要，因爲這時早稻已經出穗了，晚稻剛栽下去⑭，兩者均需要適當的水量灌漑，否則便會造成歉收，或者荒年。

在水利工程並不良好的時代，農人們爲了預期獲得多量的農產品，便想出了各種各樣自以爲有效的辦法。用划龍船的方法以祈禱豐收是其中的一種。正如《吳江縣志》所說：「每當農務未興（按此指清明日），禁煙之際，呼集少壯，裝駕龍舟。歌哨齊發，往來如飛」（卷三九〈節序〉，頁 11b）。在農忙的空際裏偷一點時間去划船，看樣子不全是爲了娛樂。這在《西吳里語》中就說得更明白些。《西吳里語》說：「清明居民各棹彩舟於溪上爲競渡，謂宜田蠶」。⑭清明競渡而謂有益於田蠶，不難推知，划龍船係具有某些方面的宗教作用。

《興化府志》說：「（五月）初五日薦祖，牲用鵝……各社爲龍船，自初一日起至初五日止，相與競渡」（卷十五〈禮志〉，頁 7a）。划龍船而以社爲單位，顯然是原始農業組織的遺存。也許即是向社神求年。就如《臺海使槎錄》所說：「五月初一至初五日，各寺廟及海岸各船，鳴鑼擊鼓，名曰龍船鼓，謂主一年旺相」⑭。打打龍船鼓就會使一年的日子好起來，划了龍船也許會更好些。

上面這些話也許說得還不夠明白，我們雖能猜出與農業有關，卻總不是直接的說明。我們現在來看看琉球吧，《琉球國志略》說：

---

⑭　南方各省，播種大約在陰曆三月中旬（各地也有些前後的差別），四月上旬即開始插秧。晚稻秧則於稍後插於早稻行列之間。因水利不發達，不得不如此。此與臺灣之種稻方法頗不一樣。

⑭　《浙江通志》卷九九〈風俗〉上，頁 19b 引《西吳里語》。

⑭　黃叔璥《臺海使槎錄》卷二，頁 38。

「五月五日競渡……定吉日祭稻神」❸。祭稻神的用意很顯然是祈求
一個豐年。也許有人要問：第一，琉球國不在中國版圖以內；第二，
祭之日未明言在端午；第三，原文並非說競渡以祭稻神。其實這都不
成問題。(1) 琉球古文化的來源，我們固不能肯定其屬於中國，但當
時（清代）的文化卻是中國式的；(2) 祭農業神本不限於端午，端午
祇是後來一個較爲普遍的日期；(3) 沒有說競渡不能證明祭稻神時就
沒有龍舟或者沒有競渡。該書又一處說，「請龍王神像升龍舟……設
雨壇拜祭」（卷十一，頁 152）。這是說求雨時也用龍舟。求雨自然
是爲了農作物的生長。這種說法，琉球人自己也說過，他們認爲划龍
船是感謝神恩的豐年祭❹。

　　像這樣的事情，其他地方也有，並且說得很清楚，比如《溫州府
志》說：

　　　　端午各鄉俱操龍舟競渡，祈年賽願（《浙江通志》卷一百
　　〈風俗〉下，頁 20a 引）。

《嘉靖寧波府志》：

　　　　（五月）八日各鄉祠廟爲會祀神，以龍舟競渡，謂之報賽
　　（同上卷九九〈風俗〉，頁 25b 引）。

這些競渡的目的，多是爲了農產品的豐收。他們以爲這樣就可以得着

───────────

❸　周煌《琉球國志略》卷四下，頁 73 引徐葆光《中山傳信》錄。

❹　喜捨場永珣 (1940: 33-56) 一文中指出黑島（琉球）划龍船的起原說：
　　黑島每年的人頭稅本來是依照農業管理及經營的情形加以審核的，可是
　　有一年，大家的情形全一樣，於是用拔河來賭勝負，不幸，這又不成，
　　於是就賭划龍船，恰好，這一年竟是少有的大豐收，島民爲感謝神，自
　　後便每年在海邊划龍船當作豐年祭（頁 34-35）。這彷彿說划龍船與人
　　頭稅有關，但以我看，人頭稅一節是附會上去的，這從划龍船的兩個歌
　　（頁 43-46, 48-50）可以看出來，歌的意思就是祝神保護豐收。

神的幫助。這種想法，不僅浙江人如此，廣東人也如此。《順德縣志》說：「龍江歲五、六月鬥龍舟……得全勝者，還埠則廣召親朋燕飲，其埠必年豐、人樂、貿易以饒云」（卷三〈輿地略〉，頁73a）。表面上看，似乎多了一個「得全勝者」的條件限制，實際是一樣的。他們以爲：鬥了龍舟不但可以有一個好年歲，而且人也太平，生意也做得不錯，彷彿一切都建立在鬥龍舟上。我們看臺北士林人在「龍船頭上插了兩面紅旗，上書『四時無災』、『八節有慶』，或『國泰民安』、『風調雨順』」[145]就更能了解了。

由上面的討論，我們可以得出如下的幾個論點：

（1）夏天賽龍舟是爲了秋天的豐收，儲光羲曰：「能令秋大有，鼓吹遠相催」[146]。

（2）我們雖不能說划龍船是起源於祀農業神，但有許多地方卻是爲了農業神或水神的。

（3）划龍船的時間正是農作物的生長期，需要大量的雨水，故可能與求雨有關。

（4）有點宗教感或巫術作用。

八　賽龍舟的宗教功用

《漢書・地理志》說荆楚吳粵那一帶地方「敬神鬼，重淫祀」。什麼事都由神來解決，這怕是地理環境所促成的。人們偶然得來的災患太多了，沒有法子，只好聽從神的意旨。

---

[145]　潘㴑禎，民 30：12。

[146]　唐儲光羲〈觀競渡詩〉引自《湖南通志》卷四十地理，頁 9a。

宗教或巫術作用就是這樣產生的。

划龍船可以視爲是宗教中的一種，但何以應用到逐疫、消災和保平安上面去，就不太容易解釋，也許由於對龍和船的迷信而起。

在許多資料中，有關於宗教者有以下三種。

1. 認爲競渡可以驅除瘟疫

《延平府志》說：「端午……舟人競渡，俗云逐役也」（卷四四〈風俗〉，頁6）。俗云逐疫，即是在人們一般的傳說中，划龍船是可以把疫癘趕走的。在醫藥不發達的農村社會裏，一旦發生傳染病，是一件非常可怕的事，因爲找不出方法去治療病人，除了相信傳統的巫術作用。南方地氣卑濕，陰曆五、六月間傳染病最易流行，這樣，一個最沒有用處的巫術也會最容易傳開去，於是，便到處流行着一個「競渡可以逐疫」的傳說。《長沙府志》云：「端午……坊市造龍舟競渡奪標，俗以爲禳疫，實弔屈原之遺事也」（卷十四〈風俗〉，頁5a）。「實弔屈原之遺事」是《長沙府志》的編者根據另一種傳說加以揣想出來的，實際是長沙人「禳疫」的一種巫術。類似的說法很多，我們可以再舉幾個例子。《羅定州志》：

> （五月）自朔至五，結綵蓮船以觀競渡，至末夜，鳴金擊鼓，迎神逐疫（卷一〈輿地〉，頁35a）。

《徽州府志》：

> （祁門）五月五日迎神船逐疫（卷二之五〈輿地志〉，頁10b）。

《郎西縣志》：

> 端午……競渡，於火星廟開壇作醮，紮舟送神，謂瘟火會（卷一〈輿地志〉，頁5a）。

所謂迎神逐疫，或迎神船逐疫，或瘟火會，名詞雖有些不同，本質上

是一樣的，就是求神來保護。正如《湖北通志》所說：「今俗祠瘟神多在五月五日，所謂龍船會也」（卷二一〈輿地〉，頁 44b）。由此可知，逐疫、祠瘟神、龍船會三者全是一個東西。目的是藉龍船把瘟神送走。這是老百姓的目的，也是端午競渡的重要理由。

2. 認為競渡可以消災

消災或逐疫在巫術的應用價值上是沒有分別的，但其目的卻不完全相同。「逐疫」祇限於傳染病的驅除，「消災」的範圍卻廣得多，包括人們一切所可能遭受的禍害，諸如疾病、死亡、歉收……等等。這些，人們相信只要競渡便可以把它們消滅掉。《蘭谿縣志》說：「端陽節濱溪諸鄉有作龍舟競渡以消災者」（卷一〈風俗〉，頁 7a）。《岳陽風土記》也有這樣的記載：「瀕江諸廟皆有船，四月中擇日下水……端午罷。其實競渡也，而以為禳災」[147]。其實競渡即是禳災，《岳陽風土記》的作者誤會了民間的傳說。這種傳說，在《揚州畫舫錄》裏表現得更明白，它說：「送聖後（即龍船上岸後），奉太子（神之一）於畫舫中禮拜，祈禱收災降福。舉國若狂」[148]。人們在進一步的祈禱中，不但盼望收災，而且要求神能降福。殆至舉國若狂，也就可想見其對於該事之狂熱了。陸川縣人們的想法卻有些特別，「端午……男人浴於江以禳疾病，名曰洗龍舟」[149]。男人們在端午日跳到河裏洗個澡居然叫作洗龍舟，這是怎麼回事？我以為這是一種「替代」的想法。原始民族往往有一種獵首（即殺人）的習慣，他們以為殺了別人便可以保得住自己。陸川人的洗龍舟也可能即是「等於划了龍船」的意思，而划了龍船是可以消災的，那麼浴於江也就可以禳災

---

[147]　《湖南通志》卷四十〈地理〉，頁 7b 引《岳陽風土記》。

[148]　《揚州府志》卷六十〈風俗〉，頁 13b 引《揚州畫舫錄》。

[149]　《陸川縣志》卷四〈輿地類〉三〈風俗〉，頁 25b。

了。

3. 認為競渡可以保平安

「保平安」可以說是一種積極性的宗教作用。像上面所說的逐疫和消災，都是企圖把災難趕走就算了，這裏卻是祈禱一種永遠的平安。人們在天災人禍中過了那麼多苦難的日子，一代一代的挨下去，自然渴望一個長久的好日子，然而，又是多麼難得，他們只好求助於那渺茫的神了。廣東的潮州就有這麼一個傳說：「他們當競渡的那一天，便要扒到他們所共奉祀的神廟去拜神，以祈神庇佑他們平安。但龍舟競賽完畢之後，必須演戲（至少一檯）酬答龍神，名曰『壓地靈』。他們以為如果競渡之後，不演戲壓壓地靈，在他們的鄉村，這一年內必定很衰敗不祥」[150]。他們雖然把一般的神和龍神分開來祭祀（祭祀的方式也不一樣），目的卻只有一個：確保鄉村人們的平安。漳州的人們也有這樣的想法：「各姓比賽龍舟外，還要請戲舞演，以求神之保庇」[151]。事實上不但在競渡之外，即是在龍船上他們也擺上了許多的神，比如媽祖、馬九爺等，並且請神上船的儀式也非常嚴肅[152]。他們確信神可以為人們消除災難和帶來幸福。

從上列三種競渡的理由，即逐疫、消災和保平安來看，我們有理由相信，競渡在宗教或巫術作用上佔有很大的份量。那麼，人們為什麼如此相信龍船的魔力呢？我想潮州人們的一個傳說很可以代我們解釋一下。黃昌祚在〈由潮州競渡的風俗談到龍舟自由行動的趣事〉一文中敍述說：「又有一種關於競渡的迷信，就是在某一溪澗，如果常常有人在那裏浸死，他們便說是有『水浸鬼』在作祟。所以在

---

[150] 黃昌祚，民 18：26。

[151][152] 胡張政，民 17：36。

競渡的時候，就請龍舟到那裏扒來扒去數次，名曰『洗溪』。他們承認龍舟的威權很大，如此去做，『水浸鬼』自然怕它而逃走了」(民18: 26)。這幾句話提供了我們兩個有力的說明：第一，龍舟的威權很大；第二，龍船可以把不祥的魔鬼趕走。我以為，競渡所產生的所有宗教上的迷信，都是基於「龍舟的威權很大」這一個肯定的觀點上所發生出來的。

九　賽龍舟的方法

　　划龍船的方法大致都很簡單，因為他們的目的不過是使船前進，或者前進得快些而已。由於龍船是利用划的力量，所以一定得使用槳（小形）。但要前進得快，就必須每一個槳在同一時間內工作，以集中划手的動力。因此，龍船上的鑼鼓就成為統一指揮的信號。這樣，鑼鼓的響聲就直接控制了龍船運動的快慢。

　　划龍船也不是一開始就競賽的，有的地方事先都有許多必要的安排，比如先試試鼓音，或者先把龍船放到河裏去試試它的性能，或者事先把某些神請到船上去以為保護神……等等，花樣實在太多。這些花樣，有的固然屬於迷信，有的卻是技術上的必要措施。我們看看東莞縣吧。

　　　　我鄉的龍舟競渡是和附近各鄉聯合舉行的。由五月初一起至十五日止，每鄉輪值一天。如今是某鄉當值，那麼，各鄉的龍舟都要扒到某鄉去競渡了。競渡那天，各鄉都有請菩薩看龍船的舉動，禮節很是隆重。由鄉中的者老們聯（合）到廟裏向菩薩拜請後，便由少壯子弟把菩薩扛下船去，各者老坐船隨着。待各鄉的

龍船齊集後，便來開始競賽了●。

請神的舉動自然是迷信，但在各鄉輪流地划船，卻給人們帶來了很大的快樂。

別的地方又不是這樣，比如瓊州，《瓊州府志》說：「端陽前，各鄉以木刻龍加之繪飾，置祝本境廟中，競唱龍歌，拋雞入溪洗之，謂之洗龍。五月一日至四日，各迎本境之龍於會首家，羣歌而飲……至五日，各村之龍咸會大溪，競渡奪標」（卷三〈輿地志〉）。他們在競渡之前，做了許多預備工作：繪飾、唱歌、洗龍，以及羣聚而飲等，最後纔競渡奪標。

現在划龍船已經不唱歌了，但較早時，划龍船怕都有唱歌這一個重要節目。我們不知道爲了什麼，也許是快樂一陣子吧？《琉球國志略》說：「重陽日……觀競渡龍舟三，朱一、白一、黑一。衣飾槳幟各如其色。久米、那霸、泊村各辦一舟。舟中執楫，則皆首里貴戚子弟唱習者。金鼓震蕩，歌聲應節」（卷十一頁146）。我們想像得到，當龍船上的歌聲揚起時，一定贏得了不少的喝采。又如敍州府的龍船「每船以十餘人，執短橈，坐而划之。船頭一人，執小紅旗，中一人擊鼓，船尾一人擊小鑼。礮聲一發，金鼓鏗鞫，棹謳齊作。絕流上下，其行如飛」●。試想想看，這種「棹謳齊作，絕流上下」的龍船在河裏飛騰，那得不掀起一片快樂的浪潮呢？並且我以爲，敍州府划龍船的方法可能是一種典型性的，至少我曾經見到過許多地方的龍舟競賽多半是如此，除了一點小的技術上的差異。自然，現在是不歌唱了。

● 李建青，民18: 26。

● 《敍州府志》卷二二〈風俗〉，頁 6b。

　　划龍船在農村社會裏的確會帶來許許多多的興奮。划的人高興，看熱鬧的人也一樣的高興。比如廣州賽龍舟時，「遊船（以）萬計，樓亭翠幄，奇巧相先，不可名狀。歌板雷動，酒氣雲蒸。絲竹與笑語相亂，女士華妝炫服，照耀波間。墜珥遺簪，想滿龍宮矣」[155]。這情形實在豪華得不得了，使我們不禁要聯想到阿房宮裏的描寫。宋代杭州的競渡，其熱鬧也不下於此，《夢梁錄》說：「都人不論貧富，傾城而出。笙歌鼎沸，鼓吹喧天。雖東京金明池，未必如此之佳」（卷二，頁 11）。我們要問的是，爲什麼大家都熱烈地去參加呢？也許是一種不要錢的大眾娛樂。

十　龍舟構造的幾個例子

　　各地龍船的構造大抵都不太一樣，原因是划龍船必須在水上，而河川卻是大小不一。一般而論，海上或大河裏用的龍船要大些，小溪中便只能使用小龍船了。

　　記得小時候在家時，端午節也總是去看「划龍船」。那時不論在城市或者小鄉鎮，只要有河可供行舟，那天便可以看到划龍船。

　　龍船多半屬於一個廟社，廟附近的人們便去划那隻船。

　　船身頗長，可以容納三十多名（32 人？）划手，寬度卻僅能並坐二人，尖底，形如梭。船首置一木雕龍頭，上面披了一塊紅布，船尾卻無龍尾。中間有一個架子，用兩條繩索，自首至尾拉緊，架子上插一把小旗。用鑼鼓爲划船號令，走起來卻也真有點像飛。事隔十多年，也記不十分清楚了。

---

[155]　《廣東通志》卷九二〈輿地略〉十，頁 16a 引《天山草堂集》。

下面再舉幾個例子。

《敍州府志》說：「府城濱臨大江，端午節有龍船會。船長三丈許，底尖面窄，首尾雕刻龍矩，繪以五綵。每船以十餘人，執短橈，坐而划之。船頭一人，執小紅旗，中一人擊鼓，舵尾一人擊小鑼。礮聲一響，金鼓鏗鞫，棹謳齊作，絕流上下，其行如飛」（卷二十二〈風俗〉，頁 6b）。這種形狀和上面我所說的差不多，祇是大小有些不同。同時我們家鄉划龍船也不唱歌，卻是和劉陽的更像些，「沿河居民刻木為龍首，縛船頭。鳴金鼓競渡」（《劉陽縣志》卷八學校，頁 38b）。長江的龍船大致總寬大些，如附圖四 A 所示，可以坐三十四人，船首有刻雕龍頭，樣子挺威風的。

西湖的龍船，看情形就華麗得多。《杭州府志》說：「西湖龍舟四五隻，其船長約四、五丈，頭尾均高，彩畫如龍形，中繪上下兩層，首有龍頭……尾有蜈蚣旂」（卷七六〈風俗〉，頁 25a 引《杭俗遺風》）。樣子雖是好看些，但這樣的龐然大物，走起來一定是慢吞吞的。船既然是龍頭，何以尾巴上插了一把蜈蚣旂？

《西湖游覽志餘》所記之龍舟，似乎與上面一種又有些差異，它說：「龍舟六隻，俱裝十太尉、七聖、二郎神雜劇，飾以綵旗、錦傘、花籃、鬧竿、鼓吹之類」（《杭州府志》卷七六〈風俗〉，頁 24a 引）。這種龍船，裝扮得花花綠綠的，可能祇是在湖上游玩，不是用來划的。不過，吳自牧卻說是划：「其日（二月初八日）龍舟六隻，遊於（西）湖中。其舟俱裝十太尉、七聖、二郎神神鬼……快捷者賞之」（《夢梁錄》卷一，頁 6）。顯然這是在比賽快慢。類似這種樣子的張設，別的地方也有，比如漳州南溪的龍船：

船身長五丈零，船頂是蓋竹篷的——普通船也是如此——船頭豎立大旗，旗面繡龍、馬九爺諸神的像，和船主的姓。船艙上

安置香案桌，香案桌之前是掛彩和吊燈。佈置完畢以後，就去水
頭祈請賽爺， 南山等請馬九爺 、 媽祖來供奉舟中……到了三十
日，各地就要比賽龍舟了❺❻。

這樣裝飾起來的龍舟，實際是一條神船。我想他們划龍船的目的並不
是給人看，而是娛神。像廣州的大洲，其龍船上的裝飾就更顯得熱鬧
了：

> 粵人習海競渡角勝，而大洲比常製猶異。十餘年始一舉。船
> 廣可三丈，長五丈。自龍首至尾，金光奪目，疊綵如層城，上飾
> 童男女作仙佛、鬼神及古英雄凡數十事。旋轉舞蹈，冒之以幔，
> 數里外望猶可見。兩旁持短楫，應鼓者百夫，銀帽紅衫，鐃吹沸
> 作。更爲游龍十數，繚繞後先，若羣螭之從母出入者❺❼。

這種龍船， 對於民間金錢的消耗量一定很大， 可能因而十餘年始一
舉。但由李計《揚州畫舫錄》來看，揚州龍船的耗費也不小，他們卻
是每年都舉辦一次。也許揚州人們的經濟情況要比廣州好些，否則，
人們將會不勝其苦。《揚州府志》引李計的話說：「船長十餘丈，前
爲龍首，中爲龍腹，後爲龍尾，各占一色……有獨占鰲頭、紅孩兒、
拜觀音、指日高陞、楊妃春睡諸戲」（卷六十〈風俗〉，頁 13a）。
這條龍船倒是比較像一條龍的樣子，看起來可能要舒服得多。船長十
餘丈，可見其聲勢浩大。十餘丈的龍船不僅見於揚州，東莞和桂林也
有。《東莞縣志》云：「龍舟長至十餘丈」（卷九〈輿地略〉八，頁
8b）。《赤雅》云：「桂林競渡，舟長十餘丈」❺❽。這都可以說是大龍

---

❺❻　胡張政，民 17: 34-36。

❺❼　《廣東通志》卷九二〈輿地略〉十，頁 16a 引《天山草堂集》。按此爲
　　記明時廣州府賽龍舟事。

❺❽　鄺露《赤雅》卷上，頁 49。

船。此外如黔陽縣的龍船「長數丈，三十六艙，排坐七十餘人」⑮，也不能算小。

臺灣的龍船不能算大，但也不十分小，「龍船長五丈餘，中央寬四尺五寸，高一尺五寸。樟木製，船首有龍頭，船尾有龍尾，船身繪有鱗」⑯。這也只是一個例子，據我所看到的，比這種更小的也有。比如松山（臺北縣）的龍舟就祇能容納二十人左右，船首沒有龍頭，船尾也沒有龍尾，只是在船的兩邊畫上一對彩色的龍鳳，樣子像一條沒蓬蓋的小帆船（見附圖五）⑯。

上面所舉的一些龍舟，祇是就手邊現有的材料來說，自然不是包攬無遺。

十一　賽龍舟日期的分類

在我們日常所習慣的記憶裏，一說到划龍船，便會聯想到五月五日，或者「端午」這個日期。其實這是不大正確的，划龍船的日期除了端午以外，還眞是多得很。從陰曆二月二日起，一直到重陽日止，每個月都有。這中間還沒有計算到變相的陸龍船。他們競渡的原因雖是各有各的說法，在形式上，卽把龍船放到水裏後開始競賽，則大致差不多。

下面是我們所查到的一些龍舟競渡的日期，依其舉行競賽時間的先後排列出來。有的日期只找着一個，比如《會稽志》所說二月二日

---

⑮　《黔陽縣志》卷十七〈戶書〉四，頁 2b。

⑯　潘廼禎，民 30: 11–12。

⑯　附圖五所示，係採自民國四十九年五月二十八日《自立晚報》，形狀與松山龍舟相彷彿，但未注明攝於何處。

西園觀競渡，彷彿有些像孤證，但沒有關係，好在我們不是要證明什麼，只在於說明一些已經存在的客觀事實而已。

這些記載中，有的把規定在這一天競渡的原因也說明了，有的卻沒有。爲了看起來容易理解些，我簡略地抄出一部份事實，但不另加解釋。

1. 二月二日

《會稽志》：

二月二日始開西園……府帥領客觀競渡……千秋觀前一曲亭亦競渡，不減西園（卷十二〈節序〉，頁 19b-20a）。

2. 二月八日

《夢梁錄》：

其日（二月初八日）龍舡六隻遊於（西）湖中……快捷者賞之（卷一，頁 6）。

《杭州府志》引《西湖游覽志餘》：

西湖競渡以二月八日爲始，而端午尤盛（卷七六〈風俗〉三，頁 24a）。

3. 三月上巳⑯

《義烏縣志》：

三月上巳，先十餘日沿溪民或泛綵舟如競渡，至是日止。俗呼划龍舡（卷七〈風俗〉，頁 65b）。

《杭州府志》引陸垹〈上巳詩〉：

鳳管催花落，龍舟送日晡（卷七六〈風俗〉，頁 16b）。

---

⑯ 《漢書・儀禮志》謂係三月上旬第一個巳日。其後，魏改爲三月三日修禊，不復稱上巳。民國因之。

《歙縣志》：

> 三月上巳，或競渡河干（卷一〈風俗〉，頁 25b）。

4. 三月初六日

《山陰縣志》：

> 三月初六日張神誕辰……亦有以競渡恣游戲者（卷十一〈風俗〉，頁 3a）。

5. 寒食日及清明日

《浙江通志》引《西吳里語》：

> 清明居民各棹彩舟於溪上爲競渡……始於寒食至清明日而止（卷九九〈風俗〉，頁 19b）。

《夢粱錄》：

> 此日（清明節）又有龍舟可觀（卷二，頁 11）。

《蘇州府志》：

> 競渡亦用清明寒食（卷三〈風俗〉，頁 7a）。

《餘姚縣志》：

> 三月禮拜時，三江口觀龍舟競渡（卷五〈風俗〉，頁 4b）。

6. 四月八日

《溪蠻叢笑》：

> 富貴坊競渡，預以四月八日下船（頁 5a）。

《番禺縣志》：

> 四月八日……江上陳龍舟，曰出水龍（卷六〈輿地〉四，頁 7b）。

《南海縣志》：

> 四月八日……江上已陳龍舟之戲，謂之出水龍（卷八〈輿地略〉四，頁 18b）。

7. 四月中旬及四月二十五日

《湖南通志》引《風土記》：

> 瀕江諸廟皆有船，四月中旬擇日下水……端午罷（卷四十
> 〈地理〉，頁 7a）。

《杭州府志》引梁履繩〈龍舟行〉：

> 吾鄉競渡舊張設……試舟不待端陽節（自注云：四月二十五
> 日已試舟）（卷七六〈風俗〉，頁 24b）。

8. 五月朔日開始者（初一，初一至初五，初一至初六，初一至
初十，初一至十五，初一至十八）

《新寧縣志》：

> 五月朔……為龍舟競渡（卷八〈風俗〉，頁 11a）。

《順德縣志》：

> 五月朔日……競渡，大率至五日乃止（卷三〈風俗〉，頁
> 40a）。

《廣東通志》：

> 五月朔日……競渡至五日乃止。廣州有逾月者（卷九二〈輿
> 地略〉十，頁 4b）。

《清泉縣志》：

> 初一至初五日龍舟競渡（卷二〈地理志〉，頁 13a）。

《攸縣志》：

> 龍舟競渡……自五月初一至端午日止（卷十八〈風俗〉，頁
> 13a）。

《安義縣志》：

> 競龍舟……始於初一，終于初五（卷一〈地理〉，頁67a）。

《福建通志》引《八閩通志》：

龍舟競渡，自初一日至初五日止〈卷五五〈風俗〉，頁 34b）。

《惠州府志》：

自初一至初六爲龍舟於西湖競渡（卷四五〈風俗〉，頁 5a）。

《孝感縣志》：

縣河每年造龍舟……初一日下水，初六日乃罷（卷五〈節序〉，頁 17a）。

《杭州府志》引《杭俗遺風》：

西湖龍舟……自五月初一起至初十止（卷七六〈風俗〉，頁 25a）。

《平陽縣志》：

各鄉自五月朔日起賽龍舟於河……亦有賽至月半者（卷十九〈風土志〉，頁 13a）。

《揚州府志》：

龍船自五月朔至十八日爲一市……十八日牽船上岸（卷六十〈風俗〉，頁 13a）。

9. 五月四日

《諸國祭祀曆》：

五月四日沖繩縣那霸市龍船競渡（《民俗藝術》第三卷第七號，頁 80）。

10. 五月五日

以端午日競渡，是所有龍舟競渡的日期中最多的一種。有的地方說是爲了弔屈原，但也有不這樣說的。在這裏只舉幾個例子，因爲如果全部寫出來，實在太多。

《武陵縣志》：

五月五日爲端午節……龍船競渡（卷二六〈風俗〉，頁 2b）。

《武昌縣志》：

　　端陽……近水居民競渡龍舟（卷三〈風俗〉，頁 16a）。

《瓊州府志》：

　　五日，各村之龍咸會大溪競渡（卷三〈輿地志〉，頁 20b）。

《容縣志》：

　　五月五日……間亦爲龍舟之戲（卷四〈輿地志〉，頁 18b）。

《昆明縣志》：

　　五月五日……猶記三十餘年前，聞長老言，泛龍舟盤龍江上
　　雲津競渡（卷二〈風土〉，頁 4b）。

《華陽縣志》：

　　五月五日……競渡日划龍船（卷十八〈風俗〉，頁 10b）。

《浙江通志》引《杭州府志》：

　　端午……各至河干湖上以觀競渡（卷九九〈風俗〉上，頁
　　9b）。

《福州府志》引《閩部疏》：

　　端午節龍舟競渡（卷二四〈風俗〉，頁 9）。

《廬陵縣志》：

　　端午……大江爲競渡之戲（卷四〈疆域〉，頁 2a）。

《蕪湖縣志》：

　　端午龍舟競渡（卷八〈風俗〉，頁 3b）。

《湖南通志》引李東陽〈競渡謠〉：

　　湖南人家重端午，大船小船競官渡（卷四十〈地理〉，頁
　　9b）。

　　11. 五月八日

《浙江通志》引《嘉靖寧波府志》：

（五月）八日，各鄉祠廟爲會祀神，以龍舟競渡，謂之報賽（卷九九，頁 25b）。

12. 五月其他日期（五月十三、十四、十五日及自端午至月底者）

《宜昌府志》：

五月五日……龍舟競渡……十三、十四、十五等日龍舟奪標尤盛（卷十一〈風俗〉，頁 13a）。

《湖北通志》引《夷陵縣志》：

五日競渡……十三、十四、十五三日龍舟尤盛（卷二十二〈政典〉五〈風俗〉，頁 26b）。

《耒鳳縣志》：

五月五日……十五日……俱競渡龍舟（卷二八〈風俗〉，頁 13b）。

《合川縣志》：

十五日……江下亦有龍舟（卷三十〈風俗〉，頁 9a）。

《全州志》：

或以望日（五月十五日），俗言划大十五（卷一〈輿地〉，頁 57a）。

《潮陽縣志》：

（自）端午……江滸競渡幾一月（卷十一〈風俗〉，頁 5b）。

13. 六月六日、二十四日及其他

《川沙廳志》：

六月六日賽龍舟過於端午（卷一〈疆域〉，頁 12b）。

《吳江縣志》：

競渡……或以六月二十四日（卷三九〈節序〉，頁 11b）。

《順德縣志》：

龍江歲五六月鬥龍船（卷三〈輿地略〉，頁 37a）。

14. 七月二十三日

《雲南通志》引《大理府志》：

> 七月二十三日，相傳鄧詔妻慈善，以是日死節。故今太和鄧
> 浪皆競龍舟吊之（卷三十〈地理志〉，頁 15a）。

15. 八月十五日

《寧波府志》：

> 八月，各鄉皆以龍舟競渡，報賽神廟（卷六〈風俗〉，頁
> 7b）。

《永州府志》：

> 永明……八月十五日祭順濟王屈子廟，以龍舟競渡（卷五上
> 〈風俗志〉，頁 43a）。

《吳江縣志》：

> 競渡……或以中秋日（卷三九〈節序〉，頁 11b）。

16. 重陽日

《琉球國志略》：

> 是日（重陽日），先設座龍潭之北，觀競渡龍舟（卷十一，
> 頁 146）。

《琉球國志略》引《琉球雜錄》：

> 國中（琉球國）競渡以重陽（同上）。

17. 一個例外

《黔陽縣志》：

> 五月五日端午節……沿江有龍舟競渡之戲……（各村）有自五
> 月初十起者，有自十三起者，至十五日止……甚有從三月至八、
> 九月者，率以為常（卷十七〈戶書〉四，頁 2b）。

上述龍舟競渡的時間，我把它歸納爲十七類，實際卻有二十餘種不同的日期，眞是洋洋大觀。當我作記錄的時候，也從沒想到會有這樣複雜。最有意思的是湖南的黔陽縣，人們簡直是無分寒暑在河裏划龍船。因爲我們知道，到陰曆九月，華中的天氣已經相當冷了，地上已經在結霜。

現在，我把上面的資料再作一個簡要的統計：

二月兩種：二日和八日。

三月四種：上巳、初六、清明和寒食日。

四月三種：八日、中旬和二十五日。

五月十四種：自初一至十八日共七種（包括第 17 類中一種），即一、四、五、八、十三、十四、十五和月底。

六月三種：六、二十四和另一不定之日。

七月一種：二十三日。

八月二種：十五及另一不定之日。

九月二種：重陽日及另一不定之日。

這些日期自然不能說是已經搜集得很完全。但我想，也夠多的了，並且已經出乎我們的意外。由此也可證明，划龍船決不是基於某一個簡單的原因。 即使起初是由於一個偶然的因素， 後來卻因地理環境或人事上的差異，產生若干特殊的傳說，乃至日期上的變化。

十二　賽龍舟的地理分佈

龍舟競渡在中國南方各省自然是一種很普遍的水上運動。各地對於競渡的傳說雖不一樣，但競渡的方式大致都差不多。

要明白它的分佈情形，最好是到各地去作實際的調查，可是這法

子目前我們做不到。查地方志，限於資料，也不能把每個地方的方志都找到。有時，即使把地方志找着了，裏面卻並沒有記載這一類事情。原因是，有的縣根本沒有划龍船的事實，有的卻是被編者忽略了。這對我們來說自是很可惜的，因為不但浪費了許多有用的時間，而且有時會擾亂思考上的線索。

　　下面是我們從幾千種方志裏翻閱出來的一點記錄。依中國行政省區的地理單位列為幾個表，表裏所記的全是有關划龍船的事實。沒有競渡的省或縣一律從略。同時為了查考方便起見，我們把資料來源也列了進去⑯。

---

⑯　這些資料，全是利用本院歷史語言研究所所藏的方志，我該在這裏謝謝。並謝謝王賓先先生所給予我的許多方便。

表一　各省縣賽龍舟日期

1. 湖南省

地名	記事	資料來源 方志名稱	卷數及頁數	備註	註
湖南省*	競渡始於四月*中旬，而端午罷	湖南通志	卷40地理，頁7a-b		
長沙府	端午龍舟競渡	長沙府志	卷14風俗頁5a		
永明縣	重五競渡經旬，八月十五祭屆子廟亦競渡	永州府志	卷5 上風俗志頁4b及43b		
祁陽縣	端午競渡	永州府志	同上頁50b		
桂陽州	五月五日作龍舟，以輪陸行	桂陽直隸州志	卷13禮俗頁24a		
巴陵縣	競渡始於四月中旬，至端午而罷	巴陵縣志	卷11風土志頁12b	今岳陽縣	
攸縣	自五月初一日至端午日競渡	攸縣志	卷18風俗頁13a		
武陵縣	端午節龍舟競渡	武陵縣志	卷26風俗頁2b	今常德縣	
乾州	端午節龍舟競渡	乾州廳志	卷5風俗志頁7b	今乾城縣	
清泉縣	五月初一至初五日龍舟競渡	清泉縣志	卷2地理志頁13a	今併入衡陽縣	
衡山縣	端陽節龍舟競渡	衡山縣志	卷20風俗頁3a		
瀏陽縣	端陽節競渡	瀏陽縣志	卷8學校頁38b		
黔陽縣	龍舟競渡之日甚多，不限於端午	黔陽縣志	卷17戶書四頁2b		
平江縣	端午龍舟競渡	平江縣志	卷9風俗頁1b		

縣		志書	卷頁	備註
石門縣	端午競渡	石門縣志	卷3風俗頁3a	
耒陽縣	端午競渡	耒陽縣志	卷7風俗頁5a	
安鄉縣	端午競龍舟	安鄉縣志	卷1風俗頁21a	
芷江縣	五月初一至初五日龍舟競渡	芷江縣志	卷44風俗頁9a	
武岡州	端午及大端午（十五日）競渡龍舟	武岡州志	卷28風俗頁6b	今武岡縣
長沙縣	端午龍舟競渡	長沙縣志	卷14風土頁6a	
湘潭縣	五月五日沿江競渡	湘潭縣志	卷39風土上頁8a	
城步縣	端午龍舟競渡	城步縣志	卷4風土頁49b	
桃源縣	端午泛龍舟	桃源縣志	卷1疆域志頁3a	
新寧縣	自五月初五至十五日競渡	新寧縣志	卷19風俗頁4b	
醴陵縣×	端午近水居民競渡	醴陵縣志	卷1輿地頁27a	
永順縣	五月五日競渡	永順縣志	卷6地理志頁15a	

* 所記風俗不一定包括全省，係就該省通志所載而言。以下各省同此。

+ 所言月份系指陰曆，以下同此。

× 傳熊湘寨《醴陵鄉土志》第四章〈風俗〉頁18a亦有相同之記載。

2. 湖北省

地名	記事	資料來源 方志名稱	卷數及頁數	備註	註
湖北省	五月五日競渡	湖北通志	卷22政典五風俗頁4b		
宜昌府	五月五日龍舟競渡，十三至十五日尤盛	宜昌府志	卷11風俗頁13a		
荊州府	五月五日競渡，江津尤盛	荊州府志	卷5風俗頁6a		
黃州府	端午競渡	黃州府志	卷3風俗頁59a		
夷陵縣	五日競渡，十三至十五日尤盛	湖北通志	卷22風俗頁26b		
崇陽縣	四月八日為龍華會，競渡	湖北通志	卷21輿地頁46a		
鍾祥縣	端午龍舟競渡	鍾祥縣志	卷6民政頁16a		
蘄州	自端一至端午競渡龍舟	蘄州志	卷3風俗頁3b	今蘄春縣	
荊門直隸州	端午龍舟競渡	荊門直隸州志	卷1之5風俗頁2a	今荊門縣	
沔陽州	端午競渡	沔陽州志	卷2地輿風俗頁39a	今沔陽縣	
公安縣	端午競龍舟	公安縣志	卷2風俗頁4a		
江陵縣	端午競渡	江陵縣志	卷21風俗頁6b		
孝感縣	五月初一至初六日划龍船	孝感縣志	卷5風俗頁17a		
竹山縣	端午划龍舟	竹山縣志	卷7風俗志頁3b		

縣名	習俗	縣志	卷頁	備註
來鳳縣	初五及十五日競渡	來鳳縣志	卷28風俗志頁13b	
京山縣	五月五日，豐年則龍舟競渡	京山縣志	卷1風俗頁11a	
枝江縣	五月五日競渡	枝江縣志	卷8學校志上頁13a	
江夏縣	端午漢江龍舟競渡	江夏縣志	卷5風俗志頁33a	今武昌縣
光化縣	端陽龍舟競渡	光化縣志	卷1風俗頁38b	
安陸縣	午日造龍舟	安陸縣志	卷8風俗頁6a	
東湖縣	端午競渡，十三至十五日尤盛	東湖縣志	卷5疆域下頁8b	今宜昌縣
恩施縣	五月初五至十五日競渡	恩施縣志	卷7風俗頁4	
宜城縣	端陽競渡	宜城縣志	卷1輿地頁4b	今自忠縣
宜都縣	五月五日及十五日競渡	宜都縣志	卷3下風俗頁25b	
松滋縣	端午競渡	松滋縣志	卷1輿地志頁42b	
咸寧縣	端午競渡	咸寧縣志	卷1疆域頁38b	
武昌縣	近水居民競龍舟	武昌縣志	卷3風俗頁16a	今鄂城縣
麻城縣	端午爲龍舟會	麻城縣志	卷10食貨頁12b	
黃陂縣	端午競渡	黃陂縣志	卷1天文志頁26b	
黃梅縣	端午競渡	黃梅縣志	卷6地理志頁2b	
黃岡縣	端午競渡	黃岡縣志	卷1輿地志頁39a	
襄陽縣	端午競渡	襄陽縣志	卷5風俗頁4a	

地名	記事	方志名稱	資料來源及頁數	備註
郎西縣	端午於天河碼頭競渡	郎西縣志	卷1輿地頁5a	
廣濟縣	兩嶺龍舟之競渡	廣濟縣志	卷1風俗頁25a	
應城縣	端午競龍舟	應城縣志	卷1輿地風俗頁41a	
蒲圻縣	端午競渡	蒲圻縣志	卷4風俗頁4b	
雲夢縣	端午作龍舟迎賽	雲夢縣志	卷1風俗頁24a	
當陽縣	五月五日競渡	當陽縣志	卷2方輿風俗頁22b	
監利縣	端午競渡	監利縣志	卷8風土志頁11b	
穀城縣	天中節戲龍舟	穀城縣志	卷2風俗頁18b	
隨州	五月五日競渡	隨州志	卷12風俗頁3b	今隨縣

3. 廣東省

地名	記事	方志名稱	資料來源卷數及頁數	備註
廣東省*	自五月朔至五月五日競渡	廣東通志	卷92輿地略十頁4b	
廣州府	不但端午競渡，乃有逾月者	廣東通志	卷92輿地略十頁5a, 16a	
高州府	五月五日競渡日扒龍船	高州府志	卷3風俗頁59b	
惠州府	自五月初一至初六日龍舟競渡	惠州府志	卷45風俗頁5a	

地名	競渡日期	出處	卷頁	備註
廉州府	五月五日競渡	廉州府志	卷4 風俗頁2b	
韶州府	五月五日競渡	韶州府志	卷11 輿地略頁24b	
瓊州府	五月一日至五日龍舟	瓊州府志	卷3 輿地志頁20a	
潮州府	五月五日龍舟競渡	潮州府志	卷12風俗頁7b, 8b	僅言潮陽及澄海
羅定州	自五月朔至五日競渡	羅定州志	卷1 輿地頁35a	今羅定縣
定安縣	端午競渡	定安縣志	卷1 輿地頁3b	
和平縣	端午競渡	和平縣志	卷6 風俗頁25b	
花縣	端午競渡	花縣志	卷1 風俗頁32b	
曲江縣	端午競渡	曲江縣志	卷3 輿地書頁10a	
化州	自五月初一至初五日競龍舟	化州志	卷2 風俗頁15b	今化縣
茂名縣	五月五日競渡	茂名縣志	卷1 輿地頁66b	
三水縣	自四月八日起即競渡，端午亦然	三水縣志	卷1 風俗頁47b	
東莞縣	五月自朔至望競渡龍舟	東莞縣志	卷9 輿地八頁8b	
赤溪縣	五月五日競龍舟	赤溪縣志	卷1 輿地上頁46b	
南海縣	端午競渡	南海縣志	卷8 輿地四頁18b	
香山縣	端陽龍舟競渡	香山縣志	卷5 輿地下頁17b	今中山縣
清遠縣	五月五日競渡	清遠縣志	卷2 輿地頁13a	
高要縣	端午競渡	高要縣志	卷4 輿地略二頁3b	

縣	活動	志書	卷頁	今地
開平縣	五月五日競渡	開平縣志	卷5輿地略下頁9b	
陽江縣	五月初一至初五日棹龍舟	陽江縣志	卷1風俗頁67b	
番禺縣	五月初一至初五日競渡	番禺縣志	卷6輿地四頁7b	
順德縣	五月朔日競渡	順德縣志	卷3輿地略頁40a	
潮陽縣	自端午起競渡一月	潮陽縣志	卷11風俗頁5b	
新寧縣	五月朔日龍舟競渡	新寧縣志	卷8輿地略下頁11a	今臺山縣
寶安縣	端午競渡	寶安縣志	卷上風俗頁65	
新會縣	五月五日競渡	新會縣志	卷2風俗頁63a	
欽州	端午競渡	欽州志	卷1輿地頁49a	今欽縣
遂溪縣	端午競渡	遂溪縣志	卷10風俗頁24a	
澄海縣	端午祀祖競渡	澄海縣志	卷6風俗頁14a	
海陽縣	端午競渡	海陽縣志	卷8風俗頁21a	今潮安縣
臨高縣	端午競渡	臨高縣志	卷4民俗頁13a	
歸善縣	自五月初一至初六日龍舟競渡	歸善縣志	卷15風俗頁3a	今惠陽縣
樂昌縣	自五月朔至望日競渡	樂昌縣志	卷3地理三頁6a	
西寧縣	五月五日競渡	西寧縣志	卷3輿地下頁8a	今鬱南縣
德慶州	五月五日戲龍船	德慶州志	卷4風俗頁43b	今德慶縣
南雄州	天中節（按即端午）競渡龍舟	南雄州志	卷9風俗頁28b	今南雄縣

	記	方志名稱　卷數及頁數	備註
會同縣	端午競渡	會同縣志　卷1天文志頁2a	今瓊東縣
忠義鄉	端午競渡	佛山忠義鄉志　卷10風土頁6a	今屬南海縣

* 包括今海南島

4. 福建省

地名	記	資料來源		備註
		方志名稱	卷數及頁數	
福州府	端午節尤重競渡	福建通志	卷55風俗頁15a	又見福州府志
興化府	自五月初一至初五日為龍舟競渡	福建通志	卷55風俗頁34b	又見興化府志
泉州府	端陽龍舟競渡	福建通志	卷56風俗頁8b	又見泉州府志
漳州府	端午鬥龍舟*	福建通志	卷56風俗頁28a	又見漳州府志
延平府	端午舟人競渡	福建通志	卷57風俗頁5b	又見延平府志
福寧府	端午近海尤尚競渡	福建通志	卷58風俗頁6b	乾隆府志未言及競渡
龍巖州	端午競渡	龍巖州志	卷7風俗頁2b	今龍巖縣
仙遊縣	端午競渡	仙遊縣志	卷8邑肇志頁8a	
永福縣	端午競渡	永福縣志	卷1輿地頁20a	今永泰縣
馬巷鎮	端午競渡	馬巷鎮志	卷11風俗頁8a	今屬南安縣

地名	記事	方志名稱	卷數及頁數	備註
長樂縣	端午競渡	長樂縣志	卷16禮俗頁卷3a	
同安縣	端午競渡	同安縣志	卷22禮俗頁4a	
雲霄廳	端午競渡	雲霄廳志	卷3風土志頁12a	今雲霄縣
甌寧縣	端午競渡	甌寧縣志	卷7風俗頁31b	今建甌縣
莆田縣	端午競渡	莆田縣志	卷2輿地頁80a	
閩侯縣	端午競渡	閩侯縣志	卷22風俗頁2b	今森縣

* 胡張敉〈漳州比賽龍舟的風俗及故事〉謂：從四月三十日開始比賽龍舟，至五月五日才停止。《民俗》第21, 22期合刊，頁36。

5. 浙江省

地名	記事	資料來源		備註
		方志名稱	卷數及頁數	
杭州府	端午祀神畢，龍舟競渡	浙江通志	卷99風俗上頁9b	府志言二月八日、清明及端午俱競渡
湖州府	寒食至清明彩舟競渡	浙江通志	卷99風俗上頁19b	
寧波府	五月八日龍舟競渡	浙江通志	卷99風俗上頁25b	府志言八月龍舟競渡
金華府	端陽日龍舟競渡	浙江通志	卷100風俗下頁10a	
溫州府	端午各鄉龍舟競渡	浙江通志	卷100風俗下頁21a	

地名	記事	資料來源	備註
處州府	五月五日鄉都龍舟競渡	浙江通志　卷100風俗下頁24b	府志僅言舁府城競渡
會稽	二月二日競渡	會稽志　卷13節序頁19b	即紹興府志
端安縣	端午龍舟競渡	端安縣志　卷1輿地頁29b	
義烏縣	三月上巳前十餘日即開始划龍船，至是日（端午）止	義烏縣志　卷7風俗頁65b	又見浙江通志
慈谿縣	端午龍舟競渡	慈谿縣志　卷6風俗頁27b	
餘杭縣	端午製龍舟為水醮	餘杭縣志　卷37風俗頁5b	
餘姚縣	三月禮拜時龍舟競渡	餘姚縣志　卷5風俗頁4b	
蘭谿縣	端陽節龍舟競渡	蘭谿縣志　卷1風俗頁7a	
平陽縣	自五月朔日起賽龍舟，有至月半者	平陽縣志　卷19風土志頁13a	
山陰縣	三月初六日競渡	山陰縣志　卷11風俗頁3a	今紹興縣
臨海縣	端午間或競渡	臨海縣志　卷1輿地頁42a	

6. 江蘇省

地名	記事	資料來源		備註
		方志名稱	卷數及頁數	
蘇州府	自五月朔至午日龍舟競渡，清明及寒食亦競渡	蘇州府志	卷3風俗頁7a, 12b	
松江府	五月五日龍舟競渡	松江府志	卷5風俗頁9a	

地名	記載	志書	卷頁	今地
揚州府	自五月朔至十八日龍舟競渡	揚州府志	卷60風俗頁10a, 13a	
常州府	五月一日至五日爲龍舟競渡之戲	常州府志	卷9風俗頁8a	
通州	端午龍舟競渡	通州志	卷6儀典志頁53a	今南通縣
鎮江	端午競渡	至順鎮江志	卷3風俗頁9b	今鎮江縣
上海縣	端午龍舟競渡	上海縣志	卷1風俗頁14b	
川沙廳	端午及六月六日賽龍舟	川沙廳志	卷1疆域頁12b	今川沙縣
六合縣	五月朔、五及十三日龍舟競渡	六合縣志	附錄禮俗頁2a	
大倉州	天中節龍舟競渡	大倉州志	卷3風土頁8a	今大倉縣
甘泉縣	端午龍舟競渡	甘泉縣志	卷4風俗頁9b	
江陰縣	午日龍舟競渡	江陰縣志	卷9風俗頁6b	
江都縣	端午至十八日龍舟競渡	江都縣志	卷1風俗頁2b	
吳江縣	清明、寒食、端午、六月二十四日及中秋俱會龍舟競渡	吳江縣志	卷39節序頁11b	
吳縣	五月一日至端午龍舟競渡	吳縣志	卷52上風俗一頁15a	
金壇縣	天中節競渡	金壇縣志	卷1輿地志頁4a	
武進縣	端午日競渡	武進陽湖合志	卷2輿地志頁6b	
陽湖縣	端午競渡	武進陽湖合志	卷2輿地志頁6b	
常熟縣	五月五日龍舟競渡	常昭合志稿	卷1風俗頁26b	昭文縣今併入常熟
泰州	端午競渡	泰州志	卷5風俗頁3a	今泰縣

地　名	記　事	資料名稱	來源卷數及頁數	備　註
崇明縣	端午龍舟競渡	崇明縣志	卷 4 風俗頁 5b	
金匱縣	端午龍舟競渡	無錫金匱縣志	卷 30 風俗頁 4b	今併入無錫縣
無錫縣	端午龍舟競渡	無錫金匱縣志	卷 30 風俗頁 4b	
昆山縣	端午龍舟競渡	昆新兩縣續修合志	卷 1 風俗頁 26b	
新陽縣	端午龍舟競渡	昆新兩縣續修合志	卷 1 風俗頁 26b	今昆山縣
寶山縣	端午龍舟競渡	寶山縣續志	卷 5 風俗頁 13b	

7. 安徽省

地　名	記　事	資料名稱	資料來源卷數及頁數	備　註
太平府	端陽競渡	太平府志	卷 5 風俗頁 5a	
歙　縣	三月上巳或競渡	歙縣志	卷 1 風俗頁 25b	又見徽州府志
太湖縣	五月五日競渡	太湖縣志	卷 3 風俗頁 14b	
和　州	端午龍舟競渡	和州志	卷 4 風俗頁 32b	今和縣
銅陵縣	端午龍舟競渡	銅陵縣志	卷 6 風俗頁 14a	
蕪湖縣	端午龍舟競渡	蕪湖縣志	卷 8 風俗頁 3b	

地　名	記　事	方志名稱	卷數及頁數	備　註
五河縣	端午龍舟競渡	五河縣志	卷3風俗頁3b	
懷寧縣	五月初一至初五日競渡	懷寧縣志	卷10風俗頁7a	

8. 江西省

地　名	記　事	資料來源 方志名稱	卷數及頁數	備　註
九江府	端午龍舟競渡於湖口	九江府志	卷8地理頁1b	
袁州府	端午龍舟競渡	袁州府志	卷1之2地理頁47a	
廣信府	端午戲龍舟	廣信府志	卷1之2地理頁85a	
上猶縣	端箭龍舟競渡	上猶縣志	卷2風俗頁30b	
上高縣	端午龍舟競渡	上高縣志	卷4風俗頁44b	
上饒縣	端午龍舟競渡	上饒縣志	卷10風俗頁5b	
安義縣	自五月初一至初五日競龍舟	安義縣志	卷1地理頁67a	
安仁縣	端午競渡	安仁縣志	卷8風俗頁1b	今餘江縣
宜黃縣	上元及端午龍舟競渡	宜黃縣志	卷8風俗頁5a	
奉新縣	端午競渡	奉新縣志	卷11風俗頁36a	
定南廳	端午划龍船	定南廳志	卷6風俗頁3a	今定南縣

地名	記事	資料來源		備註
		方志名稱	卷數及頁數	
高安縣	划龍船止於端午	高安縣志	卷2風俗頁38b	未言起日
鉛山縣	重午競渡龍舟	鉛山縣志	卷5風俗頁16a	
萬安縣	端午龍舟競渡	萬安縣志	卷1方輿頁30b	
新喻縣	端午龍舟競渡	新喻縣志	卷2風俗頁80a	
瑞金縣	元旦有龍船會，初五龍舟競渡*	瑞金縣志	卷1風俗頁44b, 45b	
鄱陽縣	端午競渡	鄱陽縣志	卷2風俗頁2b	
樂平縣	近水居民爲競渡之戲	樂平縣志	卷1風俗頁148a	
餘干縣	端午鬥龍舟	餘干縣志	卷2風俗頁15b	
廬陵縣	端午競渡	廬陵縣志	卷4風俗頁2a	今吉安縣

* 編者按：元旦可能係陸龍船

9. 四川省

地名	記事	資料來源		備註
		方志名稱	卷數及頁數	
敍州府	端午節龍舟競渡	敍州府志	卷22風俗頁6b	
夔州府	天中節競渡	夔州府志	卷16風俗頁9b	
縣　州	端午競渡	縣州志	卷18風俗頁13b	今縣縣

地名	記事	資料來源		備考	註
		方志名稱	卷數及頁數		
忠　州	端午競渡	忠州直隸州志	卷1風俗頁4a	今忠縣	
三臺縣	近水者端午划龍船	三臺縣志	卷25風俗頁19b		
大寧縣	近水者端午划龍船	大寧縣志	卷1地理下頁7b	今巫溪縣	
巴　縣	端午競渡	巴縣志	卷10節序頁7b		
合川縣	五月五日及十五日龍舟競渡	合川縣志	卷30風俗頁9a		
華陽縣	五月五日競渡	華陽縣志	卷18風俗頁11b		
資　州	端午競渡	資州志	卷8風土志頁8a	今資中縣	
涪　州	端午龍舟競渡	涪州志	卷7土志	今涪陵縣	
萬　縣	端午及大端午競渡	萬縣志	卷12地理頁4a		
萬源縣	端陽節划龍船	萬源縣志	卷5禮俗頁40a		
樂山縣	五月五日龍舟競渡	樂山縣志	卷3禮俗頁44a		
廣元縣	端午競渡龍舟	廣元縣志稿	卷15風俗頁52		

10. 雲南省

地名	記事	資料來源		備考	註
		方志名稱	卷數及頁數		
雲南府	端陽爲龍舟之戲	雲南府志	卷2輿地頁2a		

地名	記	資料來源（方志名稱）	卷數及頁數	備註
大　和	七月二十三日競龍舟	雲南通志	卷30地理志五頁15a	今大理縣
昆明縣	端午競渡	昆明縣志	卷2風土頁4b	今昆明市
寧化縣	端陽競渡	寧化縣志	卷1風俗頁11a	

11. 廣西省

地　名	記	資料來源（方志名稱）	卷數及頁數	備註
桂平縣	端午划龍船	桂平縣志	卷31風俗頁18b	
容　縣	五月五日為龍舟之戲	容縣志	卷4輿地志頁18b	
全　州	端陽及望日俱競龍舟	全州志	卷1輿地頁57a	今全縣
桂　林	競渡，十年一大會，五年一小會	赤雅	卷上頁14	

12. 臺灣省

地　名	記	資料來源（方志名稱）	卷數及頁數	備註
臺灣府	五月五日以杉板魚船相競號鬥龍舟	臺灣府志	卷13風俗一頁207	今臺灣省

地名	記	方志名稱	卷數及頁數	備註
臺灣縣	五月五日近海居民鬥龍舟	臺灣縣志	卷1輿地頁67a	
淡水河	五月五日龍舟競渡	臺灣風土志上篇	第四章心理生活頁111	
臺南	五月五日龍舟競渡	臺灣風土志上篇	第四章心理生活頁111	
高雄	五月五日龍舟競渡	臺灣風土志上篇	第四章心理生活頁111	
彰化	五月五日近海處龍舟競渡	彰化縣志	卷9風俗志頁137	
澎湖	端陽節將小漁船彩畫五色，鳴鑼角勝，謂之鬥龍舟*	澎湖廳志	卷9風俗頁137	今澎湖縣
諸羅	端午日划舟競渡	諸羅縣志	卷8風俗頁90	今嘉義等地
淡水廳	濱海龍舟競渡	淡水廳志	卷11風俗考頁134	今臺灣省西海岸約自基隆至彰化

* 陳叔均嗚瑪蘭廳志卷5上風俗上頁101，亦有相同的記載。見臺灣研究叢刊第47種。

13. 琉球

地名	記	資料來源		備註
		方志名稱	卷數及頁數	
那覇	五月四日*，五日及重陽日均有龍舟競渡	琉球國志略	卷4下頁73，卷11頁146	
泊縣	五月五日競渡	琉球國志略	卷4下頁73	
久米	五月五日競渡	琉球國志略	卷4下頁73	

* 見《民俗藝術》第三卷第七號頁80及《民俗學辭典》頁450。

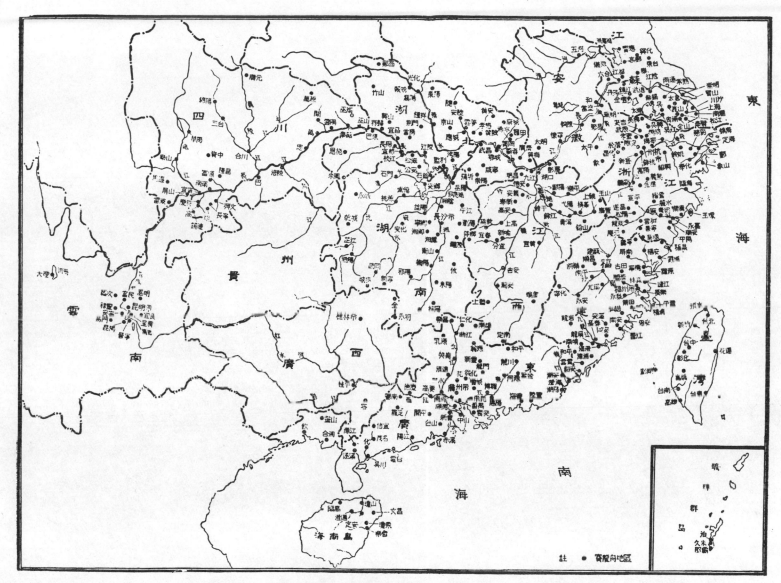

圖一　華南賽龍舟的地區分佈

說明：本文之寫作，事前並未作過全國性之調查，本圖係僅就方志資料所及予以繪製，遺漏在所難免；但亦可看出中國賽龍舟地區之一般狀況。

　　上列各表，自然不是根據各省所有的方志作出來的統計。就比例來說，以湖南、湖北、江西和廣東四省劃龍船之風爲最盛。這四省中，我查過的方志，廣東有五十餘種，湖南和江西各三十餘種，都只是少數幾縣沒提到劃龍船，湖北四十餘種則每種方志都談到它，這該不是偶然的現象。至於其他各省的情形就完全不一樣：浙江四十三種，有二十五種沒提到；四川四十種，有三十種沒提到；雲南二十二種，提到的只有四種；貴州十二種，卻沒有一種提到過（參閱分佈圖）。再往南，泰國、琉球也劃龍船，甚至日本的長崎也有過❻。越往北，我查了各省的方志約千餘種，幾乎就全沒有劃龍船這回事，雖然人們也在過端陽，吃粽子，弄得蠻熱鬧的。有一個例外是河北省的灤縣。《畿輔通志》謂灤州於五月朔日競渡。是不是龍船，卻未加說明。

　　事實上北方也不是沒有河可劃龍船，劃龍船爲什麼只是在長江沿岸和濱海諸省？我以爲這與稻作物有關，稻對於雨量非常敏感；麥子雖也不能沒有水，卻不是那麼有時間性。因此，農人們在需要水時就把它和水神作了一次神話上的聯想。

十三　水神與龍舟賽神

　　關於水神和賽龍舟的各項問題，我們大致都已經談過了，在這裏不妨做一個總結。

　　水神（包括海神、河神和湖神等），無論在古老的或者原始的社會裏，本來都很早就存在的，它所以被人民看重的原因，不外下列三

──────────────

❻　參閱中村哲（民 33：40-46）一文。中村並認爲競渡可能與媽祖信仰有
　　關。我以爲這只是演變到後來的結果。

個：（1）沿河一帶的人們需要河水灌溉農作物，河水直接控制了人們的生活資料；（2）有時河川泛濫起來，或者海上的一場大風暴，會把人們的生命財產都毀滅掉；（3）基於人們的原始宗教觀念，總以爲河或海必然有一個能降禍福的神⑯。所以祭水神可以說是一個非常古老而普遍的習慣，生活在河邊的人祭河神，海岸上就祭海神。

祭水神的方法各地並不一樣，中國古時多把玉石或者別的珠寶丟到河裏去就算了事，有時也用人祭。這兩種法子殷商都用過，楚民族也是如此。

用賽龍舟來祭祀水神，那是龍神被一般化了以後的事。這時，龍神（包括後起的龍王）被認爲是直接控制雨量的神，而賽龍舟是娛樂龍神最有效的方法。他們以爲，這樣便會有一個好年歲。無怪乎士林人在划龍舟之先要迎水神，划完了又要送水神⑯。

但是，一個傳說久遠了，不免有些變化。在後來的傳說裏，划龍船就不祇是爲了賽水神，它至少有下列幾個用途：

（1）使農作物有適當的雨量，年歲豐收。

（2）趕瘟疫，使人們不傳染惡疾。

（3）消災，使人們免除一切的災難。

（4）保平安，這是一個廣泛的祈禱，意思是願菩薩保祐。

（5）弔屈原，人們以爲這是紀念一代忠良。

不管那一種，出發點都是良善的。在農村社會裏，農產量是人們的生命線，中國的老百姓一向靠「天」吃飯，我們就不能怪賽龍舟賽得那麼熱烈了。

Werner 說得好：「中國人傳說龍船節是紀念詩人屈原，其實目

⑯　參閱前節〈河伯傳說〉。
⑯　參閱潘廼禎，民 30：13-14。

的在於獲得充足的雨量，　以保證有一個好收成」[167]。　這個推測是對
的。我們再看一點民間的傳說：「正月舞龍燈，謂之敬龍神，於以祈
福禳災……五月間祭龍王、雷祖，祈雨禳災；賽龍王，以祈康阜，禳
疹疫」[168]。這一切的打算，全是爲了一個農村社會的安寧與幸福。眞
的，誰都想過一點太平日子。

〈九歌〉裏的水神，湘君、湘夫人和河伯，我們無法肯定它就是
後來求雨的對象；但是，從許多民間傳說和一些祭水神的儀式來看，
大抵也不出於上面所提的四個原因之一（第五說除外），或者四者兼
而有之。比較原始的民族，他們對於神，不是譴責，而是歌頌，不管
神做了多麼壞的壞事，他們仍然是歌頌，他們總盼望，以後的日子會
好些。〈九歌〉就是如此，對於任何一個神，全是從好的方面設想。

所以從〈九歌〉的歌頌水神，到後來的用龍舟賽水神，我們雖然
很難說是由一個線索上發展下來的，可是，在觀念上，前後卻是一致
的。它們大致發生在楚的領域裏，至少以楚爲最多。

參 考 書 目

這裏所列的，只是參考書的一部份，另一部份參考資料，如十三經、四史、
先秦諸子及其注釋等，均未列入，原因是這些書都很常見；但並非說這些書不重
要。

丁文江、翁文灝

　民22　〈中國分省新圖〉，申報館，上海。

---

[167]　Werner, 1922: 44。

[168]　《衡山縣志》卷二十〈風俗〉，頁 14a。

干　寶

　　晉　　《搜神記》，《叢書集成》初編。

文嶽英

　　1875　《衡山縣志》二十〈風俗〉，清光緒元年。

王　逸

　　漢　　《楚辭章句》，《叢書集成》初編。

王　通

　　隋　　《文中子》，《百子全書》。

王　補

　　民9　《廬陵縣志》卷四〈風俗〉。

王　崧

　　1836　《雲南通志》卷三十〈地理志〉五，道光十五年。

王夫之

　　清　　《楚辭通釋》，《船山遺書》。

王元凱

　　1871　《攸縣志》卷十八〈風俗〉，同治十年。

王永名

　　1687　《花縣志》卷一〈風俗〉，康熙二十六年。

王承禧

　　1882　《應城縣志》卷一〈輿地〉，光緒八年。

王有慶

　　1827　《泰州志》卷五〈風俗〉，道光七年。

王柏心

　　1864　《東湖縣志》卷五〈疆域〉下，同治三年。

　　1865　《宜昌府志》卷十一〈風俗〉，同治四年。

　　1866　《當陽縣志》卷二〈方輿〉，同治五年。

　　1872　《監利縣志》卷八〈風土志〉，同治十一年。

王祖畬

　　民7　　《太倉州志》卷三〈風土〉。

王榮茂

　　民12　《棗陽縣志》卷五〈風俗〉。

王崇熙

　　1819　《寶安縣志》卷上〈風俗〉，嘉慶二十四年。

王國維

　　民6　　《古本竹書紀年輯校》，《史學叢書》，臺北：世界。

　　民19　《宋元戲曲史》，上海：商務。

王殿金

　　1809　《瑞安縣志》卷一〈輿地〉，嘉慶十四年。

中村哲

　　民33　〈競渡考〉，《民俗臺灣》第四卷第五號，臺北。

史　澄

　　1871　《番禺縣志》卷六〈輿地〉四，同治十年。

史策先

　　1869　《隨州志》卷十二〈風俗〉，同治八年。

申正颺

　　1868　《石門縣志》卷三〈風俗〉，同治七年。

田汝成

　　明　　《炎徼紀聞》，《叢書集成》初編3979。

白鳥清

　　1934a　〈龍の形態に就いての考察〉，《東洋學報》第二十一卷第二號，昭
　　　　　和九年。

　　1934b　〈豢龍氏御龍氏に就いての臆說〉，《東洋學報》第二十一卷第三
　　　　　號，昭和九年。

司馬相如

　　漢　　〈子虛賦〉，《文選》，臺北：藝文。

出石誠彥

　　1928　〈龍の由來について〉，《東洋學報》第十七卷第二號，昭和三年。

朱　輔

　　宋　　《溪蠻叢笑》，《古今說部叢書》第一集第一册。

朱一新

　　1899　《德慶州志》卷四〈風俗〉，光緒二十五年。

朱之英

　　民 4　《懷寧縣志》卷十〈風俗〉，民國四年。

朱文翰

　　1803　《山陰縣志》卷十一〈風俗〉，嘉慶八年。

朱自清

　　民20　《中國歌謠》，臺北：世界。

朱孟震

　　明　　《西南夷風土志》，《叢書集成》初編3277。

朱椿年

　　1834　《欽州志》卷一〈輿地〉，道光十四年。

朱潤芳

　　1880　《清遠縣志》卷二〈輿地〉，光緒六年。

朱　熹

　　宋　　《楚辭集注》，臺北：藝文。

李　澐

　　1822　《陽江縣志》卷一〈風俗〉，道光二年。

李　駒

　　民 7　《長樂縣志》卷十六〈禮俗〉。

李　權

　　民26　《鍾祥縣志》卷六〈民政〉。

李元度

　　1871　《平江縣志》卷九〈風俗〉，同治十年。

李友榕

　　1819　《三水縣志》卷一〈風俗〉，嘉慶二十四年。

李兆洛

　　1846　《武進陽湖合志》卷二〈輿地志〉，光緒二十二年。

李青崖

　　1757　《銅陵縣志》卷六〈風俗〉，乾隆二十二年。

李廷錫

　　1843　《安陸縣志》卷八〈風俗〉，道光二十二年。

李書吉

　　1814　《澄海縣志》卷六〈風俗〉，嘉慶十九年。

李聯琇

　　1881　《崇明縣志》卷四〈風俗〉，光緒七年。

李樹藩

　　1872　《上饒縣志》卷十〈風俗〉，同治十一年。

李建青

　　民18　〈東莞的端陽節〉，《民俗》第七十一期。

江　恂

　　1763　《清泉縣志》卷二〈地理志〉下，乾隆二十八年。

江普光

　　1871　《醴陵縣志》卷一〈輿地〉，同治十年。

呂思勉等

　　民30　《古史辨》第七冊上，臺北：開明。

呂肅高

1748　《長沙府志》卷十四〈風俗〉，乾隆十三年。

池田末利

1943　《龍神考》，《東方學》第六輯，昭和二十八年，東京。

米澤玄尚

1933　〈お龍船の行はれて居る所について應答〉，《南方土俗》第二卷第
　　　　三號，昭和八年，臺北。

吳　均

梁　《續齊諧記》，《五朝小說大觀》。

吳文林

1816　《雲霄廳志》卷三〈風俗〉，嘉慶二十一年。

吳自牧

宋　《夢梁錄》，《筆記小說大觀》。

吳仰賢

1878　《嘉興府志》卷三十四〈風俗〉，光緒四年。

吳敏樹

1872　《巴陵縣志》卷十一〈風俗〉，同治十一年。

吳增逵

1873　《新喻縣志》卷二〈風俗〉，同治十二年。

吳錫璜

民18　《同安縣志》卷二十二〈禮俗〉，民國十八年。

吳聯薰

1877　《漳州府志》卷三十八〈風俗〉，光緒三年。

吳應康

1878　《安定縣志》卷一〈輿地〉，光緒四年。

吳慶托

1898　《杭州府志》卷七十六〈風俗〉，光緒二十四年。

宋若霖

1758　《莆田縣志》卷二〈輿地〉，乾隆二十三年。

宋世煦
　　1885　《來陽縣志》卷七〈風俗〉，光緒十一年。

宋如林
　　1819　《松江府志》卷五〈風俗〉，嘉慶二十四年。

宋　驤
　　1903　《太平府志》卷五〈風俗〉，光緒二十九年。

何　元
　　1888　《高要縣志》卷二〈輿地志〉下，光緒十四年。

何遠鑒
　　1867　《來鳳縣志》卷二十八〈風俗志〉，同治五年。

汪　堃
　　1881　《昆新兩縣合志》卷一〈風俗〉，光緒七年。

汪元祥
　　1870　《樂平縣志》卷一〈風俗〉，同治九年。

孟元老
　　宋　《東京夢華錄》，《叢書集成》初編。

余文儀
　　清　《臺灣府志》，《臺灣研究叢刊》第 62 種，臺北：臺灣銀行。

余棨謀
　　民21　《開平縣志》卷五〈輿地〉下。

言如泗
　　1797　《常昭合志稿》卷一〈風俗〉，嘉慶二年。

沈用增
　　1882　《孝感縣志》卷五〈風俗〉，光緒八年。

季念詒
　　1876　《通州志》卷六〈儀典志〉，光緒二年。

1877 《江陰縣志》卷九〈風俗〉，光緒四年。

邱晉成

1895 《叙州府志》卷二十二〈風俗〉，光緒二十一年。

邱學瓊

1824 《南雄州志》卷九〈風俗〉，道光四年。

林　奮

1771 《仙遊縣志》卷八〈邑肇志〉，乾隆三十六年。

林　豪

清 《澎湖縣志》《臺灣研究叢刊》第51種，臺北：臺灣銀行。

林名均

民32 〈四川治水者與水神〉，《說文月刊》第三卷第九期，重慶。

林國賡

1893 《新寧縣志》卷八〈輿地略〉下，光緒十九年。

周　瑛

1871 《興化府志》卷十五〈禮志〉，同治十年。

周　煌

清 《琉球國志略》，《叢書集成》初編。

周　璽

清 《彰化縣志》，《臺灣研究叢刊》第 48 種，臺北：臺灣銀行。

周之鏞

1873 《萬安縣志》卷一〈方輿〉，同治十二年。

周士楨

1867 《竹山縣志》卷七〈風俗〉，同治六年。

周中孚

1830 《西寧縣志》卷三〈輿地〉下，道光十年。

周榮椿

1877 《處州府志》卷二十四〈風土〉，光緒三年。

周學濂

　　1874　《湖州府志》卷二十九〈輿地〉，同治十三年。

周碩勳

　　1761　《潮州府志》卷十二〈風俗〉，乾隆二十六年。

姜亮夫

　　民37　〈九歌題解〉，《學原》第二卷第二期，南京。

金祥恒

　　民45　《續甲骨文編》，臺北。

金富軾

　　宋　　《三國史記》（朝鮮）。

宗　懷

　　梁　　《荊楚歲時記》。

宗績辰

　　1828　《永州府志》卷五上〈風俗志〉，道光八年。

易燮堯

　　1874　《黔陽縣志》卷十七〈戶書〉四，同治十三年。

宛名昌

　　1876　《黃梅縣志》卷六〈地理志〉，光緒二年。

馬武蟾

　　1827　《徽州府志》卷二之五〈輿地志〉，道光七年。

冼寶幹

　　民12　《佛山忠義鄉志》卷十〈風土〉。

洪若臯

　　1683　《臨海縣志》卷一〈輿地〉，康熙二十二年。

洪興祖

　　1748　《楚辭補注》，《叢書集成》初編。

兪　荔

    1871 《永福縣志》卷一〈輿地〉，乾隆十三年。

俞 樾

    清   《上海縣志》卷一〈風俗〉，同治十年。

    1879 《川沙廳志》卷一〈疆域〉，光緒五年。

俞宗成

    1894 《五河縣志》卷三〈風俗〉，光緒二十年。

郭 璞

    晉   《山海經注》，《筆記小說大觀》。

         《穆天子傳注》，《筆記小說大觀》。

胡張政

    民17 〈漳州比賽龍舟的風俗及故事〉，《民俗》第二十一、二十二期合刊。

胡樸安

    民48 《中華全國風俗志》，臺中。

孫德祖

    1901 《餘姚縣志》卷五〈風俗〉，光緒二十七年。

英 啓

    1884 《黃州府志》卷三〈風俗〉，光緒十年。

段映斗

    1887 《光化縣志》卷一〈風俗〉，光緒十三年。

柯逢時

    1885 《武昌縣志》卷三〈風俗〉，光緒十一年。

茅瑞徵

    1890 《黃岡縣志》卷一〈輿地志〉，光緒十六年。

范泰衡

    1868 《萬縣志》卷十二〈地理志〉，同治五年。

封祝唐

    1897 《容縣志》卷四〈輿地志〉，光緒二十三年。

郝懿行

　　清　　《山海經箋疏》，臺北：藝文。

陳　芳

　　1875　《瑞金縣志》卷一〈風俗〉，光緒元年。

陳　衍

　　民22　《閩侯縣志》卷二二〈風俗〉。

陳　詩

　　1804　《湖北通志》卷二二〈政典〉五，嘉慶九年。

陳　澧

　　1879　《香山縣志》卷五〈輿地〉，光緒五年。

陳文衡

　　1890　《龍岩州志》卷七〈風俗〉，光緒十六年重印本。

陳玉琪

　　1886　《常州府志》卷九〈風俗〉，光緒十二年。

陳廷揚

　　1884　《蘄州志》卷三〈風俗〉，光緒十年。

陳述芹

　　1820　《會同縣志》卷一〈天文志〉，嘉慶二十五年。

陳伯陶

　　1911　《東莞縣志》卷九〈輿地略〉八，宣統三年。

陳浩思

　　1881　《甘泉縣志》卷四〈風俗〉，光緒七年。

陳培桂

　　清　　《淡水廳志》，《臺灣研究叢刊》第 46 種，臺北：臺灣銀行。

陳夢林

　　清　　《諸羅縣志》，《臺灣研究叢刊》第 55 種。

陳葵纕

1747 《吳江縣志》卷三九〈節序〉，乾隆十二年。

陳錫麟

1870 《新淦縣志》卷一〈風俗〉，同治九年。

徐邦達

民45 〈臨繪九歌圖〉，朝花美術出版社。

徐延翰

1819 《和平縣志》卷六〈風俗〉，嘉慶二十四年。

徐彥楠

1872 《安仁縣志》卷八〈風俗〉，同治十一年。

徐　瀛

1871 《黃陂縣志》卷一〈天文志〉，同治十年。

凌純聲

民42 〈南洋土著與中國古代百越民族〉，《學術季刊》第二卷第三期。

凌純聲、芮逸夫

民36 《湘西苗族調查報告》，臺北：商務。

容　庚

民28 《金文編》，《中央研究院歷史語言研究所專刊之一》，長沙。

高　誘

漢　《淮南子注》，臺北：世界。

桂文熾

1837 《臨高縣志》卷四〈民俗〉，光緒十七年。

陶元藻

1765 《延平府志》卷四四〈風俗〉，乾隆三十年。

唐壬森

1888 《蘭谿縣志》卷一〈風俗〉，光緒十四年。

陸心源

1881 《歸安縣志》卷十二〈風俗〉，光緒七年。

倪文蔚

1877 《江陵縣志》卷二一〈風俗〉，光緒三年。

秦緗業

1881 《無錫金匱縣志》卷三十〈風俗〉，光緒七年。

張 圻

1868 《荆門直隸州志》卷一之五〈風俗〉，同治七年。

張 衡

漢 〈西京賦〉、〈東京賦〉、〈思玄賦〉，《文選》，臺北：藝文。

張 協

晉 〈七命〉，《文選》。

張士璉

1730 《海陽縣志》卷八〈風俗〉，雍正八年。

張孔修

民19 《永順縣志》卷六〈地理志〉。

張世浣

1810 《揚州府志》卷六十〈風俗〉，嘉慶十五年。

張伯英

民21 《黑龍江志稿》卷六〈地理〉。

張其翻

1884 《潮陽縣志》卷十一〈風俗〉，光緒十年。

張延珂

1871 《長沙縣志》卷十四〈風土〉，同治十年。

張炳忠

1866 《宜城縣志》卷一〈輿地志〉，同治五年。

張家槐

民26 《恩施縣志》卷七〈風俗〉，重印本。

張堉春

1833　《廉州府志》卷四〈風俗〉，道光十三年。

張聯桂

　　1879　《惠州府志》卷四五〈雜記〉，光緒五年。

張雲璈

　　1818　《湘潭縣志》卷三九〈風土〉上，嘉慶二十三年。

張森楷

　　民 9　《合川縣志》卷三十〈風俗〉。

張漢瑳

　　1872　《乾州廳志》卷五〈風俗〉，同治十一年。

張縱逸

　　民46　《屈原與楚辭》，吉林。

黃　任

　　1763　《泉州府志》卷二十〈風俗〉，乾隆二十八年。

黃　凱

　　1839　《芷江縣志》卷四四〈風俗〉，道光十九年。

黃　鎔

　　民13　《樂山縣志》卷三〈禮俗〉。

黃昌祚

　　民18　〈由潮州競渡的風俗談到龍舟自由行動的趣事〉，《民俗》第七四期。

黃叔璥

　　清　　《臺海使槎錄》，《臺灣文獻叢刊》。

黃家鼎

　　1893　《馬巷廳志》卷十一〈風俗〉，光緒十九年。

黃培芳

　　1832　《新會縣志》卷二〈風俗〉，道光十二年。

黃鳳樓

　　1873　《九江府志》卷八〈地理〉，同治十二年。

黃錫光

　　1825　《定南廳志》卷六〈風俗〉，道光五年。

馮　煦

　　1885　《金壇縣志》卷一〈輿地志〉，光緒十一年。

馮承鈞

　　民18　〈中國古代神話之研究〉，《國學週報》第六卷第十一期，天津。

馮桂芬

　　1877　《蘇州府志》卷三〈風俗〉，光緒三年。

馮漢驥

　　民48　〈王建墓內出土「大帶」考〉，《考古》第 8 期。

馮鴻橫

　　1731　《慈谿縣志》卷六〈風俗〉，雍正九年。

馮蘭森

　　1870　《上高縣志》卷四〈風俗〉，同治九年。

　　1872　《餘干縣志》卷二〈風俗〉，同治十一年。

曹　植

　　魏　　〈洛神賦〉，《文選》。

曹允源

　　民22　《吳縣志》卷五二上〈風俗〉。

曹文深

　　1799　《全州志》卷一〈輿地志〉，嘉慶四年。

曹秉仁

　　1741　《寧波府志》卷六〈風俗〉，乾隆六年。

章鴻釗

　　民 8　《三靈解》，北平。

章壽彭

　　1783　《歸善縣志》卷十五〈風俗〉，乾隆四十八年。

庾　信

　　北周　《庾子山集》，《四部叢刊》。

符　璋

　　民15　《平陽縣志》卷十九〈風土志〉。

游國恩

　　1955　《楚辭論文集》，上海：文藝。

崔應福

　　1808　《餘杭縣志》卷三七〈風俗〉，嘉慶十三年。

曾　煜

　　1754　《福州府志》卷二四〈風俗〉，乾隆十九年。

曾國荃

　　1885　《湖南通志》卷四十〈地理〉，光緒十一年。

曾毓璋

　　1867　《廣昌縣志》卷一〈風俗〉，同治六年。

曾憲德

　　1882　《京山縣志》卷一〈風俗〉，光緒八年。

彭步嬴

　　1888　《化州志》卷二〈風俗〉，光緒十四年。

彭斗山

　　1871　《安義縣志》卷一〈地理〉，同治十年。

彭崧毓

　　1869　《江夏縣志》卷五〈風俗志〉，同治八年。

程　愉

　　1802　《義烏縣志》卷七〈風俗〉，嘉慶七年。

程大章

　　民 9　《桂平縣志》卷三一〈風俗及卷五九紀文詩〉錄五。

程仰之

　　民32　〈古神話中的水神〉，《說文月刊》第三卷，第九期，重慶。

程懷璟

　　1840　《雲夢縣志》卷一〈風俗〉，道光二十年。

單興詩

　　1874　《韶州府志》卷十一〈輿地略〉，同治十三年。

隆　斌

　　1890　《瓊州府志》卷三〈輿地略〉，光緒十六年補刊本。

喻炳榮

　　1849　《遂溪縣志》卷十〈禮俗〉，道光二十九年。

塞楞額

　　1874　《安鄉縣志》卷一〈風俗〉，同治十三年。

鄒俊杰

　　1873　《瀏陽縣志》卷八〈學校〉，同治十二年。

傅熊湘

　　民15　《醴陵鄉土志》第四章〈風俗〉。

華祝山

　　1873　《鉛山縣志》卷五〈風俗〉，同治十二年。

勞光泰

　　1836　《蒲圻縣志》卷四〈風俗〉，道光十六年。

賀廷壽

　　1884　《六合縣志》附錄，光緒十年。

賀維翰

　　民21　《萬源縣志》卷五〈禮俗〉。

喜捨場永珣

　　1940　〈爬龍船の神事〉，《南島》第一輯，臺北。

雲南博物館

　　民48　《雲南晉寧石寨山古墓羣前掘報告》，北平。

楊　寬

　　民28　〈鯀共工與玄冥馮夷〉，《說文月刊》第一卷第四期，上海。

楊　頤

　　1888　《茂名縣志》卷一〈輿地〉，光緒十四年。

楊　鉅

　　1885　《汭陽縣志》卷二〈輿地〉，光緒十一年。

楊之駢

　　1721　《公安縣志》卷二〈風俗〉，康熙六十年。

楊成志

　　民23　〈中國西南民族中的羅羅族〉，《地學雜誌》第二十二年第一期，北
　　　　　平。

楊炳南

　　清　　《海錄》，《叢書集成》初編。

楊衒之

　　清　　《洛陽伽藍記》，臺北。

楊鍾健

　　民34　〈龍〉，《文史雜誌》第五卷第三、四合期，重慶。

楊彝珍

　　1870　《武陵縣志》卷二六〈風俗〉，同治九年。

聞一多

　　民45　《神話與詩》，上海。

　　民31　《楚辭校補》，重慶。

葉年菜

　　1866　《鄖西縣志》卷一〈輿地志〉，同治五年。

鄧　繹

　　1873　《武岡州志》卷二八〈風俗〉，同治十二年。

鄧士憲

　　　1835　《南海縣志》卷八〈輿地略〉四，道光十五年。

鄧家祺

　　　1870　《新城縣志》卷一〈風俗〉，同治九年。

熊文瀾

　　　1866　《枝江縣志》卷八〈學校志〉上，同治五年。

熊松之

　　　1871　《高安縣志》卷二〈風俗〉，同治十年。

熊履青

　　　清　　《忠州直隸州志》卷一〈風俗〉。

趙敬襄

　　　1824　《奉新縣志》卷十一〈風俗〉，道光四年。

趙繼元

　　　1872　《太湖縣志》卷三〈風俗〉，同治十一年。

劉　向

　　　漢　　《列仙傳》，《叢書集成》初編3347。

劉　燁

　　　1872　《廣濟縣志》卷一〈風俗〉，同治十一年。

劉人樞

　　　1771　《歙縣志》卷一〈風俗〉，乾隆三十六年。

劉永濟

　　　民23　〈九歌通箋〉，《文哲季刊》第四卷第一號。

劉坤一

　　　1872　《萍鄉縣志》卷一〈地理〉，同治十一年。

劉思訓

　　　1892　《新寧縣志》卷十九〈風俗志〉，光緒十八年。

劉鳳蘇

　　　1892　《桃源縣志》卷一〈疆域志〉，光緒十八年。

劉運鋒

民12　《樂昌縣志》卷三〈地理〉上。

劉德銓

1827　《夔州府志》卷十六〈風俗〉，道光七年。

劉謹之

1784　《欽定盛京通志》第一册，乾隆四十九年。

潘　眉

1827　《高州府志》卷三〈風俗〉，道光七年。

潘　相

1812　《縣州志》卷十八〈風俗〉，嘉慶十七年。

潘迺禎

民30　《士林歲時記》，《民俗臺灣》第一卷第六號，臺北。

潘世洞

1816　《華陽縣志》卷十八〈風俗〉，嘉慶二十一年。

潘尙志

1893　《上猶縣志》卷二〈風俗〉，光緒十九年。

潘頤福

1876　《麻城縣志》卷十〈食貨志〉，光緒二年。

蔣　驥

清　《山帶閣楚辭》，北平。

蔣繼洙

1873　《廣信府志》卷一之二〈地理〉，同治十二年。

歐樾華

1875　《曲江縣志》卷三〈地理書〉，光緒元年。

謝　煌

1825　《宜黃縣志》卷八〈風俗〉，道光五年。

謝　勤

民20　　《三臺縣志》卷二五〈風俗〉。

謝　儼

1694　　《雲南縣志》卷二〈輿地〉，康熙三十三年。

謝金鑾

清　　　《臺灣縣志》，《臺灣研究叢刊》第 61 種，臺北：臺灣銀行。

鄺　露

明　　　《赤雅》卷上，《叢書集成》初編。

錢　淦

民 9　　《寶山縣續志》卷五〈風俗〉。

實　鮑

民 8　　《蕪湖縣志》卷八〈地理〉。

賴際熙

民 9　　《赤溪縣志》卷一〈輿地〉上。

戴　震

清　　　《屈原賦注》，臺北：藝文。

　　　　《方言疏證》，臺北：藝文。

　　　　《考工記圖》，臺北：藝文。

戴納孫

1901　　《昆明縣志》卷二〈風土〉，光緒二十七年。

戴聯璧

1867　　《城步縣志》卷四〈風土〉，同治六年。

蘇雪林

民17　　〈楚辭九歌與中國古代河神祭典的關係〉，《現代評論》。

魏家驊

1908　　《鳳陽府志》卷十五〈古蹟志〉，光緒三十四年。

魏敬中

1871　　《福建通志》卷五五至五八〈風俗〉，同治十年重刊本。

蕭　莉

　　民49　〈泰國划龍船的風俗〉，《聯合報》（四十九年五月二十九日）。

蕭玉銓

　　1873　《袁州府志》卷一之二〈地理〉，同治十二年。

羅有文

　　1899　《松滋縣志》卷一〈輿地志〉，同治八年。

顧嘉蘅

　　1880　《荆州府志》卷三〈風俗〉，光緒六年。

龔紹仁

　　1865　《宜都縣志》卷三下〈政教〉，同治四年。

Barbeau, M.

　　1952　The Old-world Dragon in America, *Indian Tribes of Aboriginal America.* Chicago.

Bishop, C.

　　1938　Long House and Dragon Boats, *Antiquity*, 12(48):415-24.

Bredon, J. & I. Mitrophanow

　　1927　*The Moon Year.* Shanghai.

Daniels, F. J.

　　1960　Snake and Dragon Lore of Japan, *Folklore.* London.

Graham, D. C.

　　1954　*Songs and Stories of the Ch'uan Miao.* Baltimore.

Granet, M.

　　1950　*Chinese Civilization.* London.

Gurney, O. R.

　　1954　*The Hittites.* London.

Hodous, L.

　　1927　The Dragon. *Journal of the North-China Branch of the Royal*

Asiatic Society, Vol. XLVIII. London.

Hose, C.

1926　*The Natural Man*. London.

Leach, E.

1954　St. George and the Dragon, *Myth or Legend?* London.

Maung Htin Aung

1954　*Burmese Folk-tales*. Oxford University Press. London.

Muller, W. M.

1918　Egyptian, *The Mythology of All Races*, Vol. XII. Boston.

Riddell, W. H.

1945　Tiger and Dragon, *Antiquity*, Vol. XIV, No. 73. Glouseter.

Smith, G. E.

1919　*The Evolution of the Dragon*. London.

1923　*The Ancient Egyptians and the Origin of Civilization*. London.

Spinden, H. J.

1957　*Maya Art and Civilization*. Colorado.

Werner, E. T. C.

1922　*Myths and Legends of China*. London.

A．巴比倫的龍

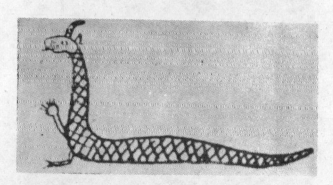

B．埃及的龍

C．殷的虯龍　　　　　　　　D．雲南出土的龍

附　圖　一

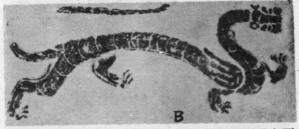

A. 靑龍　B. 白虎，漢代西康蘆縣王暉墓石棺畫象石

C. 龍　D. 虎，爲漢代畫家所畫
漢代龍與虎的兩種形態
附　圖　二

A. 東漢刻石黄龍

B. 雲　龍

附 圖 三

Ａ．長江的龍舟

Ｂ．中國的龍舟

附 圖 四

A．臺灣的龍船

B．龍船的形式

C．船舷上所繪的龍

附　圖　五

Ａ．比賽中的龍船

Ｂ．划手和龍船

附　圖．六

楚的上帝與自然神[*]

一 九歌中的諸神

探討《楚辭·九歌》諸問題的文章，自漢以來，已不知有多少了。我認爲〈九歌〉只是一種可以配樂並伴舞的曲子，這個觀念並沒有任何改變，但對於前人的一些解釋卻有些不同的看法。

首先，我同意聞一多把〈東君〉一篇放於〈東皇太一〉之後的排列法[❶]，東君是日神，與雲中君正好作對稱的排列，不但此二者，其他諸神亦往往如此，例如湘君與湘夫人，大司命與少司命，河伯與山鬼。這種對稱神的排列，看情形是有意的，也許它們在原始的意義上根本就有若干的關聯，只是我們無法明瞭。

其次，許多人對於歌詞中所使用關於人與神的各種代名詞往往糾纏不清，推其原因，不外是不了解歌詞的來源，或者誤解了歌詞的來源。一般的看法大約可分爲兩類：一類是說屈原作的；另一類是說屈原改訂的[❷]。就這兩說，我不願加以批評，我甚至寧願說，不管是誰

---

[*] 原篇名爲〈九歌中的上帝與自然神〉

[❶] 聞一多（民 48：284；1942：39-40）有許多不同於前人的看法。

[❷] 自然也有人說〈九歌〉是民歌的。Waley（1955）和 Hawkes(1959)

作的，於〈九歌〉本身並不重要，我所要追究的是：〈九歌〉的意境畢竟是怎樣創造出來的？想像，還是有所依據？想像不是沒有可能，許多高境界的文學作品都是想像出來的，但從現存十一支歌詞的內容來看，它們都被描寫得那麼具體而細膩，尤其是對某些神的穿着與動作，刻畫得那麼逼真，似乎已經超越了想像的範圍，而必有所依據。這種依據，可能就是壁畫或現實情況，正如王逸在〈天問序〉中所說：「楚先王之廟及公卿祠堂圖畫天地、山川、神靈，琦瑋僑佹」。〈九歌〉的作者根據那些壁畫加以描寫，所以生動極了。使我作爲這種可能性的解釋的原因有兩點：第一、傳說《山海經》本來就只有圖，後來才有人按圖作文，再後，圖遺失了，存在的反而只是文；〈九歌〉的情形也可能如此。第二、現今許多原始民族往往在住所四週的柱子上或是屏風上刻畫許多圖畫、人物，如果有人把它們加以感情的描述，不也像「九歌」嗎？

　　現存〈九歌〉十一章，除首尾兩章，〈東皇太一〉與〈禮魂〉，爲敍述祭祀時之情況外，其餘九章均爲各神之單獨描寫，或寫人物，或寫環境，或二者兼寫，但未涉及祭祀，所以我猜測〈九歌〉的文章係從圖畫演譯過來的。我假定當時的東君、雲中君、湘君、湘夫人、大司命、少司命、河伯、山鬼、國殤都有具體的形相，其圖像中並附有若干相關聯的人物或是環境；〈禮魂〉卻沒有，故只能空泛地描述一點歌舞的場面；東皇太一是楚國的上帝，也沒有具體的形相，因而只是把祭祀的場面敷陳一番（到漢代似乎已經有了，說見後）。

　　我們順着〈九歌〉讀下去，這情形就更顯然❸。

（續）　則把它看作巫師 (shamans) 之歌。凌純聲師則認爲〈九歌〉是「古代
　　　　濮獠民族的樂章」（民 43：404）。

❸　參閱徐邦達臨繪元代張渥 (1361)〈九歌圖〉及蕭尺木《離騷圖經》。

1. 東皇太一

〈東皇太一〉只是描寫祭祀的過程，用些什麼去祭神，以及祭祀的人在做些什麼，比如說，有人帶了長劍，有人在擊鼓吹竽，也有人在緩緩地唱歌，然後是滿屋子的香氣和音樂的合奏等等。屬於神的方面只有一句「穆將愉兮上皇」的推測之詞。

2. 東君

〈東君〉係用第一人稱描述日神的形狀及其行動。這幅圖畫的遠景是太陽從東方出來，隱約可見的有龍車和雲旗；在東君附近畫了些打鼓、撞鐘、鳴鯱、吹竽、唱歌、跳舞的人，作者並推測的說，「音樂實在太好了」；日神是主體，畫得很大，向東走，衣青白色衣裳，手拿長弓像是要射天狼的樣子。

3. 雲中君

〈雲中君〉這幅畫也許比較簡略，所描寫的只是一些單簡的衣着和行動，作者似未將它加以藝術的誇張，它說：雲中君住在壽宮裏，帝服，駕龍，像是到處周遊，從雲層裏下來，又走開去，可是看得又高又遠，冀州、四海盡在眼底。這一段話的前面均是對圖畫的描寫，後面兩句是作者的推測。

4. 湘君

就文學的技巧言，〈湘君〉是比較傑出的一篇；故事的內容也較為複雜。從整篇文字來看，這幅圖畫的大概是這樣：有一個人站在江邊，樣子顯得很憂悒。他可能在回憶什麼傷心的往事，眼淚都掉下來了呢。稍遠處有一幢房子，鳥在上面飛，水就在旁邊流過。畫並不複雜，而作者卻把它形容得極其複雜。全篇都是用的心理描寫，從一個極端細微的動作再將它誇大起來，比如湘君站在江邊，作者便認為他在回憶一段遙遠的往事，甚至說，他在難過，在流淚，在埋怨那些失

信的約會，然後把一些信物也丟到江裏去，並且說，事情已經過去了，還有什麼好說的。

5. 湘夫人

〈湘夫人〉的情節與〈湘君〉幾乎相同，文章技巧也不下於〈湘君〉，但有一個很大的差別，就是：〈湘君〉着重於心理描寫，從人物而推測其行爲和思想，屬於動的方面；〈湘夫人〉則多爲環境的刻畫，屬於靜的方面。畫仍以〈湘夫人〉爲主題：洞庭湖的樹葉子在秋風裏飛翔，湖邊站着一位女士，她該在期待一些什麼的吧？精神似乎有點恍恍惚惚。離她不遠處有一所房子，造得非常華麗，看上去，她正在迎接誰呢？

6. 大司命

司命的說法很多，有人認爲它是水神，如聞一多[4]；有人認爲它是命運之神，如張縱逸等[5]。但從這幅畫看來：遠遠地天門打開了，大司命乘着黑雲向下界飛馳；天空灰暗，好像正在刮風下雨。畫面可能就是那麼簡單，可是作者表示：人民雖不知他做些什麼，他的權力卻很大，他操縱陰陽，他判定壽夭，「固人命兮有當，孰離合兮可爲」。這不是確定人間的生死嗎？他實在是一位司壽命之神。

7. 少司命

這是一個很鮮明的畫面：屋子的周圍長滿了秋蘭和麋蕪，葉子靑靑的；屋子裏有許多美女；少司命荷衣蕙帶，孔蓋翠旗，帶長劍，作飄忽狀，而貌頗愁苦。本篇着重於實際的描寫，而〈大司命〉多爲理論的闡釋。少司命畢竟是幹什麼的？很難推知；從最後一句「蓀獨宜兮爲民正」來看，也許是掌理人間善惡，以至判別是非，這倒有點像中國農村中所供養的「東廚司命」，管善惡之神。

---

[4]　聞一多，民 45。
[5]　張縱逸，1957: 95; 103-104。

8. 河伯

〈河伯〉一開始就說它：兩龍駕着有蓋飾的水車在水面上奔馳；走得遠遠地，快活極了。另一邊，彷彿是水中，有魚鱗瓦的房子，貝闕珠宮。這完全是具象的描繪，把河伯寫成一個快樂的神，毫無憂戚之感，在水上來去自如的水神。

9. 山鬼

在這些圖畫中，〈山鬼〉怕是畫得最傳神的一幅，你看：山角上彷彿有一個人，身上披了些什麼，笑笑的；車子上插了面旗，一隻赤豹正拉着走，陰雲低垂，天氣顯得昏暗，山上有的是石頭、蔓草，還有清泉和松柏。像是風雨來了，樣子怪蕭索的。這種圖畫實在有點鬼氣，從我們現在的思考中還辨別得出來。

10. 國殤

這是一幅戰爭場面的圖畫：那麼多的軍隊，披甲執戈，旌旗蔽日；弓矢在空裏飛擂；兩方的兵分別打在一塊，戰車都混亂了；有的人被殺傷，馬也倒下來了；金鼓大作，畫面上一片殺氣。這幅畫的主題盡在戰爭，沒有單獨的人物行動，最後作者讚美他們的武勇和剛強，死後定為鬼雄。

11. 禮魂

〈禮魂〉只是一個相當盛大的舞蹈場面，這很合乎比較原始的民族的習慣，事情做完了，大家圍攏來跳呀唱的，然後散開。

讀完了〈九歌〉，我們覺得，這些神，每一個都是美麗的，而且有美麗的故事，看起來頗動人，這是楚民族在宗教上的特點，為《詩經》所沒有的。《詩經》的頌詩多半是歌頌一些祖宗的豐功偉績而已，全沒有神話的意味，更談不上所謂浪漫的情調。所以我認為梁勁幾句批評楚民族宗教的話是對的，他說：「楚民族也是多神的宗教，不過他

們的神之唯一特徵是美化，美化的程度雖不能及古希臘，但在中國宗教史裏已永遠佔着越絕的地位」❻。

神的美化，我以爲這是一種良好的民族性格的反映，希臘是後來的西方文化優良傳統之一，無論在科學，民主，或是藝術方面，它都佔着非常重要的地位。楚卻不然，一切的好處都被後代儒家或是中原民族用「野蠻」兩個字所埋沒掉了。因此，我們今天來討論楚文化便感到異常困難，神話就更難些。神話中善神與惡神相對地出現，究竟是進步的還是原始的宗教呢？這是一個爭論。依我的看法，這跟原始或進步無關，因爲不管宗教的起源如何，它只是人類意識之一。

〈九歌〉中看不到惡神，固然是一種特殊現象，但另一方面也仍然反映了它的原始性。從原始性這一點來看，有人認爲〈九歌〉中的神全與求雨有關，而〈九歌〉便是求雨的宗教歌舞，或者是求雨祭的歌舞劇。最明顯的是河伯、湘君、湘夫人都與水有密切關係，甚至它本身就是水神，山鬼被認爲水神，也有可能，南方許多地方的農民都祈山求雨，雲中君一般被當作雲神（也有說是月神的，證據卻並不怎麼充足），東君是日神，如果向日與雲求雨，這是常事，但卽使向月求雨，也並不奇怪，在中國的農事書上，許多下雨的徵象都是從月的變化上反映出來。東皇太一是上帝，〈禮魂〉是尾聲，這兩者放在任何神話式的歌劇中並無不妥，因爲太一是衆神之王，而〈禮魂〉只是狂歡節奏的結束。問題最大的是〈司命〉（大司命少司命）和〈國殤〉，司命是命運之神，國殤是死鬼，一點看不出和雨有關的痕跡，卽使聞一多主張司命就是水神玄冥，我們仍難以相信。所以除非這兩個問題得到解決，我不打算完全從求雨祭的觀點上來探討這些神話。

---

❻ 梁勁，民18:7。

〈九歌〉，不管主張其為歌舞劇或求神祭，對於與宗教有關這一點大致是肯定的。可是有人認為是宮廷之樂，另有人認為是民間之樂。也許它是屬於民間的，有一個很好的證據足以證實這件事，《史記‧封禪書》載：「其春，既滅南越，上有嬖臣李延年，以好音見，上善之，下公卿議曰：『民間祠尚有鼓、舞、樂，今郊祀而無樂，豈稱乎』？公卿曰：『古者祠天地皆有樂，而神祇可得而禮』」。從這一段話我們可以產生下面幾個推理：第一，漢以後的郊祀用樂可能係從南越學來的；第二，〈九歌〉用鼓、舞、樂，應該是民間形式；第三，〈九歌〉係完全的祭神儀式，與祠天地無關。

二　東皇太一與上帝

〈太一〉是〈九歌〉中的第一篇，〈九歌〉的作者並沒有說他是楚人的上帝，作品裏也沒有這樣交代過。我們說他是楚民族的上帝，只是從後來的一些史料裏推測出來的。有人，如聞一多、鄭振鐸、孫作雲、丁山，認為〈東皇太一〉是迎神曲，〈禮魂〉是送神曲，也只是由歌曲的內容和形式所作的推測。〈東皇太一〉一篇只有祭祀儀式的描寫也是一個很大的理由，我在前面說過，這是由於當時楚人的上帝尚沒有偶像化。

東皇太一是否即為楚民族的上帝？要明白這一點，我們便必需了解一些當時的情形。當時黃河流域各國對於上帝的觀念差不多全是承襲於周民族，齊國的稷下學派也是如此，不管他們是恭敬上帝，或者有時候責難上帝，如《周書‧君奭》：「惟時昭文王，迪見冒，聞於上帝，惟時受有殷命哉」？〈康誥〉：「惟乃丕顯考文王……聞於上帝，帝休，天乃大命文王，殄戎殷」；《詩經》：「蕩蕩上帝，下民

之辟。疾威上帝，其命多辟」；《詩・雲漢》：「昊天上帝，寧俾我
靡」。他們把上帝看作一種人格神的存在是一致的。到後來，像《左
傳》所說的「以佐事上帝」（昭公七年），《孟子》的「上帝旣命」
（〈離婁〉上），《墨子》的「以祠說於上帝鬼神」（〈兼愛〉上），
《呂氏春秋》的「上帝降福」（卷六）等，無論就內容或形式而
論，情形都差不多。再溯上去，到殷商，上帝也已經人格化了，如
「出……上帝……兄（祝）」（〈後編〉上 28.14）；「上帝……降
莫」（〈續存〉上 168）；「擊五鼓，上帝若王」（〈屯甲〉1164）。據
饒宗頤說，卜辭所見上帝只此三條❼，然而三條也就夠我們去推測
當時有關上帝的一般情況了。這種情形表明它與西周，與春秋戰國
的中原文化的確有若干關係，我們雖不敢斷定它們是同出一源。又如
《易・豫卦說》：「殷薦之上帝」。這個上帝與戰國時北方諸國所言
者亦無甚差異。

　　我說北方諸國，這在《左傳》和《國語》兩書中可以得到證明，
一些較大的國家差不多都曾談到過上帝，而且看法也大體相同。我們
就從《國語》來看吧：

　　　　〈周語〉中：「以供上帝山川百神之祀」。

　　　　〈魯語〉中：「天子祀上帝」。

　　　　〈晉語〉八：「是故天子祀上帝」。

　　　　〈越語〉下：「淫佚之事，上帝之禁也」。

　　　　〈吳語〉：「體德明聖達於上帝」。

這裏有點奇怪的是屬於北方文化系統的齊、鄭沒有說到上帝（楚當然
也沒有），吳、越卻有了，也許如某些人所說，吳、越可能眞的與周

---

❼　饒宗頤，民 48：859。但卜辭中許多「帝令雨」或「帝不令雨」等等，
　　實際也是指的上帝。

文化有些關聯。另一方面，齊、鄭在《國語》裏雖未提及上帝，《左傳》卻提到的：

> 《左傳》襄公二十四年：鄭子產謂晉范宣子曰，「夫上帝臨女，無貳爾心，有令名也」❽。

> 《左傳》襄公二十五年：「晏子仰天歎曰，『嬰所不唯忠於君利社稷者是與，有如上帝』」。

子產和晏嬰所意識到的上帝與上舉各國相較，看不出什麼差別，但是無論是《左傳》或是《國語》，楚都沒有言及上帝這個名詞，楚沒有上帝嗎❾？聞一多認為東皇太一便是楚人的上帝，他說：

> 其實東皇太一是上帝，祭東皇太一即郊祀上帝。只有上帝纔夠得上受主祭者楚王的專誠迎送❿。

這一段話，我只能同意一半，即是：前段是對的，後段卻不一定對。因為〈九歌〉可能係就民歌改編而成，或者根本就是民歌，與君王實在沒有多大關係，我贊成東皇太一為楚人之上帝，其原因甚多，直接的可從下列幾句話看得出來：

> 吉日兮辰良，穆將愉兮上皇，撫長劍兮玉珥，璆鏘鳴兮琳琅；瑤席兮玉瑱，盍將把兮瓊芳（〈東皇太一〉）。

在這些話中，我主要要引用的是「上皇」和「玉瑱」兩個名詞。上皇顯然是有天帝的意思，也就是上帝。《說文》謂：「皇，大也，從自。自，始也，始皇者，三皇大君也，自讀若鼻」。這個解釋自然不太通，按金

---

❽　子產的話可能是引自《詩・大雅》，但沒有關係，他已經把原來的意思加以注釋，不妨作為齊人的上帝思想來看。

❾　《楚辭》中也有幾處提到上帝，如〈天問〉「何親就上帝，罰殷之命以不救」，這是敍說殷的事實；又如〈招魂〉「掌夢，上帝其命難從」，則確為楚人之觀念，疑晚出。

❿　聞一多，民 45：267。

文皇多作𝌏，象冠冕之形，「𝌆象冠卷，ⵑ 象冠飾，土象其架」❶，所以說，「皇之本義爲冠，天子服之，因以爲天子之稱……皇之訓爲大、爲美、爲煌、爲中、爲光、爲宏者，則又從天子之義展轉紬繹以爲形容者也」❷。 這說法含有幾分推想， 但比說文要圓通得多， 因此，我以爲《古籀補》所謂「皇，大也，日出土則光大。日爲君象」的說法也未始不是一個好見解。造字本來只是從某一觀點出發，不必包括所有的動機，有些意義是原始的，另一些便只是引申其義了。把「皇」當作「皇帝」來解釋，自然是君主政治體制實行以後的事，而把「上皇」當作「上帝」就更是政治意識在宗教上的反映，人間沒有唯我獨尊的大王， 天上那得有上帝？ 上帝的觀念就是這樣形成的。《楚辭》中多次提及的「皇」或是「皇天」，其實際意義也是如此。

　　玉瑱，據劉師培❸、聞一多❹的考證,應作玉鎭，《釋名》亦謂:「瑱，鎭也」，亦即《周禮》天府中所說的「玉鎭」。《周禮》天府「凡國之玉鎭大寶大器，藏焉。若有大祭大喪，則出而陳之」。可見用玉鎭是屬於大祭之類的祭祀，祀上帝自然是大祭了。聞一多認爲漢代祭太一用玉都是循楚故事❺。這也許可能，但楚是否承襲周制呢？倒也不一定。據我們所知，當時各民族用玉祭神之事，不獨周爲然，殷如此，楚也如此。當時各國人民的宗教信仰大概都是這樣：「天子徧祀羣神品物，諸侯祀天地三辰及其土之山川」❻。所以如果我們說楚人用玉以祀其上帝（上皇），並不算是過份的推測。所謂「玉足以

❶❷　汪榮寶〈釋皇〉，《說文解字詁林》，頁 1116-26。並參閱顧頡剛，
　　　民 25: 52-73。

❸　劉師培，民 5: 1。

❹　聞一多，民 31: 26。

❺　參閱聞一多，民 31: 26;民 45: 283。

❻　《國語・楚語下》，頁 75。

庇蔭嘉穀，使無水旱之災」（〈楚語下〉），是楚人傳統的想法。

使用上皇這個名詞的作者不僅是〈九歌〉，也有些別的人，如莊子，「天下戴之，此謂上皇」⑰（《莊子・天運》）；劉向，「情慨慨而長懷兮，信上皇而質正」⑱（〈九歎・離世〉）；《唐書・肅宗紀》，「天寶十五載七月甲子即皇帝位靈武，尊皇帝曰上皇天帝」。這些例子，儘管有些人的味道，但也有更多的上帝的意思在內，劉向可能是學〈九歌〉的口氣，但對於上皇的意義並沒有變。

現在我們要來討論一下「太一」⑲。

《說文》認為「太，滑也……大聲，古文泰」。所以太字的原始意義從水。但《廣雅・釋詁》說：「太，大也」。照後世通常的用法，太也多半在大的意義上着眼，所以太一又可寫作大一，或是泰一，有時也可寫作太乙，本質上沒有什麼不同。

「太一」起初究竟代表什麼，至今尚不十分明白。在我想，它當時可能只是一個譯音，屬於楚民族，或是屬於燕、齊一帶的方言，現在已無法確定。不過，這祇是一個假想，也許實際並不是，將來可以作一點更多的探索。

從先秦到漢代，由文獻上的顯示，太一最少有三個意義：一是哲學上的解釋，作為一個宇宙的本體，道；二是宗教上的解釋，一個最高的神，上帝；三是星象上的解釋，星座之名。這三種解釋，星象是後起，也許竟是由宗教上演變過來的。把太一作為「道」的解釋，首見於《莊子》，而後是《荀子》、《呂氏春秋》及《禮記》等，但《莊子》的太一祇見於〈雜篇〉之〈徐无鬼〉、〈列禦寇〉及〈天下〉三

⑰ 這個上皇可能係指所謂「最好的皇帝」而言，但仍保有上帝的意義。
⑱ 王逸注曰：「上皇，上帝也」。
⑲ 請參閱顧頡剛（民 25）有關太一的解釋。

篇，〈雜篇〉一向被認爲係莊子之徒所作，其時間與《荀子》與《呂氏春秋》可能不相上下，故實際人們把太一當作道來理解可能係在公元前三世紀之末，因爲荀子是公元前第三世紀九十年代的人物。這樣看起來，宗教上的太一也許出現得最早，原因是：（1）屈原是公元前第四世紀中（約四十年代）的人，在時間上比荀子早了若干年；（2）〈九歌〉是楚民族之歌，如果爲屈原所編，其出現時間當早於屈原無疑；（3）漢時方士稱祭太一爲古制，可能眞是來源久遠。

荀子曾在〈禮論〉中兩次談到大一，他說：「貴本之謂文，親用之謂理，兩者合而成文，以歸大一，夫是之謂大隆」。又說：「凡禮始乎梲，成乎文，終乎悅校。故至備，情文俱盡；其次，情文代勝；其下，復情以歸大一也」。這裏的大一卽是我們所說的太一，他認爲禮之最終是歸於太一，也就是一個最高的境界。荀子是強調以「禮」治世的，可是禮是什麼呢？他說：「禮有三本……故禮上事天，下事地，首先祖而隆君師，是禮之三本也」（《荀子‧禮論篇》）。禮是管祭祀，這幾乎把禮之本質皈依到宗教的領域裏去了。

《禮記》的太一幾乎與《荀子》完全一樣，一般認爲可能是抄自《荀子》，再加一點宗教儀式的解釋，它說：「故禮行於郊而百神受職焉；禮行於社而百貨可極焉；禮行於祖廟而孝慈服焉；禮行於王祀而正法則焉……是故夫禮必本於大一（一作太一），分而爲天地，轉而爲陰陽，變而爲四時，列而爲鬼神」（〈禮運〉）。這不是和荀子一樣，把禮和太一歸併在一個主題下加以討論嗎？這個主題也可以說是用宗教的方法來處理人事。

《莊子》所言的太一就不大一樣，《莊子‧雜篇》說：「小夫之知，不離苞苴竿牘，敝精神乎蹇淺，而欲兼濟道物，太一形虛若是者，迷惑於宇宙形累，不去太初」（〈列禦寇〉）。又說：「建之以常

無有，主之以太一。以濡弱謙下爲表，以空虛不毀萬物爲實」(〈天下〉)。又說:「人之於知也少，雖少，博其所不知而後知天之所謂也。知大一，知大陰，知大目，知大均，知大方，知大信，知大定，至矣」(〈徐无鬼〉)。從上面三段話，我們可以看出來，莊子所說的太一完全係由「道」本體的認識論上着眼。我以爲他的太一就是所謂「至大无外」(《莊子·天下》)，看起來无有，實際卻是包羅萬象，什麼都囊括在內，這就是「道」。

《呂氏春秋》係承襲這個理論而加以更具體的說明，它說:「道也者，至精也。不可爲形，不可爲名，強爲之，謂之太一」(卷五〈仲夏〉)。莊子對於道與太一的關係只說出一個輪廓，這裏卻把具體的形象也畫出來了，它肯定地指出:道就是太一。我們還可以看出一點更詳細的說明，同篇中又說:「音樂之所來者遠矣，生於度量，本於太一。太一出兩儀，兩儀出陰陽，陰陽變化，一上一下，合而成章」(〈仲夏〉)。用現代哲學中的術語來說，太一就是宇宙中的原子，它是一切事物的基點，眞是「萬物所出，造於太一，化於陰陽」❷了。

《淮南子》的太一有兩種形態，一種是屬於星象方面的，如「若夫至人……登太皇，馮太一，玩天地於掌握之中，夫豈爲貧富肥臞哉?」(〈精神訓〉)另一種是論理式的，如「帝者體太一，王者法陰陽，霸者則四時，君者用六律。秉太一者，牢籠天地，彈壓山川……是故體太一者，明於天地之情，通於道德之論，聰明爛於日月，精神通於萬物」(〈本經訓〉)。高誘注這段話說:「體者，法也;太一者，天之刑神也」，或可信。在他們的意思，認爲只要了解太一，

---

❷　高誘注曰:「太一，道也」。

便得為最高的統治者，也是最好的統治者，因為在陰陽、四時、六律
這些天象中，太一是最難了解的一種，「太一之精通於天道」（〈主
術訓〉），懂得了天道就不難管理人事，這是先秦思想中重要的一環。
所以說：「洞同天地，渾沌為樸；未造而成物，謂之太一。同出於
一，所為各異」（〈詮言訓〉）。這就把太一當作一個宇宙的本體來看
待了。這個本體也即是道，「原道者，盧牟六合，混沌萬物，象太
一之容，測窈算之深」（〈要略〉）。於是太一便成為理論上的最高原
則，它真是可以對付人類任何一件事體，誰要忽略了它，便顯得幼
稚，而且將注定要失敗。

　　由上述各家的話來看，這種道本體的理論，事實上已經把太一神
化了，不過，它仍然祇屬於哲學的範疇，而不是宗教。

　　宗教上的太一也許更古老些，最少，我們從東皇太一的出現來推
斷是如此。這種太一畢竟起初發源於什麼地方，已經很難說，由文獻
上看，我們似乎可以得出下列三個假定（三個假定也許都有關聯，卻
不是必然的）：

　　（1）文獻上最先記錄太一的事是《楚辭・九歌》的東皇太一。楚
當時正統治着長江中游一帶，國都在現今的湖北，兩湖自然是它的主
要根據地。故以楚國而論，太一之神可能起源於這個地區，或者如凌
純聲師所說，為濮獠民族所祀奉之神。濮獠為楚民族之一份子，亦為
楚所統治。

　　（2）太一也可能是南越之神。漢武帝滅南越後曾改革郊祀之樂，
其動機是：「民間祠尚有鼓、舞、樂，今郊祀而無樂，豈稱乎？」
（《史記・封禪書》）「於是賽南越，禱祠太一、后土，始用樂舞」（〈封禪
書〉）。該書又說：「其秋，為伐南越，告禱太一。以牡荊畫幡」。
這起碼說明了兩件事：第一，用樂、舞祠太一是從南越學來的；第

二，太一是南越之神，故祭祀時用同樣之樂。南越和楚一樣，是一個鬧鬼的地方，《史記・封禪書》有一段這樣的描寫：「（武帝）旣滅兩越，越人勇之，乃言，『越人俗鬼，而其祠皆見鬼，數有效。昔東甌王敬鬼，壽爲六十歲。後世怠慢，故衰耗』。乃令越巫之越祝，祠安台，無壇；亦祠天神、上帝、百鬼」。文中雖未言及太一，其敬鬼神之熱忱可知。武帝是一個想永遠活下去的人，怎能不信。

（3）崇奉太一神或起於燕齊一帶。我們知道，祠太一之事盛於漢，尤以武帝爲烈，這該不是偶然。替武帝首先建議祠祀的是薄（一作謬）忌，忌爲亳人，地屬齊。後來爲武帝在這方面畫策的方士也均是齊人，如少翁、公孫卿、鬼臾區、申公等。所謂「燕齊怪迂之方士，多更來言神事矣」（〈封禪書〉），完全是確實的情形。爲什麼言太一者爲燕齊之士，而沒有南方人？或者更具體點說，沒有楚人？而且這些方士都把太一拉得很遙遠，動不動就是「古者天子以春秋祭太一」，要不眞的很古，便是他們假造出來的，但當時朝中的博學之士並不在少數，他們（儒家們）豈是輕易被騙？

這三個假定都有可能成立，證據卻都不足。可是把它們總起來，我以爲這也許是中國沿海岸人民的一個共同信仰。起初是燕、齊、楚、越的人民祭祀，後來靠了「海上仙人」的力量把它帶到中國大陸，漢武帝爲了求仙心切，大加起用，於是慢慢地傳開來了，到元代，竟形成了一個勢力龐大的太一教，眞是非始料所及。

太一究竟是一個什麼樣的神，我們在〈九歌〉裏所知不多，如果從上皇（上帝）的意義來說，那便是一個無所不管，無所不知的神，誠如亳人謬忌對漢武帝奏祠太一方所言：「天神貴者太一，太一佐曰五帝。古者天子以春秋祭太一，東南郊，用太牢。七日爲壇，開八通

之鬼道」（《史記・封禪書》）。以五帝❷爲佐，用太牢，天子主祭，這都表示太一神之尊貴處（所謂開八通之鬼道，實無法得其解）。無怪乎武帝聽得心癢癢的，馬上「令太祝立其祠長安東南郊，常奉祠如忌方」。但是這個局面似乎支持得並不太久，「其後人有上書言，古者天子三年壹用太牢，祠神三一：天一、地一、太一。天子許之，令太祝領祠之於忌太一壇上，如其方」（〈封禪書〉）。這就是說，把原來的太一壇由天一、地一和太一三神共領。現在面積小得多了，地位自不免有些低落，但仍非如索隱所說，天一太一在紫宮門外，承事天皇大帝❷。這是另一回事，索隱把它們弄混了。正如《星經》所說：「太一星在天一南半度，天帝神，主使十六神」。

事實上，三一中之太一與薄忌太一可能有些不同；也許是祭儀不同，也許是所代表之神不同，這事《史記・封禪書》另一處有說明：「今天子所祠：太一、后土，三年親郊祠，建漢家封禪；五年一修封薄忌太一及三一、冥羊、馬行、赤星、五寬舒之祠，官以歲時致禮。凡六祠，皆太祝領之」。從這一段話看，太一神在當時大概有三種：一是與后土並列，三年一祭的太一；二是薄忌太一，五年一修封；三是三一中之太一，亦五年一修封。

楚人在什麼時間祭太一，史無記載，不可考。漢時，武帝初以「十一月辛巳朔旦多至昧爽郊拜太一」（〈封禪書〉），但〈樂書〉又說「漢家常以正月上辛祠太一（於）甘泉。以昏時夜祠，到明而終」。可見郊祀之時間頗不一：有時是三年，有時又五年；有時在十一月，如元鼎五年，有時在一月，如天漢三年、後元元年（宣帝以後似乎均在一月郊祭）；有時在早晨祭，有時又是自晚至早。這種時間

---

❷ 五帝係五方之帝，非古五帝之謂。

❷ 這是屬於星象說方面的解釋。不過，本質上還是宗教的。

上的不一致，正表現其祭儀的沒有確定性，所謂「如薄忌方」祭太一，就連時間都沒有硬性規定。

我們在前面說過，祭太一時有歌、舞和樂（見《史記·封禪書》），可能是從南越學來的，但也很合乎〈九歌·東皇太一〉之情形，〈東皇太一〉說：「揚枹兮拊鼓，疏緩節兮安歌；陳竽瑟兮浩倡，靈偃蹇兮姣服，芳菲菲兮滿堂，五音紛兮繁會」。這裏不是有歌、有樂，還有舞嗎？漢代亦復如此，《史記·樂書》云：「漢家常以正月上辛祠太一……上使僮男僮女七十人俱歌，春歌青陽，夏歌朱明，秋歌西暤，冬歌元冥……又嘗得神馬渥洼水中，復次以爲太一之歌，歌曲曰：『太一貢兮天馬下，霑赤汗兮沫流赭』」。這些歌實際與太一毫無關係，只是拿來取樂罷了。

漢代祭太一有兩種限制：一是只有天子纔能祠祀，一般王侯及人民不與；二是限於雍及甘泉兩個地方。這種限制也可窺見太一神在當時確乎很尊貴。楚祀太一是否有此限制？從〈九歌〉來看是沒有的，它不但沒有固定的地點，而且也沒有一定的主祭者，也許誰高興誰就可以去做。歌舞與音樂卻是不能少。

《楚辭·九歌》沒有說明祠太一的目的，漢武帝似乎是爲了求仙，因爲當時傳說安期生、李少君之流，能知過去未來，能點石成金，能使人長命，所以武帝寵信之，大興土木，以冀仙人之至，結果自然是落空了。但宣帝時另有一說：「神爵四年二月修興泰一、五帝、后土之祠，祈爲百姓蒙祉福」（《漢書·宣帝紀》），那就不是專門爲皇家打算了。而《史記·天官書》正義注「陰德或曰天一」說：「天一一星疆闓闔外，天帝之神，主戰鬥，知人吉凶。明而有克則陰陽和、萬物成、人主吉，不然，反是。太一星次天一南，亦天帝之神，主使十六神，知風雨、水旱、兵革、饑饉、疾疫。占以不明及移

為災也」。此說不知從何而來，但說法顯然與〈九歌〉的內容有點像：

〈九歌〉以東皇太一為主神，此處說主使十六神，亦為主神；九歌雖未明言知風雨、水旱……等等，但其神卻包括日神、雲神、山神（與求雨有關）、水神、命運之神、戰神等，亦是所謂為百姓求「祉福」也。這類事在每一個民族都很多，我們不必奇怪，武帝郊太一，寬舒就說過「神靈之休，佑福兆祥」（〈封禪書〉）的話。

根據「如薄忌方」幾個字來解釋，我們知道當時祭太一必有一個整套的儀式，但是這個「方」沒有傳下來，現在所曉得的，只是一點點。《史記·封禪書》說：「（武帝）幸甘泉，令祠官寬舒等具太一祠壇。祠壇放薄忌太一壇，壇三垓，五帝壇環居其下，各如其方……太一其所用如雍一畤物而加醴、棗、脯之屬，殺一狸牛以為俎豆牢具……太一祝宰則衣紫及繡，五帝各如其色，日赤月白，十一月辛巳朔旦冬至昧爽，天子始郊拜太一……而衣尙黃，其祠烈火滿壇，壇旁亨炊具……有司奉瑄玉嘉牲薦饗」。這裏有幾點我們必需提出來加以討論：

第一，祭太一用壇是倣效傳統的郊天之禮，也許式樣有些變化，目的卻是一樣的。薄忌在這一方面的思想路線是傳統的。

第二，時間選在早晨，用瑄玉❷和醴、棗、脯之屬以祭，這和〈東皇太一〉中所言完全一樣（唯〈九歌〉未言殺狸牛一事），還有音樂、唱歌、跳舞的情況也大致差不多。

第三，「祠列火滿壇，壇旁亨炊具」的做法是原始性的，後人多以為遵古禮，實際是對火、對生命的祈禱。

第四，元鼎二年漢武帝病重幾不起，為巫神君祠愈，於是大赦天

---

❷ 聞一多在〈怎樣讀九歌〉一文中考證，瑄玉卽玉鎮，甚確，並且認為漢是沿襲楚故事（民 45：283）。

下，並「置酒壽宮神君。 壽宮神君最貴者太一， 其佐曰大禁、 司命
之屬皆從之……又置壽宮北宮， 張羽設旗、 供具以禮神君」（〈封禪
書〉）。臣瓚注《漢書・郊祀志》曰：「壽宮，奉神之宮也」。這種宮
司馬遷還進去欣賞過，〈封禪書〉太史公曰：「余從巡祭天地諸神、
名山川而封焉，入壽宮侍祠神語，究觀方士祠官之意」。我想這也就
是〈九歌・雲中君〉裏的「謇對愴兮壽宮，與日月兮齊光」的壽宮，
連裏面陪祭的神幾乎都相同，也許真是承襲楚制。漢對楚有偏愛，漢
高祖喜歡楚舞、楚歌，自己也作過楚歌〈大風歌〉和〈鴻鵠歌〉❷，
到了漢武帝，文學修養雖然高些，像〈秋風辭〉❷、〈落葉哀蟬曲〉
等仍然是楚聲。

　　我們從這些觀點上去讀〈九歌〉，楚與漢之祠太一，無論就儀式
或信仰而論，實在太相像了。也許我們可以這樣說，漢雖然沒有把太
一看做上帝，其尊崇的態度則並無二致。所謂「至武帝定郊祀之禮，
祠太一於甘泉，就乾位也」（《漢書・郊祀志》），就是一種極端虔誠的
表示。五時，自高帝以來即為皇家的最高的保護神，現在只是太一之
佐，太一地位之隆可知。《漢書・郊祀志》說：「孝文十六年……祭
泰一、地祇，以太祖高皇帝祠日，多至祠泰一，夏至祠地祇，皆並祠
五帝而共 一牲」。在這種情形下，太一無異是一個至尊的天神，也許
竟是他們（漢代人民）心目中的上帝。

　　我在前面懷疑過，楚之上帝（太一）可能沒有形象，主要也許是
他們不敢或無法畫出來。 但從漢代的文獻看， 漢之太一卻是有形象

---

❷　《史記・高祖本紀・大風歌》：「大風起兮雲飛揚， 威加海內兮歸故
　　鄉， 安得猛士兮守四方」。

❷　《文選》武帝〈秋風辭〉：「秋風起兮白雲飛，草木黃落兮雁南歸。蘭
　　有秀兮菊有芳，攜佳人兮不能忘。泛樓舡兮濟汾河，橫中流兮揚素波。
　　簫鼓鳴兮發棹歌，歡樂極兮哀情多，少壯幾時兮奈老何」。

的。《史記・封禪書》有兩處提到這事：其一說，「其秋，為伐南越告禱太一，以牡荊畫幡日、月、北斗，登龍以象太一」；其二，「齊人少翁以鬼神方見上……又作甘泉宮，中為臺室，畫天、地、太一諸鬼神而致祭，具以致天神」。很顯然，太一的具體形象被術士們畫出來了，只是我們現在無法看到。

太一自從在漢代成為人民的偶像之後，一直就為皇家宗廟裏的上賓，像宦海一樣，地位雖有時不免衰微，卻很難被排擠出去。我們翻翻歷史就知道，《晉書・禮記》、《魏書・禮志》、《隋書・禮儀志》、《唐書・禮樂志》、《宋史・太宗本紀》、《元史・祭祀志》都記載着祀太一之情形，到元代且有了一個特殊組織在社會上出現——太一教。這就是說，太一神在中國的社會——特別是皇家社會一直走着好運。

從上面一系列的敍述和探討，我們可以把太一神作一個簡略的結論：

（1）東皇太一為楚民族的上帝，一直到漢代，它雖無上帝之名，卻具有上帝的實質。〈離騷〉所謂「詔西皇使涉予」，那是楚人所假定的西方世界的上帝。

（2）太一神即使不發源於楚，也是中國古代東南沿海民族所共同供奉之神，因為楚、南越以及燕、齊一帶人民都信仰它。後來燕、齊的方士宣傳尤力。

（3）祭太一是一種非常隆重的典禮，只有皇帝才能祠祀，民間不得舉行——但原始時代並非如此。

（4）祭太一用鼓、舞、樂及歌唱，漢代係承襲楚制，連用玉鎮的情形也一樣。

（5）太一神供奉於壽宮，楚、漢均同。

（6）太一神能保護人民，知風雨、水旱、饑饉一類的事。

（7）太一神是有形象的，只是後來失傳了。

（8）自楚國開始，經漢武帝的闡揚，太一神之崇奉，在中國歷史上從未間斷過，到元代形成一個勢力龐大的太一教，可算極盛時期，不過，已經變質了。

（9）宋代更有所謂十神太一，即：「一曰太一，次曰五福太一，三曰天一太一，四曰地太一，五曰君基太一，六曰臣基太一，七曰民基太一，八曰大遊太一，九曰九氣太一，十曰十神太一。唯太一最尊，更無別名」❷。但這是道教所玩的花樣。

三　自然神

所謂自然神係包括自然界一切的自然物和自然現象之神。在比較原始的民族中，這類神話特別豐富，原因是當他們無法解釋某些現象時，便以為那是受了神的操縱或指使。神話就由此產生，慢慢地傳開去了。

中國古代的徧祀羣神的觀念也多半是些自然神，「日、月、星辰、風、雨之屬，則從類於上帝矣；林麓、邱陵、水溝之屬，則包舉於山川矣」❷。〈九歌〉中所祀之羣神也不出於這個範圍，除東皇太一是上帝，國魂是人鬼外，餘如東君、雲中君、湘君、湘夫人、大司命、少司命、河伯、山鬼全是自然神，聞一多把這些神歸納成一個表❷，我覺得頗足以說明 些事物，特稍加改訂如下表。

---

❷　沈括，3：19。

❷　馬端臨，〈郊社〉23。

❷　聞一多，民45：272。並參閱游國恩，1955：125-145。

表二　九歌中的自然神

神　及　其　意　義						歌　　　　　　辭					
						內容的特徵與情調				外　形	
客	東君雲中君湘君湘夫人大司命少司命河伯山鬼	物（自然神）	淫祀	陪祀	報	雜曲（九章）	用獨白或對話的形式抒寫悲歡離合的情緒	似風（戀歌）	哀豔	長短句	轉
體	國殤	鬼	小祀	陪祀			敍述戰爭的壯烈頌揚戰爭的英勇	似雅（輓歌）	悲壯	七字句	韻
主體	東皇太一	神	大祀	正祀	功	迎神曲送神曲（二章）	鋪敍祭禮的儀式和過程	似頌（祭歌）	蕭穆	長短句	不轉韻

　　這就是說東君等八個神全屬於物的崇拜，照宗教發展的過程來看，物的崇拜是比較原始的。從物的崇拜到祖先崇拜，然後到上帝的出現，在時間上必需經過一個長遠的距離，所以就〈九歌〉這種上帝和物混合的情形來推測，其作品之完成當不在某一特定的時期，而是經過許多次的創作和改編所累積起來的成果。

　　茲將各自然神分別討論如下。

（一）東君

　　歷來談東君的可分爲兩說：一說，東君日也，以《廣雅》開其端；一說，東君日神也，以朱熹開其端。但後來注家多本朱說。實際〈九歌・東君篇〉並未指明是什麼神，一般人多係從「暾將出兮東方，照吾檻兮扶桑」幾個特殊的詞彙上加以揣測，那就是「東方」、「扶桑」以及「暾」、「照」等。《儀禮・覲禮》：「天子乘龍，載大旂，象日月，升龍降龍，出拜日於東門之外」；《淮南子・天文訓》：「日

出於暘谷，沿於咸池，拂於扶桑」。於是，東君便被肯定在日神的名義上而流傳下來。

中國的文獻上另一處提到東君的是《史記‧封禪書》：「其梁巫祠天地、天社、天水、房中、堂上之屬；晉巫祠五帝、東君、雲中君、司命、巫社、巫族人、先炊之屬；秦巫祠社主、巫保、族纍之屬；荆巫祠堂下、巫先、司命、施糜之屬；九天巫祠九天。皆以歲時祠宮中」。漢高祖這種祭祀的分類法曾經引起不少麻煩，有人就因此而斷定東君、雲中君皆起源於晉，因爲荆巫不祠這兩個神。我的看法不然，漢高祖當時對於巫師們的劃分職掌，不完全有地域性，比如天地本爲天子所親祀，而這裏屬於梁巫；房中歌乃祠房之歌曲，爲楚聲，而這裏亦爲梁巫；楚亦祠社，而荆巫竟不得祠。又如《史記‧封禪書》云：「始皇遂東游海上，行禮，祠名山大川及八神，求仙人羨門之屬。八神將自古而有之，或曰太公以來作之。齊所以爲齊，以天齊也。其祀絕，莫知起時。八神：一曰天主，祠天齊……二曰地主，祠泰山梁父……三曰兵主，祠蚩尤……四曰陰主，祠三山……五曰陽主，祠之罘……六曰月主，祠之萊山……皆在齊北，並渤海，七曰日主，祠成山，成山斗入海，最居齊東北隅以迎日出云，八曰四時主，祠琅邪，琅邪在齊東方」。這就是說齊亦祠日，祠天、地，不獨楚與梁也。

東君這個「神」，自〈九歌〉與〈封禪書〉以後就不見有人祠祀過[29]，這是爲什麼？自然，像人一樣，神也免不了要沒落的，但因此卻使我們查不出它的根底，真是遺憾。

關於太陽的神話也不只這一種，《山海經‧大荒南經》云：「東

---

[29]　《漢書‧郊祀志》上所載，只是照抄〈封禪書〉，無任何新發現。古人注此但曰：「東君，日也」。

南海之外，甘水之間，有羲和之國，有女子名曰羲和，方浴日於甘
淵。羲和者帝俊之妻，生十日」，在這個神話裏羲和是日的母親，為
女神。可是王逸注〈離騷〉說：「羲和，日御也」⓷。王逸是後漢時
人，照當時的社會經濟情形來觀察，御為男性職業的可能性較大，則
羲和為男神。〈大荒南經〉一般均認為係漢代的作品，那麼，最少在
漢代對於羲和的名位甚至性別並未固定，也即是說有兩種極端相反的
傳說：一種認羲和為日母，女神；一種認羲和為日御，男神。但兩者
均非日神本身。至於羲和與東君的關係，更是無法連接起來。即使東
君可以完全斷定為楚國的日神，也不一定與羲和有關聯，這三種內
容不同的傳說可以在三個不同的地區流行，也可以同時在一個地區流
行。〈離騷〉提到羲和，仍然不妨礙在〈九歌〉裏寫東君⓸。

從〈九歌〉描寫東君的情形來看，如「撫余馬兮安驅」、「駕龍
輈兮乘雷」、「舉長矢兮射天狼」，都是男性的象徵，因此我們肯定
他是男神也不為過。

如果不作過份的推想，對於東君，我們現在能夠說的，就只有以
下兩點：

（1）東君是當時楚國祠奉的一個神，可能為日神，但與羲和沒有
任何關係。

（2）東君是男神。由〈東君篇〉所圖畫出來的樣子，我們可以看
出他可能是一位很不平凡的武士。

（二）雲中君

雲中君一向被認為是雲神，如王逸云：「雲神，豐隆也」（〈九

⓷　《楚辭・離騷》云：「吾會羲和弭節兮，望崦嵫而勿迫」。
⓸　關於十日神話，可參閱管東貴，民 51。

歌・雲中君〉）； 洪興祖云： 「雲神豐隆也， 一曰屏翳」 （《楚辭補注》）； 朱熹云： 「雲中君謂雲神也」 （《楚辭集注》）； 而王逸注〈離騷〉「吾令豐隆乘雲兮」云： 「豐隆， 雲師， 一曰雷師」。 從上面的引證， 我們可以明白， 王逸把雲中君和豐隆拉在一塊固然沒有確切的依據， 朱熹說雲中君即是雲神也同樣只是一種猜想。 在中國的文獻上， 豐隆和屏翳的職務頗為繁雜， 有的認為他是雷師❸， 有的認為他是雨師❸， 又有的認為他是風伯❸， 顯然是各種不同的傳說混淆在一起。 至如朱熹所說， 祇是望文生義， 由字面得來的解釋， 而這一解釋支配的時間卻最久。

和東君一樣， 後人直接提到雲中君（《史記》作雲中）的只有《漢書・郊祀志》一種（師古注此亦謂係雲神）， 羅膺中謂與雲中郡有關， 聞一多並據此斷定其為趙地❸。 其實也不盡然， 我們如果單憑歌中的幾個名詞來討論它的地理上的屬性是有危險的， 因為地理上的名詞誰都可以使用， 何況雲中君與雲中郡並無絕對的相關因素在內， 雲中郡也許根本就後起於雲中君（按雲中郡始置於秦）， 豈不是倒因為果？

也有人說， 雲中君是月神。 姜寅清說： 「寅按雲中在東君之後， 與東君配， 亦如大司命配少司命， 湘君配湘夫人， 則雲中君月神也……且春秋以來無祀雲神者， 楚民即特殊， 其大齊必不能出入太甚， 則與其謂為雲神之無據， 不如指為月神之有根矣」❸。 這說法也

---

❸ 《淮南子・天文訓》云： 「季春三月， 豐隆乃出， 以將與其雨」， 是以豐隆為雷神。

❸ 《山海經・海內東經》： 「屏翳在海東， 時人謂之雨師」。

❸ 曹植〈洛神賦〉： 「屏翳收風」， 是屏翳為風伯。

❸ 參閱聞一多， 民 45： 273。

❸ 姜寅清， 民 50： 208-209。

未必可靠：第一，東君沒有絕對的理由需與月神相配，即使與雲神配，於義亦無不可；第二，楚民族的宗教沒有必要需與其他各民族一致，事實上也無法一致；第三，不能以春秋以來中原各民族無祀雲神者（實際是有的，從王逸等人之注可知）而否定楚民祀雲神之可能性。

照我的看法，雲中君只是壽宮裏的一份子，與東君爲一組的對稱神。他究竟是雲神、月神、或其他的神，這問題目前尚無法解決。

（三）湘君和湘夫人

有人把這兩個故事與娥皇、女英相提並論，可是我們發現，這兩則故事與娥皇、女英的傳說並無必然的關係，她們只是楚民族的神話而已。我的看法頗傾向於姜亮夫，他說：「按湘君、湘夫人，蓋楚民族獨奉之神也」[37]。

現在研究這個問題的人差不多都同意「湘君、湘夫人爲湘水水神」這一界說，可是，我們有兩個疑問：

第一，《史記·河渠書》沒有提到湘水[38]，《漢書·地理志》始謂「零陵，湘水所出，北至酃入江」。最早提到湘水的該算屈原的〈懷沙〉「浩浩沅湘兮，分流汩兮」、〈涉江〉「哀南夷之莫吾知兮，且余濟乎江湘」和湘君的「令沅湘兮無波，使江水兮安流」。後來《說文》曰：「湘水出零陵陽海山，北入江，从水，相聲」，這樣湘水的地理觀念才告確定。方言曾以沅湘和江湘作區別語言的地區單位，可見當時「湘」名在人民的詞彙中必甚流行。然則，湘之名始於

---

[37] 姜亮夫，民 37：37。

[38] 《史記·屈原賈生列傳》曾提到湘水云：「賈生……意不自得，及度湘水，爲賦以弔屈原，其辭有曰，『造託湘流兮敬弔先生』」。

何時？湘水之名又始於何時？

　　第二，湘君、湘夫人之名首見於〈九歌〉，後來，在早期的直接史料中只在《史記》看到一次，《史記・秦始皇本記》云：「始皇還過彭城……至湘山祠，逢大風，幾不得渡，上問博士曰：『湘君何神』？博士對曰：『聞之堯也，舜之妻，而葬此』，於是始皇大怒，使徒刑二千皆伐湘山樹，赭其山」。這是一個傳說，也可能是事實，以秦始皇之專橫、殘暴以及其迷信的程度，什麼事都做得出來。後之說者多半都是根據這兩個故事加以發揮。湘君之名可能即起於此？

　　這是一個很難解決的問題，許多神話是由地理環境所促成的，也有許多地名因傳說中的角色而轉變。湘君與湘水也是如此，就現存的資料，我們尚無法決定其先後次序。王逸說：「有苗不服，舜往征之，二女從而不反，道死於沅湘之中，因爲湘夫人也」（〈湘君〉注）。這不窨說，沅湘之名早於舜而存在，顯然是幾個不同時代的傳說混合而產生的結果，不足以爲解釋；劉向《列女傳》所謂「二妃死於江湘之間，俗謂之湘君」也，同樣混亂了時間觀念。

　　不管它的起源，就神話本身而論，這兩個人物是很迷人的，尤其是當她們和娥皇、女英結合以後。據文獻上的記載，湘水神的名稱不只湘君、湘夫人，也有稱之爲湘靈或是湘妃，玆分條述於後。

　　1. 湘君湘夫人

　　這怕是湘水水神最原始的稱呼，她們究竟是配偶神，還是我所說的「對稱神」，一時未能定論，但依我的主張，似以對稱神爲妥，原因是〈九歌〉中八個自然神都是作對稱的排列。以前學者則多以爲係配偶神。湘君、湘夫人的說法大致有兩類：一類是把她們當作水神看待；另一類認爲係由娥皇、女英蛻變而來。兩說都有道理，但也都只是神話，神話往往是善變的，我們不必固執於某一點。

也有人把湘君當作湘山的神，比如《陔餘叢考》說：「湘君、湘夫人，蓋楚俗所祀湘山神。夫妻二人，如後世祀泰山府君，城隍神之類」。這個想法可能係由秦始皇「至湘山祠」一語推論出來的，未必當。因爲始皇所意識到的湘君仍然在於興風作浪，「幾不得渡」，這些觀點上，該爲水神，而非山神。依一般農業社會的經驗，山神固可作爲求雨的對象，治理水府仍是水神，所以後人也多半在這些上面附會其說，如《水經·湘水注》說：「沅澧之風，交瀟湘之浦，出入多飄風暴雨」；溫庭筠〈郭處士擊甌歌〉云：「湘君寶馬上神雲，碎佩叢鈴滿煙雨」。這不一定是眞實的境界，只是從詩人的想像中感覺如此，而在我們讀起來，倒眞有些風雨淒迷的樣子。其實，我以爲李太白的話倒踏實些，他說：「日落長沙秋色遠，不知何處吊湘君」❹。眞的，那是多麼遙遠的往事，在暮色蒼茫中，我們只有俛首低徊罷了。

2. 湘靈

最初說「湘靈」兩個字眼大概是《楚辭·遠游》，「使湘靈鼓瑟兮，令海若舞馮夷」。洪興祖謂「此湘靈乃湘水之神，非湘夫人也」，這是湘水水神一種普通的稱呼，靈應該就是精靈鬼怪的意思。〈遠游〉一篇據說爲秦漢間人所作，則湘靈之名殆始於秦或漢。《後漢書·馬融傳》云：「湘靈下，漢女游」。注曰：「湘靈，舜妃，溺於湘水爲湘夫人也」。舜妃，是注者的意見，馬融可能只是泛指湘水之神而已（語見馬融〈廣成頌〉）。唐李益〈古瑟怨〉詩云：「破瑟悲秋已減弦，湘靈沈怨不知年」，這也是從「溺於湘水」這個悲慘的意境上發出來的歎息。簡切點說，湘靈就是湘水神，別無他義。

---

❹ 李白，〈陪族叔刑部侍郎曄及中書賈舍人日遊洞庭湖〉詩。

3. 湘妃

這是一個後起的名詞，故事完全依附於「舜妃」一事演繹而成。《湘中記》云：「舜二妃死爲湘水神，故曰湘妃」。沒有比這樣更典型的解釋，不過，有的卻說得更清楚些，如《博物志‧史補》：「堯之二女，舜之二妃，曰湘夫人。舜崩，二妃啼，以涕揮竹，盡斑」。現在讀起來，我們彷彿尚聽到那悲戚的哭聲呢。誠如庾信所言，「西臨織女之廟，南望湘妃之墳」（〈松滋公夫人尉遲氏墓誌銘〉），連墳墓都找到了，難道還不算眞實嗎？

（四）大司命和少司命

司命的本來意義是什麼？頗難說。〈九歌〉並沒有顯明地標示出他的位置及其作用，〈大司命〉首段說：「廣開兮天門，紛吾乘兮玄雲；令飄風兮先驅，使凍雨兮灑塵。君廻翔兮以下，踰空桑兮從女；紛總總兮九州，何壽夭兮在予」。從這段話我們可以得出三個比較具體的印象：

第一，司命是一位天神，看他騰雲駕霧的在空裏飛翔，彷彿眞是一位仙人下凡。

第二，正如聞一多所言[40]，他也許是師雨的雨神，當他出門的時候，不是括風下雨的嗎？

第三，他又可能是一位司命運的天神，因爲〈大司命〉結尾還說「固人命兮有當，孰離合兮可爲」。

這件事，《周禮》也提到過。《周禮‧大宗伯》說：「以禋祀祀昊天、上帝，以實柴祀日、月、星辰，以槱燎祀司中、司命、飌師、

---

[40] 聞一多（民 45：139–142）認爲司命就是水神玄冥。

雨師」。把司命和風師、雨師並列而不與於星辰,使我們想到:他是一位不屬於星辰之類的自然神。漢代以及漢以後的注家往往把司命解爲星辰之名,實在是一種錯誤,也是一種大大的附會。

在初期的中國文獻,司命確是在神的名義上被大眾所崇奉。〈九歌〉、《周官》如此,漢初也是如此。漢高祖得國,許是爲了酬謝神的恩澤,曾令天下老百姓大興祠祀,祀司命的便有兩處。《史記・封禪書》云:「晉巫祠五帝、東君、雲中君、司命、巫社、巫族人、先炊之屬……荆巫祠堂下、巫先、司命、施糜之屬」。這兩個司命,我們自然看不出是天神還是地祇,但〈封禪書〉另一處云:「壽宮神君最貴者太一,其佐大禁、司命之屬皆從之」。太一是上帝,作爲上帝的配享神,照傳統的祭儀,該也是神,這是一;其次楚之祭司命也在壽宮裏進行(〈雲中君〉曾言及壽宮,說見前),其太一之配享者全是神或鬼,而沒有星辰。《禮記・祭法》云:「王爲羣姓立七祀:曰司命,曰中霤,曰國門,曰國行,曰泰厲,曰戶、曰竈……諸侯爲國立五祀:曰司命,曰中霤,曰國門,曰國行,曰公厲……庶士、庶人立一祀,或立戶,或立竈」。無論七祀或五祀,都是指神鬼而言。所以鄭玄注此謂:「司命主督察三命……今(漢)時民家,或春秋祠司命、行神、山神、門、戶、竈在旁。是必春祠司命,秋祠厲也,或者合而祠之」❹。此說與《風俗通》所言相同❷。可見在漢代祀司命神之風甚盛,且相當普遍。

但是注家往往把司命當作星辰看待,如鄭司農說:「司命,文昌

---

❹　參見鄭玄注《周禮・春官・大宗伯》。

❷　應劭《風俗通》卷八云:「今民間獨祀司命耳。刻木長尺二寸爲人像,行者擔篋中,居者別作小屋,齊地大爲重之,汝南餘郡亦多有,皆祠以臘,率以春秋之月」。

宮星」；鄭玄說：「司中、司命，文昌第五第四星」⑱；　後來顏師古
及王先謙也都這樣解釋過⑭；　而《晉書・天文志》並謂：「三臺六
星，兩兩而居，西近文昌二星曰上臺爲司命」；《周官・大宗伯》疏
引《星傳》則云：「三臺上臺司命爲太尉，又文昌宮第四曰司命」。
像《星傳》所說，不但司命爲星名，而且有兩個星叫做司命。這些解
說是從什麼地方來的呢？最早的見於《史記・天官書》：「斗魁戴匡
六星曰文昌宮……四曰司命，五曰司中，六曰司祿」。這種司命星與
司命神是不是同一種類？兩者演化的情形如何？　我在前面說過，從
〈九歌〉和《周官》所說的司命來看，　那是神而不是星，　如果有關
係，便是星象學家將神話附會於「星話」，使後人對於兩者的依附和
從屬便分不開了。止如《文獻通考》所說：「按祀司中、司命、司民、
司祿出於《周禮》，注家以爲四司皆星也，未知何據？而星宿之名多
出於緯書，又先後鄭之說自爲牴牾，此後人之所以難據以爲信也」。
這是實在話，漢代讖緯之說，常把一些普通的知識弄得一團糟。

　　我在這裏要討論的，主要是司命的神話。如上所說，司命被人民
相信爲主宰命運之神，有時候也許又被人看作一個正直無私的神，如
〈少司命〉說：「慫長劍兮擁幼艾，蓀獨宜兮爲民正」。五臣注〈大
司命〉亦云：「司命主知生死，輔天行化，誅惡護善也」。我們不知
道這個見解是從什麼地方來的，　但由兩司命的內容推測，　此說頗合
理。因此，後來也有人把竈神和司命神聯起來理解。

　　竈神是一個很古老的神，《論語》就說過「與其媚於奧，寧媚於
竈」的話⑮，可見也是一位天神。《禮記・祭法》七祀有司命復有

---

⑱　見《周禮・大宗伯》鄭氏注。其說與《史記・天官書》相彷彿。

⑭　《漢書補注・郊祀志》。

⑮　《論語・八佾》：「王孫賈問曰：『與其媚於奧，寧媚於竈，何謂也？』
　　子曰：『不然，獲罪於天，無所禱也』」。顯然，竈是上天之神。

竈，五祀則無竈而有司命，庶人有時祀竈❹，竈神之普遍性於此可知。漢立五祀，亦以竈爲第二祀，無司命❹。然則〈祭法〉中之司命與竈爲二神抑爲一神之重複？司命本爲命運之神（亦有說他是水神），而《周禮》以竈祠祝融，《淮南子》謂炎帝作火官，死爲竈神❹，現今民間祠竈，亦有祀火的意義，顯然，竈爲火神，與司命何干？可是，許多地方都把竈神叫做司命，自然也可以說是把司命叫做竈神。比如《東京夢華錄》載：「都人至除夜……備酒茶送神，以酒糟塗竈門之上，謂之醉司命」。這不是把竈神和司命神當作同神異名的稱呼嗎？我在家時（江西），也記得大家都管竈神叫做司命，是一個相當普遍的現象。厨房裏還掛了一張用紅紙寫的神位（我想這就是代表古代立尸的方法）。另據任紹廷先生告訴我，湖南許多地方也都如此，但神位有些不同。我現在把三種神位寫在下面，第一、二種是湖南長沙市的，第三種是江西宜春縣的：

（一）
九天東廚司命尊神位
上天奏善事
下地降吉祥

（二）
九天灶君神位
上天奏善事
下地降吉祥

（三）
東廚司命神位
上天奏善事
下地降吉祥

兩旁對聯的句子自然不祇這一種，但這是最流行的一種，而且與〈九歌〉大、少司命所歌誦的司命神的職掌頗暗合。我們家（任紹廷兄謂

---

❹　參閱《禮記・祭法》原文及鄭玄注。

❹　《文獻通考》卷八十六郊社十九有詳細說明。

❹　《史記・孝武本紀》索隱注。

長沙也是）還傳說，「司命公」臘月二十三日夜赴天庭報告人間善惡，除夕再回來。所以家家在這兩天對竈君都有送迎的儀式，送是希望他說點好話，迎便是盼望保護來年清吉平安，他幾乎是一個家庭的保護神。

祀竈應該是起源於祀火，何以變得與司命有關？何以兩者的性質和職掌，在表面看起來，又幾乎相同？這些問題現在我們尚無法解決，只有俟諸異日了。

（五）河伯

關於河伯的傳說，前節已經說得很詳細，它的起源和演變也都交代過了。但有一點必需另加說明，《左傳》哀公六年：「初，（楚）昭王有疾，卜曰：『河爲祟』。王弗祭，大夫請祭諸郊。王曰：『三代命祀，祭不越望，江漢雎章，楚之望也。禍福之至，不是過也。不穀雖不德，河非所獲罪也。遂弗祭』。孔子曰：『楚昭王知大道矣，其不失國也宜哉』」。有人因此認爲河伯必然是黃河之神，也有人因此認爲河既非楚望，楚所祭河伯決非黃河之神。這是兩個極端的解釋。我以爲應該從下列幾點予以考慮：

第一，天子徧祀羣神，諸侯祀其境內名山大川，這個規定怕自西周以來就是如此，楚不祀河是對的，但與河伯傳說無重大關係。

第二，初期的河伯傳說多發生在南方，如《莊子》，如〈九歌〉都是。《竹書紀年》及《穆天子傳》所言河伯多含有歷史性，與南方之純爲神話者迥異。

第三，楚平王盡併江、漢間諸姬姓之國，其勢力範圍已達到黃河邊緣，楚昭王卽使祀河亦無不可。同時，南北之河伯傳說因此而交通之可能性亦甚大。

第四，假定〈九歌〉是懷王時產物，其距昭王已二百年，流傳轉徙，變化當是必然的事。河伯傳說也許到懷王時已經在楚國到處流行了。

（六）山鬼

〈九歌・山鬼〉是一則很美麗的神話。顧天成、孫作雲、聞一多都認為山鬼卽是巫山神女，把它與宋玉的〈高唐神女賦〉連起來讀。這想法是很好的，因為在楚人的想像中，不但巫山有山鬼，每一座山都有山鬼。山鬼也不是每一個都像〈九歌〉裏所歌誦的那樣「旣含睇兮又宜笑，子慕予兮善窈窕」，有些卻是面目猙獰，狀極可怖的。湖南、江西某些地方至今仍有山鬼的傳說，他們中有的是女性，常在山中迷惑男人；有的便是什麼人也傷害的男性，這種山鬼往往被描述得很可怕。所以我想，巫山神女如果與山鬼放在一起來研究，那也只是一種偶然的巧合，楚人的山鬼原不限於巫山才有的。

「（始皇三十六年）使者從關東夜過華陰平舒道，有人持璧遮使者曰，爲吾遺滈池君。因言曰，今年祖龍死。使者問其故，因忽不見，置其璧去。使者奉璧具以聞。始皇默然良久曰：『山鬼固不過知一歲事也』……使御府視璧，乃二十八年行渡江所沉璧也」（《史記・秦始皇本紀》）。這故事的真實性我們無法知道，司馬遷也許是聽來的，也許是從別的書上抄過來的。但有兩點必需了解：

第一，這事發生在華陰，表示北方也有山鬼的傳說，至少在秦漢時是如此。

第二，這個山鬼是男性，並且預知休咎。

《禮記・祭法》中七祀有泰厲，五祀有公厲，鄭注以為「山卽厲也」，是則漢時祀山不獨南方民族為然，在北方的統治者之下也是一

樣。

祭山川本來是中國人一種普遍的祀典，山鬼不過是山神的一個專有名詞而已，到後來發展到巫山神女，或者其他什麼名字，那樣就更專有化了。但對於孫作雲所說：「巫山神女卽楚之先妣，而山鬼卽巫山神女，則山鬼應卽楚之先妣」[49]。這種循環式的推論，我們不大能同意。

〈祭法〉說：「山林、川谷、丘陵能出雲，爲風雨，見怪物，皆曰神」。這樣就神鬼不分了，山神與山鬼有什麼分別呢？《武岡州志》云：「歲旱祈雨遣靈，巫將綵輿導儀，迎致山神。會巫晝夜鼓歌吹螺致雨」[50]。實際上就是他們相信這個山的怪物能出雲爲風雨，武岡屬今湖南，正是楚人活動的地區，也許現在的風俗與當時的山鬼有些歷史淵源都說不定。

參 考 書 目

汪榮寶

　　清　　〈釋皇〉，《說文解字詁林》，臺北。

沈 括

　　宋　　《夢溪筆談》卷三，臺北：商務

姜亮夫

　　民37　　〈九歌題解〉，《學原》第二卷第二期，南京。

姜寅清

　　民50　　《屈原賦校注》，臺北。

---

[49]　孫作雲在〈九歌山鬼考〉（民 25: 978-1005）中對此問題曾作詳盡的研究，主要是把〈山鬼〉與〈高唐賦〉作一種比較的探討。並參閱聞一多，民48。

[50]　鄧繹《武岡州志》卷二十八〈風俗〉。

洪興祖

    宋　　《楚辭補注》卷五，《叢書集成》初編。

馬端臨

    清　　《文獻通考》卷九十〈郊社〉23，臺北：新興。

孫作雲

    民25　〈九歌山鬼考〉，《清華學報》第十一卷第四期，北平。

凌純聲

    民43　〈銅鼓圖文與楚辭九歌〉，《中央研究院院刊》第一輯。

梁　勁

    民18　〈上古宗教概觀〉，《國立中山大學史語所週刊》第89、90 期合刊，
        廣州。

張縱逸

    1957　《屈原與楚辭》，吉林。

游國恩

    1955　〈論九歌山川之神〉，《楚辭論文集》，上海。

聞一多

    民48　《神話與詩》，上海。

    民31　《楚辭校補》，重慶。

管東貴

    民51　〈中國古代十日神話之研究〉，《史語所集刊》第 33 本。

趙　翼

    清　　《陔餘叢考》，臺北：世界。

劉師培

    民 5　〈楚辭考異〉，《中國學報》第三册，北京。

鄧　繹

    清　　《武岡州志》卷二十八〈風俗〉。

應　邵

漢　　《風俗通》卷八，《筆記小說大觀》。

饒宗頤

　　民48　〈殷代貞卜人物通考〉，香港。

顧頡剛

　　民25　〈三皇考〉，《古史辨》第七册中編。

A. Waley

　　1955　*The Nine Songs*: *A Study in Shamanism in Anciient China*.
　　　　　George Allen & Unwin, London.

D. Hawkes

　　1959　*Ch'u Tz'u* : *The Eongs of the South*. Clarendon, Oxford.

漢代匈奴人的社會組織與文化形態

一 導言：略談匈奴人

人種問題，最好是讓考古家們的「鋤頭」來解決，方爲可靠。正如要證明中國人不是「外來種」，一定得等待着「北京人」的出土；否則縱使千言萬語，依然是紙上談兵。因而要確定「匈奴人」的種族來歷，也必須向蒙古高原的地層中下手，單靠一些間接的記載，或者以某些偶然相同的因素來臆度它的出處，雖不能說全無用處，畢竟是頗帶危險性的。至多，只能說是一個可能的「近似」，而非完全可靠。

歷來的史學家們，就是企圖探求這種「近似值」，但探的人越多，意見也就越不一致。歐洲學者，因爲其祖先曾經一度受過 Attila 的「黃禍」，注意力多半集中於「匈奴人」，爭論的焦點是在「匈人」和「匈奴人」同種與否的問題。美國的一些學者，則由於受 Turner 的「邊疆史觀」的影響，多傾向於用社會經濟的發展律來解釋邊疆地區的各種問題。對於中國的邊疆民族，他們也採取了同樣的態度。至於我們中國人自己呢？情形頗爲難說，在各種學說夾攻之下，自己又沒有一套堅強的理論，委實難以找出一條正確的道路來。

這裏，我們先把各人的意見提一提，判別他們的「是」與「不是」，然後努力去尋求一個最可能的結論。也就是說，企圖尋出一個最近似的「近似值」。

地下沒有發現，談這個問題，最應該根據的史料自然是《史記》、《漢書》和《後漢書》。可惜的是，司馬遷說的並不清楚，班固、范曄又都沒有新的見解，因此我們便不得不依賴於另外的材料。

首先，我們看王國維的說法：

> 「我國古時有一強梁之外族……曰戎，曰狄者，皆中國人所加之名；曰鬼方，曰混夷，曰獯鬻，曰玁狁，曰胡，曰匈奴者，乃其本名」（民29）。

這一論點，一直到今天還支配了大多數人的意見。梁啟超即表示完全同意。他說：

> 「羣狄組即匈奴之前身；其異名有鬼方、獯鬻、玁狁、昆夷等；其種別有赤狄、白狄、長狄等」（民11）。

王氏的考證相當精。不過，假如他說得對，也僅做到一點，那就是所謂「鬼方、混夷、獯鬻、玁狁、胡、匈奴」是一個種族。至於是個什麼種族？他卻沒有指出。白鳥庫吉雖站在另一個立場來研究「匈奴人」，他的結論仍頗與王氏相同。他以爲：

> 「胡者，匈奴（Hung-nu）之原名，爲漢所省略，蒙古語『人之義也』」（民28）。

上面這些，均只是在辨別匈奴名稱的來源和異同問題，問題的眞正的核心——種族，他們並未指出。那末，匈奴究竟是什麼民族呢？依據歐洲學者的研究可以歸納爲下列幾點：

（1）匈奴和匈人都是蒙古族。

（2）東亞的匈奴族爲土耳其的支系，侵入歐洲的匈人則是芬族的

支系。

（3）威震東亞的匈奴和侵入歐洲的匈人都是芬族。

（4）匈奴與匈人統統是斯拉夫族（民19）。

最後，介紹上一研究的學者姚從吾先生自己下結論道：「實在匈奴與匈人均爲游牧民族，遷徙無定，久與他族混合；純粹的匈奴人與匈人或已不復存在」。這一結論，下得頗爲謹愼，也是實際的情形。可是姚先生也並未給我們肯定地指出「匈奴人」種族的來歷。

類似的見解，在我國也很多。比如梁啟超，他卽認爲匈奴是土耳其族。他說：「突厥族與歐亞間之土耳其族同源，……史籍所謂獯鬻、玁狁、匈奴、柔然、鐵勒、回紇……皆屬此族」（民11）。洪鈞《元史譯文證補》也肯定爲「匈奴之後突厥最盛；突厥旣滅，回紇乃興」。至如日本的內田吟風則以爲：「葷粥（玁狁），無疑問是古時的匈奴。……今所稱匈奴之名，顯然係出現於東周之末。……至於匈奴究爲現在的那一種民族，根據《漢書》所記他們的習俗看來，則始與現今之蒙古族爲同一民族；其語言，又與阿爾泰系的蒙古語最爲相近；所以兩族同出一源，實無疑問」（1943）。

可是，英人帕克（Parker）則另外標榜一說，他以希羅多德（Herodotus）的意見爲意見，說：

「希羅多德所述與希臘波斯接觸之塞種（Scythiaus），與中國之匈奴，歐洲之匈人正同。則屏去其他紛異之證據，而謂此三者在種族上彼此息息相關，固至爲合理之結論也」（1934）。

綜合上述諸說，可分爲兩方面來看：一是把匈奴和古時及後來中國邊疆的游牧民族連接起來；另一是探求它的種族來源，或種族的從屬。

王氏的看法固然很好，但他以爲「胡」等於「匈奴」，「戎」也

即是「狄」，這兩點卻有考慮的必要。因為《史記・匈奴列傳》即曾明顯地提出來，「懿王時，王室遂衰，戎狄交侵，暴虐中國」。所謂戎狄「交」侵，戎與狄自然是兩個族，決非戎者狄也」。一般地說，我們同意「戎狄」是被用來稱呼西北方面未開化的民族；但嚴格言之，戎是用於西方，狄才是指北邊的蠻族。並且，這些戎狄有時也確被用「蠻」或「夷」來稱呼，這在史籍中有很多的記載。

《前漢書・匈奴傳》：「匈奴……以馬上戰鬥為國，故有威名於百蠻」。

同上：「至冒頓而匈奴最強大，盡服從北夷」。

《前漢書・西域傳》康居條：「匈奴，百蠻大國」。

王諫議〈四子講德論〉：「匈奴者，百蠻之最強者也」。

《前漢書・匈奴傳》：「匈奴希寇盜，北邊幸無事，蠻夷自相攻擊」。

同上：「諸蠻夷君長王侯數萬，咸迎於渭橋下」。

由此可見中國人稱匈奴和匈奴以外「居於北邊」的諸民族，可使用「戎」、「狄」、「蠻」、「夷」四個稱號，每一個的意義都差不多。所以班氏說：「書戎蠻夷猾夏，詩稱戎狄是膺，……久矣，夷狄之為患也」（《前書・匈奴傳贊》）。

不過，在傳統的習慣上，「狄」這個字對「匈奴」的意義比較固定些。但狄決不等於匈奴，匈奴只是狄的一部分。

《詩・采薇》毛傳說：「玁狁，北狄也」。

高綉注《呂氏春秋・審為篇》說：「狄人獫狁，今之匈奴」。

梁啟超〈中國歷史上民族之研究〉說：「春秋時之羣狄，……大抵匈奴種最多」。

無可否認，狄固然是「中國人所加之名」，指的卻是北方全部的野蠻

民族，並非「獫狁」或「匈奴」的專有名詞。

　　再說「胡」與「匈奴」吧，他們也不是一個族。具體的事實告訴我們，胡是連西方蠻族，甚至東方蠻族也包括在內，不專指北方蠻族和匈奴。《後漢書・南匈奴列傳》云：「（北匈奴）又求率西域諸國胡客與俱獻見」。所謂「東胡」，也不過是東方之胡而已。

　　所以，我們從一般的情形來說，對於「胡」這個名詞，它並不是限於某一個部落，而是一般地代表着某一種野蠻民族──未開化的人民。可是，東胡和匈奴卻有它另外的意義：東胡是一個部落的名字（東方之胡），匈奴也是一個部落的名字，兩者決不能混淆。

　　正如得幾內（Deguigues）所說：

　　　　「匈奴、土耳其、蒙古，都是部族的名稱，後來隨政權的擴
　　　大，變爲代表帝國的名稱」（民19）。

　　《晉書》也曾明白的說過：

　　　　「（晉）太康五年（二八四），復有匈奴胡太阿厚，率其部
　　　落二萬九千三百人歸化。七年，又有匈奴胡都大博及萎莎胡等各
　　　率種類大小凡十萬餘口……降附」（卷九七〈四夷列傳〉）。
在胡之上冠以「匈奴」、「萎莎」等字樣，這不很清楚地顯示着他們範圍上的從屬關係嗎？

　　總之，胡可以用來稱呼「匈奴」這個部落，也可以稱呼別的部落；但兩者在本質上並不完全相等。「胡」的含義大致與「狄」相彷彿，而「匈奴」則係指古時的「獫狁」。

　　其次，就種族而論，匈奴恐怕旣不是土耳其族、芬族，也不是斯拉夫族。就血緣關係而言，也許與後來的突厥、蒙古有「遠親」之誼，可是很難能當作一個「族」看。有些人企圖拿語言、習俗或者地理環境來解決這個問題，但這也很危險，因爲即使語言、習俗或背景

完全相同，也未可遽爾斷定兩者便是一個種族。種族相同的理論，並不完全建築在這些上面。這只能證明它們在某些條件上有着某種關係而已。

林惠祥在他的《中國民族史》一書裏，說匈奴是「大陸蒙古利亞種北方系之一支」。另外也有人認爲匈奴是被漢族所「排斥」出來的。兩說雖然各有不同，卻都僅看到問題的一面。

我們知道，在很久很久以前的太古時代，蒙古高原是有一個內海，蒙古高原系人種就在這個內海四周從事活動。那時，整個北方尚在冰河時期，南方則是一片荒野的「處女地」，也許已經有南太平洋系人種在那裏生活着吧？可是，一切都被環境所限制了。以後，冰河慢慢地退去，蒙古高原系人種便四向「發射」了；北向貝加爾湖畔，南到今河南和甘肅一帶的黃土層地區。時間久了，又受着氣候與地理環境的壓迫，他們便先後分裂而形成各個不同生活方式的種族集團；殘餘下來的仍然過着原始的游牧和狩獵的生活。在另外一些肥饒的土地上的人民，便漸漸地建立了原始的農耕經濟。最後，遂造成了南北種族的大分裂。不過，也有人主張，在這個分裂之前，尚有「夷」、「夏」的東西分裂，如傅斯年之說即是。

所以，匈奴本身可能係蒙古高原系人種被殘留下來的一支，而非被「排斥」出來的漢人——也許有一部分，但那是後來的事。也不是漢族中「比較落後的一支」，因爲漢族本身就是被許多血統不同的人種所「製成」的——包括南太平洋系人種在內。

這就使我們連想到司馬遷的話，所謂「匈奴，其先夏后氏之苗裔」（《史記·匈奴列傳》）。事實雖頗有出入，可也並非空穴來風。他的誤解，是由於神話式的傳說把他限制了。然比諸呂思勉所說「匈

奴風俗與中國相類者極多，此亦其出於夏桀之一旁證也」（民15）的
論調，畢竟有些不同。

二　匈奴游牧經濟的構成

（一）基本的經濟組織：畜牧和狩獵

站到蒙古高原上一望，只見「天蒼蒼，野茫茫」，到處黃沙漫
漫，眞是好遼闊的原野呵！但偶爾這裏那裏也點綴着一片一片的綠
洲；綠洲上奔馳着各種各樣的牲畜，那是什麼？那就是草原人民的
「倉庫」。

生活在草原上的匈奴人，自從他們的沃洲農業被沙漠所掩沒，或
者被無情的氣候所侵蝕以後，就轉向以牲畜來作他們的生活資料；以
游牧制度來維持他們的社會生命。把一切都寄託在那「綠意葱蘢」的
草原上；「因山谷爲城郭，因水草爲倉廩」（《鹽鐵論・論功篇》）。
在一批一批的「飛禽走獸」之上建立起他們的衣食住行。整個社會的
人民，無論男女老幼，都「隨水草畜牧而轉移」（《史記・匈奴列
傳》），「隨美草甘水而驅牧」（《鹽鐵論・備胡篇》）；在有草的地
方停下來，草光了再走。不走不行，因爲任何一塊草地都經不起成年
累月的放牧。

在這樣的經濟條件下，畜羣就是人民的「生命線」。資本家是
「馬畜彌山」，富貴如此。窮人也得設法「儲蓄」一些足夠食的牲
口。但一旦遭遇到不可避免的天災人禍，人民便只有走向死路。如建
武二十二年（46 A.D.）：

「匈奴中連年旱蝗，赤地數千里，草木盡枯，人畜饑疫，死
耗大半」（《後漢書‧南匈奴列傳》）。

如此鉅大的死亡率，人民怎麼經得起呢？漢族的武力，又接二連三的
壓過去，一些「肥饒之地」都給搶佔了。所以「匈奴失陰山之後，過
之未嘗不哭也」（《前漢書‧匈奴傳》）。甚至，為着紀念自己的失
地，他們毫不掩飾地大聲吶喊起來：

「失我焉支山，令我婦女無顏色，失我祁連山，使我六畜不
蕃息」（郭茂倩：《樂府詩集‧匈奴歌》）。

假如翻譯不錯，這該是一支多麼悲慘而沉痛的曲子。

這種草原的游牧經濟是怎樣形成的呢？據歷史家弗拉狄米兒
佐夫（Vladimirtsov）的意見，以為西伯利亞，烏梁海及阿爾泰邊緣的
北蒙古的起源，是森林狩獵居民。在西伯利亞阿爾泰的巴昔里克所發
現的遺物，可以很有力地證明森林中以狩獵為生，並利用北地鹿運輸
的居民，可以在草原邊緣上，把放牧北地鹿改為大量地放牧其他的動
物，使他們自己轉變為真正游牧民族。

從史實來看，弗氏的意見是正確的。就當時情形說，匈奴人雖以
畜牧為其主要的生產力，確也尚帶有狩獵經濟的性質，不過後者是居
於次要的地位。

《史記‧匈奴列傳》：「其（匈奴）俗：寬則隨畜，由獵禽
獸為生業」。

同上：「周穆王伐畎戎，得四白狼四白鹿以歸」。

《前漢書‧韓安國傳》：「且匈奴……畜牧為業，弧弓射
獵」。

王諫議〈四子讓德論〉：「夫匈奴者，……業在攻伐，事在
獵射」（《漢魏百三名家集‧王諫議集》）。

這些例子都十足說明「狩獵」在草原社會經濟上的重要性。同時從射獵的過程中還可以鍛鍊少年人，甚至成年人的戰術。《前漢書·匈奴傳》云：「兒能騎羊，（卽）引弓射鳥鼠，少長，則射狐兎……士，力能彎弓（者），盡爲甲騎」。這不啻是一幅匈奴人的狩獵畫。

　　適應於這種環境的生產技術，自然不需要很高明──也不可能高明的。人民所普遍豢養的是那些供食料或運輸的畜類。《史記·匈奴列傳》云：「其畜之所多，則馬、牛、羊。其奇畜：則橐佗、驢蠃、駃騠、騊駼、騊奚」。畜類所需要的是草和草場，所以他們也許知道如何去保護畜類，利用土地和積蓄草料等，但史無明文，也就無法推測。不過，在這方面倒有一個問題，值得提一下。那就是在游牧經濟的社會，「羊」爲什麼會佔很重要的地位呢？

　　這就有關於畜牧的專門知識了。依據畜場的經驗：山羊和綿羊吃草時，比其他的牲畜都咬得更深；因此，他們可在牛馬吃過的地方放牧。但是，羊剛吃過的地方，牛馬以及其他牲畜卻不能再吃了。這是利用物資的一種方法，而像這樣自然發展而來的技術，匈奴人一定還知道得很多，這不過是其中的一種。

　　這時候，主要的勞動力依然是人，放牧射獵需要人，整理草場更需要人。利用牲畜來作生產工具──除了運輸以外，怕是不可能的事。他們的智慧或許根本就還不容許向這方面考慮。另外的生產工具也就是兵器。靠射獵爲業的人，對於這是很平常的事，因而匈奴人「其耒耜則弓矢鞍馬，播種則杆弦掌拊；收秋則奔狐馳兎，穫刈則顛倒薀仆」（王諫議〈四子讓德論〉）。

　　由此可知，不管是畜牧，還是狩獵，匈奴人的經濟很顯然是一種自給自足的「自然經濟」，尚沒有完全擺脫原始的「採集經濟」的尾巴。

（二）附屬游牧經濟的商業和手工業

在一個游牧經濟的社會裏，「國際貿易」對人民是很重要的，大多數的東西，他們都異常缺乏，不得不向外面購買；雖然他們內部間的商業往來並不迫切需要。

照中行說的說法，以爲匈奴之「所以強之（漢）者，以衣食異，無仰於漢」（《前漢書·匈奴傳》）。這只是一種狡辯，其實不然。人總是人，匈奴人不能看見一批一批的東西不要，而寧願凍餒以死。所以一方面他們向漢室、西域、東胡，甚至丁零、昆堅乘機搶掠；另一方面也設法爭取正當的貿易關係。

《前漢書·匈奴傳》曰：「匈奴貪，尙樂關市，嗜漢財物；漢亦通關市不絕以中之」。其實並非匈奴人貪，而是由於實際的需要。這在漢倒是另有打算的。他們只要匈奴人不寇邊作亂，不收容漢王朝的降將和逃犯，就願意大量地給予物資上的「賞賜」。所以在很多的時候，漢帝都「厚遇關市」以與「匈奴交易」。

同上又曰：「景帝復與匈奴和親，通關市。……武帝卽位……厚遇關市，……往來長城下。漢使馬邑人聶翁壹間，闌出物與匈奴交易」。可見「交易所」尙有一定的範圍；不是到處可以隨便買賣。大多數也許是「往來長城下」，至於出入關則須經特許。除此以外，關內的中國與關外的匈奴大概還另設有一定的通商市場，如馬邑便是其中最大的一個。他如：

應劭《漢官儀》云：「擁節長史一人，司馬二人，……歲時置胡市」。

《史記·匈奴列傳》云：「漢使四將各萬騎，擊胡關市」。雙方交易的原則似乎尙滯留在「物物交換」的原始商業經濟階段，並

未使用貨幣。這為的是適應匈奴游牧經濟環境的原因。如：

「（建武二十八——52 A.D.）北匈奴……又遠驅牛馬與漢合市」（《後漢書・南匈奴列傳》）。

「元和元年（84 A.D.）……驅牛馬萬餘頭，來與漢買客交易」（同上）。

後漢如此，前漢或更早的時候，當也可能如此。

交易的貨物，在匈奴，輸出是大量的馬、牛、羊及其皮毡等。輸入則有絮、繒、酒、穀、食物以及各種裝飾品等。另外也有人偷運出去的戰略物資如銅、鐵等。

為着爭取利潤，匈奴也設法控制他們的殖民地，如烏桓、鮮卑和西域諸國的貿易。有時且設官置爵，以加強其統制的效率。

《前漢書・匈奴傳》：「匈奴以故事，遺使者責烏桓稅。匈奴人民婦女欲買販者，皆隨往焉」。

《前漢書・西域傳》：「西域諸國……皆役屬匈奴，匈奴西邊日逐王置僮僕都尉，使領西域。……賦稅諸國，取富給焉」。

所以，匈奴帝國的商業經濟地盤，到後來已經發展得相當龐大了。在他們的意識中，起初也許並未予以重視；可是為着需要，遂逐漸造成了一種必然的趨向。結果儘管中行說為着「今單于變俗好漢物」表示憂懼，但是歷史的車輪仍然帶着「商業經濟」在匈奴帝國廣大版圖上向前奔馳。

由於商業經濟利益的發展，本來是可以刺激手工業向前一步的，但在匈奴這個特殊的社會形態裏，我們並不能作如此看。獨立的手工業也許根本就沒有，而是和商業一樣，處於「游牧經濟」的從屬地位，只是人民的副業。不過，可疑的是：在那樣龐大的軍事組織之下，沒有獨立的工業基礎，怎樣生產那多量的武器呢？

首先要講到的是冶金術，因爲像銅鏃（鳴鏑）、箭頭、刀鋋（徑路刀）和馬踏鐙之類的東西，都是需要高度的技術基礎才能製造的。這裏我們首先看一下馬克高宛（McGovern 1939: 105）關於這一點的報告。他說：

「考古學爲我們解決了關於匈奴帝國人民製造金屬品的難題。在西伯利亞西南的明努辛斯克（Minnusinsk）發掘而知：當那地方的人民被匈奴所征服時，他們對於銅器、青銅器以及鐵器的製造，已經發展到高度的境界了。但是……托里（Torii）則認爲，古時蒙古人是不知道銅器和青銅器藝術品的製造的（已經發現的一些，很明顯是來自中國）。不過，他們對於製造鐵器的知識，卻流布甚廣，雖然不是全部。因此，我們可以得到一個結論：匈奴人對於製造箭頭，刀劍與其他各種兵器，是他們固有的技術」。

對於「銅」與「青銅」器藝術品的製造，也許如托里氏所說「古時蒙古人是不知道」的。但一個民族的發展，如要跳越其應經的過程，就是說不經過銅和青銅時代，而突然懂得冶鐵，恐怕是很難的。所以我們認爲馬氏的結論是比較正確的。這些「技術」，也許並非匈奴人所「固有」，而是由中國或西域諸國，或者同時從兩方面傳過去的。這在史書上也有痕跡可尋，如《前漢書·陳湯傳》云：「夫胡兵五而當漢兵一，何者？兵刃朴鈍，弓弩不利；今頗得漢功」。他如西域的許多國家，婼羌、鄯善等又都是「山有鐵，自作兵」（《前漢書·西域傳》）。把技術傳入匈奴的可能性甚大。可是，我們不能以此即否定匈奴人自己對這方面的知識。從鄂爾多斯出土的「銅鏃」和西伯利亞出土的「刀鋋」來看，其式樣是有其獨立的特殊形態。至於「馬踏鐙」，則是由於馬上射箭的方便，因而引起它的被「發明」，也是十分自然

的事。

徑路刀——匈奴人的精銳武器，據《前漢書·匈奴傳》師古注：「鋌，鐵把小矛也」。可見是一種鐵器。這除了它的環境允許它用「鐵」外，我們也有理由這樣相信：如果匈奴人沒有鐵武器，那末他們的軍隊非但不能收復「河套」，侵佔「東胡」、「西域」為殖民地，恐怕連自己腦袋還保不住呢，因為它四周的鄰邦，幾乎都是用「鐵兵」的。

這些「銅」「鐵」，是他們自己從礦苗中直接「冶」出來的，還是從別的國家購買去的？則不得而知。一般地說，他們也許只知道使用現成的生銅生鐵。賈誼曾說過：「挾銅之積，制吾弃財，以與匈奴爭逐其民，則敵必壞矣」（《新書·銅布篇》）。這證明匈奴人似乎尚不懂得「冶」銅或「冶」鐵，但把銅鐵製造器具的「冶金術」至少是有的。

關於匈奴人的製陶藝術，中國史書中沒有記載，不過，根據考古家們的報告，當時匈奴所領地區——今蒙古高原一帶——是使用「彩陶」的區域，則應該有陶器；雖然那種陶器是很粗糙的，甚至是原始的。考古家們也時常在一些被砂磧掩沒的凹地中發現這種陶器的碎片。馬克高宛說：「考古學指示出來：當匈奴帝國極盛時，蒙古的一些地方已經知道製造一種粗糙無釉的陶器了（大部分僅是繪有幾何圖案的裝飾品）」（1939: 105）。這證明匈奴人似乎確曾使用過陶器。不過，1924-1925 年，考茨洛夫（P. K. Kozlov）在庫倫附近發掘出後漢（西曆第一世紀）的匈奴墳塋，並未說明有陶器存在，這又使我們對這個假定發生若干疑慮了。

另一方面，匈奴人也知道製造車、船和屋子——穹廬。

《前漢書·匈奴傳》云：「匈奴有斗入地直張掖郡，生奇材

木，箭干就羽。……匈奴西邊諸侯作穹廬及車，皆仰此山材木」。

《鹽鐵論・散不足篇》：「若胡車相隨而鳴，諸山獨不見季夏之螇乎？」

《後漢書・南匈奴列傳》：「永平八年（65 A.D.）秋，北虜果遣二千騎候望朔方。作馬革船，欲渡迎南部畔者」。

車的樣式，據內田吟風所說，是用六匹馬拖拉的；很笨重。可以作戰用，也可以當作臥室。在游牧的旅途中，大多都睡在上面，把它當作一個暫時的住所。如果真的是這樣，那就和中國的「快馬車」的形式大致差不多了。《史記・吳王濞列傳》云：「條侯將，乘六乘傳，會滎陽」。《前漢書・文帝紀》也說：「張武等六人，乘六乘傳，詣長安」。

又據內田吟風說，匈奴人的穹廬是這種樣子：以木爲牆，以毛氈爲底。這表明「穹廬」實在是一些活動房屋，要不然，「永初三年（一〇九），南單于檀反畔」時，耿夔那能一下子「獲穹廬車重千餘兩」呢（《後漢書・耿夔傳》）。

馬革船是怎樣的呢？內田說：「幾千的人馬要過橋，那是使用『馬革船』。這種船是用馬皮造成的一種能浮在水面上的皮圈子」（1943: 293-5）。由此我們可以想見，它的容量一定是不小。而且他們也一定知道使馬皮起着某種化學變化，因爲生皮是無法在水裏長久地保持牠的乾燥度的。

「胡服」是沒有被發展爲手工業的可能，因爲這是人人會作的。至於刺繡和雕刻，恐怕更談不上了；因爲匈奴的一般的社會狀況是樸素而簡單的。這一點，《鹽鐵論》說得很好：

「匈奴：車器無銀黃絲竹之飾，素成而務堅；絲無文采裙褘曲襟之制，都成而務完。男無刻鏤奇巧之事，宮室城郭之功；女

　　無綺繡淫巧之貢，纖綺羅紈之作。事省而致用，易成而難弊」
（〈論功篇〉）。

這簡直是匈奴物質文明的一幅素描畫，描得又清楚，又逼眞。

（三）游牧經濟下的「租稅制度」

　　由於傳統的錯誤觀念，大家總以爲匈奴這個「野蠻」民族，除了
「妻後母」，「食肉寢皮」外，什麼也不懂。其實不然。他們正如漢
人一樣，知道爲自己的「享受」和「前途」打算盤。不過，爲了適應
他們的社會環境，一切都有其自己的特殊形式，不與中國同罷了。

　　匈奴在東滅東胡，西併月氏，烏孫及其旁「二十六國」，北至貝
加爾湖，南到中國的河套時，整個北邊的大平原上，到處都留下了
「鐵騎」隊伍的烙印。這時，他們也就因時制宜地建立了維持這個
「鐵騎帝國」的「經濟制度」。

　　對於中國，他們可以無窮盡地取得他們的經濟來源。第一，當
匈奴帝國強盛時，漢王朝雖然小心翼翼的將「貢品」，無論穀帛或食
物，一批一批的送過去；但有時還是伺際寇邊，馳騎搶掠，任意掠取
他們所需要的東西。第二，衰弱時，漢王朝的黃金「賞賜」，也足以
彌補他們的財政赤字。《後漢書・袁安列傳》云：「且漢故事，供給
南單于費直歲億九十餘萬」。這是一筆非同小可的數目，所以漢王朝
爲了邊費，幾乎使自身的經濟陷於破產的地步。

　　至於匈奴對待他們的殖民地人民，那就更苛刻了。不但作有計劃
的物資上的剝削，而且可以說是對被征服者施予高壓的榨取。

　　　《前漢書・西域傳》云：「匈奴西邊日逐王置僮僕都尉，使
　　領西域……賦稅諸國；取富給焉」。

　　　《前漢書・匈奴傳》云：「漢旣班四條後，護烏桓使者告烏

桓民，毋得復與匈奴皮布稅。匈奴以故事，遣使者責烏桓稅……
烏桓拒曰：『奉天子詔條，不當與匈奴稅……』。匈奴頗殺人
民，毆婦人、弱小且千人去。……告烏桓曰：『持馬畜皮布來贖
之』」。

沒有「完稅」，就把人押起來帶走，其嚴厲而殘酷可知，無怪乎能
「取富給焉」。

從史實的指示，很明顯的他們的租稅制度是建立在「現物地租」
的原則上。牛、馬、羊、皮、布等，就是徵收的對象，而並未達到使
用貨幣的階段。

（四）關於「沃洲農業」

一般人均以為草原地帶是從來沒有農業，其人也根本不知道農
耕。因為《史記》曾說過，匈奴人「逐水草遷徙，無城郭、常居、耕
田之業」（〈匈奴列傳〉）。《漢書·鹽鐵論》又說：「其地不可耕而
食也」。《前漢書·匈奴傳》說：「（匈奴）外無田疇之積」。畢竟這
些話對不對呢？我們可以說是「不對」的。這不是故意想一手推翻前
人的成說，而是有事實作理論的根據。畢莎甫（Bishop）和馬克高宛
(1939: 103-4) 對這點也曾說過：

「中國的古史告訴我們，匈奴是沒有農業的。這種記載，無
疑只是廣泛地對匈奴同盟中的一些統治者的部落而言，因為在這
些同盟中的幾個民族，如西伯利亞西南的吉利吉斯（Kirghiz）和
蒙古東南的東胡（Dunghu），都已經知道農業的種植了。而且，
偶爾在一兩本中國的史籍中，也顯示着甚至在匈奴領地的中心，
也不是完全不知道農業的組織。假定匈奴人和其大部分人民係用
土耳其一系的語言的話，那末，去注意一下他們的語言，是頗有

趣味而奇異的。因爲甚多的語根，都是有關於農作物和農業器具
的」。

「草原游牧制度最初在蒙古發生，是紀元前五百年左右。在
此以前的新石器時代，蒙古文化是屬於『固定農業形式的』」❶。
這些解說，證明至少在新石器時代，匈奴曾有過農業。事實上，當時
匈奴本部的草原邊緣上，確也尚存在着一種特殊的農業形態。

《前漢書‧匈奴傳》云：「（單于殺李廣利以祠之後）會連
雨雪數月，畜產死，人民疫病，穀稼不孰」。
顏師古注曰：「北方早寒，雖不宜黍稷，匈奴中亦種黍穄」。姑不論
是「黍稷」還是「黍穄」，總之，所謂「穀稼」者，農作物也。這是
一。

其次該傳又說：「五月，大會龍城」。《後漢書‧南匈奴列傳》
亦云：「會五月龍祠」。惠棟注之曰：「崔浩云：『西方胡皆事龍神，
故名大會處爲龍』。龍，一作龍」。「龍」是農業社會所特有的觀念。
匈奴之有這一觀念，也許如崔浩所說，是從西域的沙漠—沃洲農業」
傳過去的。然而要使匈奴人接受這觀念，則非有其可能接受的「社會
背景」爲條件不可。而且，以「五月龍祠」，正合於農作物的生長
期。這是二。

再次，當時隸屬於匈奴的東胡，西域——塔里木盆地，以及中國
的「河套」地帶，確爲農耕區是毫無疑問的。比如「自武威以西，本
匈奴昆邪王休屠王地」的涼州，不但其「畜爲天下饒」，而且當「風
雨時節，穀糴常賤」（《前漢書‧地理志》）。在這樣一個環境下，如
果遇有可耕地，一定會刺激人民向種植農作物這條路上走。史實告訴

---

❶ 馬氏轉引自 Bishop 的《拖犁的起源與發展》。

我們，當時的匈奴人也知道「穀」的重要性，並且認定它是一個戰略物資。例如衞律「爲單于謀穿井、築城、治樓以藏穀，與秦人守之」。可是人家告訴他：「胡人不能守城，是遺漢糧也」（《前漢書‧匈奴傳》），衞律乃罷。另一次，霍去病追匈奴至「寘顏山趙信城，得匈奴積粟食軍。」（《前漢書‧霍去病傳》）並且「留一月，燒其餘粟以歸」（《古今圖書集成‧邊裔典》）。這次去的漢家兵有多少呢？兵士十萬，馬十四萬匹。以如此龐大數字的人，畜吃了一月還有剩餘，其積不可謂不多了。自然，這也可能係漢人的「貢物」，或者從西域諸國征來的賦稅，因爲他們即使有農耕，也不會有這樣大的生產量；但是，這表明了「穀」的重要性。這是三。

最後，匈奴於建武二十二年（46 A.D.）、建初元年（76 A.D.）和章和二年（88 A.D.）先後遭受過三次很大的「蝗」災。這些蝗災究竟發生在那一個季節，無從查考。但被「災」者的可能性只有兩個：一是蝗蟲把草吃光了，人民無處放牧；另一是蝗蟲給予農作物的直接破壞。不過，一般地說起來，後者的可能性爲較大。這是四。

因此，我們可以斷定，匈奴是有一點農業的。這點農業是一種遊耕而粗放的「草原沃洲農業」。它存在很多草原環境地區，只要有取水的便利，能灌溉土地，便可以種植了。

三　匈奴「游牧」政治的性質和組織

（一）政治的性質

匈奴帝國的政權是建立在一種強固的軍事組織之上，軍事統帥也就是政治首領。如果沒有兵，他就會失掉政治上的領導地位；兵是獲

得一切的原動力。所以「自左右賢王以下至當戶，大者萬餘騎，小者數千」（《史記・匈奴列傳》）。

匈奴，其先原來是一種部落的首長政治，到秦時還是這樣。

《史記・匈奴列傳》曰：「各分散谿谷，自有君長，往往而聚者百有餘戎，然莫能相一」。

又云：「自淳維以至頭曼，千有餘歲，時大時小，別散分離尚矣。其世傳不可得而次」。

可是，至冒頓──或者頭曼吧──時，就蛻變爲氏族性的組織了。冒頓卽是以「攣鞮氏」的資格，第一個起而統治全匈奴及其他諸部族。所謂「至冒頓，而匈奴最強大，……其世姓官號可得而記云」。就是這一時代的寫照。殆至帝國的極盛時期，其政治雖然稍發展爲「游牧封建制度」的特殊形態，其社會卻仍滯留在氏族部落的原始階段。

這種「游牧封建」的形式，單于是全國最高權力的象徵，也是全國土地的所有者。他使他的大臣貴人們「各有分地」，這批人也可以「自置千長百長什長……」之屬。四個「最大國」之下，又有小諸侯。以大治小，一層一層的統治下去。這種形態，至呼韓邪投降，甚至魏武帝時，還一直保留着。他們一方面在社會上是氏族的部落組織，另方面在經濟政治上卻是封建的從屬關係。

《晉書・四夷列傳》云：「匈奴……（于）前漢末，……呼韓邪單于失其國，携部落入于漢。……於是，匈奴五千餘落入居朔方諸郡，與漢人雜處」。

同上：「建安中，魏武始分其眾爲五部……其左部都尉所統可萬餘落，……右部都尉可六千餘落，……南部都尉可三千餘落，……北部都尉可四千餘落，……中部都尉六千餘落」。

同時，他們也知道把土地抱得緊緊的不放手，認爲「地者，國之本

也，奈何予人」。

在政治一尊的統治下，皇帝可以隨時封王，也可以隨時把土地、財富賞賜給他所信任或寵幸的外族。比如封趙信爲「自次王」，李陵爲「右校王」，衞律爲「丁靈王」，並且，大率「擁眾數萬，馬畜彌山，富貴如此」（《前漢書・李廣傳》）。不過，正統的王公是只有「單于」一姓的人才有希望，像呼衍氏、蘭氏、須卜氏這樣聲名赫赫的貴族階級也爬陞不到，其他更可想而知。

從冒頓「自立爲單于」的故事裏可以看出，皇帝也有生殺之權。其一，當冒頓把父親——頭曼的生命犧牲在「鳴鏑」下時，大概有很多人起來反對他吧，於是他「盡誅其後母與弟及大臣不聽從者」。一直到他建立了一個龐大的帝國，「匈奴貴人大臣」才「皆服，以冒頓爲賢」。其二，東胡向冒頓要求棄地，冒頓乃問計於「貴人大臣」。大概這些人都怕麻煩吧，多曰：「予之」。於是冒頓大怒曰：「地者，國之本也，奈何予人？」諸言與者皆斬之。這批人固然死得寃屈，但由此我們可以推知「單于」的權力是至高無上的。

這樣，我們又可以聯想到，皇帝對他的官吏，也一定具有撤換的權力——除了一部份傳統上無權控制的貴族，因爲像呼衍氏等幾個頭號貴族，的的確確是「世官」，至魏晉時猶未改，而《史記》也明言：「其大臣皆世官」。這些，我們自然無法否認。不過這仍僅限於某些「大臣」，如說所有的官都是「世官」，那又不盡然了。

私有財產的觀念，已經在匈奴人的記憶裏刻下了深刻的印象。一塊一塊的草地，也許爲各氏族所保有，正如中古封建經濟的公共牧場一樣。可是，甚多的財產，卻是人民「自治的」。一個戰士，「其攻戰：斬首虜，賜一卮酒；而所得鹵獲，因以予之，得人以爲奴婢。故其戰，人人自爲趣利」（《前漢書・匈奴傳》）。我想假如不是有這些

戰利品的誘惑，他們也許根本就不打仗——除了政府的壓力。不但此也，當他們從戰場運回一具戰士的屍體時，還要「盡得其死者家財」。這種「家財」，也許連死者的妻子都包括在內。

　　上面的敍述，足以證明其政權是頗具「封建制度」的樣式的，至少，它已經趨向於「封建的」道路。當然，它與中古歐洲或中國的封建政治，是有着許多本質上的差異，比如它對土地的關係，間接產生於「牲畜」，而非直接施於土地；它的奴隸是用來放牧，而不是附着於土地的農奴。

　　有人也認爲，即使具有若干封建性質，是否能改變成爲眞正的封建制度，卻是問題。事實上它確也沒有這樣的可能性。它有什麼辦法去征服那廣大的沙漠和突然而來的「風暴」呢？一陣流行的傳染病，一場大冰雪，就足以携帶整個社會瀕於死亡的邊緣。

（二）政權的轉移

　　馬克高宛(1939: 106)說：「匈奴人雖然是父傳子的父系社會，卻沒有長子繼承法的痕跡可尋。而且，對於部落或聯邦首領的取得，往往是現在位者的弟弟，而非其兒子；特別是當他的兒子未成年或因其他緣故不能帶兵上陣的時候」。內田吟風的意見大致也是如此，不過他以爲母后的次序和先單于的遺志，也是兩個重要條件，而貴人的兒子，就是未成年也可以卽皇帝位。

　　其實，匈奴「單于」的繼承，是有一定的辦法的。《後漢書・南匈奴列傳》云：「其大臣貴者、左賢王、次左谷蠡王、次右賢王、次右谷蠡王……次左右日逐王、次左右溫禺鞮王、次左右斬將王……皆單于子弟，次第當爲單于者也」。這卽是說這批人都有做皇帝的資格。

　　所以依照歷史的線索綜合起來，對於匈奴王位的繼承法，可以鈎

出一個大略的線條：

第一、法定的繼承者必須係「姓攣鞮氏」的宗室——冒頓這一支，否則無法取得提名的資格。正如中行說所說：「匈奴雖亂，必立宗種」（《前漢書・匈奴傳》）。這是一個不易的鐵則。

第二、在宗室中，弟弟有優先繼承權。《前漢書・匈奴傳》雖說：「常以太子爲右屠耆（賢）王」。《晉書・四夷列傳》亦謂：「右賢王最貴，唯太子得居之」。這樣似乎優先權在子，但事實上，弟弟爲左賢王的也很多。如：

> 《前漢書・匈奴傳》：「狐鹿姑單于立，以（弟）左大將爲左賢王」。

> 又：「壺衍鞮單于立十七年，死。弟左賢王立爲虛閭權渠單于」。

> 《後漢書・南匈奴列傳》：「達武二十五年春，（呼韓邪單于）遣弟左賢王莫，將兵萬餘人擊左賢王」。

至於單于弟之優先繼承權力，則從下列幾件事實可以看得出來：

(1)《前漢書・匈奴傳》云：「初單于有異母弟，爲左右大都尉，賢，國人鄉之。母閼氏恐單于不立子而立左大都尉也，乃私使殺之」。

(2)《後漢書・南匈奴列傳》：「初，單于弟左谷蠡王伊屠知牙師，以次當左賢王；左賢王即是單于儲副。單于欲傳其子，遂殺知牙師」。

(3)《魏書・劉聰列傳》：「（劉）淵謂宣等曰：『帝王豈有常哉？……漢有天下……吾又漢氏之甥，約爲兄弟，兄亡弟紹，不亦可乎？』乃自稱漢王，置百官」。

(4)從單于的繼承系統上，也可以證明這一點是不錯的（見附錄一）。在四十幾次繼承中，立弟的約佔一半。

第三、無弟立子。上例(1)(2)單于及閼氏之所以要殺其弟即是這一

原則的表徵，因爲沒有了弟弟，就可以大膽的傳其子了。傳子大概又
有兩個習慣法：一是「立貴」，其次是單的的「許諾」。如：

　　《前漢書・匈奴傳》云：「顓渠閼氏貴，且莫車愛。呼韓邪
　病且死，欲立且莫車。其母顓渠閼氏曰：『……且莫車年少……
　不如立雕陶莫』。大閼氏曰：『且莫車雖少，大臣共持國事。今
　舍貴立賤，後世必亂』」。

　　　同上：「初，且鞮侯兩子：長爲左賢王，次爲左大將。（且
　鞮侯）病且死，言立左賢王。左賢王未至，貴人以爲有病，更立
　左大將爲單于。左賢王聞之，不敢進。左大將使人召左賢王而讓
　位焉。左賢王辭以病。左大將不聽，謂曰：『卽不幸死，傳之於
　我』」。

而「立」太子又必須根據單于的意見，非長子卽爲當然的太了。長子
固然可以被立爲太子，少子一樣可以。《史記・匈奴列傳》云：「單
于有太子名曰冒頓……頭曼欲廢冒頓而立少了」。這是由於皇帝也非
根據「嫡長」而立的原因。《後漢書・南匈奴列傳》云：「今南單于…
…自以爲呼韓邪嫡長，次第當立。」以「嫡長」的資格，也祇是「次
第當立」，可見並非必然的「父死子——長子——嗣」。

　　不根據這些傳統的習慣法而卽皇帝位，那只是非法的「自立」，
是篡奪的行爲，不能算是正統的皇帝。

（三）政府的組織

　　適合於游牧經濟社會的統治，自然是「中央的軍事集權」爲佳。
利用軍事的紐帶，才可以把沒有定居的各氏族血緣關係拉得更緊些。
而使單于庭——中央政府成爲指揮全國的軍事政治的司令塔。

　　爲着統治上的便利，　單于把全國的領土劃分爲三大塊，　自己居

中，管理其直轄領地；左右諸王將及其諸侯們，分別治理其左右兩方面的屬地。《史記‧匈奴列傳》云：「諸左王將居東方，直上谷，以東接穢貉、朝鮮；右王將居西方，直上郡，西接月氏、氐、羌；而單于庭直代、雲中，各有分地」。

單于是中央政府政治和軍事上的神經中樞。輔佐他處理公務的有異姓的左右骨都侯，世襲的官吏，如蘭氏、呼衍氏、須卜氏等，以及其他各種經常的和臨時的中下級公務人員，他們爲單于管理內政、外交、財政、起草法律、審判罪犯和一切政務上的事件。

地方政權以「左右賢王，左右谷蠡（王）最爲大國」，較次的有「左右大將，左右大都尉，左右當戶」。（《後漢書》稱曰：「次左右日逐王，次左右溫禺鞮王，次左右斬將王，是爲六角」。這大概是音譯意譯之不同，實際內容是一樣的。）這些都是單于直屬下各地政治兼軍事上的首腦，一方面用以傳達單于的政令，他方面也是藉以鎮壓殖民地人民的叛亂，所以這些封建王公都是「攣鞮氏」一家。

在一般的政治事務上，單于並不絕對的獨裁，許多有關大家的問題，也提到定期的首長會議席上，徵求各地方首長的同意，以謀取合理的解決。

《前漢書‧匈奴傳》：「歲正月，諸長小會單于庭，祠；五月，大會龍城，祭其先、天、地、鬼、神；秋，馬肥，大會蹛林，課校人畜計」。

《後漢書‧南匈奴列傳》：「匈奴俗，歲有三龍祠，常以正月、五月、九月戊日祭天神……因會諸部議國事」。

內田吟風把這事解釋爲：「一年開三次國會：一月、五月和九月的戊日」(1943: 299)。其形式固然很像現代的「國會」，但我們不能完全用這種角度去衡量它，因爲它的本質祇是原始社會部落首長制的遺跡。

在這些集會的節日，他們固然也檢討過去的各種事務，編造將來的政治預算和走馬取樂，但主要的還是在於舉行宗教儀式，甚至對皇帝宣誓效忠。

我們可以這樣看：一月會於首都——單于庭，是禮貌上的拜謁；五月會於宗廟——龍城，是擴大而隆重的宗教典禮；秋九月，是經濟的繁榮期，因會諸部於松林之下，走馬及駱駝為樂。這時快活的豔笑一定洋溢於每個男女的臉上。

政權是建立在軍事的基石上，所以，匈奴人的軍事組織是相當嚴密的。自單于以至左右諸王將，差不多均是統領大兵的將領。至於純粹的軍事將領，則有「二十四長」及其「各自置」的「千長、百長、什長」等。在各部隊裏又有「裨小王、相、當戶、且渠之屬」的部屬和軍需人員。

兵員方面，匈奴是做行全國皆兵的徵兵法，凡全國之「士，力能彎弓（者），盡為甲騎」。這種兵士，從小即加以特種訓練，「兒能騎羊，引弓射鳥鼠；少長，則射狐兔」（《史記・匈奴列傳》）。因此，成功為一支橫行蒙古高原的鐵甲騎兵部隊。這樣一個空前厲害的兵種，在漢人看起來，更是覺得了不得。《前漢書・韓安國傳》云：「且匈奴輕疾悍亟之兵也，至如猋風，去如收電」。匈奴人的驕傲，也就在這一點。

法律是維持社會秩序的唯一工具，匈奴也制訂法律和管理這些法律的法官。

　　「其法：拔刃尺者，死；坐盜者，沒入其家；有罪小者軋，
　　大者死；獄久者，不滿十日。一國之囚，不過數人」（《史記・匈
　　奴列傳》）。

　　「有呼衍氏，須卜氏、丘林氏、蘭氏四種……主斷獄，聽

訟。當決輕重，口白單于」（《後漢書・南匈奴列傳》）。
這種法律裁判的手續是很簡單的，分別起來，祇有三種：死刑、杖刑和沒爲奴婢。坐牢，僅是一種很輕很輕的罰鍰，甚至算不了犯法。而「死刑」觀念和「報復」手段的重視，在上述的條文裏已經完全反映出來。

法官們便是依照這些條文，按習慣的訴訟法來判決人民的有罪或無罪。由此，不公平的案件定然會很多，因爲法律的製造和法庭的審判權都是操在聽命於「皇帝」的世襲貴族手裏。

從各方面看起來，匈奴的政治組織已發展到一個相當高的階段。無論政治、軍事、經濟、法律……她都能作有效的控制了。

四　匈奴人的思想

（一）倫理觀

漢王朝的一些文人，尤其是史家們，總喜歡把匈奴人看作是一批「非我族類」，「不可以仁義說」，殺人不眨眼的野蠻傢伙，以爲他們全是「人面獸心」的「禽獸」。其實，何嘗是如此。祇因爲他們受地理環境的限制，發展較慢，思想方式尚停留在近於原始社會的階段而已。

他們「貴壯賤老」、「妻後母」、「娶寡嫂」、「父子同穹廬臥」、以及「利則進，不利則退」等等的行爲，都不是「苟利所在」而至「不知禮義」，而是游牧社會所給予的「禮物」。原始的社會形態，使他們沒法擺脫，也不知擺脫那些在「文明人」看不順眼的事。因爲在他們看來，要這樣做才合理，才合乎社會的要求。所以，假如他們

所做的是「錯」了，那也是時代與環境的「錯誤」，「匈奴人」並未錯。

在一個「遷徙無常」的社會裏，爲了保護自己的財產，培植自己的「綠洲」，使不爲外敵所掠奪、踐踏，那能不擡高「壯士」的地位呢？並且，在游獵的生活方式下，唯有「壯」年人才能擔負起繼續「社會生命」的重擔。社會上傳統的「壯者，食肥美；老者，飲食其餘。貴壯健，賤老弱」（《史記‧匈奴列傳》）。並非輕老，而是由於「急則人——壯士——習戰攻以侵伐」故也。

「父死，妻其後母；兄弟死，皆取其妻妻之」一事，如果依照中行說的解釋，係「惡種姓之失也」（同上）。卽非如此，但在當時行「族外婚制」的匈奴人看來，實在也沒有什麼了不起；這和他們向須卜氏、蘭氏再娶一個太太，或者向漢家討一位公主是一樣的自然、合理，只要不與同一部落或氏族的人結婚。

總之，用農業或工業社會的「道德」標準，去評價匈奴的倫理觀念，是不妥當的，自然會覺得他們有點像「衣冠禽獸」。如果站在游牧社會本位的立場去想一想，也就並非「上下無體」了。反過來說，這才眞正表現了草原人民生活上的特徵。

同時，我們從一些無意的史料中，發現漢代或其後的一些學者們，時時都在歪曲事實，企圖用欺騙的手段來罵倒對方——匈奴，把人家推到「夷狄」，那醜惡的囚籠裏去。

他們眞的是一批「禽獸」嗎？不是。史實告訴我們，他們仍然是養禽獸的「人」。

　　《史記‧匈奴列傳》云：「匈奴謂賢曰：『屠耆』」。
　　《前漢書‧匈奴傳》云：「匈奴謂孝曰：『若鞮』」。
　　《前漢書‧蘇建傳‧蘇武條》:「(武)引佩自刺……氣絕半日，

復息……單于壯其節」。

同上:「李陵置酒賀武曰:『今足下還歸,揚名於匈奴』」。

《後漢書·耿秉傳》:「匈奴聞秉卒,舉國號哭,或至剺面流血」。

《前漢書·匈奴傳》又曰:「其(匈奴)送死,有棺椁金銀衣裳……近幸臣妾從死者,多至數十百人」。

《前漢書·車千秋傳》:「漢使者至匈奴,單于問曰:『聞漢新拜丞相(車千秋),何用得之?』使者曰:『以上書言事故』。單于曰:『苟如是,漢置丞相,非用賢也』」。

從這些史料去觀察,就是拿中國道學家的眼光去評判,也起碼在水平線以上,他們一樣知道人與人之間的所爲和所當爲。用倫理學的術語來說,忠、孝、節、義在他們的心目中,依然有其內在的價值。不過,由於千山萬水,交通又不方便,以致「未嘗聞中國禮義」罷了。

而所謂君君臣臣、父父子子、夫婦朋友,他們也一樣都保持着一定的關係和距離,決不是「上無義法,下無文理,君臣嫚易,上下無體」(《鹽鐵論·論功篇》)。正如〈論功篇〉另一段話所說:

「匈奴……法約而易辨,求密而易供,是以刑省而不犯,指麾而令從。嫚於禮而篤於信,略於文而敏於事;故雖無禮義之書,刻骨卷衣,百官有以相記,而君臣上下有以相使」。

最後連桓寬也不得不承認:「故政有不從之教,而世無不可化之民」(《鹽鐵論·和親篇》)。匈奴人原來也是富於理性的人。

(二)尚武的政治哲學

關於匈奴人的政治思想的解釋,說者頗不一致。有人認爲它與中國有關,甚至出自中國。又有人認爲兩者漠不相干,完全是兩回事。

主張前者的如方壯猷（民19）和呂思勉（民15），主張後者的如林惠祥（民25）和馬克高宛(1939)。這種對立見解的產生，是由於從兩個不同角度看出去的結果。實際上，匈奴在鬼方、獫狁甚至更早的時候已經和中國接觸了。不過，那僅是邊疆上武力的正面衝突，要說思想上的影響，恐怕還不可能。自漢以後，尤其在中行說、衞律等投降之後，他們亟亟地為匈奴的「天下」籌劃，這時要說其發展完全沒有中國文化的因素，那也不符實際。殆至呼韓單于降漢，入居西河、美稷，則所受的影響就更大了。但，這僅就統治階級來說，其一般人民大眾的思想方式，仍然未變。

這種思想方式表現在外面的就是「尚武」。

冰天雪地的草原上，地是荒野的，風是暴烈的，社會是樸質的、原始性的，因而人民的性格是強悍而爽直的。侯應即曾感慨地說道：「夫夷狄之情，困則卑順，強則驕逆，天性然也」（《前漢書·匈奴傳》）。由於這堅毅的性格，使孕育出他們一套適合於這樣性格的政治理論。他們固然也珍重自己的土地，所謂「地者，國之本也」，「先父之地，不敢失也」（同上）。把「主權」觀念儘力強調起來。然而，決不作土地的奴隸；是真正的匈奴「血統」，當危難的時候，他們頭可斷、血可流，土地可以不要，而此「志」不可屈也。軟骨病的呼韓邪雖然投靠了漢王朝，郅支單于依然組織流亡政府以圖恢復，轉戰北塞，直到死而後已。蓋「匈奴之俗，本上氣力而下服役。以馬上戰鬥為國，故有威名於百蠻。戰死，壯士所有也」（《前漢書·匈奴傳》）。

所以，當冒頓把父親和後母都殺了時，也許遭到了輿論的攻擊和指責。可是，當他把匈奴帝國建立在「東西數千里，草木茂盛」的曠野上以後，「匈奴貴人大臣（又）皆服，以冒頓為賢」（同上）。這便是一切的說明。他們的「賢」的本質就是「武力」，武力似乎成了

一種超越時空而存在的偶像。

冒頓在起初大概是個不大討人歡喜（也許是他母親不討人歡喜）的青年吧。他的父親——頭曼不是想把他殺了嗎？而自己又不忍心，便把他送到月氏去作抵押品，欲假手於他人以殺之。然而僥倖得很，「冒頓盜其（月氏）善馬，騎亡歸」。這是一種絕大的冒險。當時東西阻隔，道途遙遠，「亡」而被抓，生命也就完了。所以他的父親覺得這傢伙倒是一位「勇士」，乃「令將萬騎」。這種從死亡的邊緣一躍而至將帥的寶座，就是「勇」的政治哲學支配了他們。

（三）藝術：音樂和舞蹈

太史公曰：「凡音之起，由人心生也；人心之動，物使之然也。感於物而動，故形於聲；聲相應故生變，變成方謂之音。比音而樂之及干、戚、羽、旄謂之樂也。樂者，音之所由生也；其本在人心感於物也」（《史記‧樂書》）。〈毛詩序〉亦云：「情動於中，而形於言；言之不足，故嗟嘆之；嗟嘆之不足，故永歌之；永歌之不足，不知手之舞之，足之蹈之也」。這些話可以說是音樂與舞蹈的起源論。它指出人為什麼會動感情，會唱，會跳起來呢？物使之然也。

近世也有人認為，音樂和舞蹈是直接產生於勞動，一個人在工作中感到苦悶或不調和時，他會自然而然「哼，哼，嗨，嗨」地唱起來。起初唱的也許不知所云，後來便漸漸地發展為有韻律的、一定節奏的「音樂」了。跳舞也是這樣，當人們感到「唱」得還不夠時，就不知不覺「手之舞之，足之蹈之」了。所以音樂和舞蹈本來都是用以調節疲勞或恢復體力的東西。可是到後來，它與人民大眾脫了節，完全成為有閑階級的奢侈品了，在技術和意境上發展到了更高的境界。

　　從這種起源論來看，我們可以肯定匈奴人是有其自己的音樂和舞蹈藝術的。有些，也許是「舶來品」，但沒有關係，因爲他們的意識已發展到需要吸取外來「養分」的時候。要證明這理論的正確性，賈誼的話是最好的。他有一次向皇帝建議道：「若（匈奴）使者至也……爲其胡戲以相飯……莫（暮）時，乃爲戎樂」（《新書‧匈奴篇》）。他想也許借這些東西使與匈奴使者增加感情上的交流。不過後來被交流的倒不是匈奴使者，而是一位漢皇帝——靈帝。靈帝「好胡服、胡帳、胡牀、胡坐、胡飯、胡箜篌、胡笛、胡舞」（《後漢書‧五行志》）。這些「胡」，我們自然不能一概解釋爲匈奴人所有的，或許不無西域諸國的成分在內；不過，匈奴使者旣然能夠欣賞「胡戲」、「戎樂」，卽使不是它的固有藝術，其國中必已發展到普遍的程度，則可想而知。

　　胡樂中最有名的，也最通俗的樂器大概是「胡笳」，其製造法據唐劉商〈胡笳曲序〉是這樣的：「捲蘆葉爲吹笳，奏哀怨之音」。如此方便，流傳自然很廣。給它伴奏的有「胡角」，「胡角者，本以應胡笳之聲」（杜佑《通典》卷一四一〈樂典〉）。另外一種是篳篥，「篳篥本名悲篥，出於胡中，聲悲」（同上）。田邊尙雄（民26）以爲這種樂器是來自西域，「胡人吹之，以驚中國馬。後乃以笳爲首，以竹爲管」。除這些外，尚有幾種弦樂器如胡箜篌（亦名豎箜篌）、枇杷（琵琶）等。

　　《通典》卷一四四〈樂典〉云：「豎（胡）箜篌，胡樂也。漢靈帝好之，體曲而長，二十二弦」。

　　劉熙《釋名‧釋樂器篇》：「（枇杷）本出於胡中，馬上所鼓也。推手卻曰枇，引手卻曰杷，象其鼓時，因以爲名」。田邊氏認爲這些樂器也是從西方傳來的，不過匈奴人知道使用。總之

不論如何，當時漢匈都在使用它們乃是鐵的事實。漢王朝對這些樂器且有專門管理的機關，郭茂倩曰：「北狄諸國皆馬上作樂。故自漢以來，北狄樂總歸鼓吹署」（《樂府詩集》卷二一）。由此可見「狄人」樂器之多。

音樂的調子，大多是悲壯的，和「胡曲」配合起來，也許相當感動人，所以蔡琰一登「胡殿」，聽到了「胡笳動兮邊馬鳴」，便止不住「含哀咽兮涕泣頸」（蔡琰〈悲憤詩〉——楚辭體）了。李延年大概也是因此而「因胡曲更造新聲二十八解，乘輿以爲武樂」（《通典》卷一四一〈樂典〉）。使農業文化的漢人，也享受點西北邊陲直裸裸的現實主義的藝術美。

匈奴人的這些樂器，可以獨奏，也可以組織成管弦樂隊，並且，有時還可以演奏舞曲。

　　蔡琰〈悲憤詩〉云：「胡笳動兮邊馬鳴……樂人興兮彈琴箏，音相和兮悲且清」。

　　《通典》云：「自秦漢以還……胡樂荐臻。其聲怨思，其狀促遽」（卷一四一〈樂典〉）。

舞步的「促遽」，當然很能表現胡人的性格，靈帝所愛好的，大約也就是這種「胡舞」。它「促遽」到什麼程度呢？這從後魏時的胡舞可以看出一個輪廓來：

　　「胡舞……舉止輕飈，或踊或躍，乍動乍息，蹻腳彈指，撼頭弄目，情發手中，不能自止……非唯人情感動，衣服亦隨之以變；長衫蹙帽，闊帶小韡，自號驚緊，爭入時代。婦女衣髻，亦尙危側，不重從容，俱笑寬緩」（《通典》卷一四四）。

這比起現在所流行的英美式的探戈舞狐步舞之類還「促遽」得多。在賈誼《新書》裏也曾說過：「若（匈奴）使者至也……令婦人傳

白墨，黑綠衣而侍其堂者二三十人；或薄或捹，爲其胡戲以相飯」
（〈匈奴篇〉）。當她們翩翩起舞時，舞廳裏揚起了一片熱情橫溢的音
樂，那情況一定是熱烈而緊張的。

除了胡樂、胡舞之外，匈奴人也接受了許多中國的音樂器材。

《後漢書・南匈奴列傳》：「（建武二十六年）詔賜（南）
單于……樂器、鼓車」。

同上：「二十八年，北匈奴復遣使詣闕……乞和親，並請音
樂」。

同上：「（北）單于前言：『先帝時所賜呼韓邪竽、瑟、空侯
皆敗，願復裁賜』」。

假如容許我們幻想一下，當時匈奴人也知道漢人的舞蹈和使用東胡的
樂器的話，那末，她簡直是一個藝術的王國了。

（四）祖先和自然崇拜的宗教

現代的宗教，是人的思想上的解脫。人爲了禁不住現實生活上的
驚濤駭浪，便希求解脫，把一切都交給「上帝」，自己則消極地等待
那未來的命運，以爭取精神上的自我陶醉。

原始的宗教並不如此，那是直接對「力」、對「權威」的崇拜。
更早的時候，也許是由於對「死靈」的恐懼。因爲當人民在心理上無
法克服「死靈」與「自然」兩種「力」的壓迫時，便只有屈服，這
樣，就產生了人類最初對祖先和自然的迷信。這種對「力」的迷信，
不是逃脫，而是企圖征服它，克服它所給予現實生活上的制限。不
幸，這樣的嘗試在起首便挫敗了，大多數人就一直在宗教的壓力下盲
目地生活着。

從祖先和自然崇拜一直到對「天」──上帝的認識，這須經過一

個相當悠長的歲月。這是宗教的進一步的發展，並且必須在人類現實生活裏，有了一個至高的領導者才能反映出來；再後，把地上的人和天上的神結合起來，形成一種超然的「人格神」，這是宗教上的又一變革。結果，「上帝」做了人類精神上的領導者，「皇帝」就變爲它的代理人。

當時的匈奴正發展到了這一階段。《史記・匈奴列傳》曰：「其國稱之（單于）曰『撐犁孤塗單于』。匈奴謂天爲撐犁，謂子爲孤塗。單于者，廣大之貌也，言其象天單于然也」。把人與神劃分爲兩個對立的世界；上帝統治着神，皇帝統治着人。在形式上雖是對立，本質上卻是二位一體——因爲皇帝是「天子」。

所以在某些盛大而莊嚴的典禮中，都要「祭其先、天、地、鬼、神」（《前漢書・匈奴傳》）。而「常以正月、五月、九月戊日祭天神」（《後漢書・南匈奴列傳》）。天神，在他們的意識中始終是獨尊的。

《前漢書・匈奴傳》云：「單于大驚曰：『……吾得尉史，天也』。以尉史爲天王」。

同傳〈傳贊〉云：「……如匈奴者……獨可說以厚利，結之於天耳……故與盟於天以堅其約」。

《前漢書・蘇建傳・蘇武條》：「（單于）幽武，置大窖中，絕不飲食……數日不死，匈奴以爲神」。

鬼——祖先或非祖先的死靈——的觀念的形成，其淵源本早於「天」，但在後來，人民的意識上卻產生兩種根本不同的態度：對天敬威，對鬼卻是駭怕。

《前漢書・匈奴傳》云：「母閼氏病，（衞）律飭胡巫，言先單于怒曰：『胡故時祠兵，常言：「得貳師以社」。今何故不用？』……遂屠貳師。會連雨雪數月，畜產死，人民疫病，胡稼

不執。單于恐，爲貳師立祠室」。

　　　同上：「烏珠留單于在時，左賢王數死，以爲其號不祥，更
　　易命左賢王曰：『護于』」。

這種對鬼的恐懼，其程度幾乎超越了對「上帝」的敬威。它可以更易
個人的意志和改變國家的制度，無怪乎其「送死有棺椁金銀衣裳……
近幸臣妾從死者，多至數十百人」（同上）。不這樣怎麼行呢？他們
怕「死人」又會起來作亂。

　　「巫師」的依然能夠存在，就是要假借它來執行神的命令以鎮壓
鬼的叛亂。因而「胡巫」在匈奴中尚保有頗爲雄厚的勢力。在早一些
時候，匈奴也許跟別的原始社會一樣，「巫師」就是政治首領，是政
教的雙層統治者。

　　有人以爲「驃騎將軍（霍）去病……（所）得休屠王祭天金人」
便是佛像，因而斷定匈奴人也信佛。這事未必可靠，姑無論休屠王所
祀的「金人」是不是「佛」，但在有關匈奴的史料中，實在找不出
「偶像崇拜」的痕跡，他們祇是「朝出營拜日之始生，夕拜月」。南
單于內附後，雖也「兼祠漢帝」，而這些漢帝是否爲「偶像」，尚不
得而知。同時，我們認爲在一個居無定所的游牧社會裏，「偶像崇
拜」似乎也不大可能。既沒有「偶像崇拜」的事實，自然不能肯定匈
奴人信佛。

　　總之，匈奴人的宗教正在祖先崇拜和自然崇拜的階段上向前發展。

（五）關於匈奴的言語和文字

匈奴人究竟有文字呢？還是沒有？如果有，又是怎麼樣的？

　　這是一個最難解決的問題。現有的見解，都是各執一辭。內田吟

風(1943)以爲它是屬於烏拉爾阿爾泰語系；呂思勉(民15)以爲匈奴語就是中國語，字也是中國字；王國維（民29）則認爲它是否有文字還不曉得。

內田氏云：「他們（匈奴）的語言，與阿爾泰語系的蒙古語最爲相像」。

呂氏云：「夫匈奴……其作書之具與中國同……然亦必匈奴文字……匈奴言語，亦有與中國同者矣」。

王氏云：「其俗尙武力，而文化之度不及諸夏遠甚；又本無文字，或雖有而不與中國同」。

又言：「此印（匈奴相邦印）年代較古，又爲匈奴所自造，而制度文字並同先秦。可見匈奴與中國言語雖殊，尙未自制文字，卽有文字，亦當在冒頓老上以後，非初葉之事矣」（民29）。

姚先生云：「東方的匈奴與歐洲的匈人……不但自己不注意記載，恐怕連通行的文字都沒有」（民19）。

它究竟是烏拉爾阿爾泰語系，還是西方的印歐語系，或者竟是另外一種不知道的語言？實在很難斷定。因爲它自己旣沒有記載留下來，又無法找出切實的旁證。所以對於其語言文字的從屬問題，不敢妄事揣測。這裏僅就兩點加以試探性的探討：

第一、企圖證明她是有語言，且是一種與漢語沒有關係的語言。

第二、企圖進一步證明她也曾有過與漢文不同的文字，這種文字是一些象形的符號。

關於第一點，很容易解決。《史記・匈奴列傳》開頭卽說：「（匈奴）以言語爲約束」。這種言語，是與漢語不同的，班固曾告訴我們：「夷狄之人……其與中國……言語不通」(《前漢書・匈奴傳贊》)。另外的記載，也證明這話是確實的。

　　《鹽鐵論・相刺篇》：「戎人由余，待譯而後通」。

　　《前書・匈奴傳》：「（漢遣使）至雲中塞下，招誘呼韓邪單于諸子，欲以次拜之，使譯出塞」。

　　《後漢書・南匈奴列傳》：「單于顧望有頃，乃伏稱臣，拜訖，命譯曉使者」。

　　《後漢書・劉恭列傳》：「祥風時雨，覆被遠方，夷狄重譯而至矣」。

這些翻譯官的出現，自然是「言語不通」的緣故，否則沒有使用他們的理由。許多譯音的名詞，也證實了這一點。這種語言，可能與西域某些國家如安息、高車很相像，也許竟是一種。

　　第二點比較不好談，因為《史記》和《後漢書》都說得很明白，「無文書，以言語為約束」（《史記・匈奴列傳》）。「當決輕重，口白單于，無文書簿領焉」（《後漢書・南匈奴列傳》）。不過，話又得說回來，無「文書」是否即為無「文字」呢？同時，我們又知道，至少在冒頓以後，匈奴已經有文書了，如說沒有，那除非假定那些「文書」都是用漢文寫的，而用漢文寫的又要不算是文書。

　　但是，另外的問題又來了：

　　《前漢書・西域傳・大宛條》云：「自烏孫以西至安息，近匈奴。匈奴嘗困月氏，故匈奴使持單于一『信』到國（大宛），國傳送食，不敢留苦」。

　　《後漢書・南匈奴列傳》云：「比密遣漢人郭衡奉匈奴地圖。（建武）二十三年西河太守求內附」。

　　《賈誼・新書・匈奴篇》：「若使者至也，上必使人有所召客焉。令得召其知識胡人之欲觀者，勿禁」。

上面所謂「信」、「地圖」是用什麼文字構成的呢？如果一律解釋為

漢文，那未免太勉強，而且也缺乏實在的證據。難道匈奴寫給大宛的信，也用漢文麼？我們認爲假使不是用安息文寫的信，便是匈奴文。也許兩國根本就是一種文字。這從下面的話可以看得出來。

　　《前漢書・西域傳・安息條》云：「安息……書革旁行爲書記」。

　　同上〈大宛條〉云：「（大宛）土地風氣物類民俗與大月氏安息同」。

而賈誼所謂「知識胡人」，更使我們向這方面想。這「知識胡人」總不能片面地解作「會說話的胡人」吧？語言是大眾的，匈奴人不會把它看作「知識」，賈誼更沒有這樣看的道理。唯一的解釋是：他們在那時候已有類似知識階級的「學者」——懂得寫字的人了吧？

　　這種「字」，也許尙滯留在原始的象形文字的階段，還無法組織成一種表達意境的完全的工具，因爲《鹽鐵論・論功篇》曾說：「匈奴……雖無禮義之書，刻骨卷衣，百官有以相記」。

　　「刻骨卷衣」雖然是一種低級的語言符號，可是不能以此便否認它是文字和具備文字的功用。因爲一切文字的發展，幾乎都必須經過「刻骨卷衣」這樣一個原始的階段，然後才慢慢地形成爲一種高級的文字和語言。

五　游牧社會一般的生活方式

（一）社會的階層與身分：貴族平民和奴隸

　　匈奴社會在形式上雖然是一種氏族部落的組織，但由於受環境的影響，其內部的階級區別仍相當嚴格。貴族永遠是貴族，奴隸絕對沒

法作自由民，平民也祇是永恆地過着「士兵」的生活，即使有了軍功，也不過攫取一點物資和奴婢。這還得看自己的運氣，因爲假如敵人是一個窮光蛋，依然一無所得，除了喝得一杯被賞賜的「苦」酒。

貴族階級以「攣鞮氏」爲領袖，其外包括各地封建王公，中央政府和地方政府的各級官吏及部隊裏的長官。總之，所有與單于有血緣關係的和一切的「貴人大臣」均屬這一階級。這是匈奴社會中享受最好的生活集團，從殖民地和漢王朝得來的財產，幾乎都在他們手裏。他們不但「皆世官」，而且「世爲婚姻」，與一般自由民作着血統上的隔絕，正如中國魏晉時代的門閥制度一樣。在生產過程上，他們仍然是勞動成員之一，因爲地理環境和時代背景均不允許他們作完全的有閑階級。

自由民是舉國所有「力能彎弓」的「士」及其家屬，除殖民地外，非匈奴種人民大概也算這一階級。這一階級「寬則隨畜，田獵禽獸爲生業，急則人習戰攻以侵伐」（《史記・匈奴列傳》）。平時是生產的勞動者，戰時又是勇敢的鬥士。他們是匈奴帝國的柱石。一般的日常生活與上一階級相差不甚遠，不過沒有那麼多的奢侈品可用。

奴隸可能尚沒有形成一個明顯的階級，但由於大量的使用，實際上已是匈奴社會經濟上不能缺少的勞動力。他們除了被用作放牧，射獵和服家內勞役外，也被用作墳墓裏的裝飾品。每當一個「大人物」死了，總是「近幸臣妾從死者，多至數十百人」（《史記・匈奴列傳》）。

奴隸的主要來源是下列兩方面：

(1) 戰俘《史記・匈奴列傳》云：「其攻戰……得人以爲奴婢」。

(2) 殖民地人民《前漢書・西域傳》云：「匈奴西邊日逐王置僮

僕都尉，使領西域」。

內田（1943：295）也作了個類似的解釋，他說：「（匈奴人）俘獲了敵人，可以用作自己的「奴婢」——事實上，他們已經有丁零和羌人以爲其奴隸」。故若戰事不絕跡，殖民地人民不完全背叛，匈奴人是不怕沒奴隸使用的。

（二）人民的衣食住行

人們主要的生活資料是「牲畜」，所以「自君王以下，咸食畜肉，衣其皮革，被旃裘」（《史記‧匈奴列傳》）。住是「父子同穹廬臥」；那就是說，一家人都睡在一個氈皮帳蓬裏。要旅行吧，陸路有馬、駱駝和車子，水路則有馬革船。

一般的生活程度並不十分懸殊，奴隸處於從屬的地位，也許惡劣些。自然，社會上也有許多「擁眾數萬，馬畜彌山，富貴如此」（《前漢書‧李廣傳》）的大富翁；可是，在一個荒漠的草原上，並沒有什麼方法去提高人民的一般生活水準。因此，漢王朝的「邊人、奴婢愁苦欲亡者，多曰：『聞匈奴中樂』……時有亡出塞者」（《前漢書‧匈奴傳》）。這恐怕是實在的情形。

其衣，胡服也，這種服裝，便於騎射，曾爲中國人所仿造。《史記‧六國表》云：「趙武靈王十九年，初胡服」。王充亦云：「武靈王之十九年，更爲胡服，國人化之」（《論衡‧紀妖篇》）。王國維證明這些胡服，自帽子至袴，共有許多種。其〈胡服考〉云：「胡服入中國始於趙武靈王……其制：冠則惠文……其帶具帶……其履鞾……其服上褶下袴」。這些冠、帶、衣、履都有其特殊的樣式。「胡服之冠，漢世謂之武弁，又謂之繁冠……若插貂蟬及鶡尾，則確出胡俗也」。「具帶者，黃金具帶之略……古大帶革帶皆無飾，有飾者，胡

帶也……胡名則謂之郭洛帶。今本釋名云：『鞸，跨也。兩足各以一跨騎也』」。「大褶，下至膝者也……袴者，……釋名云：『袴，跨也。兩股各跨別也』。……上短衣而下跨別，此古服所無也」（民29）。照這樣裝束起來，真像一位糾糾武夫了。

　　吃的東西，大部分當然是「食肉而飲酪」（《前漢書・晁錯傳》）。但後來也知道利用從各地掠奪來的農作物作為主食，糧食的範圍便漸次擴大到各種能吃喝的東西，不專是「以肉為食，酪為漿」了。

　　一般的公共宿舍和私人住宅多是「穹廬」，因為這是可以隨時拆卸和興建的活動房屋，適合於草原上的地理環境。有時，他們也建築一些規模並不宏大的「商市」和「官邸」——胡殿，比如趙信城，曼柏城和龍城等，所以到後來也就不完全依賴於以「穹廬為室兮旃為牆」了。至於入居漢地的匈奴人，其情況就更為不同。

　　隨水草和畜牧而行動的人，「往來轉徙，時至時去」（《前漢書・晁錯傳》），是不算一回事，因為有馬作他們的交通工具。有時，他們也利用「馬革船」和「馬車」，但並不經常如此。因為這對草原人民的性格太不適合了，他們都是些行如「飛鳥走獸」的人。

（三）婚喪和社交禮節

　　漢王朝的使者跑到匈奴去，開口總是說：「你們呀，『無冠帶之節、闕庭之禮』，簡直是一羣野蠻人。」這是有意給人家的侮辱，其實，匈奴並非如此。他們一樣不是「無……男女之別」（《鹽鐵論・備胡篇》）。

　　《史記・匈奴列傳》云：「其坐，長左而北向」。

　　《前漢書・李陵傳》云：「兩人（李陵、衞律）皆胡服椎結」。這不是對人對事都很有禮貌嗎？

有一次，當漢高帝死了時，冒頓不是寫了一封很動人的情書向呂后求婚嗎？呂后沒辦法，乃用謊話與譴責來逃避這個厄運。而冒頓倒非常客氣地對待她，又給她寫了一封回信。說：「未嘗聞中國禮義，陛下幸而赦之」（《前漢書·匈奴傳》）。他那裏知道中國人不能「兄弟死，皆取其妻妻之」（同上）。然而坦白地向呂后道了歉。

他們知道用「劓面」以表示其悲戚的程度。

> 《後漢書·耿秉列傳》：「匈奴聞秉卒，舉國號哭，或至劓面流血」。

當着統治階級，他們也知道：

> 「脫帽、徒跣對龐雄等拜，陳道死罪」（《後漢書·南匈奴列傳》）。

漢使如果到匈奴去，「不去節，不以墨黥其面，（便）不得入穹廬」（《前漢書·匈奴傳》）。一切的談判也就有破裂的危險，甚至無法談判。

這些是其犖犖大者，未知者必尚多。但由此即可知匈奴人不但有「禮」，而且所有的禮均須切切實實的去做，不過「不爲小禮以自煩」罷了。實在說來，這也有道理，「禮義嚴」與「法網密」同樣是束縛人性的桎梏。我們不是想要開倒車，因爲「禮義之敝，上下交怨」（《前漢書·匈奴傳》），使大家鈎心鬥角，眞的不是個好東西。

停留在氏族階段的匈奴社會，在男女關係上，總不免有點「父死，妻其後母」的雜婚現象。不過，一般的婚娶原則卻是「族外婚制」；像「呼衍氏、須卜氏、丘林氏、蘭氏」即「常與單于婚姻」（《後漢書·南匈奴列傳》）。而在同一部落或氏族以內的人，是不准有性的行爲。早一些時，匈奴也許曾行過下面兩個婚姻制：

（1）夫兄弟婚。因爲一直到當時，他們還是「兄弟死，皆取其妻

妻之」（《前漢書・匈奴傳》）。

（2）妻姊妹婚。這在當時尚找得着例子，如「始，呼韓邪娶……呼衍王女二人，長女顓渠閼氏……少女爲大閼氏」（同上）。

他們婚禮的儀式如何，《史記》和《漢書》沒有記載。不過《魏書》上有一段話，說得頗爲詳細。雖不能視爲直接的描畫，卻也可以提供我們一個旁證。

《魏書・西域列傳》云：「悅般國……其先匈奴北單于之部落也。……其風俗言語與高車同」。

同上〈高車列傳〉云：「高車……婚姻，用牛馬納聘以爲榮。結言旣定，男黨營車闌馬，令女黨恣取，上馬袒乘出。闌馬主立於闌外，振手驚馬，不墜者卽取之；墜則更取，數滿乃止。迎婦之日，男女相將持馬酪、熟肉、節解；主人延賓亦無行，位穹廬前叢坐，飲宴終日，復留共宿。明日，將婦歸。旣而將夫黨還，入其家馬羣，極取良馬，父母兄弟雖惜，終無言者。顚譯取寡婦，而優憐之」。

假如《魏書》所言種族來歷不錯，悅般與高車的風俗又確有相同處，則匈奴人之婚禮，大致當亦如是。

「其送死；有棺椁金銀衣裳，而無封樹、喪服。近幸臣妾從死者，多至數十百人」（《史記・匈奴列傳》）。

根據考茨洛夫在庫倫附近發掘所得，證明這話是實在的。

「在三個匈奴貴族及其殉葬者的墓穴中，一個大而厚的木棺裏，盛着一具貴族的屍體。墓窖北向，深約十五米。窖的四周有許多衣着華美，騎白馬的侍從，伴隨着貴族。……黑漆棺材上繪有彩色畫，棺材裏有雕刻過的黃金」。

「同時，發現許多內衣，帽子和黑貂邊外衣等，也有中國的

絹衣、漆器。……他們自己製造的鬥獸型動物紋絨氈和金銀的食
具等。……墓的遺物中有一『新神靈廣成壽萬年』的絹和另一
『建平五年』的漆銘。這可見係後漢初期，即西曆第一世紀初的
東西」(1943: 300-1)。

這樣看起來，匈奴和中國的喪禮，簡直不相上下。而沒有「封樹喪
服」者，祇是受了地理環境、生活資料或文化傳統的限制。因為在乾
燥的沙磧上實在無法種植森林，而一套氈皮衣服，委實也難以區別其
婚喪喜慶。假如孟老夫子也生活在那裏，他對這事定然要很感慨地說
道：「是不能也，非不為也」。

後　記

由於對史料取捨的慎重起見，起初，我很想從漢人的筆記、小說、
歌謠……以及所謂「裨官野史」中覓取一些資料，以補「正史」的不
及。但可惜得很，找來找去，仍然找不出什麼來。於是不得不放棄原
來的念頭，向另一條路上去求發展。

最後決定拿《史記》、《漢書》和《後漢書》的匈奴本傳為一個
縱的線索──主幹，從這上面再去追根尋源和找尋它的粗枝大葉。這
樣，上面三書中各有關人物的紀傳，以及志、書、年表……等等，便
是最最重要的材料了。此外，如《鹽鐵論》、《新書》、《論衡》……
也是異常珍貴的史料，因為我們相信（自然不是全憑主觀的判斷），
有些地方，它們的真實性實在比「正史」高得多。

另一方面，我也參考近人的見解，從他們的意見裏去了解事件本
身的正確性，設法不要歪曲事實，並使已經被歪曲了的還原過來。不
過，有時因為史料的缺乏，或者找不到旁證，就只好暫時擱下來。

　　在研究這問題的過程中，　我儘量將自己擺在事件的邊緣上來觀察，竭力掃除腦袋裏對匈奴人旣有的一些不良陰影，就是說把他們當平等的「人」看待。

　　站在客觀的立場來處理題材，自然比較公平；但如說完全與主觀意識絕緣，那也不可能。主要的是不要專憑主觀意識去武斷或曲解事實，　而在於把握了客觀的眞實之後，　再去探求必然的或最可能的結論。所以主觀見解的產生，應該是以客觀事件爲條件的。

　　許多年代以來，在漢人的眼中，匈奴人都不是平等的「人」。這就由於沒有客觀地去分析的原因。一般的史家，都把一些「偶然的」跡象，來理解人家在「時代」和「地理環境」上的「必然的」因果關係，因而得出一些矛盾，甚至荒謬的理論來。

　　在這篇文章裏，我企圖矯正它，但有些已是無法糾正了──雖然明知不充分明確，因爲找不到更多的「證人」。

　　本論文多承姚從吾先生的指導，因此，我由衷地感謝他所給予的幫助和啟示。

史料與參考書目

（一）史　料

司馬遷

　漢　《史記》，四部叢刊百衲本，臺北：商務。

瀧川龜太郎

1931　《史記會注考證》，東京：東方文化學院東京研究所，昭和七年。

王先謙

　　清　《漢書補注》，四部叢刊本。
王先謙
　　清　《後漢書集解》，四部叢刊本。
桓　寬
　　漢　《鹽鐵論》，四部叢刊本，臺北：商務。
賈　誼
　　漢　《新書》，四部叢刊本，臺北：商務。
應　劭
　　漢　《漢官儀》，平津館叢書。
劉　熙
　　漢　《釋名》，漢魏叢書本。
蔡　琰
　　漢　〈悲憤詩〉，〈胡笳十八拍〉，見《樂府詩集》，四部叢刊本。
房玄齡等
　　唐　《晉書・四夷列傳》，四部備要本，臺北：中華。
魏　收
　　齊　《魏書》，四部備要本，臺北：中華。
杜　佑
　　唐　《通典・樂典》，四部叢書刊本，臺北：商務。
郭茂倩
　　宋　《樂府詩集》，四部叢刊本，臺北：商務。
　　　　《古今圖書集成・邊裔典》，臺北：商務。

（二）一般參考書

洪　鈞
　　清　《元史譯文證補》，廣雅叢刊本。
王國維

民29a 〈鬼方昆夷玁狁考〉，見《觀堂集林》卷一三，海寧王氏增訂再版。

民29b 〈胡服考〉，見《觀堂集林》卷二二。

民29c 〈匈奴相邦印跋〉，見《觀堂集林》卷一八。

梁啓超

民11 〈中國歷史上民族之研究〉，《梁任公論學近著》，臺北：商務。

傅斯年

民22 〈夷夏東西說〉，《慶祝蔡元培先生六十五歲論文集》。

姚從吾

民19 〈歐洲學者對於匈奴的研究〉，《國學季刊》卷二第三期。

林惠祥

民25 《中國民族史》，《中國文化史叢書》，上海：商務。

呂思勉

民15 〈匈奴文化索隱〉，《國學論衡》第五期。

方壯猷

民19 〈匈奴單于年號考〉，《燕京學報》第八期。

曾問吾

民25 《中國經營西域史》，商務。

斯坦因

民35 《斯坦因西域考古記》（向達譯），上海：中華。

白鳥庫吉

民28 《匈奴民族考》（何健民譯），上海：中華。

田邊尙雄

民26 《中國音樂史》（陳淸泉譯），上海：商務。

內田吟風

1943 《蒙古史——支那周邊史》，東京：白楊社。

江上波夫

1950 《歐亞的古代北方文化》，東京。

H. parker

民23 《匈奴史》（向達譯），史地小叢書之一，上海：商務。

Turner, F. J.

1894 *The Significance of the Frontier in American History.* American
Historical Associatiom, Annual Report for the Year 1893.
Washington.

1950 *The Making of American History.* New York.

McGovern, W. M.

1939 *The Early Empire of Central Asia.* The University of North
Carolina Press.

附表一　匈奴單于世系

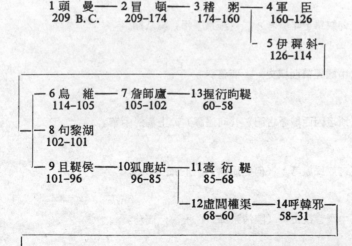

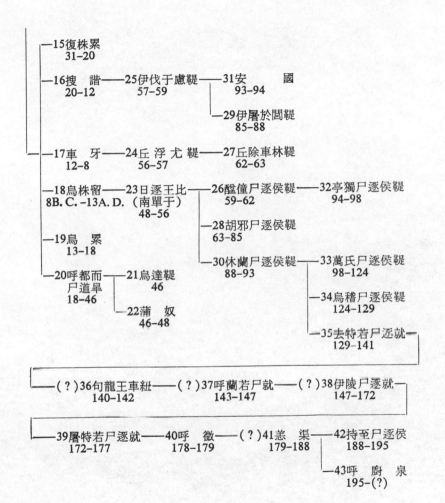

—15復株累
　31-20

—16搜　諧——25伊伐于慮鞮——31安　　　國
　20-12　　　57-59　　　　　　　　93-94

　　　　　　　　　　　　—29伊屠於閭鞮
　　　　　　　　　　　　　85-88

—17車　牙——24丘浮尤鞮——27丘除車林鞮
　12-8　　　56-57　　　　　　62-63

—18烏株留——23日逐王比——26醯僮尸逐侯鞮——32亭獨尸逐侯鞮
8B.C.-13A.D.（南單于）　59-62　　　　　　　94-98
　　　　　　　　48-56

　　　　　　　　　　—28胡邪尸逐侯鞮
　　　　　　　　　　　63-85

—19烏　累
　13-18

　　　　　　　　　　—30休蘭尸逐侯鞮——33萬氏尸逐侯鞮
　　　　　　　　　　　88-93　　　　　　98-124

—20呼都而——21烏達鞮
尸道皋　　　46　　　　　　　　　　　—34烏稽尸逐侯鞮
18-46　　　　　　　　　　　　　　　124-129

　　　　—22蒲　奴
　　　　　46-48

　　　　　　　　　　　　　　　　—35去特若尸逐就—
　　　　　　　　　　　　　　　　　129-141

—（？）36句龍王車紐——（？）37呼蘭若尸就——（？）38伊陵尸逐就—
　140-142　　　　　　　　143-147　　　　　　　147-172

—39屠特若尸逐就——40呼　徵——（？）41恙　渠——42持至尸逐侯
　172-177　　　　　　　178-179　　　179-188　　　188-195

　　　　　　　　　　　　　　　　—43呼　廚　泉
　　　　　　　　　　　　　　　　　195-（？）

濊貊民族及其文化[*]

一　序言

在今天來探究一個古代民族，那是一件難事；文化，就更難些。主要是：我們對於發掘和調查的工作，尚沒有做到理想的地步；一般史籍的記載，又多含混其辭，甚至有些假話。從古史的荒原上拔除一些野草藤蔓，已經不太容易辦得到，培植花木就更見其艱難了。

我開始對濊貊民族查舊賬，那是去年(1957)五月間的事。當時我正在讀《山海經》，滿腦子神也怪的，像走進了千年古刹。有一天（我已記不起是那一天），凌純聲先生對我說，濊貊民族對中國古文化貢獻甚大，我們倒很可以作一點整理的工作。就這樣，我決定試走一下濊貊民族的老路；老路，原該好走些，誰知荒蕪得太久，滿道的荊棘亂石，幾乎插不下腳步，碰上我這個陌生客人，情形就越顯得尷尬了。

對於本問題，我把它分為三個階段來處理：首先是抄史料，然後從史料中去追尋這個民族及其文化的根源。

關於民族的種屬諸方面，前人有着各種不相同的見解，原因是它的地理面積散佈得太廣，教人容易引起誤會。我覺得還是把它和「鳥

　　＊　　原篇名為〈濊貊民族文化及其史料〉。

夷」民族連起來看比較恰當些。

濊貊是一個古老的民族，也是一個大族。漢初，中國的北疆（陝晉冀之北）以及黃渤海沿岸（包括朝鮮半島）都有他們的足跡。他們曾經用自己的血汗開闢過那一帶的荒地，在更早的時候，他們是鳥夷民族（鳥圖騰團）的一支，屬於少皞氏之民，與舜與殷，在血統上關係很密，與東夷集團中的其他各民族也有着或多或少的血緣關係。從史前的黑陶文化以至於有史時期，他們是在一個線索上發展下來的。自然，假定我們要肯定它就是現在的什麼，那就太爲難了，因爲歷史上民族的混合事件，到今天已經不是第一次了。

文化的傳播性就更大些，所以在某些方面，我們簡直尋不出它的歷史淵源。而有一部份的文化特徵竟與殷民族完全一樣，有人說這是殷人帶過去的，但我認爲這是鳥夷民族的共同特徵，一定指爲由殷人傳給濊人，似乎有些勉強，同時也缺乏事實上的依據。當然我們不能忘記這一點：戰國秦漢以後從漢民族傳過去的文化就實在很多。

一般認爲，民族和種族在本質上也有很大的區別；種族係指血統上的關聯性，民族則彷彿對文化而言。比如黃文山說：「種族是生物上、體質上的名詞，民族是政治上、文化上的名詞」，「一種族本來可析分爲無數民族，例如盎格爾薩遜種族可析爲英美民族，一民族可包含無數種族，例如美國民族，可包含白、黃、黑諸種族」❶。這是實在的。不過，假如我們還不能肯定種族進化的一元論或多元論的話，所謂民族或種族的區別似乎只有用下列兩個原因加以解釋：一是遺傳上的因素，生物學家認爲生物的下一代的形態是由其上一代的染色體所決定的，就是說，人類自己的特質是被一代一代的遺傳下

<hr>

❶ 黃文山，民 32: 2。

去，但這話並非完全可靠，因為人類的體質是在演變中前進，猿人和現代人間的體質上的差別已是很大，將來也許會更大些；一是地理的因素，在同一環境生活的人民，其文化便必然趨於同一形態，同時生物學上證明，這種地理的因素還會影響人類體質的發展，於是形成許多看來像是不同的人民集團❷。因而，我認為採用一些人民的共同特徵，如神話、文化等，來探討一個歷史上的民族，該也不失為一個可行的辦法。

關於這個民族的一部份問題，如卵生傳說、河伯及祭靈星等，均牽涉頗大，本文並未作深一層的剖析，我想，有機會時可以單獨地談談（參閱本書〈河伯傳說〉和〈鳥生傳說〉）。

本文是作者對於這方面工作的初次嘗試，說實話，我懂得太少，在寫作過程中，雖是很小心地來處理我的題材，錯誤怕是仍然免不了，盼望讀者們惠予指正。

本文承　凌純聲帥多所指導，謹致謝忱。

四十七年二月十日作者於南港

二　濊貊民族

（一）夷與東夷

在討論濊貊民族之先，我們必須了解一點關於「夷」與「東夷」的界說，因為在古時，夷或者東夷都與東方民族有着異常密切的關

---

❷　李濟也說過，「環境並非萬能，但是現在的人類學家把遺傳說得過份地神秘，一切的一切都在遺傳中找解釋，究竟還是有些解釋不清楚，我們應該分一部份精力，尋覓人與自然的直接聯繫」（民 39: 3）。

係。而貊族，自從華夏族在中原地帶建立了它的文化系統後，便一直被認爲屬於夷或東夷。

「夷」究竟代表了一些什麼呢？歷來的解釋頗不一致，第一次規定「夷」爲東方邊裔民族集團之總稱是起於《禮記》，《禮記‧王制》曰：「東方曰夷，被髮文身，有不火食者矣」。於是後人多因襲此說，以爲定制。這種結論，也許是《禮記》的作者依照當時的情形歸納出來的；但在另一些圖籍中，我們卻看不到如此嚴格的界線。他們，也許是華夏族的人們吧，管東方的民族叫作夷，對於西、南、北三方的民族同樣叫作夷；夷，似乎是指着所有那些非我族類的人民❸。

下面，我寫出幾條有關於夷的史實，以資比較：

《尚書‧仲虺之誥》：東征西夷怨。

《左傳》昭公四年：商紂爲黎之蒐，東夷叛之。

《左傳》昭公十一年：紂克東夷而隕其身。

《公羊傳》僖公四年：南夷與北狄交。

《呂氏春秋‧古樂篇》：商人服象，爲虐於東夷。

《孟子‧離婁下》：舜……東夷之人也；文王……西夷之人也。

〈威鼎〉：亦唯噩侯馭方，率南夷東夷，廣伐南國東國。

《孟子‧梁惠王下》：文王事昆夷。

《史記‧匈奴列傳》：至冒頓而匈奴最強大，盡服從北夷。

《史記‧天官書》：故北夷之氣，如羣畜穹閭；南夷之氣，類舟船幡旗。

---

❸ 凌純聲師認爲「古代之夷，是沿海貊越兩民族的通稱」。又謂：「凡居於海濱之人，都可稱夷，在東方稱東夷，在南者稱南夷」（民 43：7-10）。

　　這表示，在較早的時候，「夷」確乎是四裔民族的泛稱，非有所專屬，所以到司馬遷時還在說：「秦、楚、吳、越，夷狄也」（《史記‧天官書》）。因而我們也可以明白，《詩》、《書》所謂「四夷交侵」（《詩‧小魚》），「四夷左衽」（《書‧畢命》），以及孔子所說的「天子失官，學在四夷」（《左傳》），怕都是一種泛稱；但到後來，《禮記》的作者把「夷」固定在東方，許愼又在《說文》裏說：「夷，東方之人也，从大从弓」。事實上夷从大从弓是《說文》裏的寫法，據吳澂《字說》：「夷」係象西夷椎結，籀文爲夨象頭部傾斜貌，而末端爲長辮髮之狀。那波利貞對此說甚爲贊同，並引我國彝器及其他各說爲之佐證❹。其實末端必不爲「長辮髮之狀」，而可能是「人」字的另一種寫法，以別於當時華夏系的「人」。《說文》又說過：「東夷从大，大，人也」，卽是說，「夷」也是人。金文人作ㄦ，夷有時亦作ㄦ，可見二字實通；甲骨文的人方，實在也就是夷方。所以有人說，四夷猶四裔也。

　　四夷本來是代表四方之夷類，卽華夏族以外之民族；到漢代卻變了，有點像是東夷，《周官》便明白地說出「四夷、八蠻、七閩、九貉、五戎、六狄」❺的數目，越往後，這概念就越見模糊。

　　四夷之外，又有所謂九夷。九夷的被提出來，大約始於《論語》的「子欲居九夷」一語，當時也許指的是黃淮下游一帶的居民，卽蘇北到山東半島這一地區，其內容和《周書》「通道於九夷八蠻」❻的九夷差不多，可是均未明說九夷究竟是些什麼。《鄭志》答趙商以爲「九貉卽九夷」❼，《後漢書‧東夷傳》則曰：「夷有九種，曰：畎

---

❹　那波利貞，1929，5：386。
❺　《周禮‧夏官》。
❻　《尙書‧旅獒》。
❼　鄭玄《鄭志》。

夷、于《一作干》夷、方夷、黄夷、白夷、赤夷、玄夷、風夷、陽
夷」，《爾雅疏》又謂九夷「一曰玄黃，二曰樂浪，三曰高驪，四曰日
滿飾，五曰鳧更，六曰索家，七曰東屠，八曰倭人，九曰天鄙」❽。
看上去，幾乎在每個不同的時代都有其不同的內容，我們實無法肯定
地指出來。概括言之，九夷多半係指東方之夷，雖然在地望上前後
稍有不同。孔穎達說：「東夷非徒淮水之上夷也，故以爲海東諸夷：
駒麗、扶餘、馯、貊之屬，此皆於孔君時有此名也」❾。他這樣解
釋，在地望上是對的，但在時間上卻錯了，就是說，淮水上之夷，係
指秦以前之東夷，秦漢以後，便是指海東諸夷，這一點我認爲八木奘
三郎說得對，他說：「夏殷周三代所謂東夷乃自今山東省蔓延江蘇省
海濱之野人，此可稱舊東夷。秦漢以後，以滿鮮等包括日本之一邊，
可呼之曰新東夷」❿。

不管是舊東夷或新東夷，乃至古時一般所稱之夷，都與貊族有着
不可分離的關聯性。因爲從古史看起來，當時的貊人，就散佈在這
些東夷或者北夷所佔據的地方，也許這些「夷」竟都是「貊」。如
果依照劉節的意見，則所謂「夷」也，「華」也，莫不出於「貊貉
族」⓫。這假設自然太大了些，還有待於將來的證明；但「貊」曾經
在後人所謂夷蠻戎狄的區域裏都出現過，卻是事實，因而在歷史上有
說它蠻夷也，戎狄也，好像全不肯定似的。

（二）濊與貊

---

❽　《爾雅注疏・釋地》。

❾　孔穎達《尙書正義・周官》，頁 227。

❿　八木奘三郎，1935：46。

⓫　劉節，民 37。

貊之早期出現，要算《論語》裏「蠻貊之邦」的「貊」，或《詩‧韓奕》的「其追其貊」，或周金文「貉子卣」之「貉」。濊卻晚出甚久，《逸周書》曾說到「穢人」，《管子》也有「穢貉」的記載，可是兩書的著作年代都有問題。較爲可信的怕要算《史記‧匈奴列傳》的話：「諸左方王將……東接濊貊朝鮮」，然而這已是遲得多了。

中國人對濊與貊的稱法頗不一致，漢以後的作者或注疏家尤甚，貊可以寫作貉、貃、貌、狢、陌、栢或沐，濊也可以寫作穢、薉、薉、獩或薉，生疏一點的人讀起來，眞會眼花撩亂。姑各舉一例如下：

《尙書‧武成》：華夏蠻貊，罔不率俾。

《孔傳》：海東諸夷……駒、貌之屬。

《正義》：海東諸夷……駒、貊之屬。

《春秋公羊傳》：寡乎什一，大貉小貉。

《晏子春秋》：今夫胡狢戎狄之蕃狗也。

《欽定盛京通志》：稷愼、濊陌、良夷諸國皆屬焉。

《博物志》：越之東有駭、沐之國。

《晉書‧五行志》：太始之初，中國相尙用胡牀、栢盤，及爲羌煑、栢炙。

《史記‧貨殖列傳》：夫燕……東綰穢貉、朝鮮、眞番之利。

《漢書‧武帝紀》：東夷薉君南閭等二十八萬人降。

《三國志‧魏志‧文帝紀》：濊貊、扶餘……遣使奉獻。

《山海經》：有薉國，黍食。

《三國史記》（朝鮮）：王與獩貊襲漢玄菟。

這些字形雖各不相同，所代表的意義卻是一樣。早些時候，中國

字不僅同音可以同訓，即同韻也可以通轉假借，而且所謂「濊」與
「貊」，原非他們自己寫下來的，多半是華夏族人們的音譯，這樣，
寫法自然就多些，像現今的翻譯一樣。

　　濊與貊是否屬於同一個種族呢？據兩者出現的地理背景而論，大
抵是的。濊，起初可能是貊的一個部落，後來強大了，往往單獨行
動，於是中國人也稱之為濊，《水經注》有濊水、濊邑[12]，不知係因
濊人而名，還是貊人因居於該地而名濊？如高句麗人因居於小水附近
者而曰小水貊一樣。凌純聲及林占鰲認為係因濊地而得名[13]，蒙文通
就〈韓奕〉「其追其貊」加以解釋，認為「濊」就是「追」，且「於
齊桓之世已為濊名」[14]，這意見正與陳奐所言相合，陳氏說：「追
濊聲相近，疑追貊即濊貊」[15]。依作者看：前者於事實上切實些，唯
其所據史料似嫌稍晚，不一定完全可靠；後者的想法很好，卻缺乏確
切的證據；音訓固亦可用，但僅憑音訓，總未免有點架空。就如貊一
樣，許慎說：「貉，北方豸種，从豸，各聲（俗作貊）」。又說：
「東方貉，从豸」[16]。這是他的誤解，他站在漢族本位主義的立場
來處理他的題材，必然會生出這種偏見。其實貊之為貊，可能是一
個部族的番號，其發音為「mai」，所以有時也譯作貌或沐；但也許該
民族在更早的時候有過像「豸」樣的紋身，華夏族的人們便借「百」音
作「貊」，不過這祇是一種推測。凌純聲認為：「或因此種民族戴
貉皮冠，所以中國人稱之為『貉』」[17]。這也很有可能，漢代人通常

---

[12]　參看《水經注・淇水注及濁漳水注》，頁 131, 147。
[13]　凌純聲，民 23: 30；林占鰲，民 26: 7。
[14]　蒙文通，民 26b: 35。
[15]　同前林氏，民 26。
[16]　許慎《說文解字》，頁 318, 115。
[17]　凌純聲，民 23: 29。

蔑視這些地方，罵爲狐貊之所居，實在與它出產貂皮很有關係。可是童疑見古史多蠻貊連稱，「頗疑『蠻』、『貊』爲一音之轉」，直認「追貊卽蠻」❶。這樣說來，蠻貊竟是同一個種族了，似有未妥。另外也有許多人把濊和貊分開來解釋，如三上次男及芮逸夫。芮氏以爲「二者是同一族類的兩支：東支卽濊族……西支卽貊族」❶。三上氏亦認爲濊與貊爲兩個民族，而濊貊一語係包括兩者而言❷。池內宏及和田清均認爲濊係貊的別種❷。白鳥庫吉則認爲濊、貊和濊貊三者在本質上是一個民族❷。我在這裏同意白鳥氏的意見，卽三者係不同名稱的同一民族。這事在〈魏志・東夷傳〉裏也可以看得出來，〈魏志〉說濊係與句麗同種，而句麗亦名貊，自以爲夫餘別種，而夫餘實在也就是濊❷。所以濊與貊在骨子裏並非兩個相異的民族。

在中國及朝鮮的史書裏，對於濊與貊有時也稱濊貊，如朝鮮《三國史記》把濊人，貊國或者濊貊國總是不大固定的使用❷。中國也如此，比如土莽遣嚴尤等朶伐高句麗，嚴尤說：「貊人犯法，不從騶起……宜令州郡且尉安之……莽不尉安，濊貊遂反」。這表示貊或濊貊沒有本質上的差異。但有一事該提出來，就在同時，王莽曾設過「誅貊將軍」和「討穢將軍」❷的官吏以事東征，顯然在當時的濊貊羣中尚存在着兩個獨立的部落組織，雖並不能就此認定它係兩個不同

---

⑱　童疑，民 26：12。

⑲　芮逸夫，民 44：44。

⑳　三上次男，1951：4–5。

㉑　池內宏，1948。和田清，1942：317。

㉒　白鳥庫吉之說，參見三上氏上文頁 2–3 所引。

㉓　《三國志・魏志・東夷傳》，其詳可參閱下節。

㉔　金富軾，民 34。

㉕　《漢書卷》九九〈王莽傳〉，頁 1726。

的民族集團。朝鮮李丙燾主張「濊貊」爲「蓋馬」之異讀,亦即「高麗」(ㄱㅁ);「梁貊」即「西蓋馬」[26]。這樣,濊貊便與上述之濊或貊不同了,它至多祇能代替朝鮮之濊貊民族,而曾經活躍於中國河山上之濊貊,豈不落了空?蓋馬是一個固定名詞,而濊貊可以拆開來讀爲「濊人」或「貊人」,這是一個事實上的距離,無法勉強。李氏的意見可能是受了日本語言的影響,遂致拉得遠了些,因爲他同樣看到過朝鮮的史書上在寫着「貊國」或者「濊王」,這發展該不至於與歷史上的濊或貊無關,而是說明「濊貊」這個名詞確係由濊和貊所形成的,故史書總愛說貊即濊也。

貊,有時也稱「夷貊」、「蠻貊」、「梁貊」、「胡貉」、「奚貊」、或「羯貊」。

古時稱「蠻貊」,大抵指居於淮水上之貊而言,漢時之「蠻貊」則不然,其意有時相當於「蠻夷」,像《鹽鐵論》所說的「夫蠻貊之人」、「蠻貊異國」[27],都不是專指貊族。反之,當時所說的「胡貉」及「濊貊」倒是專指貊族而言,如「燕齊困於穢貊」[28]、「北攻胡貉」[29]、「志在絕胡貊,擒單于」[30]等;大抵胡貉係指北方貊族,濊貊則指今我國東北及朝鮮地區之貊人,《墨子·兼愛、非攻篇》中的「胡貉」也是如此。

夷貉可能是一種泛稱,像「綱紀夷貉」[31],「干越夷貉之子」[32],都無法肯定其內容,也許是指屬於東夷之貊族,〈魏志〉「後爲夷貊

---

[26] 李丙燾,民 46, 3: 23, 73。

[27] 桓寬《鹽鐵論·憂邊·論勇》。

[28][29] 《鹽鐵論·地廣及復古》。

[30] 晁錯〈守邊備塞議〉。

[31] 揚雄《法言·君子篇》。

[32] 《荀子·勸學》。

所侵」●之夷貊，即是指住在那裏的「濊貊族」。

　　據金富軾《三國史記》所言，梁貊則確乎是一個部落的名字，如
「兼統梁貊、肅慎諸部落」●。

　　奚貊與羯貊均祇出現過一次，〈金公行軍紀〉：「公……鎮東北
界，羯貊不敢犯」●，〈並州牧箴〉：「奚貊伊德，侵玩上國」●，
這也許因與「羯」、「奚」兩民族有某種地理上的關係，所以連帶稱
呼。

（三）濊貊族

　　濊貊族到底是一個怎樣的民族呢？這問題很難回答。中國古籍對
於「貊」談得很多，卻總沒有涉及它的種族來歷及其從屬諸方面。漢
代的注疏家說：「追貊，戎狄國也」●，「北方曰貊狄」●，「貊隸，
征東北夷所獲」●，「九貊即九夷，在東方」●，「貊，夷貊之人
也」，「貊在北方」●。多半是用漢人自己的見解去解釋古籍，他
們看到北方有貊，東方有，東北方也有，於是「貊人」滿天飛，反不
知到那兒去找了。其後，唐宋人便連蠻貊戎狄也攪不清楚，索性把
庸、蜀、羌、髳、微、盧、彭、濮人混到一塊談●，結果誰也不認識

㉝　《三國志・魏志》卷三十〈東夷傳〉。

㉞　《三國史記》卷第十〈高句麗本紀〉第五。

㉟　李齊賢《益齋集》卷第六。

㊱　揚雄〈百官箴──古文苑〉卷十四。

㊲　《詩・韓奕》《毛傳》。

㊳㊴　鄭玄注《周禮》。

㊵　鄭玄《鄭志》。

㊶　趙岐《孟子注疏》。

㊷　參看時瀾《增修東萊書說》，陳經《尚書詳解》，黃倫《尚書精義》及
　　孔穎達《尚書正義》等。

誰，使問題本身變成了一個不可解的死結。

近人頗多用新的方法去解釋，有謂其與殷人同種者如傅斯年、呂思勉；有謂其爲通古斯族者，如鳥居龍藏、白鳥庫吉、三品彰英、李詠林、李洒揚；有謂其爲日本民族者，如喜田貞吉、宮崎市定；有謂其屬於東夷者如凌純聲、林惠祥、那珂通世；亦有謂其爲山戎者，如蒙文通、梁啟超；劉節則以爲貉族是中國人最古老的祖先，「古史上的伯世正是代表虞貉」。

上列各說，見解雖極不一致，但其所討論的範圍，除劉節、蒙文通以外，大致均是指我國東北到朝鮮這一地區的濊貉族，很少談到曾經在齊、魯、燕北及晉陝間生活過的那些貉人，他們大多都認爲那些人後來「稍稍東遷」，到了今日的遼東半島和朝鮮。這是不大準確的事，一個那末龐大的民族，即使遭遇了再大的天災人禍，也不能一時就遷掉的。我們相信，匈奴的游牧性質總比濊貉強得多，當他們南北分裂時，北單于想把他的人民多帶一點到北地去也不可能，何況當時的濊貉正在中國的農耕地區活動？安土重遷，這是全世界農民的特性，非獨濊貉而然，況且從史實上，我們也實在看不出他們有過大量遷移的痕跡❸。凌純聲近來主張說，古時那些「胡貉」或者「蠻貉」，到後來大概一部份曾向東北或東方遷徙，大部份則留下來在慢慢地與中原民族同化。這假設很有可能，因爲像這樣的例子，在中國歷史上已經不是第一遍了。

第一個說出「其後追也貉也，爲玁狁所逼，稍稍東遷」的人是鄭玄，孔穎達附會其說，以後就成了鐵定的事實，不曾被人懷疑過。孔穎達說：「至于漢氏之初，其種（濊貉）皆在東北，於並州之北，無

---

❸ 鄭玄等所說的「爲玁狁所逼，稍稍東遷」等語，並未提出具體的事實，祇是一種臆測之辭。

復貊種」。這是謊話，漢氏之初，不但並州之北有貊，連晉陝之北尚有貊，一直到漢宣帝時（公元前一世紀），齊魯之間仍然有貊族的武力活動。《漢書・高帝紀》：「北貉、燕人來致梟騎助漢」，這事發生在高祖四年八月，當公元前第三世紀末；《史記・天官書》：「其西北，則胡貉、月氏諸衣旃裘引弓之民爲陰」，其地約當于今晉陝之北，《史記》的作者司馬遷爲公元前第二世紀末第一世紀初之人物；桓寬《鹽鐵論》：「有司……志在絕胡貉，擒單于」。〈復古〉又云：「（今）左將伐朝鮮，開臨洮，燕齊困於穢貉」。〈地廣〉前一「胡貉」，似是指居於中國北疆之貊，後之「穢貉」，無疑尚在今山東、河北兩省。桓寬爲漢宣帝時人（公元前一世紀）這顯示在公元前的時代裏，濊貊人民的足跡依然踐踏在中國本部的版圖上，匈奴最強大，是在漢初的幾十年間，它曾經控制了整個中國的北部以至於西域，到宣帝時已經慢慢地衰老了。《史記・匈奴傳》曰：「（匈奴）諸左方王將居東方，直上谷，以往者東接穢貉朝鮮」。〈貨殖列傳〉說：「大燕……東綰穢貉朝鮮眞番之利」。這是說，漢初，貊人早已在東方據有一大塊地盤，也許竟是整個的遼東和朝鮮，無待於爲獫狁所逼而才東遷也。

　　東方之濊貊族，大體包括歷史上的夫餘、句驪或高句驪、東沃沮、濊或貊、梁貊、小水貊、百濟和新羅。這些貊族，到後來多已改換新名稱，但有些部落一直到遼時還保存着原有族名。如《遼史・太祖本紀》：「高麗、濊貊、鐵驪、靺鞨來貢」；又〈百官志〉：「濊貊國王府」。可是住在中國邊沿的濊貊，公元後幾乎就失掉了他們的踪跡，這難道眞是由於漢族的政治和軍事壓力，剝奪了他們獨立生活的權力，於是人民也就不再提起了？

　　爲明瞭起見，先略述東方各民族集團之種族關係如次。

1. 夫餘（扶餘）

〈魏志・東夷傳〉：「其民土著……國之者老，自說古之亡人……其（國王）印文言：『濊王之印』，國有故城，名濊城，蓋本濊貊之地，而夫餘王其中」。《後漢書》亦云：「本濊地也」。這是說，該地本來是濊貊人自己統治的，後來卻來了夫餘人。其實夫餘也是濊，別人叫他夫餘，而自己卻用「濊王之印」，這顯然是翻譯上的錯誤，把濊譯作夫餘。馮家昇說：「夫餘，或以爲濊之緩讀」❹。這可能性很大，比如我們也讀句驪爲高句麗，介盧爲介葛盧。自謂「亡人」，可能即是從當時夫餘之北鄙逃來的，所謂北夫餘是也。當時遼東之地，不但有夫餘和北夫餘，而且有東夫餘和南夫餘存在着。朝鮮《三國史記》：「東海之濱，有地，號曰迦葉原……阿蘭弗遂勤王移都於彼，國號東扶餘」。又曰：「百濟始祖溫祚王，其父……自北扶餘逃難至卒本扶餘」。又曰：「（聖王）十六年春移都於泗沘，國號南扶餘」❺。高麗〈永樂好太王碑〉云：「惟昔始祖鄒牟王之創基也，出自北夫餘。天帝之子……路由夫餘」。又云：「東夫餘，舊是 郰（鄒）牟王屬民」。韓國李丙燾認爲東夫餘即東濊，南夫餘、北夫餘即南北濊貊❻，看來可能是的。總之，名稱儘管不同，實際都是濊貊系的人民。

2. 句驪（或曰高句麗）

〈魏志・東夷傳〉：「高句麗……東夷舊語，以爲夫餘別種，言語諸事，多與夫餘同……溝漊者，句麗名城也……句麗作國，依大水而居……句麗別種，依小水作國，因名之爲小水貊。出好弓，所謂貊弓是也」。《後漢書・東夷列傳》：「句驪一名貊耳，有別種依小水而

---

❹ 馮家昇，民 26：196。

❺ 參看該書〈高句麗本紀〉第一，〈百濟本紀〉第一及第四。

❻ 李丙燾譯註，民 46：23。

居，因名小水貊……王莽初……誘句驪侯騶入塞，斬之……莽大悅，更名高句驪王爲下句驪侯，於是貊人寇邊愈甚」。後之史書，大抵全是據此而作高麗或高句麗傳，所記容或有少異，然不出此。句驪可以叫作高句驪、高句麗或高麗，其實皆是一也——貊耳。甚至《論衡》與《魏略》之「槀離」●，亦卽此「句驪」，兩書以爲夫餘之所自出，想係傳聞之誤，《隋書》直作「高麗」是對的。查史書所載，句驪之名，的確晚出於夫餘，《史記》有「夫燕……北鄰烏桓、夫餘」●，卻從沒有提到句驪。班固怕是第一個談到它的人，他在《漢書·地理志》中說：「玄菟、樂浪……皆朝鮮濊貊句驪蠻夷」。

3. 東沃沮

近代學者多謂沃沮卽窩集，意思是「森林」。相當於沃沮之音譯者尙有勿吉、靺鞨等，這就變成一個民族的名稱了。從沃沮到勿吉、靺鞨、窩集、赫哲等●，其間遞變之跡可尋，大致沒有錯誤；不過，這個沃沮，可能是指後來勿吉族的祖先所居住的一塊地方，承襲下來，我們便誤以勿吉替代了整個沃沮，在範圍上怕有點逾越。漢魏時候的沃沮實包括三大部份：南沃沮、北沃沮和東沃沮。南沃沮和北沃沮的情況，到今天我們還不大明瞭，東沃沮則實在就是濊。沃沮是一個地理名詞，當時人管那一大片森林地帶叫「沃沮」。東沃沮（或南、北沃沮）便是一個民族或部落的名字了，那是指住於沃沮東邊的人民所組成的團體或國家。〈魏志·東夷傳〉東沃沮條：「漢武元封二年伐朝鮮……以沃沮（按卽東沃沮之簡稱）城爲玄菟郡，後……沃沮還屬樂浪，漢以土地廣遠，在單單大嶺之東分治，東部都尉治不耐

● 王充《論衡》，魚豢《魏略》。

● 《史記·貨殖列傳》。

● 凌純聲，民 23：45–49。

城，別主領東七縣，時沃沮亦皆爲縣」❺。這是說當時的東沃沮被劃分在東部都尉治下。同傳濊條稱：「自單單大嶺以西屬樂浪，自嶺以東七縣，都尉主之，皆以濊爲民」。很顯然，東部都尉治下的人民都屬於濊貊族，不但東沃沮也。也許這個政治上的措施，正是由於民族的原因，所謂土地廣遠，不過是一個改革的藉口。該傳又說「其飲食、居處、衣服、禮節有似句麗」，並且「諸邑落渠帥皆自稱三老」。這個三老之制又和濊一樣，濊，「其官有：侯邑君三老統主下戶」。這自然不是與民族完全無關的。

該傳也提到北沃沮，它說：「北沃沮一名置溝婁，去南沃沮八百餘里，其俗南北皆同」。與東沃沮呢？沒有說明，或者陳壽覺得沒有把握，就讓它空下來。北沃沮一名置溝婁，這問題牽涉很廣，有人說這就是解夫婁、幘溝漊、挹婁、高句麗、沃沮、夫餘、玄菟、勿吉、靺鞨、窩集的不同的讀音。如果把這看做「生活在森林裏的民族」一意來解釋，那是無所不可，因爲這些民族確乎都曾在森林裏或者森林的邊沿住過；但假如以爲它是一個固定的民族名稱，則使濊貊的一部份變成了韃子，那就未必然。上面說過，窩集是森林的意思，但當時的句麗人卻並不這樣解釋，他們的「溝漊」，意思就是「城」。〈魏志・東夷傳〉說：「漢時賜鼓吹技人，常從玄菟郡受朝服衣幘，而高句麗令主其名籍，後稍驕恣，不復詣郡，於東界築小城，置朝服衣幘其中，歲時來取之；今胡猶名此城爲『幘溝漊』，溝漊者，句麗名『城』也」。城與森林，意思相差甚遠，一個象徵着都市生活，一個卻帶有原始的原野氣息，我們決不能混爲一談。

4. 濊

　　濊自然是屬於濊貊系民族，就像梁貊、小水貊一樣，不同的是他們當時照舊用濊或貊來稱呼他們自己的團體。〈魏志‧東夷傳〉濊條：「其耆老舊自謂與句麗同種……不諳句麗言語，法俗大抵與句麗同……今不耐濊皆其種也」。濊與東沃沮關係可能較深，因爲他們都是東部都尉治下的屬邑，在同一環境裏過着政治的和社會的生活；但濊的戰鬥性強些，經過許多次戰爭，別的邑落都消失了，濊卻依然沒有倒下去。本傳東沃沮條說：「漢光武六年，省邊郡，都尉由此罷。其後皆以其縣中渠帥爲縣侯，不耐、華麗、（東）沃沮諸縣皆爲侯國，夷狄更相攻伐，唯不耐濊侯至今猶置功曹主簿，諸曹皆濊民作之」。

5. 新羅和百濟

　　百濟、新羅，其地當古之三韓，如果說韓族是貊以外的一支，我們就很難肯定其民族屬性了。《後漢書》云：「韓有三種……凡七十八國，伯濟是其一國焉……東西以海爲限，皆古之辰國也」。古之辰國，其說不一。蒙文通疑其卽爲箕子之國，《左傳》亦有商主辰之說 ❺，商與辰似有某種關係。辰韓自謂「樂浪人本其殘餘之人」，則似與濊不無血緣上之瓜葛，弁韓也叫弁辰，他們的統治者又都是馬韓人，並且叫作「辰王」，因而使我們聯想到，實際上他們可能係屬於同一種族。〈魏志〉所謂「馬韓割其東界地與之（辰韓）」的話，那不過是一種分治的辦法，或者出於一種權力上的爭奪行爲，被統治者當然還是原來的老百姓。〈魏志〉說：「馬韓最大，共立其種爲辰王，都目支國，盡王三韓之地，其諸國先王皆是馬韓種人焉」。辰王便成了三韓的共主，也許還是軍事或政治上的最高統帥。師古於注《漢書》

---

❺　參閱蒙文通，民 26b: 37。《左傳》之說，見該傳昭公元年子產論商丘一事。

時說：「貉在東北方，三韓之屬皆貉類也」。三韓之屬未必皆貉類，但混有貉人的血統卻是事實。所以《隋書》的作者便不得不在百濟和新羅的本傳裏加上一點解釋，說「其（百濟）人雜，有新羅、高麗、俀等，亦有中國人」。又說：「故其（新羅）人雜有華夏、高麗、百濟之屬，兼有沃沮、不耐、韓、獩之地」。這樣看來，到百濟、新羅統一南朝鮮時，其民族倒像是變得純淨些了。

從《梁書》開始，歷來對百濟和新羅人的種族來歷頗多不一樣的說法。然於百濟大抵從《魏書》之說，以「百濟國，其先出自夫餘」，《梁書》與《南史》、《北史》雖提出「馬韓有五十四國……百濟卽其一也」的主張，但並未確信其族卽出於馬韓。《周書》、《隋書》、朝鮮《三國史記》則都承認魏收的意見，並且指出它就是東明的後裔所建立的國家。《隋書》說：「東明之後有仇臺者，篤於仁信，始立其國於帶方故地……初以百家濟海，因號百濟」。《通典》也說：「百濟卽後漢末夫餘王尉仇臺之後」[52]。《通志》及《文獻通考》從之。百濟王蓋鹵在遣使朝魏的表文裏更有明確的說明，它說：「臣與高麗，源出扶餘」[53]。扶餘是獩，百濟自然也是獩了。於新羅有謂其出於辰韓者，《梁書》首倡此說：「其先本辰韓種也」，《北史》、《通典》、《通志》及《通考》均從之，而《新舊唐書》及《諸蕃志》則謂其出於弁韓。《舊唐書》說：「新羅國，本弁韓之苗裔也」。這兩說怕都是用地望來解釋的，因爲新羅立國的基本地理背景適當原來辰、弁韓之地，而古時對這兩韓的人民太多互混不明，抄來抄去，結果就變了，所以朝鮮《三國史記》的作者便直認它是從天上掉下來的[54]。

---

[52] 杜佑《通典》卷一八五邊防一，頁 987。

[53] 金正喜《東古文存》，頁 3。

[54] 金富軾謂新羅始祖赫居世爲卵生，及年長，人以其生頗神異，推尊之，立爲國君。參看該書卷一，頁 1。

這樣跑進了神話的領域裏，自屬不大可信。我們再看《隋書》的記載，《隋書》云：「新羅國在高麗東南，居漢時樂浪之地❺，或稱斯羅……其王本百濟人，自海逃入新羅，遂王其國」。這與〈魏志〉所言辰韓是從馬韓逃去的事如出一轍❺；百濟人叫城曰「檐魯」，新羅人叫作「健牟羅」，其發音顯然相同，《梁書》所謂「語言待百濟而後通焉」的話，想是不錯；新羅的「風俗、刑政、衣服略與高麗、百濟同」❺，並且「弁辰與辰韓雜居……衣服居處與辰韓同，言語法俗相似」❺。把這些因素加起來，新羅與百濟同種的可能性就很大。朝鮮《三國史記》載：「（新羅南解次次雄）十六年春二月，北溟人耕田，得濊王印，獻之」。這表示該地曾經是濊人的領土，十六年當新莽天鳳六年（公元十九年），時間不能算遲。

　　新羅、百濟本來都是三韓的屬國，後來強大了，把統治權從馬韓奪過來，各自為政，分別統治着南半島。據朝鮮《三國史記》：「（新羅始祖赫居世居西干）十九年春正月，卞韓以國來降」，「（新羅南解次次雄）九年春，改（辰韓）六部之名，仍賜姓」，「（百濟始祖溫祚王）二十七年夏四月……馬韓遂滅」❺。赫居世居西干十九年當漢元帝永光五年（39 B.C.），南解次次雄九年當新莽始建國四年（12 A.D.），溫祚王二十七年當新莽始建國元年（9 A.D.）。可見在第一世紀之初，韓人差不多已降為被統治階級了。可是〈魏志〉卻說：

----

❺　這是指隋時新羅國版圖，其先稍狹。

❺　〈東夷傳〉云：辰韓在馬韓之東，其耆老傳世，自言古之亡人避秦役來適韓國，馬韓割其東界地與之。

❺　《隋書・東夷列傳》新羅國條。

❺　〈魏志・東夷傳〉弁辰條。

❺　這時的情形，係表示新羅、百濟已有效地分別控制着它們的屬國。

「桓靈之末，韓濊強盛❻，郡縣不能制，民多流入韓國，建安中……興兵伐韓濊，舊民稍出，最後倭韓遂屬帶方」。〈好太王碑〉也說：「國岡上廣開土境，好太王存時，教言：祖先王但教取遠近舊民守墓洒掃，吾慮舊民轉當羸劣。若吾萬年之後，安守墓者，但取吾躬率所略來韓濊，令備洒掃。言教如此，是以如教令取韓濊二百二十家，慮其不知法則，復取舊民一百十家……都合三百三十家」。這裏產生了兩個問題，一是「韓濊」，另一便是「舊民」。桓靈之末當公元第二世紀下期，於朝鮮三國正是初創不久的時期，從史實上觀察，其政權決沒有被任何一個屬國奪回去。高麗好太王時，三國顯然還相互地存在着，好太王所攻擊的最大對象，正是百殘（卽百濟）。由這兩方面史實的本質看起來，很明顯，韓濊在事實上並不存在，但史家卻拼命叫韓濊，這怕是由於韓民之屬於濊而然，所謂韓國之濊也。這在字裏行間可以看得出來。〈好太王碑〉的話就更明確些，簡直把它當作一個固定的專有名詞看待。「舊民」一語，據好太王碑，那是肯定地指高麗人而言，卽濊人。〈魏志〉的話就空泛得多，它說：「建安中，公孫康分屯有縣以南荒地爲帶方郡，遣公孫模張敞等收集遺民，興兵伐韓濊，舊民稍出」。這舊民似指遺民，帶方郡的遺民是些什麼呢？帶方地原屬樂浪，在濊貊之西，南邊便是百濟，看樣子也是濊人。所以孔注《逸周書・王會篇》時說：「穢人，韓穢，東夷別種」。想非空穴來風。總結來說，前三國（三韓）與後三國的人民，恐怕多是屬於濊貊民族，至少也摻有大量濊貊民族的血統，其統治階級，則就全是濊貊人了。

6. 還有一個把婁民族集團

---

❻　《後漢書》本傳云「韓濊並盛」，不知何所據。

〈魏志〉說挹婁「人形似夫餘，言語不與夫餘、句麗同」。雖不能卽此指爲屬於同一種族，但顯係有着血緣上的關係。不過，我們尙沒有足夠的資料來證明它與濊貊族關係到何種程度。

由上述六個民族羣體來看，我們最少獲得三個比較深刻的印象：第一，定居在遼東和朝鮮半島之間的人民，絕大部份是屬於一個民族，卽濊貊族；第二，這個民族，據我們所知，至遲在秦漢之時已有相當完備的國家組織，也許還早些；第三，這些人民多半都是「土著」，所謂土著，當然是「從來就住在那裏」的意思。

自然，我們也不可忽略中國人民曾經渡海或由陸路遷居該地的事實。〈魏志〉卽明言過辰韓就是秦韓，是因爲秦人避難而去的。但這事不一定可靠，那些「秦人」可能還是樂浪之民。從歷史上看，第一次避地朝鮮的該要算箕子，《尙書大傳》云：「武王勝殷……釋箕子囚，箕子不忍周釋，走之朝鮮，武王聞之，因以朝鮮封之」[61]。《朝鮮史略》也說：「周武王克商，箕子率中國人五千人朝鮮，武王因封之，都平壤，是爲後朝鮮」。看情形，箕子許是帶了一些人去的；但也有人反對此說，尤其是日本學者，以爲其事不見於周秦的記載，斷定爲漢人的僞造。其實不然，據中國、朝鮮的古史以及兩國的地下發掘看來，這事是可能的。保守一點說，不視爲箕子個人的事，也應該看作是那個時代的行爲。另一次便是秦漢之際。〈魏志〉說：「陳勝等起，天下叛秦，燕齊趙民避地朝鮮數萬口」。稍後，「燕王盧綰反，入匈奴。（衞）滿亡命，聚黨千餘人，魋結蠻夷服而東走出塞，渡浿水……稍役屬眞番、朝鮮蠻夷，及故燕齊亡命者」[62]。這是

---

[61]　《史記・宋世家》亦言：「箕子者，紂親戚也……武王旣克殷，訪問箕子，於是武王乃封箕子於朝鮮而不臣也」。

[62]　《史記》卷一一五〈朝鮮列傳〉。

一次規模較大而有計劃的遷徙，所以不久就又奪得了朝鮮的控制權。並且由此我們知道，中國東北疆的老百姓，隨時都有向那方面移動的趨勢。後來交通方便了，地理環境也較爲熟悉，去的人就定然更多。到漢武帝元封三年（112 B.C.）伐滅朝鮮，以其地爲「樂浪、臨屯、玄菟、眞番」四郡時，遼東和朝鮮半島便完全在漢王朝政權的統治之下了。我們不難想到，這時統治者隨着他們的權力而往外走，該是必然的事。不過統治者儘管去得不少，但被統治者仍然是原來的人民——濊貊族。

濊貊族當時不但散佈在那些地方，即在中國的東部、北部以至西北部均有他們的足跡，就是說從淮河流域開始，沿黃、渤海的兩岸（包括朝鮮），以及晉、陝的北邊，都是濊貊人民活動的地區。

就在同時代同地區之中，也有着許多別的民族在那裏住着，比如北邊的山戎北狄，東方的東夷集團，渤海西岸的殷人，中原的華夏族，他們或從事游牧，或正在墾殖荒地，有着各種各樣不同的生活習慣和生產方法。無可否認的，他們之間必然有着許多接觸，甚至種族上的混合。

對於中國的種族問題，學者們曾經提出過各種不相同的意見，近年來大家的興趣彷彿多集中於沿渤海灣的居民，自從城子崖、沙鍋屯、貔子窩發掘以後，這傾向就更其明顯些。

沿渤海灣而住的人民，除濊貊族外，尚有殷人，東夷集團，以及傳說中的夏民族。東夷集團中的主要份子係徐戎（也稱徐夷）、淮夷、萊夷、嵎夷，乃至早些時候的佳夷和鳥夷。夏民族有說起於西方者，她的人民卻曾經長久地住在東方，如杞、鄫、莘、斟鄩、斟灌等國，都在現今的山東省境內。

佳夷和鳥夷，出現甚早，甲骨文有「乙巳卜擊西佳夷」，「乙巳

卜擊北佳夷」❻。《漢書・地理志》有「鳥夷」❻。佳與鳥，本質上是一種東西。《說文》：「佳，鳥之短尾總名也，象形」；又：「鳥，長尾禽總名也」。無論長尾或短尾，實在全是鳥。在更早的時候，一定是管所有的禽類都叫作「佳」或「鳥」，並無《說文》裏那種分別，因為人類的思維能力，必須發展到較高的境界時，才能把事物形態作極端微細的分類。

這個鳥夷（或佳夷），應該就是一個鳥圖騰民族，也就是傳說裏的少皞氏之民，少皞氏曾經統治過東方各部族一個時期，正是鳥圖騰。《左傳》昭公十七年：「秋，郯子來朝，公與之宴。昭子問焉，曰：『少皞氏鳥名官，何故也？』郯子曰：『我高祖少皞，摯，之立也，鳳鳥適至，故紀於鳥，為鳥師而鳥名：鳳鳥氏歷正也，玄鳥氏司分者也，伯趙氏司至者也，青鳥氏司啟者也，丹鳥氏司閉者也，祝鳩氏司徒也，鴡鳩氏司馬也，鳲鳩氏司空也，爽鳩氏司寇也，鶻鳩氏司事也。五鳩，鳩民者也，五雉為五工正。』仲尼聞之，見於郯子而學之。既而告人曰：『吾聞之，天子失官，守在四夷，猶信』」。徐亮之以為「郯子稱少皞為高祖，孔子列郯國於四夷；少皞金天氏乃東夷部族最早的盟主，皦然明白」❻。這是不錯。其實孔子的趨郯子而學之，可能就是追求那一段過往歷史的真空，可惜他沒有詳細告訴我們學到些什麼，否則，就省掉猜許多謎了。少皞氏及其所統領的部落似乎就是環渤海而居（包括朝鮮），但其基本領地究竟係在今朝鮮，山東或遼東，很難確定。據《左傳》所記，山東的成份多些。《左傳》

---

❻　《殷虛書契後編》卷下，頁 36。從陳夢家之說。

❻　〈禹貢〉及《史記・夏本紀》作「島夷」，然《大戴禮・五帝紀》《說苑》並作「鳥夷」，島蓋譌。

❻　徐亮之，民 45：246。

昭公二十年：「公（齊侯）曰：『古而無死，其樂若何？』晏子對
曰：『古而無死，則古之樂也，君何得焉。昔爽鳩氏始居此地，季萴
因之，有逢伯陵因之，蒲姑氏因之，而後太公因之』」。杜預注云：
「爽鳩氏，少皥氏之司寇也」。這是齊地。又定公四年：「因商奄之
民，命以伯禽，而封於少皥之虛」。這是魯地。齊魯之地，在今山
東省，約當於秦代之齊郡與郊郡。但海外也有少皥氏之國，〈大荒
東經〉云：「東海之外大壑，少昊之國」❻。這個「大壑」，想就
是渤海東岸那一大片土地（包括朝鮮），正如《列子》所說：「勃海
之東，不知幾億萬里，有大壑焉」❻。屬於鳥圖騰的人民，同時在海
灣的邊沿上過着捕魚打野獸的生活，因而有時也就有些流動。如《左
傳》昭公二十九年：「少皥氏有四叔……世不失職，遂濟窮桑」。窮
桑在山東，有說即今曲阜縣。徐亮之認爲「少昊之國既在東海之外，
當即指今遼東半島一帶。是少皥之族乃由遼東入居山東，跡甚明顯」
❻。這話不盡然，第一，「海外」一語，並不能肯定其爲遼東半島，
如果按照《列子》的道里計算，怕比朝鮮還遠得多，但大致是指遼東
到朝鮮這一地區；其次，從上述昭公十七年、二十年和定公四年的話
來看，少皥氏一開始似乎就在山東，其族人（鳥圖騰的人民）卻散居
在海外各地。《山海經》、《列子》均晚出於《左傳》，這是無可置
疑的事。

少皥之後有舜，舜是否爲鳥圖騰，不大確知，但他是東夷之人。
《韓非子·難一》：「東夷之陶者器苦窳，舜往陶焉」。《孟子·離

---

❻ 〈西山經〉云：「又西二百里曰長留之山，其神白帝少昊居之」。是少
　昊又爲西方之神，這怕是五行之說以後所造出來的事實。

❻ 《列子·湯問》。

❻ 徐亮之，民 45: 245。

妻》：「舜生於諸馮，遷於負夏，卒於鳴條，東夷之人也」。據一般
考證，認爲帝舜、帝嚳、帝俊及卜辭中的高祖夋都是一人，楊寬認
爲，「帝嚳帝舜皆爲帝俊之分化，帝俊即卜辭之高祖夋……郭氏又以帝
俊即天帝……此說至是！卜辭旣有高祖夋，疑帝俊帝嚳帝舜，蓋本殷
民族之上帝」[69]。殷人的上帝，實在也就是他們的祖先神，這是與周
人天道觀不同之處，所以「商人禘舜而祖契，郊冥而宗湯」[70]，在本質
上與周人的祭祀上帝，有着不同的意義。舜旣爲殷祖，殷卻是屬於鳥
圖騰團。《詩・商頌・玄鳥》：「天命玄鳥，降而生商」。《楚辭・
天問》云：「簡狄在臺嚳何宜，玄鳥致貽女何喜」？〈九章〉又云：
「高辛之靈盛兮，遭玄鳥而致詒」。漢時，這神話就更爲具體，《史
記・殷本紀》：「殷契母曰簡狄，有娀氏之女，爲帝嚳次妃，三人行
浴，見玄鳥墜其卵，簡狄取吞之，因孕，生契」[71]。這裏不但說明商
爲卵生，而且指出與帝嚳有血緣關係，帝嚳就是帝舜，也即是高祖
夋。舜爲東夷之人，殷也屬於東夷，如：

　　《書・泰誓》：紂有億兆夷人，離心離德。

　　《墨子・非命》引《逸周書・太誓》：紂夷處不肯事上帝鬼
神。

　　《逸周書・明堂》：周公相武王以伐紂夷。

　　《左傳》昭公四年：商紂爲黎之蒐，東夷叛之。

　　《呂氏春秋・古樂》：殷人服象，爲虐于東夷。

童書業乃直認「殷與夷同種，殆亦淮夷之一支」[72]。殷是否爲淮夷之

---

[69]　楊寬，民 26：40。王國維〈殷先王考〉亦有相同的解釋，並可參閱馮
　　　家昇，民 25：24-25。

[70]　《國語・魯語》。

[71]　是說崔述頗非之，而以《毛傳》之說爲然。說見氏著〈商考信錄〉。

[72]　童書業，民 46：11-12。

一支，尚難斷言，但其種族與少皥氏之民有許多相同處，卻是實在的。由殷人都邑遷徙的情況來判斷，其民族大抵活動於渤海灣西岸一帶，然後漸次地向中原地區發展，即今河北、山東、河南等省[73]；再從「相土烈烈，海外有截」[74]的話去看箕子奔朝鮮的故事，可見殷民族的確也散居於海外各地。這塊「海外」的土地，可能就是《山海經》裏東海之外的「大壑」，即遼東、朝鮮，顯然與少皥氏之民的活動範圍完全一樣。

與殷民族同時存在的東夷人民而見於卜辭者，有佳夷（或鳥夷）與人方。童書業認爲佳夷即淮夷，人方即東夷[75]。其實，佳夷即鳥夷，人方即夷方，二者地望均在今山東東部，蔓延至於黃海、渤海的東岸，正是少皥氏留下來的鳥圖騰人民。因爲當時殷人向內地一步步推進，東方的部落便各自獨立，作起亂來了。後來，周武王滅殷，東方夷民的叛亂就益形擴張，所謂淮夷、徐戎、萊夷……都先後各據一方，用武力與周人抗衡，一直到春秋時還是如此。據傅斯年、劉節、徐亮之諸人的意見，這些民族都與少皥之民有關或竟是一個民族[76]。陳夢家及那波利貞雖也承認東夷民族間的種屬關係，並與殷人有關，卻持有相反的結論。陳氏說：「夷民發源於東北，是爲佳夷，沿海南下止於青州之嵎若萊者爲嵎夷萊夷，止於梁州之和者爲和夷，止於徐州者爲徐夷，止於淮泗者爲淮夷（或名淮泗夷）……或稱南淮夷，南夷；在海岱者或稱東夷」。又說：「商民族者，其初似亦由東北渤海南遷，由山東半島以入豫陝中原」[77]。他認爲東夷集團是由海

---

[73] 參看丁山，民 24: 102–114。

[74] 《詩・長發》。

[75] 同[72]。

[76] 參閱傅斯年，民21；劉節，民37；徐亮之，民45。

[77] 陳夢家，民24: 17–18。

外移殖過來的，最初叫「佳夷」，以後因爲分居各地，於是有了不
同的名稱。但那波說：「我認爲徐夷係古代住於山東一民族，在殷
和周初時形成一個相當龐大的民族集團……山東古代民族的後裔，至
春秋戰國時尚有蠢動……（後）吳滅之……其一部份則與萊夷之後裔
相率另覓生路，或從山東浮海而去，或由陸路沿渤海灣北上至遼東朝
鮮方面，成爲一民族之大移動」⑱。這假設顯然與陳氏的論調走了相
反的路線。其實，兩人都走了偏路，鳥圖騰的人民，早在他們被叫作
「佳夷」或「徐夷」之前就在渤海灣沿岸，甚至黃海東岸，過着新石
器時代的漁獵生涯，並且互相往來。石璋如說：「慶州、日照與安
陽，很可能的爲海上交通，其路線以由成山角至長山爲最近，然後
再由長山而至慶州，其時期當在殷商以前石器時代的黑陶文化時代
了」⑲。成山角屬山東半島，長山在朝鮮半島，這是說他如同其他的
學者一樣⑳，承認黑陶文化是由山東放射出去的，時間是在殷商以
前。黑陶文化是一種所謂「海濱文化」，我想並沒有十足的理由肯定
其起源於山東（如祇就中國言，則黑陶文化似爲從城子崖傳播開去
的），成山角可以到長山，長山自然也可以到成山角，所以從傳遞
上言，我認爲石氏的另一個解釋到是比較妥當而切實際。他說：「惟
慶州、日照與安陽這三個地方，不但打製石鏃的形制相同，而磨製石
鏃亦極類似，這個現象是由一個中心向這三個地方放射呢？還是這三

---

⑱　那波利貞，1929：557-561。

⑲　石璋如，民 44：19-20。

⑳　梁思永認爲黑陶文化是中國文化史前的一階段，裴文中附議之，並認定
是由山東的城子崖所謂「龍山期文化」傳至遼東或河南、杭州各地，
但他又以爲在山東是否早於殷商，尚不能確定。這就產生矛盾了。徐亮
之則認爲舜是黑陶的創制者，並由山東傳開去。參見裴文中，民37；徐
亮之，民45。

個地方彼此有交通呢？據地理的形勢來觀察，尋找放射的中心似不甚易，直接交通則有大海阻隔，亦甚困難，但據磨製石鏃與打製石鏃的形成來觀察，則三地似爲有交通之關係」㉛。的確，我們很難確定這種技術究竟是誰傳給誰，在同樣的地理環境和生活方式下，同時都有互相交換的可能性。

從三大半島（山東半島、遼東半島和朝鮮半島）的地理環境、黑陶文化的傳播情況以及鳥圖騰的崇拜等各種事實來推測，東夷，包括由少皥氏到殷商時代這一系列鳥夷民族，大抵是屬於同一種族或由同一種族派生出來的人民，尤其是圖騰制，在原始社會裏，對於種族的關聯性是很大的。

現在，我們再回到濊貊民族的本題。我在前面說過，濊貊人幾乎是同時與鳥圖騰的人民（殷人）在同一地區出現，即是沿渤海灣和黃海東岸居住的濊貊族，大都是屬於「土著」。自然，爲了人爲的戰禍、或不可抗拒的天災、或找尋生活資料，許多人時常由這裏走到那裏，但那祇是偶然的現象，大多數人仍然一直在原地定居下來。

當早期的鳥圖騰人民在亞州的東海岸活躍時，我們看不到貊族；但當貊族的武力累累向華夏系的政權進攻時，我們似乎又失去了鳥夷，豈不是怪事？貊族所佔領的地盤正是鳥夷人民曾經住過的，貊族到過西北邊地，而第一個統一中國的秦始皇的祖先竟屬於鳥圖騰，並且崛起於陝西，這就使我們聯想到它與貊族的關係了。有人說秦本來是東方民族，後來才到西方的。我想有此可能，貊人在西北邊地露面，差不多就在那個時候。

在同一領域裏，我們知道，起先是少皥氏之民，後來是虞舜，再

㉛　石璋如，民44：20。

後是殷民族及其同系的東夷集團，同時也出現了濊貊。上面說過，濊
貊民族是當地的土著；　而少皥氏以下之民，　從我們所知道的那時開
始，也是土著。那末畢竟誰是誰非呢？我以爲可以這樣說：濊貊與殷
人及其同系諸民族，在虞舜，也許更早一點的時候，大抵還是屬於一
個族，到春秋戰國時，它們間的差異性就更爲顯著了，幾乎看不出眞
面目來。由於地理環境的局限，　以及其他諸種因素，　有的已經在肥
美的土地上樹立了農業和商業的基礎，有的卻仍然在廣漠的原野裏馳
騁，或者在森林裏或海邊上過着採集經濟的原始生活。

　　主張濊貊與殷人同源之說，自然不是我的創見，許多研究古代東
方民族的人，幾乎都會有同樣的估計，不過在方法上稍有不同而已。
其中以傅斯年的話較爲中肯，但範圍又太窄了些，他說：「黃河流域
諸部族未混合而成中國民族之前，貊人之分布或兼有山東、遼東、朝
鮮三半島之一部，中國民族既混成之後，其東部當以貊遺民爲一重要
本質也」[82]。這是他研究貊人與殷人同源之後得出來的結論。

　　爲了更爲明瞭起見，我們應該在這裏作一點綜合性的檢討，我列
舉下列幾點理由，認爲濊貊族與鳥圖騰民族（鳥夷）是同源的。

　　1. 相似的傳説

　　《魏略》云：「昔北方有槁離之國者，其王者侍婢有身。王欲殺
之。婢云：『有氣如鷄子來下我，故有身』。後生子，王捐之溷中，
猪以喙噓之；徙置馬閑，馬以氣噓之。不死，王疑以爲天生也」[83]。
這神話雖比「天命玄鳥，　降而生商」的人情味重些，　本質上卻是一
樣。所謂「天帝之子」[84]，就是把上帝當作自己的祖先神，殷人也是如

---

[82]　傅斯年，民21：112。

[83]　見裴松之《三國志補注》，頁517。又見王充《論衡・吉驗篇》，頁19。

[84]　〈好太王碑〉云：惟昔始祖鄒牟王之創基也，出自北夫餘，天帝之子，
　　　母河伯女郎剖卵降出生子。

此。日人那珂通世、林泰輔認爲朝鮮的卵生傳說係受了印度佛教的影響。此說殊不確，白鳥庫吉已辨之甚詳[85]。同時像《魏略》、《論衡》關於這一神話的記載，也不見得有怎樣的佛教氣息；但像朝鮮《三國史記》所加上去的那末多的渲染，倒眞是有些佛了。

2. 舜爲貊族

《左傳》昭公八年：「晉侯問於史趙曰：『陳其遂亡乎？』對曰：『陳，顓頊之族也……自幕至于瞽瞍無違命，舜重之以明德，寘德于遂，遂世守之。及胡公不淫，故賜之姓，使祀虞帝』」。幕卽莫卽貊，劉節氏所論證甚是[86]。陳爲舜後之封國，《史記》已言之，如〈周本紀〉云：「封舜帝之後於陳」；〈陳杞世家〉云：「陳胡公滿者，虞帝舜之後也」。〈世家〉並言及晉侯問史趙之事，大體與《左傳》所言同，足見舜與貊族之關係甚深。在此卽使把「幕」解釋作部落酋長的名號也是對的，比如〈路史餘論〉曰：「呂梁碑……碑中敍紀虞帝之世云：『舜祖幕，幕生窮蟬，窮蟬生敬康，敬康生喬牛，喬牛生瞽叟，瞽叟產舜，命禹行小道呂梁』[87]。所記世系雖與《史記》不同，想或別有所本。尙有類似的記載，如《國語·魯語》：「幕能帥顓頊者也，有虞氏報焉；杼能帥禹者也，夏后氏報焉；上甲微能帥契者也，商人報焉；高圉大王能帥稷者也，周人報焉」。韋昭注云：「帥，循也；報，祭也」。那末，幕最少也是舜族中的一成員。〈鄭語〉又云：「夫成天地之大功者，其子孫未嘗不章，虞夏殷周是也。虞幕能聽協風，以成樂物生者也；夏禹能單平水土，以品處庶類者也；商契能和合五教，以保于百姓者也；周棄能播殖百穀蔬，以衣食

---

[85] 見白鳥庫吉，1894；那珂通世，1896。

[86] 劉節，民37：39。

[87] 《史記》卷一考證。

民人者也」。這裏的幕又成了我們所習見的舜，所以我們幾乎無法肯定他的地位，也因爲如此，更增加了它在種族上的關聯性。這種游離的狀態，就是由於「幕」本來不是一個人名，它所代替的意義是「貊族」，後人忽略了這一點，結果就弄出了許多不同的排列法。

3. 相同的文化圈

根據三大半島的地理形勢來觀察，它們間很早就有交通。就我們所知，新石器時代的細石文化❽和黑陶文化❾它們是一個類型；到春秋戰國時，居於朝鮮半島的貊人與殷民族的文化，又是屬於同一個類型。我們假定新石器時代在三大半島活動的人民是鳥夷民族，那麼我們便不能否定濊貊族之屬於鳥夷了。也有人以爲，古代的海上交通，沒有想像的那麼容易，可是，也沒有想像的那麼困難。人爲了生存，是可以創造出許多奇蹟來的。勞榦在〈中韓關係論略〉裏的一段話可以作爲一點說明，他說：「山東半島的地理環境，卻是海重於陸。〈禹貢〉上的青州，就是跨有遼東半島和山東半島，這也可以表示古代的海上交通和聯繫，在山東沿海，比陸上還要重要。因此，山東半島、遼東半島和朝鮮半島應當是一個古代文化中心，而不能互相隔絕的」❾。的確，海比陸還重要，因爲這些人都是靠海爲生，而那時的陸地也許還是一片未經開墾的荒地。

4. 相同的語言

到現在爲止，我們尚無法肯定證明鳥圖騰民族與濊貊民族是使用一種語言；但在西元前一世紀，我們知道，朝鮮人民和燕齊之民卻是說着相同的話。齊魯爲少皞之虛，正是鳥圖騰人民的根據地，燕民

---

❽　參見馮家昇，民 25：14-15。

❾　前面已討論過黑陶文化的地區性。

❾　勞榦，民44：394。

環勃海而居，大多也是濊貊遺民，揚雄《方言》把這一地區作爲一個
語言單位是極合邏輯的。《方言》是用概括的和例舉的方法去記錄各
地區的語言，但就在那簡略的陳述中，以「燕之外鄙（或曰北鄙）朝
鮮洌水之間」作地域單位的語言已有二十三條之多，有時候竟稱「燕
朝鮮洌水之間」，或「北燕朝鮮之間」❾，範圍就更見廣大。「洌
水卽今朝鮮都城漢城所臨水之北支，已在朝鮮中部之南」❾，只是沒
有包括三韓，如果說朝鮮，想是連三韓也包括在內了。方言是帶有民
族色彩的，政權可以統治任何一個在她權力下的人民，卻沒有辦法消
除他們固有的語言，這幾乎是歷史上的通則。在古代，這種保守性就
尤其顯著。揚雄（成帝時人）距離漢武帝平朝鮮已經一百多年了，而
那一帶人民的聲音依然沒有變。

　　5. 相同的河伯、靈星與人祭

　　殺人祭其先或天地鬼神，這種宗教儀式怕佔了很悠長的一段歷史
空間，雖然我們還說不明白究竟起於何時或何地。

　　東夷民族大概很早就有殺人用祭的習慣，到春秋時這老法子還在
使用。《左傳》僖公十九年：「夏，宋公使邾文公用鄫子于次睢之
社，欲以屬東夷」。杜預注曰：「此水次有妖神，東夷皆社祀之，蓋
殺人而用祭」。宋爲殷後，正與東夷同屬於鳥圖騰民族。祭社，是人
民討好「地方鬼」的一種辦法，漢時，濊貊人民還在祠祀之，不過不
一定用人；而殷人之用人祭，那是毫無疑問的。

　　祭靈星是一種古老而特殊的祭祀，究竟起於何時，祭的是什麼，
到現在還不大明白。《詩·周頌·絲衣》《毛傳》謂：「絲衣，繹，賓

---

❾　揚雄《方言》卷一至十一。
❾　傅斯年，民 21：31。

尸也。高子曰：靈星之尸也」。鄭玄《箋》謂絲衣卽祭服，「繹，又祭
也……周曰繹，商謂之肜」。《正義》則謂「靈星之尸，言祭靈星之
時，以人爲尸」。王充以爲靈星祭就是雩祭，他說：「靈星之祭，祭
水旱也，於禮舊名曰雩」[93]。祭靈星是否卽周之繹，商之肜，或王充
所謂之雩，尙難斷言；但與農作物或求雨有關，則在事實上可以看得
出來。在較原始的民族，求雨等祭祀又往往用人爲犧牲，卻是無可否
認的事實，因此，在較早的時候，祭靈星也許是用人的，後來就廢除
了。當時，中國和濊貊民族都在祭它。《史記・封禪書》：「高祖
制詔御史，其令郡國縣立靈星祠」。《後漢書・東夷列傳》高句驪
條：「好祠鬼神、社稷、靈星」。如果《毛傳》的話不錯，那末這事
在〈周頌〉裏被提出來，鄭玄謂在商時已經實行，大約是「周因於殷
禮」。濊貊民族則在另一個系統下，直接地將它保留下來。同時，祭
靈星而穿絲衣，這怕是一個原始的信念，也就是說，這是鳥圖騰人民
的遺蹟，因爲只有束夷人民才能創造這樣的「絲」的文化。

　河伯竟成爲朝鮮濊貊族人的「外公」，這是一件不可思議的事。
《魏書・高句麗列傳》：「朱蒙告水曰：我是日子，河伯外孫」。〈好
太王碑〉：「惟昔始祖鄒牟王……天帝之子，母河伯女郎」。〈牟頭
婁塚墓誌〉：「河伯之孫，日月之子鄒牟聖王」[94]。這種傳說，不知
是如何開始的，在中國境內也流傳得很廣，並且很早，雖然性質並不
完全一樣。《竹書紀年》云：「帝芬十六年，雒伯用與河伯馮夷鬥」。
又說：「帝泄十六年，殷侯微以河伯之師伐有易，殺其君緜臣」。「有
易」是殷以外的一個部族，曾殺死王亥，殷人乃興師報復。同書云：

[93]　王充《論衡・祭意篇》。
[94]　池內宏《通溝》卷上，頁 111。

「帝泄十二年，殷侯子王亥賓于有易，有易殺而放之」。是河伯與殷為同一部族，屬於鳥圖騰，並無神的概念。《楚辭·九歌》以〈河伯〉名篇，〈天問〉亦云：「胡羿射夫河伯，而妻彼雒嬪」？注者多解為水神，實則屈原講的仍然是夏殷間的爭奪戰。到《山海經》、《穆天子傳》以及《史記》所記秦靈公以君主妻河，魏俗為河伯娶婦之類，這就真的變為神話了，而且和朝鮮人一樣，把它人格化。

（四）濊貊族的地理分佈

在上節裏我們談到過，舜就是貊族，所以貊人在東部沿海地區的活動（包括朝鮮）實在早於我們所了解的事實；不過，那時代太遙遠了，在現階段的考證技術之下，我們尚難以確定它們的行止，也許將來會明白的，但那是後事。

就一般而論，大都以為貊在東方、北方或東北方，其實西北方也有的。有人認為貊最初的發祥地在北方，後來才「稍稍東遷」；也有人認為貊是從東北方渡海而到中國東海岸的。這真是各有千秋的說法。

在這裏不想先下論斷，我們搜集了一點史料，從史料的排比以及它們出現的先後次序中，將會得到一個線索。下面依地理環境分為西北、北、東北和東四方面討論。

1. 西北

《荀子·強國篇》：今秦……北與胡貊為鄰，西有巴戎。

《戰國策·秦策》：秦，西有巴蜀漢中之利，北有胡貊代馬之用。

晁錯〈守邊備塞議〉：臣聞秦時，北攻胡貊，築塞河上。

《史記·天官書》：其西北則胡狢月氏，諸衣旃裘引弓之民

爲陰。《正義》曰：從河山西北及秦晉爲陰也。

　　《史記・趙世家》：奄有河宗，至於休溷諸貉。《正義》：
河宗蓋按在龍門河之上流嵐勝二州之地也。

　　《漢書・天文志》：及秦並吞三晉燕代，自河山以南者中
國……其北則胡貉月氏。

這些「胡貉」，在秦統一中國的前後都活躍於陝晉以北之地，即今寧
夏東部，綏遠之南，陝西山西的北部，勢力可能也很強大。那珂通
世認爲《史記》所言之貉，「乃指西北夷而言……『隅辟越遠，四貉
咸服』，貉如夷，用以泛稱四夷也。秦漢以後頗濫用之」❾❺。其說不
確。貉用作泛稱，那是有的，不但《史記》、《漢書》，即《鹽鐵
論》等書也有，如「蠻貊之地」、「蠻貊之物」等都是一種泛稱；但
上列所述之貉，卻指的是濊貊民族。我們不能因某一些泛稱而把所有
的貉都看作泛稱，而否定其專有屬性。據我們所知，當時生活在秦北
之民族，尚有月氏和匈奴，而肯定地以貉稱呼月氏或匈奴的史料，似
乎尚無所發見。蒙文通說：「胡貉者，殆以別於他貉耳」❾❻。這話是
不錯的。同時，這些貉民，我們看不出他們底遷移的痕跡，也許跟其
他地區的貉一樣，本來就住在那裏罷。

　2. 北

　　《詩・韓奕》：溥彼韓城，燕師所完。以先祖受命，因時百
蠻。王錫韓侯，其追其貊，奄受北國，因以其伯。

　　《管子・小匡》：桓公中救晉公，禽狄王，敗胡貉，破屠
何……踰大行與卑耳之貉、拘秦夏。

❾❺　那珂通世，1894: 385。
❾❻　蒙文通，民 26a: 80。

又：北至孤竹、山戎、穢貉、拘秦夏。

《晏子春秋·內篇·諫下》：今夫胡貉戎狄之蓄狗也。

《墨子·兼愛中》：古者禹治天下，……北爲防原，泒注后之邸，嘑池之竇，洒爲底柱，鑿爲龍門，以利燕代胡貉與西河之民。

《墨子·非攻中》：雖北者且不一屠何，其所以亡於燕代胡貉之間者，亦以攻戰也。

《史記·燕世家》：燕，北（一作外）迫蠻貉，內措齊晉。

《史記·匈奴列傳》：趙襄子踰句注而破並代以臨胡貉。

《漢書·高帝紀》：北貉、燕人來致梟騎助漢。

《隋書·煬帝紀》：高麗小醜，昏迷不恭，崇聚勃碣之間，薦食遼獄之境。

韓城一地，有謂係今陝西韓城縣。不確。該詩起首云：「奕奕梁山」，按即〈禹貢〉「冀州旣載壺口，治梁及岐」●之梁山，不得在陝西。王應麟《詩地理考》謂《水經注》王肅曰：「涿郡方城縣有韓侯城」。●韓城是否即爲該城，尙難斷言；然從〈韓奕〉全詩看，當不出今河北山西之地。孤竹、屠何即令支、徒何，已經到東北邊境了。底柱、大行、句注是晉之領域。而西及於西河之地。勃海、石碣在勃海之西海岸，爲一部份高麗人佔住着。總括起來，當時的「北貉」是散佈在戰國時整個燕趙之域，即漢之幽並冀三州之地，今山西、河北、熱河等地區。

3. 東北

● 按〈禹貢〉冀州，即〈職方〉之幽、并二州。

● 《括地志》謂「方城故城，在幽州固安縣」。則屬今河北矣。

　　《山海經‧海內西經》：貊國在漢水東北，地近於燕。郭璞注：今扶餘國卽濊貊故地。

　　《逸周書‧王會》：西面者正北方，稷愼，大塵；穢人，前兒。

　　揚雄〈百官箴‧并州牧〉：奚貊伊德，侵玩上國。

　　《史記‧匈奴列傳》：諸左方王將居東方，直上谷，以往者東接穢貊朝鮮。

　　《史記‧貨殖列傳》：夫燕……北鄰烏桓、夫餘，東綰穢貉、朝鮮、眞番之利。

　　《後漢書‧光武帝紀》遼東徼外貊人寇右北平、漁陽、上谷、太原。

他如《後漢書》、《三國志》之〈東夷列傳〉中所言濊貊人民，與上述一樣，大都是指遼東地區（除了朝鮮那一部份）。這些貉人，與在燕地的「北貉」剛好聯接起來。

　4. 東

東方之貉，係指山東半島（包括蘇北）與朝鮮半島而言。

　　《左傳》昭公八年：陳，顓頊之族也……自幕至於瞽瞍無違命。

　　《國語‧鄭語》：虞幕能聽協風。

　　《詩‧閟宮》：保有鳧繹，逐荒徐宅，至于海邦，淮夷蠻貊。

　　鄭玄《鄭志》：九貊卽九夷，在東方。

　　《鹽鐵論‧地廣》：今左將伐朝鮮，開臨洮，燕齊困於穢貉。

陳的祖先是虞幕，虞幕卽舜民族，舜的基本領地在今山東及其海外。屬於徐淮一帶之貉，其地便在今江蘇之北鄙。而《漢書》、《三國志》

所言朝鮮之濊貊族，便是今朝鮮半島了。在周金文中有「貊子卣」●、「白貊卣」●、「周貊簋」●等器，雖未能卽時斷定其屬于貊民族，但可能與貊民族有某種關係。方濬益以爲「貊子蓋北狄君長」●，郭沫若認爲「貊子卣」爲「周初葉康昭時器」，屬於紀國文化●。紀國在今山東壽光縣，爲東方之國，再與「白貊」、「周貊」聯接起來觀察，也許竟是貊族人民。所以從很早的時候起一直到漢成帝時，山東及蘇北都有貊族住着，朝鮮就更多。但往後，我們就只知道朝鮮及遼東地區的濊貊民族了。

依照上列所述，我們知道：出現於西北之濊貊族，以《荀子》、《戰國策》所記爲最早；北方，以〈韓奕〉、《墨子》及《晏子春秋》爲最早；東北，以《山海經》、《逸周書》爲最早；東方，以《左傳》、〈閟宮〉及《國語》爲最早。《孟子》所說之貊，地望殊不確定，從全文來看，如果不是指當時的東北，便是北方，卽是遼東或燕地。至如《尚書》、《論語》和《周禮》中所提到之貊，雖屬甚早，然均已無法推測其地望。我們從著作之年代以及在著作中所提到該民族出現之年代來看，《左傳》是最早的了，它所說到的幕（卽貊）係屬傳說時代的虞舜；其次便要算〈韓奕〉、〈閟宮〉和《墨子》，那就是說華夏民族可能最先是和東方的濊貊民族接觸，然後才是其他各方面（至少在歷史上的記載是如此）。再從甲骨文的「佳夷」來看，說明這事實是頗爲可靠的。但到了春秋戰國時，在華夏民族的周圍，西北、北、東北、東，便都有貊族了。顯然，這些史料並沒有指出一點

━━━━━━━━━━

⑨⑩ 郭沫若，民24b：11。

⑩ 羅振玉，民 25：18a。

⑩ 吳大徵《愙齋集古錄》第十五冊，頁 25b。

⑩ 方濬益，民 24：18a。

點遷移的痕跡，我們沒有理由說是由東方遷到西北，或者反過來說，由西北遷到東方；因為「接觸」和「存在」是兩回事，我們不能以接觸的先後次序來斷定其存在的先後次序；即是說，用這種方法來解釋一個民族的遷移事實是不大妥當的。我們現在所能了解的是：這個民族在當時正生活在那一大塊土地上。如果從鳥圖騰以及黑陶文化的分佈情形來推測，也許有從東方漸漸地播遷到西方的可能，但證據並不十分充足。總之：

（1）這個民族活動於那一個廣濶的地帶，到秦漢之間，已經是很久遠的事了。

（2）他們的武力能夠威脅華夏民族，可見人民已經不少。

（3）戰國時代各種載籍顯示，他們是同時在上述各地作着武力的和經濟的活動。

在這種情形之下，我們與其說該民族從某一方播遷到某一方，倒不如直認其為土著較為確當些。

三　濊貊族文化

（一）概說

「文化」是一個抽象的概念，但當我們一談到「文化」時，總又會聯想到一些具體的形相，比如建築、雕刻、宗教、繪畫、舞蹈、音樂、生產工具、生活方式……等等。這就是說，文化在本質上包含甚廣，舉凡人類一切的物質生活和思維活動都包括在內。

世界文化是由各地的許多種不同的文化拼合起來的，用地區來說，有希臘文化、中國文化、印度文化；用種族來說，有印歐文化、

拉丁文化、漢文化、突厥文化。每一種文化又由許多小的文化圈所組
成，所以我們對於一種較大文化集團的了解，往往必須先研究一下它
的組成分子，免得走了錯路。

這裏要討論的是構成漢文化的一個單位，濊貊族文化。濊貊族在
古時是一個大族，從鳥夷民族分開來，它曾經在整個北中國及朝鮮半
島從事經濟的或武力的活動；可是，對於其文化的各種形態，我們卻
知道得很少——除了朝鮮半島那一部分。

從少皞氏算過來，鳥夷民族的支派是很多的，殷是一大支，淮夷
是一大支，濊貊也是一個大支。我們可以推想到，濊貊民族一定從
少皞氏那裏繼承過來許多文化遺產，也必然和其他各族，如殷、淮夷
等，交換過文化上的知識，但我們怎麼揀得出來呢？

所以，我們在此不打算把他們的東西放在一起談，只選定「濊
貊」這一個小點加以討論；即是把從歷史上得來的知識，對這個民族
的文化加以適當的詮釋和了解。

就濊貊民族本身而論，在現階段，也無法作全面性的探討，原因
是我們所保有的資料太少，例如，沿長城內外及渤海灣西岸之地，我
們除了知道它一點武力活動以外，便沒有什麼。比較清楚的，只有朝
鮮半島及我國東北的一部分而已。事實上，這一部分也雜亂得很，第
一，它含有太多的華夏文化，其次，滿州文化對它的影響也很不小。
而我們能說的只是它自己的本位文化，這就格外顯得不好處理了。

藤田亮策把朝鮮古代文化分為三類：即「固有文化，秦漢以來大
陸的浸潤文化及固有文化受大陸文化影響後所形成的新文化」[104]。而
所謂固有文化，他又認為也是東北亞洲所共有的原始文化，即是東夷
諸族的文化[105]。這種觀點實際是立腳於「古亞洲族」而產生的，但濊

---

[104][105] 藤田亮策，1934：4, 30。

貊民族充其量不過是古亞洲族的一支，以一概全，已經犯了些邏輯上的毛病，何況東夷諸部族的文化，並不是完全根據一個單一的文化體系發展下來的。

不可否認的是，文化的傳播性很大，同樣，地理因素的影響也很大。當時朝鮮的濊貊人民，有的已經進到農耕文化了，像夫餘、濊、東沃沮；有的卻還帶着狩獵的生活，像高句麗；這有什麼辦法呢？人畢竟不是神，客觀環境壟斷了人類的生活資料，到今天，我們還無法把沙漠變成綠洲，拿海水當飲料呢。

我在下面敍述的時候，只以濊貊民族本身的文化爲主體，從中國或其他方面輸入的文化均未加闡述，因爲這牽涉太大而且也似乎沒有必要。

對於濊貊民族的藝術，原也想談一談，後來發覺現有的材料根本不夠用。在朝鮮和滿洲的調查、發掘報告，有關這方面的，多半是秦漢或秦漢以後的東西，這時，有中國本土藝術的影響、也有佛教的、甚至日本的影響，要鑑別其本質，的確不容易，比如通溝的舞踊塚有一幅壁畫，畫裏有幾棵樹，那樹的圖象與我國敦煌壁畫裏的一幀畫頁幾乎分不出來，也眞有點像印象派的作風，我們怎麼去判斷呢？我想還是暫且不談罷。

（二）物質文化

1. 生產方法

孟子說：「夫貊，五穀不生，惟黍生之」，爲了氣候的制限，貊人便只有聽命於天。當時（戰國），中原人民的生產尚停滯在粗放農業階段，初用鐵耕；處於東北邊陲的貊人，自然不會好到那裏。

不過，時間是前進的，時間的巨輪仍然會帶着人民的思維能力和

生產技術向着更高的境界發展，所以越到後來，它們在這方面也就有了改變，不再是「五穀不生」了。比如在東沃沮便是「土肥美……宜五穀，善田種」❿，在夫餘也是「土地宜五穀」❿，這就和中原地區的人民生活在同一水平線上了。

在農業的墾殖上，畢竟使用什麼生產工具，史書上沒有說明，也許是鐵犂、牛耕，和漢人一樣。這從下列三事可以得到證明。

（1）當時的夫餘人在大量使用牛羣。如「輸牛馬乃與之」、「殺牛觀蹄以占吉凶」❿。牛已成為日常生活的必需品，如果不是生產中成員之一，這事便很難解釋。稍後且訂有法律保護牛馬，《舊唐書・東夷列傳》云：「殺牛馬者，沒身為奴婢」。蓋以其為生產工具之故也。

（2）當時的朝鮮人都在用鐵。〈魏志〉：「弁辰……國出鐵，韓濊倭皆從取之。諸市買皆用鐵，如中國用錢，又以供給二郡」❿。鐵的生產量已達到一種驚人的程度；既已出鐵，再把它用到製作生產工具上去，將原來的犂改為鐵犂，該是一種自然的道理，中國鐵犂改進的程序便是如此。

（3）秦漢之間，大批的中國人（包括濊人）被戰火逃到朝鮮，他們定然也把農業的生產技術帶了過去，因為當時黃河流域的人民正盛行着牛耕、鐵犂以增加他們農產品的收入量。並且牛耕和鐵犂必然在同一時期產生，牛比人力氣大，必需使用鐵犂，才能負擔牛的拉力，也才能犂得深些。

五穀是稻、稷、菽、麥、黍，已經是農產品的完全生產，臻於標

---

❿　《後漢書・東夷列傳》。

❿❿　《三國志・魏志・東夷傳》。

❿　〈魏志・東夷傳〉。

準的農業化階段，再加上「有麻布蠶桑作緜」●的副產品和手工業，這農村的景象就顯得相當美麗。但這僅是一部分人民的情況，另一部分人民生活在瘠薄的土地上、海岸、森林的邊沿，他們「雖力佃作，不足以實口腹」，日子就過得異常蕭條，於是漁獵的技術依然很重要；俗尚「善射」，「以六畜名官」，就全是這一生活條件所促成的。

我們也可以想像得出，當時住在海邊的人民，必然還是「捕魚為生」，因為他們除了魚以外，還能找到什麼生活資料呢？但很可惜，歷史並沒有給我們透露這方面的消息，連一點點也沒有。

除農產品外，也有些工藝品的生產，不過，好的都非私有，如徐兢《高麗圖經》曰：「高麗工技至巧，其絕藝悉歸於公」●。像這樣的把工人收歸國有，倒是一樁別開生面的專賣制度。這些「工技」，可能是指家庭手工業或雕刻、刺繡之類。「歸於公」的原因大抵不外兩個：一是貴族們欲持為專有，不願使一般老百姓享受同樣的待遇；另一便是其生產量已很龐大，政府為牟利而加以控制。

2. 飲食

〈魏志・東夷傳〉曰：「東夷飲食類皆用俎豆」。俎豆，中國早就把它當作祭壇上的禮器了，濊貊人民卻仍然以之為吃飯的基本工具，保守性也很可觀。但像城市裏的生意人，他們有時也用「杯器」。《漢書・地理志》云：「其田民飲食以籩豆，都邑頗倣效吏及內郡賈人，往往以杯器食」。

在古代，人民食物之好壞，完全受自然環境的支配，幾乎無法克服。住在一個平原地方，可以食稻米、麥麵，荒野裏的人，就只好食肉飲酪了，甚至把魚蝦當作主要食糧。濊貊人也一樣，在「宜五穀」

●　〈魏志・東夷傳〉
●　該書卷十九，頁 68。

的地方，它們可以吃一輩子的米飯，碰到「多大山深谷，無原澤」●，便只有「節食」了。節食決非人的本能，只是爲了長遠的打算，它們找不出第二條可以走的路。

牛馬也是主要生產工具，也可能是食物，國人都「善養牲」，人犯了罪，「輸牛馬乃與之」。牛馬像動產，也像不動產，有着許多用途。

他們是不是也喝茶呢？不知道。酒卻是必需的飲料，國人全都「好飲酒」，並且也「善藏釀」，這與殷民族有着同樣的嗜好。到了節日，一個個飲得如醉如泥，歌舞通宵，眞像是「酒中仙」了。范曄說：「東夷……熹飲酒歌舞」，信然。

人民的生活，大抵有錢人過得好些，一般平民就遠不如了，因爲他們除了維持自己的生活費用，還得服侍別人。〈魏志〉高句麗條說：「其國中大家不佃作，坐食者萬餘口，下戶遠擔米糧供給之」。這樣的坐吃，另一批人就得作牛馬了，所以他們的政治情況，從來就不曾穩定過。

濊貊人怕也是一個講究吃的民族，一年裏，總有幾天，全國上下都是大吃，比如夫餘「以殷正月祭天，國中大會，連日飲食歌舞」●，一吃也；濊「常用十月節祭天，晝夜飲酒歌舞」●，二吃也；新羅「婚嫁之禮，唯酒食而已」●，又一吃也；於是乎至於民庶之論婚嫁，亦「惟以酒米通好而已」●。

《搜神記》云：「胡床貊槃，翟之器也；羌煑貊炙，翟之食也」●。

● 〈魏志・東夷傳〉。

●● 〈魏志・東夷傳〉。

● 《隋書・東夷列傳》。

● 徐兢《宣和奉使高麗圖經》卷二十二，頁 75。

● 干寶《搜神記》卷七，頁 51。

劉熙以爲「貊炙，全體炙之，各自以刀割，出於胡貊之爲也」●。這種吃法，在晉代頗爲中國人所好，尤其是在貴族之家，非常普遍，甚至有些人擔憂到它將要取代中國原有的吃食的方法，認爲是一種亡國的先兆，可見其勢力之大與推行之廣。

百濟，「有五穀、牛、豬、鷄，多不火食」●，這是一種奇怪的吃法，當牛豬鷄變爲家畜時，人類已不知熟食多少年代了，然而百濟人卻偏要生吃。

3. 居住

房子給人以安全感，也減少了許多原始性的恐懼與死亡，因而人民一開始發現它的用處時，就急速而普遍地建築起來。

濊貊人對於住屋是很講究的，「死亡，輒捐棄舊宅，更作新居」；「作婚姻，言語已定，女家作小屋於大屋後，名壻屋」；「於所居之左右立大屋祭鬼神」；這真是「好治宮室」●，其程度已經到了豪華的階段。

我們不知道當初貊人的建築材料是些什麼，《後漢書·東夷列傳》說：「夫餘……以員柵爲城，有宮室、倉庫、牢獄」。看來這些建築物都頗爲堅固，應該是些上等材料。可是同傳又說：「高句驪……其俗節於飲食，而好修宮室」。從飲食裏節約出來的錢去做房子，其規模也就可想而知，因而又使我們領悟到，上面所說的壻屋、鬼屋、神屋，也許不過是建立在習慣上的一種形式，倒不一定「講究」。

《舊唐書·東夷列傳》云：「高麗……其所居必依山谷，皆以茅草茸舍，唯佛寺神廟及王宮官府乃用瓦」。這就是了，恐怕追溯到更

---

⑱　劉熙《釋名》卷四〈釋飲食〉，頁 64。

⑲　《隋書·東夷列傳》。

⑳　均見〈魏志·東夷傳〉。

古老的時代，富人永遠是住在天堂裏。《高麗圖經》云：「王城雖大……其民居如蜂房蟻穴，誅茅爲蓋，僅庇風雨，其大不過兩椽；比富家稍置瓦屋，然十纔一二耳」。茅與瓦爲兩種截然不同的建築材料，也分別着兩個階層人民的生活，眞是自古而然。

爲了天氣寒冷，要抵禦北地風雪的侵蝕是不容易的，高麗人想出了一種取暖的方法，《舊唐書‧東夷列傳》云：「其俗，貧窶者多，冬月皆作長坑，下燃熅火以取暖」。我們不知富人是不是也這樣，照現今北方的「坑俗」來看，大致是的，不過設備較好，也許更暖一點。

穴居是地理環境所促成的，濊貊人是否曾通行過呢？不得而知，但北沃沮卻曾有過，〈魏志‧東夷傳〉云：「挹婁喜乘船寇鈔，北沃沮畏之，夏日恒在山巖深穴中爲守備，冬月冰凍，船道不通，乃下居村落」。這像是逃避敵人刼掠的臨時辦法，不能直接視爲穴居；但也可能與穴居有點聯帶關係。北沃沮與挹婁相接，而挹婁是穴居的，同傳云：「挹婁……處山林之間，常穴居，大家深九梯，以多爲好」。所以凌純聲氏說：「古亞洲民族都經過穴居的文化。最近 Andersson 在河南仰韶村發現一個商朝屋子，顯然保存着穴居的遺跡」●。凌氏的古亞洲民族是包括東夷的，也就是說，濊貊民族曾經有過穴居的文化，不過遺憾的是，在濊貊的史料裏，我們到今天還找不出直接的證明。

4. 衣飾

古人說，衣食足而後知榮辱，這只是個人財產私有慾望的滿足，是社會問題產生以後的問題。事實上，衣的發明卻直接刺激了人類文

● 凌純聲，民 23：35。

化的發展，它指示着人類文化前途的另一個遠景。

　　人類在穴居野處的時候，能夠找到一點樹葉子或者一片獸皮來打發那漫長的熱天和寒夜，已經是很幸運的了。濊貊民族當初似乎也不很文明，孟子曾罵過人家說：「夫貉……無城郭宮室宗廟祭祀之禮，無諸侯幣帛饔飧，無百官有司」●，一切治人的制度都沒有，很像一個未開化的野蠻民族。其實這是早若千年前的事，當時濊貊人民的國家，已經頗有衣冠文物之邦的類型，那裏會糟成那樣子。

　　從衣服以外，再加上許多飾物，那是人類意識更進一步發展的象徵，歷史上濊貊人民的衣飾，這些形態都具備了。

　　〈魏志・東夷傳〉夫餘條：「在國衣尚白，白布大袂袍袴，履革鞜，出國則尚繒繡錦罽，大人加狐狸狖白黑貂之裘，以金銀飾帽」。《後漢書》同傳高驪條云：「其公會衣服皆錦繡金銀以自飾，大加主簿皆着幘如冠，幘而無後，小加着折風，形如弁」。這種衣冠制度已經很完備，從帽到鞋，都有一定的形式，並且有階級的區別。無可否認的，這可能與中原民族的衣着有關，但如一定說所謂尚白、戴幘、弁等全是由殷商傳過去的，就未必然；我們應該注意，這應該是鳥夷民族的共同特徵。

　　他們用布、絲及皮等做成各種各樣的衣服，有時還穿插一點新花樣，在帽子上插上兩片鳥羽毛。《魏書・高句麗列傳》：「其民土著……衣布帛及皮……頭着折風，其形如弁，旁插鳥羽，貴賤有差」。《隋書・東夷列傳》：「人皆皮冠，使人加插鳥羽，貴者冠用紫羅，飾以金銀，服大袖衫，大口袴，素皮帶，黃革履。婦人帬襦加襈」。婦人衣服的式樣，顯然走了別的方向，《高麗圖經》說得明白些：

● 《孟子・告子》。

「舊俗，女子之服，白紵黃裳，上自公族貴家，下及民庶妻妾，一概無辨」，以「亭羅蒙首，製以三幅，幅長八尺，自項垂下，唯露面目，餘悉委地」●。這樣，走起路來就非常匾尬。但佩上一點「雜彩及珠」●，也許顯得美些。

像服飾這一類的文化，其傳播性本來就很大而且快，自難免互相倣效，如趙武靈王胡服騎射，魏哀王「命將軍大夫適子戍吏皆貉服」●，「東國自三韓，儀章服飾循習土風，至新羅太宗請襲唐儀，是後冠服之制稍擬中華」●。貉人向華夏民族學習，華夏民族也喜歡穿點貉服，於是形成了文化的交流。不過《高麗史》所謂新羅自唐時冠服之制才稍擬中華一節，未必可靠，中國與朝鮮的交通，秦漢以來即過從甚密，並且受漢王朝統治數百年，未必此時才「稍擬中華」。

服裝之類的物品在土裏很容易腐爛，我們找不出證據，至於一些較為耐久的東西，日人在朝鮮半島卻發現很多，那是屬於漢魏時代的遺物。三品彰英說：「從平壤越大同江下流約一里之對岸，樂浪郡治……古墳玄室的出土品中，有漢魏時代的物品，特別多的是關於精巧的工藝品，也有日常用具、裝飾品及武器馬具等」●。從內中所提裝飾品一項，我們即可以猜想到「冠服」被傳播之可能性。

5. 交通

孔子說：「道不行，乘桴浮於海」，他也許想到遼東或朝鮮去建立一個新的王國，可惜後來沒有成行。這種「桴」可能就是當時的海

---

⑬　該書卷二十，頁 69。

⑭　《隋書・東夷列傳》。

⑮　古本《竹書紀年》，頁 31a。

⑯　鄭麟趾《高麗史》卷七十二輿服，第二冊，頁 472。

⑰　三品彰英，1943: 44。

上交通工具，用木頭做成的，有防水設備。當時環黃渤海而居的人民
應該都知道使用。秦時，燕齊趙民避地朝鮮者數萬口，一半是出山海
關，一半就是浮海而東。漢皇帝征朝鮮，也常派遣「樓船將軍」渡海
去，因為這條路實在近得太多了。

〈魏志‧東夷傳〉東沃沮條：「挹婁喜乘船寇鈔」，挹婁與濊民
為鄰，就像朝鮮人與漢民之間的交通一樣，漢與挹婁都在使用船隻，
濊貊人自不會例外。同傳馬韓條：「其左右官人走入海，居韓地」，顯
然是乘船逃跑了。

牛馬也是一種很重要的交通工具，〈魏志〉高句驪條：「其馬皆
小，便登山」。《梁書‧諸夷列傳》新羅條：「服牛乘馬」。自然，
也有些地方不知道利用牛馬的勞力，如馬韓「不知乘牛馬，牛馬盡於
送死」[128]。這大概由於靠近海岸的關係。

車的使用好像沒有被摶及過，而朝鮮的墳墓裏卻有所發現，「在
樂浪墳墓出土的遺物中，有車蓋、車軸頭，另外在樂浪彩篋塚中，發
見有車輪」[129]。不過這些殉葬物可能係從中國傳輸過去的。

人的勞力也被廣泛地使用着。這是必然的，人永遠是生產過程中
最最主要的動力，沒有人力，一切就要停頓或死滅，這彷彿是上帝的
傑作。〈魏志〉東沃沮條云：「又使犬加統責其租賦、貂布、魚、
鹽、海中食物，千里擔負致之」。這是一段多麼遙遠的旅程。

此外，貊人還有一種特殊的交通工具——狗。《晏子春秋》云：
「今夫胡貊戎狄之蓄狗也，多者十有餘，寡者五六」[130]。這是用來拉
雪撬或者拖東西的。在冰天雪地中，狗彷彿有一種特殊的能力，一直

---

[128] 〈魏志‧東夷傳〉馬韓條。

[129] 松崎壽和，1939：28。

[130] 《晏子春秋‧內篇‧諫下》。

到現在，北地人還在使用狗的勞動力。

6. 武器

濊貊人所用的武器種類也不少，就所知，大概有：鐵椎、弓矢、刀、矛、戟、鋋、鎧、甲等，其中以「貊弓」及矛爲最厲害，鐵椎也很不錯，張良卽曾用過它。《史記·留侯世家》云：「張良……東見倉海君，得力士爲鐵椎重百二十斤」。倉海卽滄海，武帝時收爲郡，濊貊地也。《後漢書》：「句驪……出好弓，所謂貊弓是也」。與貊弓有同樣效力的是濊人的檀弓。濊人除檀弓外，尚使用「三丈矛」。〈魏志·東夷傳〉：「濊，作矛長三丈，或數人共持之，能步戰，樂浪檀弓出其地」。濊貊民族能夠佔領東北亞洲那一塊偌大的天下，這些武器可能是一個大原因。

《後漢書》：「夫餘……以弓矢刀矛爲兵」。〈魏志〉：「夫餘……以弓矢刀矛爲兵，家家自有鎧仗」。《周書》：「高麗……兵器有甲弩、弓箭、戟矟、矛、鋋」。從「家家自有鎧仗」一語看來，武器也許是私有，因爲當時的濊貊人尚保有一種打獵的習慣，武器除了殺人以外，還可以當作生產工具。

（三）精神文化

1. 宗教

殷人尚鬼，把祖先和上帝混在一起來祀奉，其原因就在於當時「天」、「鬼」的界線尚不十分明確。

濊貊人的宗教態度似乎比殷人還肯定些——有些地方也更具有原始性——他們已經知道把天和祖先分開來處理，以天爲獨尊。

他們的天是一種主宰的天，確信天會知道一切事物，是所有鬼神的領導者，因此，他們把自己的命運完全交給「天」，用最虔誠的熱

心和最盛大的典禮來安慰她，以期獲得所預期的結果。〈魏志〉云：
「夫餘……以殷正月祭天，國中大會，連日飲食歌舞」。又云：「有
軍事亦祭天」。又云：「高句麗……以十月祭天，國中大會」。這些
盛大的場面，正表示他們對「天」的敬畏和崇信，並且，這個「天」是
至高無上的。從「天」、「鬼」不分到以「天」獨尊的境界，這是宗
教的進一步發展。

　　除天以外，尚有許多其他的神和鬼，濊貊人民也在祭祀。〈魏
志〉云：「高句麗……於所居之左右立大屋祭鬼神，又祠靈星、社
稷」。又云：「其國東有大穴，名隧穴。十月，國中大會，迎隧神還
於國，東上祭之，置木隧於神座」。又云：「濊……常用十月祭天……
又祭虎以為神」。《周書·百濟傳》云：「其王以四仲之月祭天及王
帝之神」。《舊唐書·高麗傳》云：「祀事靈星神、日神、可汗神、
箕子神」。同書〈新羅傳〉云：「好祭山神」。朝鮮《三國史記·高
句麗本紀》第一云：「扶餘王解夫婁老無子，祭山川求嗣」。

　　這些神可以分作三大類，一類是屬於天神範圍的如日神、靈星
等；一類是屬於地祇的如山、川、社稷、隧神等；一類是人格神如可
汗神、箕子神、五帝之神等。第三類神也可以說屬於鬼的範圍，是由
祖先崇拜的觀念蛻變過來的。事實上他們一直都在祭祀祖先，《周
書·異域列傳》高麗條云：「又有神廟二所：一曰夫餘神，刻木作婦
人之象；一曰登高神，云是其始祖，夫餘之子，並置官司，遣人守
護，蓋河伯女與朱蒙云」。同傳百濟條：「又每歲四祠其始祖仇臺之
廟」。在神話裏，河伯女、朱蒙和仇臺均是他們的開族祖。

　　稍後，佛教東漸，便又多了一種神。不過，那是後來的事，並非
貊人自己原有的宗教。

　　祭品是些什麼呢？較早的記載裏一點沒有消息。〈朝鮮古記〉

云：「高句麗常以三月三日會獵樂浪之丘，獲猪、鹿，祭天及山川」⑱。不用家畜，而用野生猪、鹿祭天地，這就保留有一些原始的味道。如果這記載可信，那末牛、猪、鹿算是正規的祭品了。此外，祭某些神是要以人爲尸的，這是殷商民族的傳統習慣，濊貊人在當時也許不用人了，但從理論上推測，可能曾經使用過。

《三國史記》云：「按新羅宗廟之制，第二代南解王三年（王莽居攝元年，6 A. D.）春，始立始祖赫居世廟，四時祭之，以親妹阿老主祭」⑲。「以親妹阿老主祭」給了我們兩個暗示：一是表示該民族可能有過女權時代；一是女巫在民間可能有着很大的勢力，因爲巫術可以解除人民精神上的困惑，所以新羅在當時仍然以女人主持宗教上的大典。

按南解王卽是南解次次雄，「次次雄」卽是「巫」的意思，以男巫掌國，而以女巫掌宗教，這是男系社會奪取了女系社會的權力以後的結果，其遞變之跡赫然可尋。同上書註云：「次次雄，或云慈充。金大問云：方言謂巫也。世人以巫事鬼神，尙祭祀，故畏敬之，遂尊稱長者爲慈充」⑳。實際是由於巫曾經掌握過該民族的政權，因而後來仍然把王叫作「次次雄」。金氏忽略了社會發展的情況，以致誤解爲「尊稱長者」之號。

夫餘人也知道「卜」，但其卜法很特殊，〈魏志〉說：「有軍事亦祭天，殺牛觀蹄以占吉凶，蹄解者爲凶，合者爲吉」。這眞是一種原始的宗教占術。我們不知道這種卜法與殷商的卜法是否有技術上的關聯性，如果有，那殷人之卜也許與這裏發展開來的有關，因爲殷人

---

⑱ ⑲ 金富軾《三國史記》卷第二十二，頁 1-3。

⑳ 《三國史記・新羅本紀》第一，頁 3。

用了大量的牛骨。李濟說：「殷墟發掘已經證明中國的龜卜還是從骨卜演化出來的」⑱。我們雖不能就此指爲同出一源，但可能有些關係。

2. 音樂和舞蹈

濊貊人民的歌舞畢竟從什麼時候開始呢？這很難說。現在我們所知道的一些音樂和舞蹈，已經是很進步的作品，並且許多都受有外來文化的影響。但是，我們可以肯定地說，這個民族素來就喜歡唱歌跳舞的。《後漢書》說：「東夷……熹飲酒歌舞」。又說：「夫餘……以臘月祭天，連日大會，飲酒歌舞」。又說：「行人無晝夜好歌吟，音聲不絕」。又云：「高句驪……莫夜，輒男女羣聚爲倡樂」。〈魏志〉亦云：「夫餘……行道晝夜無老幼皆歌，通日聲不絕」。又云：「高句驪……其民喜歌舞，國中邑落，暮夜男女羣聚，相就歌戲」。又云：「濊……常用十月節祭天，晝夜飲酒歌舞」。這樣的大家唱，時時唱，連歌帶舞，到處洋溢著熱情的歌聲舞影，簡直是一個歌舞王國了。但我們沒法查考出這些歌舞的內容和形式來，眞是一件憾事。

稍後，這個民族的音樂和舞蹈還是生氣蓬勃的，隋文帝置七部樂，高麗就佔了一部，新羅和百濟的音樂也同時被採用了。《隋書·音樂志》云：「始開皇初定，令置七部樂……三曰高麗伎……又雜有疏勒扶南康國百濟突厥新羅倭國等伎」。這份量不能算輕。一直到唐，這情形依然沒有變。《文獻通考》云：「隋開皇初，令置七部樂……三曰高麗伎……煬帝大業中定清樂、西涼、龜玆、天竺、康國、疏勒、安國、高麗、禮畢以爲九部樂……唐高祖即位，依隋制設九部樂」⑲。對於百濟也一樣，同書云：「周武滅齊，威振海外，二國（百

---

⑱　李濟（民 23：15）並認定，「殷商文化就建築在城子崖的黑陶文化上」。

⑲　見《文獻通考》卷 146〈樂考〉19，頁 1281。

濟、高麗）各獻其樂，周人列於樂部，謂之國伎……唐貞觀中嘗滅百濟國，盡得其樂」(136)。由此可想見其樂之盛，並且只有優美的樂歌才能做到這一地步。

我們所說的高麗伎自然不單指高麗而言，因爲高麗曾經統一過朝鮮半島，實搜羅了整個民族的音樂和舞蹈，〈高麗史〉也說過：「新羅百濟高句麗之樂，高麗並用之，編之樂譜」(137)。

樂器種類，各書所言間有差異，大抵以《文獻通考》言之較詳，然亦較雜。《隋書・音樂志》云：「高麗歌曲有芝栖，舞曲有歌芝栖，樂器有彈箏、臥箜篌、豎箜篌、琵琶、五弦、笛、笙、簫、小篳篥、桃皮篳篥、腰鼓、齊鼓、檐鼓、貝等十四種爲一部，工十八人」(138)，這是中國的高麗樂隊。在其國內，組織就龐大得多，《高麗圖經》云：「今其樂有兩部，左曰唐樂，中國之音；右曰鄉樂，蓋夷音也。其中國之樂，樂器皆中國之制。惟其鄉樂，有鼓板、笙竽、觱篥、箜篌、五弦琴、琵琶、箏、笛，而形制差異，瑟柱膠而不移。又有簫管，長二尺餘，謂之胡琴，俯身先吹之，以起眾聲。若女伎則謂之下樂。凡三等，大樂司二百六十人，王所常用；次管弦坊，一百七十人；次京市司，三百餘人……聲律之度，不可得而考也」(139)。這種「鄉樂」樂隊的組織，多到三百餘人，可謂洋洋大觀。簫管是主音，其餘的都只是伴奏。同時也有女樂隊，高麗人雖名之爲「下樂」，表演可能還不太壞。我們知道，唐貞觀年間，新羅還曾以女樂獻於太宗

---

(136) 同書卷 148〈樂考〉21，頁 1293。

(137) 《高麗史》卷七十樂一，第二册，頁 470。

(138) 《文獻通考》卷146〈樂考〉19 所載樂器無檐鼓、笛與貝，但多搊箏、鳳首、箜篌、義觜笛、笙葫蘆、龜頭鼓、鐵板具及大觱篥等。

(139) 徐兢《高麗圖經》卷四十，頁 140。

皇帝呢❸。

　　鄭麟趾又把高麗所用之樂分爲雅樂與俗樂，並謂俗樂多用俚語，也許倒是眞正的土產。樂器亦復不同，有「玄琴（弦六）、琵琶（弦五）、伽耶琴（弦十二）、大笒（孔十二）、杖鼓牙拍（六枚）、無导（有粧飾）、舞鼓、嵇琴（弦二）、觱篥（孔七）、中笒（孔十二）、小笒（孔七）、拍（六枚）」❹，此與上所記多異。

　　事實上，上面所舉的許多樂器，在中國以及其他國度的樂隊裏，也正在使用，沒有看到原來樂器的構造，我們很難分辨，也許有部分差異，也許完全相同。比如「義觜笛」就是西梁樂，「無导」爲西域之樂，而玄琴、琵琶、伽耶琴、大笒、中笒、小笒等均爲朝鮮人按照中國樂器改造的，大同而小異也❺。我們怕只能這樣說，高麗的樂隊眞曾用過那些樂器，那些樂器中有的是自己發明的，有的則是從外面輸入的，或者把輸入品加以改造過。

　　在舞方面，就有些特別。《文獻通考》說高麗有一種「胡旋舞，舞者立毯上，旋轉如風」❻。這速度實在不慢。另有一種叫「舞鼓」。《高麗史》云：「舞隊（皂衫）率樂官及妓（樂官朱衣，妓丹粧）重行而坐。樂官二人奉鼓及臺置於殿中，諸妓歌井邑詞，鄉樂奏其曲，妓二人先出，分左右立於鼓之南，向北拜訖，跪斂手起舞，俟樂一成，兩妓執鼓槌起舞，分左右俠鼓，一進一退訖，繞鼓或面或退週旋而舞，以槌擊鼓，從樂節次，與杖鼓相應，樂終而止，樂徹，而妓如

⓮　參看《通考》卷 148〈樂考〉21，頁 1293。

⓯　《高麗史》卷七十一樂二，第二冊，頁 464。

⓰　《三國史記》卷第三十二，頁 4-5。

⓱　《通考》卷 146〈樂考〉19，頁 1281。

前俛伏與退」●。這舞以鼓爲主體，仍然是旋轉。舞的主題卻又似乎全在妓女的技術表演，樂官只不過是伴奏而已。從用「鄉樂」的情形看來，雖是後起之舞，可能還是一種土風舞，並且很能討人歡喜，因爲「其聲宏壯，其舞變轉；翩翩然雙蝶繞花，矯矯然二龍爭珠，最樂部之奇者也」●。

不過，類似的舞，我國漢朝也有過，湘西苗族更有許多種類的鼓舞●。這些舞，在形式和本質上雖不盡相同，而也確有其類似處，因爲它們都是從「鼓」樂器發展開來的。但反過來，我們卻也說不出畢竟起源於誰，比如高麗的「舞鼓」，使用的伴奏是「鄉樂」，在舞步和節奏上也有其特殊的風格。所以這種舞即使有其共同的歷史淵源，但其分佈於各地者，已經或多或少地摻入了各地的獨特技巧，殆無疑間。

在較爲正式的場合，不但舞人有特製的服裝，樂工也有，《通考》云：「高麗，其國樂工人紫羅帽，飾以鳥羽，黃大袖，紫羅帶，大口袴，赤皮鞾，五色縚繩。舞者四人，椎髻於後，有絳，抹額，飾以金璫，二人黃裙襦赤黃袴；二人赤黃裙襦袴極長其袖，鳥皮鞾。雙雙並立而舞」●。這樣繁複的化裝表演，自然是後起的舞樂，也許還摻有一點外來的成分。

自漢以後，中國嘗賜朝鮮以音樂上的知識或技巧，如漢武帝「賜鼓吹伎人」。宋時他們用「唐樂」，元豐間又賜以樂工。不過這只是一面，另一面還是她自己固有的東西，我們看下面一段記載就可以明

---

⑭　《高麗史》卷七十一樂二，第二册，頁 464-465。

⑭　同⑭。

⑭　參閱凌純聲、芮逸夫，民 36：202。

⑭　《通考》卷 148〈樂考〉21，頁 1293。

白，「隋唐九部樂有高麗伎，唐武后時尚餘二十五曲，貞元末唯能集一曲，衣服亦寖衰敗，失其本風。傀儡並越調夷賓曲，李勣破高麗所進也。宋乾德四年，鎮州進伶官二十八人，善習高麗部樂……元豐間來臣求中國樂工，教之。今之樂大抵中國制。中國使至，嘗出家樂以侑酒」❹。「本風」與「家樂」自是一種民族性的表現，無可置疑。

3. 思想

小川裕人說：「濊為與漢族相近的農耕而和平的民族，貊則近於游牧，好寇鈔狩獵，前者習步戰，後者精於騎術，這可能係受了自然環境的影響」❹。真的，由於自然環境的限制，人民的思想距離就越來越遠，農民喜歡安安靜靜的住下來過點寧謐的日子；獵人則到處跑，彷彿人生下來就為了爬山越野似的。

小川把濊與貊分別討論，是一點誤解。濊貊本屬一個民族，因為地理環境的差異，才產生生活習慣上的差異，不一定出於主觀的好惡，這是很明顯的。

比如夫餘，處在一塊平坦而肥美的土地上，有那麼多的山林廣澤，牛馬畜羣，倉庫裏堆着無數的食糧，故其人雖粗大強勇，可是謹厚而不寇鈔。為什麼呢？因為他們的生活已經很好了。高句驪則不然，那地方到處都是深山大谷，沒有田可以種，也不能好好地養一羣牲口，雖「力佃作不足以實口腹」，人民便變得暴燥、凶惡，甚至以搶掠為生了❺。這是沒法變革的生活方式，到今天，人民也還不能完全擺脫客觀環境的扼制。從這一點來看，人的思維能力又顯得特別微

---

❹　同❹。

❹　小川裕人，1943：111。

❺　〈魏志・東夷傳〉。

弱了。

一般來說，濊貊人的思想是傾向於和平的道路，所謂「夷俗仁」，「東方有君子之國」等語，雖不能目爲定說，但從「夷」與「貊」二字的含義來解釋，也頗爲符合。貊，《毛傳》訓爲靜；莫，亦靜也。夷，從大，大，人也。漢民族願意把邊外民族當作「人」看待，那是極大的恩惠。而人，仁也，孔子說「仁者靜」。把這些因素加起來，我們對於班固的話就不好全然地否認，《漢書・地理志》說：「東夷天性柔順，異於三方之外。故孔子悼道不行，設浮於海，欲居九夷，有以也」。師古以爲「以其國有仁賢之化，可以行道也」。這就可想見其文化程度之高以及其思想之純靜，可愛。

《尙書・大傳》曰：「古者十稅一，多於十稅一，謂之大桀小桀；少於十稅一，謂之大貊小貊。王者十一而稅，而頌聲作矣」。《春秋公羊傳》宣公十五年亦云：「什一者，天下之中正也，多乎什一，大桀小桀；寡乎什一，大貊小貊」。這些話都是從《孟子》那裏演繹出來的，《孟子・告子》云：「欲輕之於堯舜之道者，大貊小貊也；欲重之於堯舜之道者，大桀小桀也」。在孟子看，貊人稅輕是因爲他們的需要量少，不可以爲法。殊不知一個政府的財政政策原是以取之於民用之於民爲原則，支出少，自不應亂造一個龐大的收入預算。貊人的政府能夠因支出而收入，正是好政府的象徵。儒家的政治哲學本來係以民爲本位，不知孟子爲何反把貊人這一適當的措施奚落一番，也許是理想的堯舜之道害了他。

我們認爲不管大貊小貊，輕取於民總是好的，這是人性善良一面的表現。貊人因用得少而也就向老百姓拿得少，卽是公平交易，套用顏師古一句話，眞「仁賢之化」也。

（四）社會生活

1.　氏族與奴隸

〈魏志〉云：「高句麗……本有五族：有涓奴部、絕奴部、順奴部、灌奴部、桂婁部。本涓奴部爲王，稍微弱，今桂婁部代之」。《後漢書》涓奴部作消奴部。《梁書》作「消奴部、絕奴部、愼奴部、灌奴部、桂婁部」。《新唐書》「分五部：曰內部，即漢桂婁部也，亦號黃部；曰北部，即絕奴部也，或號後部；曰東部，即順奴部也，或號左部；曰南部，即灌奴部也，亦號前部；曰西部，即消奴部也」。順奴作愼奴係異譯，灌奴作灌奴係異寫或筆誤，涓奴作消奴想係筆誤。訖唐，桂婁部爲內部，係政權之掌握者，其他四部各居東西南北，故以方位名其部。

朝鮮《三國史記·新羅本紀》第一云：「先是，朝鮮遺民分居山谷之間爲六村：一曰閼川楊山村，二曰突山高墟村，三曰觜山珍支村（或云干支村），四曰茂山大樹村，五曰金山加利村，六曰明活山高郷村；是爲辰韓六部」。又云：「九年春，改六部之名，仍賜姓：楊山部爲梁部，姓李；高墟部爲沙梁部，姓崔；大樹部爲漸梁部（一云牟梁），姓孫；干支部爲本彼部，姓鄭；加利部爲漢祇部，姓裴；明活部爲習比部，姓薛」。這一則歷史頗帶有傳說性質，但傳說不一定就是假話。反之，從改名賜姓的過程倒可以看出其氏族遷徙的痕跡。

當初的辰韓六部實際上也就是六個氏族組織，每一個「村」相當於一個族，即是一部落內祇有一氏族單位，是一種典型的氏族社會。高句麗的五部想也是氏族組織。第一，〈魏志〉說明過這五部就是五族，族的意義，在陳壽的時代意識上，它是代表着姓的羣體，即氏族；第二，當時高句麗人的政權的轉移大都是在一個族內，並且有一

種父子相承的趨勢， 涓奴部爲王就是涓奴部掌握政權， 後桂婁部代之，那就由族內變成族外轉移了。這種轉變不一定出諸自願，從「稍微弱」的字眼來看，當是一種武力的爭奪行爲。

新羅的六部氏族組織較爲原始，每一村有村長，六村之上有一個共有的酋長，爲政治上的領導人，而這個人是經六部選舉出來的，如上書云：「高墟村長蘇伐公望楊山麓……只有大卵，剖之，有嬰兒出焉，則收而養之。及年十餘歲，岐嶷然夙成，六部人以其生神異，推尊之，至是立爲君焉」。但從這次以後就變爲長子繼承了，不復選舉他們自己的領袖。

在百濟，《隋書》云：「國中大姓有八族：沙氏、燕氏、劦氏、解氏、貞氏、國氏、木氏、苗氏」。可是我們無法探悉其底蘊，大抵說來，這也是一個掌握政權的氏族集團。

在婚姻上，高句麗是行族外婚制，新羅則似爲內婚，但有時也外婚，情形有點混亂。〈魏志〉云：「絕奴部世與王婚」。卽是絕奴部與桂婁部的人民通婚。但也有點亂婚的現象，如《周書》云：「有遊女者，夫無常人」。不過這也可以說是外婚的放任政策。新羅的內婚規定就很嚴格，《新唐書》云：「新羅……其族名第一骨、第二骨以自別於兄弟，女姑姨從姊妹皆聘爲妻。王族爲第一骨，妻亦其族，生子爲第一骨，不娶第二骨女。雖娶常爲妾媵」。金富軾亦云：「若新羅者，則不止取同姓而已，兄弟子姑姨從姊妹皆聘爲妻」❺。這種情形，不但是內婚，而且是妻姊妹婚。

另一方面，從夫餘「兄死妻嫂」的習慣法中，還可以看出一點夫兄弟婚的遺跡，自然，這也是外婚。

---

⑮ 《三國史記》卷第三〈新羅本紀〉第三，頁1。

除氏族以外，當時的部落組織也還存在，比如「契丹犯北邊，陷八部落」⑬，這已快到東晉末年了。又如「拜達賈爲安國相……兼統梁貊肅愼諸部落」⑬。梁貊肅愼有時也以國的形態出現，可見這時的部落組織已相當嚴密，也許卽是一個國，像馬韓的五十四國，散居在山海間，沒有城郭，顯然是一種較大的部落，也許一個部落裏還包容着幾個族。

階級制度在濊貊人的社會裏是非常明顯的，尤其是貴族和奴隸，顯示着一個強烈的對比。一般平民是否能爬上貴族階級的寶座呢？歷史並無說明，按照各國大族均世代取得統治權的情形來說，怕是不可能。卽使是富人和豪族，也祇能在生活享受上提高一點水準，多使用幾個奴隸，要超越這一界線就很難；但如一旦犯了法，就永遠淪爲奴隸，不得翻身了。

有錢人（包括貴族和平民階層的有產者）的生活是很優厚的，奴隸可就慘了，平時要供養他們的主了，戰時還得當兵和養兵。〈魏志〉云：「大餘……民下戶皆爲奴僕……有敵，諸加自戰，下戶俱擔糧飲食之」。又云：「高句麗……其國中大家不佃作，坐食者萬餘口，下戶遠擔米糧魚鹽供給之」。像這樣的奴隸職業，自己作了不算，還要把衣鉢傳給未來子孫們。《高麗圖經》云：「高麗法置官婢，世代相承」。又云：「給使之賤，視官品而爲多寡之數……皆官奴隸也，世代相承爲之」⑭。於是，社會上便出現了奴隸世家，命運自然非常悲慘。

這些奴隸是從那裏來的呢？（1）戰場上掠得的俘虜，（2）死囚的

---

⑬⑬　同書卷第十八、十七〈高句麗本紀〉第六、五，頁 3, 5。
⑭　徐兢《宣和奉使高麗圖經》卷二十一、二十二，頁 71, 77。

家人或其妻子，（3）抵償債務的貧苦人民，（4）爲盜賊的男女犯，（5）被錢買來的窮人。

《漢書・地理志》云：「相盜者男沒入爲其家奴，女子爲婢」。《後漢書・東夷列傳》：「夫餘……被誅者皆沒其家人爲奴婢」。又：「高句麗……有罪，諸加評議便殺之，沒其妻子爲奴婢」。《周書・異域列傳》：「盜者，十餘倍徵贓，若貧不能備，及負公私債者，皆聽評其子女爲奴婢以償之」。《高麗史・刑法二》：「本朝良賤之法，其來尙矣。我聖祖創業之初，其羣臣除本有奴婢者外，其他本無者，或從軍得俘，或貨買奴之」。

奴役的範圍眞廣濶，幾乎所有的沒錢人都有被變賣爲奴的可能，在官者爲官奴，在私者爲私奴，父以傳子，子又以傳子，再也別想作自由人了。朝鮮鄭麟趾說這種奴隸「大有補於風教」，幫助國家繁榮不少，他說，「昔箕子封朝鮮，設禁八條，相盜者沒入爲其家奴婢，東國奴婢蓋始於此。士族之家，世傳而使者曰私奴婢；官衙州郡所使者曰公奴婢。年代愈遠，漸至蕃盛，於是慮其爭奪之相尙，兼併之日滋，設官以理之，其禁防甚嚴。夫東國之有奴婢，大有補於風教，所以嚴內外，等貴賤，禮義之行，靡不由此焉」[155]。話眞說得漂亮，假定他自己也是奴婢，不知還能堅持其理論否？但不論如何，奴隸制度在當時確爲有產者及貴族們所歡迎，所以一直到高麗忠烈王四年還在作奴隸的生產事業，同上書云：「忠烈王四年，禁公私奴婢放良」。也因此，朝鮮的社會就只好再深一層的腐爛下去，以至於崩潰。

2. 政治組織

政治觀念是隨着社會而進化的，當社會及其經濟發展到某一階段

---

[155] 《高麗史》卷八十五〈刑法〉二，第二冊，頁 716。

時，政治就必然受到一種強烈的影響，或互為影響。

　　濊貊人當日的經濟基礎建立在半原始狀態的農耕和畜牧上，有一部份卻還在以打獵、捕魚為生。社會的生產者大半是奴隸，這些奴隸，有的是隸屬於土地的農奴，有的是為主子服家內勞役的家奴。在偏僻地方，部落的原始社會依然存在，國都、城鎮卻在為帝、王們預備豪華的晚宴和舞會；氏族並沒有殘留着濃厚的原始氣氛，「家天下」的概念倒是在每個人的意識中活躍。所以，在政治組織上就顯得很紊亂，進步的社會已經到了封建的階段，差一點的仍停滯在部落制的邊緣。

　　例如馬韓「各有長帥，大者自名為臣智，次為邑借，散在山海間，無城郭……凡五十餘國……辰王治月支國」；「辰王常用馬韓人作之，世世相繼，辰王不得自立為王」❿。這完全是一種部落的共主政治，各部落有其自己的酋長，酋長之上有一個共同的首領。東沃沮與濊也一樣，祇是沒有共主，東沃沮「無大君王，世世邑落各有長帥」；濊「無大君長，自漢以來，其官有侯、邑君、三老、統主、下戶」❿。這種政治組織是很散漫的，但人民也許過得自由而舒服些。高句麗、夫餘則不然，高句麗「其國有王，其官有相加、對盧、沛者、古雛、大加、主簿、優臺、丞、使者、皁衣、先人，尊卑各有等級……諸大加亦自置使者、皁衣、先人，名皆達於王，如卿大夫之家臣。會同坐起，不得與王家使者、皁衣、先人同列」；夫餘「國有君王，皆以六畜名官，有馬加、牛加、豬加、狗加、犬使、犬使者、使者……諸加別主四出道，大者主數千家，小者數百家❿。國有國王，國王有

---

❿　〈魏志・東夷傳〉。

❿至❿　〈魏志・東夷傳〉。

封建諸侯， 諸侯又有小諸侯， 然後是被統治的老百姓， 一層一層，
「不得妄相涉」，連走路坐板櫈也不敢擅越「雷池」一步，眞是一種
典型的封建制度。

部落政治和封建政治在本質上是不同的，所以在濊和東沃沮根本
沒有君王，辰王也祇是用馬韓人作之（馬韓本身即有五十四個部落）；
而高句麗與夫餘的國王卻是一族的父系繼承，高句麗「本涓奴部（族）
爲王， 稍微弱，今桂婁部代之……（句麗王）宮死，子遂成立，遂成
死，子伯固立」； 夫餘「尉仇臺死， 簡位居立， 無適子， 有孽子麻
余。位居死，諸加共立麻余」⑮⑨。看情形，不但立子，且有立長的趨
勢。在新羅，起初以六部大人主持國家的政教事宜，也是一種部落首
長政治的形態，可是自從赫居世居西干即位以後，就轉變爲封建政治
的形態了⑯⓪。百濟則一開始就以封建的姿態出現，這由於該國乃半途
起家，其一切措施都承襲了高句麗或新羅的遺制，自不必從頭作起⑯①。

政治制度不同， 表現在意識形態上也就大有區別， 在高句麗是
「尊卑各有等級」，誰也不能越軌，或侵犯那個社會所承認的階級利
益與威權；而馬韓就「俗少綱紀，國邑雖有主帥，邑落雜居，不能善
相制御」⑯②。造成一種無政府狀態，誰也不能干涉誰，即使是部落首
長，也祇能在某些事務上行使其職權。

稍後，高句麗、百濟和新羅三國在半島分治，實行政治獨立，從
中國大陸輸往更多的政治知識、生產方法與經濟組織等，他們的政府
就變得更具有封建體系的特色，其社會和人民，和中國一樣，被「封
建」的洪水所淹沒、洗刷，皇帝就替代了原來的「天」。

---

⑯①　金富軾《三國史記‧新羅本紀及百濟本紀》。

⑯②　金富軾《三國史記》

3. 戰　爭

濊貊是一個比較愛好和平的民族，但它不能沒有戰爭，也不能不去練習作戰，因為在它的四周有凶惡的野獸，還有更凶惡的敵人，同時，它本身也有些凶惡的魔王，每每想去搶奪別人的生活資料或統治權。

當時濊貊人的軍事組織並不太嚴密，比如夫餘「有敵，諸加自戰」，連指揮中心也沒有，並且迷信很深，「有軍事亦祭天」，他們把勝敗之權交給上帝，自己卻盲目地去拼命。高句麗的武力似乎大些，「國人有氣力，習戰鬥，沃沮東濊皆屬焉」，歷代和中原民族打得最多最狠的也要算他。濊人「能步戰」。東沃沮「人性質直強勇……便持矛步戰」。卻不見得兇狠，原因是步兵已經落伍了。

從「家家自有鎧仗」[163]一語，我們知道他們是兵民不分的，戰時大家去打仗，平時就各人分別去做農人或獵夫。勝利，掠獲幾個俘虜來服侍自己，敗了，也許就作人家的奴隸。

東夷民族有一種特性，那就是善射。濊有「檀弓」，句驪有「貊弓」，挹婁有「楛矢」，都是了不得的武器。漢時，他們常常侵盜遼東燕趙一帶之地，使漢民族感着極大的苦惱。王莽打敗過一次句驪侯騶，高興得什麼似的，就可能因為在戰術上，弓箭的攻勢是不容易制壓的。

4. 法律

治亂世用重典，文明人自以為想得很不錯，其實是最原始的辦法。原始民族的法律觀點完全是報復性的，你殺了人，便把你也殺掉，偷了人家一條牛，你得還十二條。這意思不是在殺一儆百，而是

---

[163]　以上所引各語，皆見〈魏志·東夷傳〉。

認爲理所當然。

當時濊貊人的法律仍然拖着一條原始的尾巴,《漢書·地理志》說:「樂浪朝鮮民犯禁八條:相殺以當時償殺;相傷以穀償;相盜者,男沒入爲其家奴,女子爲婢,欲自贖者,人五十萬……今於犯禁寖多至六十餘條」。《後漢書·東夷列傳》:「夫餘……以臘月祭天……是時斷刑獄,解囚徒……其俗用刑嚴急,被誅者皆沒其家人爲奴婢,盜一責十二,男女淫皆殺之,尤治惡妒婦,旣殺復尸於山上」。又云:「高句驪……無牢獄,有罪,諸加評議便殺之,沒入妻子爲奴婢」。〈魏志·東夷傳〉云:「夫餘……以殷正月祭天……於是時斷刑獄,解徒券……用刑嚴急,殺人者死,沒其家人爲奴婢;竊盜一責十二;男女淫,婦人妒,皆殺之;尤憎妒婦,已殺,尸之國南山上至腐爛;女家欲得,輸牛馬乃與之」。又云:「濊……殺人償死」。《周書·異域列傳》:「高麗……其刑法:謀反及叛者,先以火焚爇,然後斬首,籍沒其家;盜者,十餘倍徵贓,若貧不能備,及負公私債者,皆聽評其子女奴婢以償之」。又云:「百濟……其刑罰:反叛、退軍及殺人者,斬;盜者,流,其贓兩倍徵之;婦人犯奸者,沒入夫家爲婢」。《舊唐書·東夷列傳》:「高麗……其法:有謀反叛者,則集衆持火炬競燒灼之,爇爛備體,然後斬首,家悉籍沒;守城降敵,臨陣敗北,殺人行刼者,斬;盜物者,十二倍酬贓;殺牛馬者,沒身爲奴婢」。又云:「百濟……其用法:叛逆者,死,籍沒其家;殺人者,以奴婢三贖罪;官人受財及盜者,三倍追贓,仍終身禁錮」。

歸納起來,犯死刑者有下列幾條:(1)殺人者,(2)男女奸淫者,(3)婦人妒忌者,(4)謀反者,(5)叛逆者,(6)退卻者,(7)投降者,(8)打敗仗者,(9)「諸加」認爲可殺者。這種殺人的法律,借用佛家一句話,可謂「大開殺戒」。這樣該殺的殺了,留下來

的「家人」就變爲奴隸。所以其法律的重點集中在兩方面：一是殺，一是奴。殺與奴，在所謂「好人」看來，就是對壞人的報復行爲。

無可否認的，像《周書》、《舊唐書》及《隋書》所記濊貊人的法律，許多條文均是從中國抄襲過去的，不過仍保有一部份它自己的原始作風，如「殺牛馬者沒身爲奴婢」，這一方面表示高麗人對畜羣的重視，他方面也表示社會對於奴隸的迫切需要。對於一個偶然宰條牛的人就被拿去當一輩子奴隸，在文明人眼裏自然覺得太殘酷些，高麗人卻視爲理該如此。

法律對於安定社會與鞏固政權本來祇有一點消極的作用，歷來的統治者們往往太看重了它，以爲它可以興滅繼絕，結果總被拖下來摔在死路上。這路是走不完的，濊貊人也走了同樣的老路，所以其政治命運就顯得一樣的悲慘——這證明誰也不能把社會握在自己手裏任意玩弄。

5. 貿易與租稅

《高麗圖經》說：「其俗無居肆，惟以日中爲墟，男女老幼，官吏工伎，各以其所有，用以交易。無泉貨之法，惟紵布銀瓶以準其直，至日用微物，不及匹兩者，則以米計錙銖而償之。然民久安其俗，自以爲便也」[164]。這一段話最少說明了兩點：第一，在中國宋時，高麗的商業尚停滯在「物物交換」的形式上，象徵着原始的性質；其次，日中爲市表示其商業並不怎樣發達，所有的商業往來，僅是一種以其所有易其所無的交換行爲。

這種小型的貿易，不限於高麗，在整個朝鮮半島都是這樣，《後漢書·東夷列傳》云：「國（辰韓）出鐵，濊倭馬韓並從市。凡諸貿

---

[164] 徐兢《宣和奉使高麗圖經》卷三，頁 10。

易，皆以鐵爲貨」。其情形比以米計錙銖稍微方便，可是仍沒有擺脫物物交換的原始形態，〈魏志〉說「如中國用錢」，事實上有點誇大。《宋史》說高麗「上下以買販利入爲事，日中爲虛，用米布貿易，地產銅，不知鑄錢……崇寧後始學皷鑄，有海東通寶、重寶、三韓通寶三種，然其俗不便也」。可見錢之使用甚爲晚出。

但《魏略》說東沃沮人娶妻「至成人，更還女家，女家責錢，錢畢乃復還壻」⑯，《漢書》亦說朝鮮奴婢「欲自贖者人五十萬」⑯。這裏的「錢」和「五十萬」自然是我們的觀念中所想像的錢，這就與上說形成了一個極端的矛盾。如果他們以錢做通貨，就不至於在市場上物物交換；既然物物交換，錢有什麼用處？《圖經》又說：「高麗他貨，皆以物交易，惟市藥，則間以錢貿焉」⑯。何以單獨用錢買藥？也許他們原知道用錢，即知道貨幣的使用價值，而不知鑄錢，因此，錢須仰給於中國；來源困難，以致在市面成爲稀有的流通品。

朝鮮半島與中國的交通從來就不曾中斷過，中國從周以後一直在使用金屬貨幣，朝鮮當然知道，難道竟不採用？而且從發掘中證明中國的錢幣至少在戰國末葉已經傳入其地，三品彰英說：「在半島出土的先秦時代的貨幣，明刀錢，分布於大同江、大寧江及鴨綠江等上流；朝鮮南部亦有發現，這是戰國末葉兩者間的文化關係」⑯。這些錢又是做什麼用的呢？

錢本身並無任何價值，但以之爲通貨，卻可以使商業範圍擴大，所謂便行旅是也。高麗人在宋時還不知用錢（也許該說鑄錢），所以

⑯　〈魏志・東夷傳〉註引。

⑯　《漢書・地理志》。

⑯　徐兢《宣和奉使高麗圖經》卷十六及十九，頁 55, 67。

⑯　三品彰英，1943：41。

「商賈不遠行,唯日中則赴都市,各以其所有易其所無,熙熙如也」[169]。雖然是熙熙如也,其貿易範圍及貿易額,必然仍是有限得很,那是可想而知的事。

關於租稅,濊貊民族恐怕應用得很早,孟子對此事知道得極為清楚。當時有一個名叫白圭的問他道:「吾欲二十而取一,何如?」孟子曰:「子之道,貉道也」。貉道的好壞我們不必追究,這證明貉人的稅收制度起源不晚。《後漢書》云:「句麗……責其(東沃沮)租稅:貂布(一作貊布)、魚、鹽、海中食物,發美女為婢妾焉」。〈魏志〉亦云:「句麗……又使犬加統責其(東沃沮)租賦:貂布、魚、鹽、海中食物,千里擔負致之,又送其美女以為婢妾,遇之如奴僕」。這是一種完完全全的「實物地租」制度,同時也可以證明錢沒有被採用作通貨,否則,就必不丨千里擔負致之」了。

《周書》和《隋書》的話,對實物地租的情形報導得較為詳實而具體些,《周書》云:「高麗……賦稅則絹布及粟,隨其所有,量貧富差等輸之」。《隋書》則把數目也記載出來:「人稅布五匹,穀五石。遊人則三年一稅,十人共細布一匹。租戶一石,次七斗,下五斗」。隋時,除了徵收「租戶」的實物地租以外,還增加了一種「人頭稅」,連沒有固定戶口的遊人也不例外,這比起早先的二十稅一,怕是重得多了;但很顯然,其中頗摻有中國人的租稅思想。

6. 婚喪

一般說來,濊貊人的兩性關係似乎比較隨便,婚前婚後的性行為,並不十分受嚴格的限制,正如《周書》所說:「乃至同川而浴,共室而寢,風俗好淫,不以為愧;有遊女者,夫無常人」。也就是《後漢書》

---

[169]　徐兢《高麗圖經》。

所描寫的「男女淫」。因爲性行爲的自由，便造成一種「男女婚娶，輕合易離」❼的局面，於是「男女自爲夫婦者，不禁」●，「有婚嫁者，取男女相悅然即爲之」❼。這種社會風氣，在某些人看起來也許有點糟，實際人民卻減少了許多婚姻上的煩惱。

任何一種風俗習慣，決不是偶然產生的，都有其傳統的惰性；濊貊人一年到頭有那麼多的節日，大家又能歌善舞，在每一個角落裏「暮夜男女羣聚，相就歌戲」❼，感情自然很快就建立起來了。夫餘的政府曾經訂過一條法律說：「男女淫，皆殺之」●，想藉政治力量來糾正這種「淫風」，但效果怕不會太大。

《漢書》說：「箕子去之朝鮮，教其民以禮義田蠶織作……婦人貞信不淫辟」❼。不知所記是那塊土地，後之史書似乎都不曾談到這一點。

其婚俗頗有點土風。隨着地方的不同，方式是多樣的。

高麗人特別些，嫁女時要在自己的屋後造一間小房子給女壻住，名字叫作「壻屋」。〈魏志・東夷傳〉云：「其俗作婚姻，言語已定，女家作小屋於大屋後，名壻屋。壻暮至女家戶外，自名跪拜，乞得就女宿，如是者再三，女父乃聽，使就小屋中宿，傍頓錢帛，至生子已長大，乃將婦歸家」。這種辦法，想係一種傳統習俗或意含訓練男人的耐性，並且在「小屋」中加以考驗，或許與女權社會也有點關係。此處言「傍頓錢帛」，《周書》卻言其恥於受財幣之禮，《周

---

❼　《高麗圖經》卷十九，頁 67。

❼　《宋史・外國傳三》。

❼　《隋書・東夷列傳》。

❼　〈魏志・東夷傳〉。

❼　《後漢書・東夷列傳》。

❼　《漢書・地理志》。

書・異域列傳》云：「（高麗）婚娶之禮，略無財幣；若受財者，謂之賣婢，俗甚恥之」。或者這是社會進一步發展的結果吧。

東沃沮卻有些不一樣，《魏略》云：「其嫁娶之法，女年十歲，已相設許，壻家迎之，長養以爲婦；至成人，更還女家，女家責錢，錢畢乃復還壻」⑯。這就具有買賣婚和童養媳兩種形態，其風可謂不如高麗。

新羅又不同，「婚嫁之禮，唯酒食而已，輕重隨貧富；新婚之夕，女先拜舅姑，次卽拜夫」⑰。這已進到近代社會的形式了。就我所知，中國南部某些鄉村地方，至今還是這樣的舉行婚禮。

在喪事方面，各地的風俗也有不同，比如夫餘，「其俗停葬五月，以久爲榮，其祭亡者，有生有熟，喪主不欲速而他人強之，常諍引以此爲節。其居喪，男女皆純白，婦人着布面衣，去環珮，大體與中國相彷彿也」⑱；並且「其死，夏月皆用冰殺人徇葬，多者數百；厚葬，有棺無槨」⑲。高句麗則「男女已嫁娶便稍作送終之衣；厚葬，金銀財幣盡於送死，積石爲封，列種松栢」⑳；「死者殯於屋內，經三年擇吉日而葬，居父母及夫之喪服皆三年，兄弟三月；初終哭泣，葬則鼓舞作樂以送之，埋訖，悉取死者生時服翫車馬置於墓側，令葬者爭取而去」㉑。新羅「死有棺歛，葬起墳陵；王及父母妻子喪，持服一年」㉒。東沃沮尤其特別，「其葬，作大木槨長十餘丈，開一頭作戶，新死者皆假埋之，才使覆形，皮肉盡，乃取骨置槨

---

⑯　〈魏志・東夷列傳〉註引。

⑰　《隋書・東夷列傳》。

⑱　〈魏志・東夷傳〉註引《魏略》。

⑲　〈魏志・東夷傳〉。

⑳　〈魏志・東夷傳〉。

㉑㉒　《隋書・東夷列傳》。

中，舉家皆共一槨，刻木如生形，隨死者爲數；又有瓦鑷，置米其中，編縣之於槨戶邊」⑱。濊人更有一種怪俗，「死亡，輒捐棄舊宅，更作新居」⑭。

喪葬的複雜性比婚事尤過之，他們亦封亦樹亦居喪，對於死鬼，比生人還體貼些。

可是濊死了一個人，便把屋子也丟掉，爲了什麼，恐懼嗎？《博物志》說：「越之東有駭沐之國（即指韓貊）……父死，則負其母而棄之，言鬼妻不可與同居」⑱。這實在怕得沒有道理。所以，從另一個角度看，他們舖張的辦理喪事，好像是作僞，是做給生人看的，我們看宋時的高麗吧，徐競說：「其疾病，雖至親不視藥，至死殮不拊棺，雖王與貴肯亦然。若貧人無葬具，則露置中野，不封不植，委螻蟻烏鳶食之，眾不以爲非」⑱。這樣就回到原始的領域裏了。

四　史料

搜集史料，是件很爲難的事；第一，圖籍散佈得那麼亂，眞不知從那兒找起；第二，找到的也不一定眞確，我們該怎麼去解釋呢？歷來的史家們曾經在這上面費過不少心思，問題卻沒有得到完滿的解決。看樣子，我們還得摸索下去。

有關濊貊民族的史料，出現得並不太早，最先提到的怕要算金文裏的「貊」，在《管子》和《論語》裏也有過，但《管子》一書不可

---

⑱⑭　〈魏志・東夷傳〉。

⑱　張華《博物志》卷五，頁 29。按《墨子・節葬》亦有相同的記載，唯駭作駭。

⑱　《高麗圖經》卷二十二，頁 75。

靠，《論語》也不是孔子的手筆，於是我們只得看看〈大雅〉和〈魯頌〉的記載了，《墨子》和《孟子》的話自然也是好材料。漢以後，材料就多起來了，但多半限於我國東北和朝鮮半島一隅。

遼以後的史料沒有採用，原因是他們都只是對前人的史料加以解釋，並無新的東西。

甲骨文裏找不到「貊」，這是一件很遺憾的事。

夷與東夷的史料都沒有抄上去，因爲「東夷」是一個大範疇，「夷」的範圍就更大了。

朝鮮人自己寫的東西也酌加錄用，如〈好太王碑〉，金富軾的《三國史記》等，都是較好的材料。

濊貊民族在古時確乎是一個大族，這從史料裏可以看得出來；但後來卻被人們漸漸地遺忘了，就像不曾存在過似的，說來也眞未免有些「禾黍」之感。

我們在這裏把有關於它的史料重新拾起來，彙在一起，理由是想使人們對這個民族獲得一個比較明確的概念，或者說，使某些人能找到一點他們所需要的什麼。也許並不完全，卻也是夠多的了。

對於每一則史實，如果能用點考證的工夫，那自然是好事，可是目前我們在時間上辦不到。我想，讓讀者自己去作一番自由的理解也是很好的。

史料的排比，類分爲四項：（一）金石、（二）經傳、（三）史志、（四）諸子及其他。這樣的分類，並沒有嚴格的標準，主要是查起來方便些。

所引用各書，其版本等項，均詳列於「參考書目」之書名下，於史料中不復備載。

（一）金石

方濬益《綴遺齋彝器考釋》

貉子卣蓋：唯正月丁丑，王格于呂，戲王牟于□咸奓，王命士衞
饋貉子鹿三。貉子對揚王休用作寶尊彝。

呂卽䣜，《漢書・地理志》有雍縣，奓疑敗之異文，从喬
省……此蓋王室至雍敗獵有所獲而牟閑之，因命士衞歸貉子以
三鹿……貉子蓋北狄君長，近王畿者。（卷十二，頁 11）

貉子卣：（釋文同前）。

此二器各有八鹿，正以歸鹿作器；故肖其形以爲飾歟？（同
上，頁 12）

（編者按：《愙齋集古錄》第十九册，頁 24ᵦ亦載此卣，但無
釋文。）

郭沫若《兩周金文大系》

杞伯每刂諸器均屬厲世。（《列國標準器年代表》，頁 3ᵦ）

（編者按：據郭氏「兩周金文大系圖錄」，已侯貉子毁，貉子
卣一、二等，均屬「杞伯每刂諸器」。參閱該書目錄表，頁
16ᵦ）

郭沫若《兩周金文大系考釋》

已侯貉子毁：已侯貉子分已姜㝬，乍作毁。已姜石用䇽用匄禤
萬本。（頁 198）

此乃紀侯媵女之器，有已侯鐘出土于山東壽光縣紀侯臺下可
證。又紀乃姜姓，此言分「已姜寶」者，卽紀女將嫁，作寶器
以媵之。石乃已姜名。由字體觀之，殆此宗周初葉康昭時器，
足證紀國文化之古。

貊子卣：隹正月丁丑，王各格于呂，敵治王牢于廐咸圂。王令士衛道歸饋貊子鹿三。貊子旱揚王休，用乍作寶隩彝。（頁 198b）

> 貊子即己姜殷之己侯貊子。二器字體如出一人手筆可證也。敵殆𤔲之異文，讀爲治。圂是宜字，此處正是適宜之宜，除此而外，釋俎釋房均不可通。此因受錫鹿而作器，器上即以鹿紋爲飾。銘詞與花紋相應，僅見。（同上）

吳大徵《憲齋集古錄》

> 周貊簋：周貊作旅簋，子孫永寶用。（第十五冊，頁 25b）

> （編者按：《三代吉金文存》卷十，頁 31a，貊釋作鴿。）

羅振玉《三代吉金文存》

> 白貊卣：伯貊作寶隩彝。（卷十三，頁 18a）

> （編者按：本卣文爲編者倣《憲齋集古錄》釋例而釋。容庚《金文編》第九，頁 16a，白釋作伯。）

吳其昌《金文世族譜》

> 周氏：周貊。（卷一，頁 8a）

> （編者按：此指周姓貊名也。）

> 紀氏（姜姓）：己侯貊子。貊子。（卷二，頁 9a）

> （編者按：此以貊子爲名也。）

高麗國〈永樂好太王碑〉

> 惟昔始祖鄒牟王之創基也，出自北夫餘，天帝之子，母河伯女郎剖卵降出生子。有聖名□□□□□命駕巡車南下，路由夫餘奄利大水，王臨津言曰：「我是皇天之子，母河伯女郎，鄒牟王，爲木連葭浮龜。應聲即爲連葭浮龜。然後造渡於沸流谷忽本西城山上而建都焉。永樂卬位曰遣黃龍來屮王，王於忽本東岡黃龍負昇天。顧命世子儒留王以道興治大朱留王紹承基業□。至十七世孫

國岡上廣開土境，平安好太王二九登祚，號爲永樂太王，恩澤□
于皇天，威武椛被四海，埽除□□庶寧其業，國富民殷，☒穀豐
熟，昊天不吊，卅有九宴駕棄國，以甲寅年九月廿九日乙酉遷就
山陵，於是立碑銘，記勳績以永後世焉，其詞曰：永樂五年，歲
在乙未，王以碑麗不息□又躬率□往討叵富山，負碑至鹽水上，
破其□部洛六七百當用馬羣芉不可稱數。於是旋駕，因過㝵平道
東來城力城北豐☒儵猶遊觀土境田獵而還。百殘新羅，舊是屬
民，由來朝貢，而倭以辛卯年來渡海破百殘□□新羅以爲臣民，
以六年丙申王躬率水軍討利殘國軍□□首攻壹八城：血模盧城岩
模盧城幹弓利□□□城閣彌城牟盧□彌沙城日舍蔦城阿旦城古利
城□利城藥彌城奧利城句牟城古須那羅城頁□□□□城分而那羅
□易城□□城□□□豆奴城沸八卾利城彌鄒城也利城大山韓城埽
加城敦拔城□□□□婁賣城散□城□□城細城牟婁亐婁城蘇灰城
燕婁城析支利城巖門至城林城□□□□□□利城就鄒城□拔城古
牟婁城閏奴城昌奴城彡穰城□□□□□盧城仇天城□□□□□其
國城。賊不肎氣，敢出交戰，王威赫奴渡阿被水遣刺迫城橫□□
□□使國城百殘王困逼，獻□男女生白一千人，細布千匹歸王。
自誓從今以後，永爲奴客。太王恩赦□迷之愆錄其後順之城。於
是□☒十八城，村七百，將殘王弟我大臣十人旋師還都。八年戊
戍教遣偏師觀帛愼土谷，因便抄得莫□羅城加太羅城谷男女三百
餘人。自此以來朝貢論事，九年己亥，百殘違誓，乌倭和通。王
巡下平穰，而新羅遣使白王厽，倭人滿眞國境，潰破城池，以奴
客爲民歸王請命。太王□後稱其忠□与遣使還吉以□許。十年庚
子，教遣步騎☒萬往救新羅，從男居城至新羅城，倭滿其中，官
兵方至，倭賊退□□□□□□□來背息追至任那加羅從拔城卽

歸欣，安羅人戍兵拔新羅城昌城倭滿□□□□□□□□□□□
□□□□□□□□九盡臣洧尖安羅人戍兵□□□□□□□□□
□倭潰城大土□□□安羅人戍兵。昔新羅安錦未有自來朝貢□□
□□□舅土境好太王□□□至□□□□潰□□□□朝貢。十四年
甲辰，而倭不軌，侵入帶方界□□□□□石城□連船□□□□□
率□□□僕句□□□相遇王憧要截盪刺倭寇潰敗，斬殺無數。十
七年丁未，教遣步騎五萬□□□□□□□□平穰□□合戰斬煞湯
盡，所稚鎧鉀一萬餘領，軍資器械不可稱數。還破沙溝城婁城還
□□□□□□師□城。廿年庚戌，東夫餘舊是鄒牟王屬民，
中叛不貢，王躬率住諸軍到餘城，而餘承國駢□□□□□郍自
□王恩普處，於是旋還。又其慕化隨官來者，味仇盧婁鴨甲斯麻
鴨盧城立婁鴨盧肅斯舍□□□□□□盧仇所攻破城六十四，村一
千四百，守墓人烟戶：賣句餘民國烟二，看烟三，東海賈國烟三，
看烟五，敦城□四家盡爲看烟，于城一家爲看烟，碑利城二家爲
看烟，平壤城民國烟一，看烟十，訾連二家爲看烟，住婁人國烟
一，看烟卌三，梁谷二家爲看烟，梁城二家爲看烟，安失連廿二
家爲看烟，改谷三家爲看烟，新城三家爲看烟，南蘇城一家爲國
烟，新來韓穢沙小城國烟一，看烟一，牟盧城二家爲看烟，己比
鴨本韓五家爲看烟，句牟客頭二家爲看烟，永底韓一家爲看烟，
舍蔦城韓穢國烟三，看烟廿一，古□那城一家爲看烟，炅古城國
烟一，看烟三，客賢韓一家爲看烟，巴奴城韓九家爲看烟，臼模
盧城四家爲看烟，臼盧模城二家爲看烟，牟水城三家爲看烟，幹
上利城國烟二，看烟□尒，昌城國烟七，看烟七，□利城三家爲
看烟，豆奴城國烟一，看烟二，奧利城國烟二，看烟八，須鄒城
國烟二，看烟五，百殘南居韓國烟一，看烟五，大山韓城六家爲

看烟，農賣城國烟一，看烟一，閏奴城國烟二，都烟廿二，古牟婁城國烟二，看烟八，瑒城國烟一，看烟八，味城六家爲看烟，就咨城⊠家爲看烟，彡穢城廿四家爲看烟，散那城一家爲國烟，那旦城一家爲看烟，句牟城一家爲看烟，於利城八家爲看烟，比利城三家爲看烟，細城三家爲看烟。國罡上廣罘土境，好太王存時，教言：祖先王但教取遠近舊民守墓洒掃，吾慮舊民轉當羸劣；若吾萬年之後，安守墓者，但取告躬率所略來韓濊，令備洒掃。言教如此。是以如教令取韓穢二百廿家，慮其不知法則，復取舊民一百十家，合新舊守墓戶國烟卅，看烟三百，都合三百卅家。自上祖先王以來，墓上不安石碑，致使守墓人烟戶羌錯。惟國罡上廣罘土境，好太王盡爲祖先王墓上立碑銘，其烟戶不令羌錯。又制：守墓之人，自今以後，不得更相轉賣，雖有富戶之者，亦不得擅買。如有違令賣者，刑之買人，制令守墓。

（二）經傳

《尚書》

華夏蠻貊，罔不率俾。（〈周書·武成〉）

武王旣伐東夷，肅愼來賀。（〈周書·周官〉）

孔穎達《尚書正義》

《正義》曰：華夏謂中國也，言蠻貊則戎夷可知也。（〈武成〉，頁162）

孔安國《傳》：海東諸夷：駒麗、扶餘、馯、貃之屬，武王克商，皆通道焉。成王卽政而叛，王伐而服之，故肅愼氏來賀……馯戶旦反，〈地理志〉音寒。貃孟白反，《說文》作貉，北方豸種。孔子曰：貉之言貃，貃，惡也。（〈周官〉，頁272）

《正義》曰：東夷非徒淮水之上夷也，故以爲海東諸夷駒麗、扶
餘、馯、貊之屬，此皆於孔君之時有此名也……《漢書》有高駒
麗、扶餘、韓，無此馯，馯卽彼韓也，音同而字異爾。（同上）

伏勝《尚書大傳》

武王勝殷，繼公子祿父，釋箕子囚。箕子不忍周釋，走之朝鮮。
武王聞之，因以朝鮮封之。箕子既受周之封，不得無臣禮，故於
十三祀來朝。（卷二，頁 59）

古者十稅一，多於十稅一，謂之大桀小桀；少於十稅一，謂之大
貊小貊；王者十一而稅，而頌聲作矣。（同上，頁 107）

《詩》

溥彼韓城，燕師所完，以先祖受命，因時百蠻。王錫韓侯，其追
其貊，奄受北國，因以其伯。實墉實壑，實畝實藉，獻其貔皮，
赤豹黃羆。（〈大雅·韓奕〉）

保有鳧繹，遂荒徐宅，至于海邦，淮夷蠻貊，及彼南夷，莫不率
從。（〈魯頌·閟宮〉）

孔穎達《毛詩正義》

《傳》：追貊，戎狄國也。（〈韓奕〉，頁 683）

又：貔，猛獸也，追貊之國來貢，而韓侯總領之。（同上）

《箋》：其州界外接蠻服……其後追也貊也，爲玁狁所逼，稍稍
東遷。（同上）

《正義》曰：知追貊（爲）戎狄之國者，以貊者四夷之名……而
追與之連文，故知亦是戎狄，此追貊是二種之大名耳，其種非止
一國，亦是百蠻之大總也。（同上，頁 684）

又：其追其貊，貊卽是百蠻之國……上言百蠻，下言追貊，則知
追貊卽百蠻也……言其後追也貊也爲玁狁所逼，稍稍東遷者，以

經傳說貊多是東夷……是貊者，東夷之種而非居於北，故於此時貊爲韓侯所統。〈魯頌〉云：「淮夷蠻貊，莫不率說」。是於魯僖之時，貊近魯也。至于漢氏之初，其種皆在東北，於並州之北，無復貊種，故辨之。玁狁最強，故知爲玁狁所逼。（同上）

《傳》：淮夷，蠻貊而夷行也。南夷，荊楚也。（〈閟宮〉，頁782）

《正義》曰：《釋言・文言》，淮夷，蠻貊如夷行者，以蠻貊之文在淮夷之下，嫌蠻貊亦服，故辨之，以僖公之從齊桓，唯能服淮夷耳，非能服南夷之蠻，東夷之貊，故即淮夷蠻貊謂淮夷如蠻貊之行。（同上）

王應麟《詩地理考》

百蠻追貊：《補傳》曰，蠻夷可以通稱，北可稱蠻，猶西可稱夷也。貊爲北方之國，先聖有蠻貊之說。追爲北方之國，始見於此……蘇氏曰：錫之以追人貊人。（卷四，頁209）

蠻貊：孔氏曰，南夷之蠻。傅氏曰，東夷之貊。（卷五，頁247）

徐彥《春秋公羊注疏》

初稅畝……古者什一而藉……什一者，天下之中正也。多乎什一，大桀小桀；寡乎什一，大貊小貊。（宣公十五年，頁208）

何休注：蠻貊無社稷、宗廟、百官制度之費，稅薄。

徐彥疏：若十四五乃取其一，則爲大貊行；若十二三乃取一，則爲小貊行。故曰，寡於十一則大貊小貊也。

《周禮》

職方氏掌天下之圖，以掌天下之地。辨其邦國、都鄙、四夷、八蠻、七閩、九貊、五戎、六狄之人民與其財用九穀六畜之數要。（〈夏官〉）

夷隸百有二十人。（〈秋官〉）

貉隸百有二十人。（〈秋官〉）

夷隸掌役牧人、養牛馬、與鳥言，其守王宮者與其守厲禁者；如蠻隸之事。（〈秋官〉）

貉隸掌役服不氏而養獸而教擾之，掌與獸言，其守王宮者與其守厲禁者，如蠻隸之事。（〈秋官〉）

鄭玄《周禮注》

鄭司農云：東方曰夷……北方曰貉狄。（〈夏官〉，頁 220）

（夷隸），征東夷所獲。（〈秋官〉，頁 230）

（貉隸），征東北夷所獲。（〈秋官〉，頁 230）

王安石《周官新義》

東方曰夷，其種有四……西北曰貉，其種有九……自邦國都鄙至於夷、蠻、閩、貉、戎、狄，雖有內外之殊，然先王之政，一視而同仁。（卷十三〈夏官〉，頁 189）

《大戴禮記》

湯武置天下於仁義禮樂，而德澤洽禽獸草木，廣育被蠻貉四夷。（卷二〈禮察〉，頁 12）

於越戎貉之子，生而同聲，長而異俗者，教使之然也。（卷七〈勸學〉，頁 120）

諸侯力政，不朝天子，六蠻四夷，交伐於中國。（卷十一〈用兵〉，頁 187）

盧辯注：《周禮・職方氏》，四夷八蠻七閩九貉五戎六狄，此周所服四海，其種落之數也。〈明堂位〉曰：九夷八蠻六戎五狄，此朝明堂時來者國數也。《爾雅》曰：九夷八狄七戎六蠻，其夏之所伏與？殷之夷國，東方十，南方六，西方九，北方十

有三。

鄭玄《鄭志》

答趙商：〈職方氏〉四夷，謂四方夷狄也。九貉卽九夷，在東
方。（卷中，頁 24）

《論語》

子張問行。子曰：「言忠信，行篤敬，雖蠻貊之邦行矣。言不忠
信，行不篤敬，雖州里行乎哉？」（〈衛靈公〉）

《孟子》

白圭曰：「吾欲二十而取一，何如？」孟子曰：「子之道，貊道
也。萬室之國，一人陶，可乎？」曰：「不可，器不足用也」。
曰：「夫貊，五穀不生，惟黍生之。無城郭宮室宗廟祭祀之禮，
無諸侯幣帛饔飧，無百官有司，故二十而取一足也。今居中國，
去人倫，無君子，如之何其可也？陶以寡且不可以爲國，況無君
子乎。欲輕之於堯舜之道者，大貊小貊也；欲重之於堯舜之道
者，大桀小桀也」。（〈告子〉）

孫奭《孟子注疏》

趙注：貊，夷貊之人，在荒服者也。（〈告子〉，頁 221）

趙注：貊在北方，其氣寒，不生五穀，黍早熟，故獨生之。（同
上）

趙注：今欲輕之，二十而取一者，夷貊爲大貊，子爲小貊也。
（同上）

《中庸》

是以聲名洋溢乎中國，施及蠻貊。

郭璞《爾雅注疏》

九夷、八狄、七戎、六蠻，謂之四海。（〈釋地〉）

鮍鰕。（〈釋魚〉）

　　注：出穢邪頭國。（頁 166）

（三）史志

司馬遷《史記》

　　燕，北（一作外）迫蠻貉，內措齊晉。（卷三十四〈燕世家〉，頁 614）

　　奄有河宗，至于休溷諸貉。（卷四十三〈趙世家〉，頁 714）

　　《正義》：河宗，按蓋在龍門河之上流嵐勝二州之地也。自河宗休溷諸貉，乃戎狄之地也。

　　（張）良嘗學《禮》於淮陽，東見倉海君，得力士爲鐵椎重百二十斤。（卷五五〈留侯世家〉，頁 812）

　　《集解》：（倉海君），東夷君長。

　　《索隱》：姚察以武帝時東夷濊君降爲倉海郡，或因以名，蓋得其近耳。

　　《正義》：《漢書·武帝紀》云，元年東夷濊君南閭等降爲倉海郡，今貊濊國得之。太史公修史時已降爲郡，自書之。

　　晉悼公使魏絳和戎翟，戎翟朝晉。後百有餘年，趙襄子踰句注而破並代以臨胡貉。（卷一一〇〈匈奴列傳〉，頁 1179）

　　《索隱》：貉卽濊也。

　　諸左方王將居東方，直上谷，以往者東接穢貉朝鮮。（同上，頁 1181）

　　是時漢東拔穢貉朝鮮以爲郡。（同上，頁 1189）

　　今欲招南夷，朝夜郎，降羌僰，略濊州，建城邑，深入匈奴……非天下之長策也。（卷一一二〈主父列傳〉，頁 1209）

《集解》：如淳曰：（濊州），東夷也。

《索隱》：濊州，地名，即古濊陌國也。

燕王盧綰反，入匈奴。滿亡命，聚黨千餘人，魋結蠻夷服而東走出塞，渡浿水，居秦故空地，上下鄣，稍役屬眞番、朝鮮蠻夷，及故燕齊亡命者，王之都王險。（卷 115〈朝鮮列傳〉，頁 1122）

會孝惠高后時，天下初定，遼東太守即約滿爲外臣，保塞外蠻夷，無使盜邊；諸蠻夷君長欲入見天子，勿得禁止。以聞。上許之。以故滿得兵威財物，侵降其旁小邑，眞番臨屯皆來服屬，方數千里。（同上）

司馬季主曰：「……何以爲高賢才乎？盜賊發不能禁，夷貊不服不能攝。」（卷一二七〈日者列傳〉，頁 1319）

夫燕……北鄰烏桓夫餘，東綰穢貉朝鮮眞番之利。（卷一二九〈貨殖列傳〉，頁 1340）

班固《漢書》

（高祖四年）八月……北貉、燕人來致梟騎助漢。（卷一〈高帝紀〉，頁 46）

應劭曰：北貉，國也。

師古曰：貉在東北方，三韓之屬皆貉類也。

（元朔元年）秋，匈奴入遼西……遣將軍衞青出雁門，將軍李息出代，獲首虜數千級。東夷薉君南閭等口二十八萬人降，爲蒼海郡。（卷六〈武帝紀〉，頁 88）

服虔曰：穢貊在辰韓之北，高句麗沃沮之南，東窮於海。

晉灼曰：薉古穢字。

師古曰：南閭者，薉君之名。

（元封二年）朝鮮王攻殺遼東都尉。迺募天下死罪擊朝鮮……遣

樓船將軍楊僕，左將軍荀彘，將應募罪人擊朝鮮。三年……夏，
朝鮮斬其王右渠降。以其地爲樂浪、臨屯、玄菟、眞番郡。（同
上，頁 97）

隅辟越遠，四貉咸服。（卷二二〈禮樂志〉，頁 491）

　師古曰：四貉猶言四夷。

　先謙曰：濊貉卽濊貊，漢朝鮮地。四貉咸服，武帝平定朝鮮，
　故云。……統言之，四方皆四夷，析言之，夷是東方專稱。夷
　言四貉，亦可言四種類，不一統舉之詞耳。

武帝……卽位數年……彭吳穿穢貉朝鮮，置滄海郡。（卷二四
〈食貨志〉，頁 524）

及秦並吞三晉、燕、代，自河山以南者中國。中國於四海內……
其北則胡貉、月氏旃裘引弓之民爲陰……復占太白，太白主中
國，而胡貉數侵掠。（卷二六〈天文志〉，頁 583）

元封中……漢兵擊拔朝鮮，以爲樂浪、玄菟郡，朝鮮在海中，越
之象也，居北方，胡之域也。（同上，頁 594）

玄菟、樂浪，武帝時置，皆朝鮮、濊貉、句驪蠻夷。殷道衰，箕子
去之朝鮮，教其民以禮義田蠶織作。樂浪朝鮮民犯禁八條：相殺
以當時償殺；相傷以穀償；相盜者男沒入爲其家奴，女子爲婢，
欲自贖者人五十萬，雖免爲民，俗猶羞之，嫁取無所讎；是以其
民終不相盜，無門戶之閉。婦人貞信不淫辟。其田民飲食以籩
豆，都邑頗放效吏及內郡賈人，往往以杯器食。郡初取吏於遼
東，吏見民無閉藏，及賈人往者，夜則爲盜，俗稍益薄。今於犯
禁寖多至六十餘條。可貴哉，仁賢之化也。然東夷天性柔順，異
於三方之外，故孔子悼道不行，設浮於海，欲居九夷，有以也。
（卷二八〈地理志〉，頁 858-9）

將軍者，國之爪牙也……是以名聲暴於夷貊，威稜憺乎鄰國。（卷五四〈李廣傳〉，頁 1142）

宣帝初即位……惟念孝武皇帝……東定薉貊朝鮮。（卷七五〈夏侯勝傳〉，頁 1396）

（莽）遣……誅貊將軍陽俊，討穢將軍嚴尤出漁陽。（卷九九〈王莽傳〉，頁 1726）

先是，莽發高句驪兵當伐胡，不欲行，郡強迫之，皆亡出塞，因犯法爲寇遼西。大尹田譚追擊之，爲所殺。州郡歸咎於高句驪侯騊。嚴尤奏言：「貊人犯法，不從騊起，正有它心，宜令州郡且尉安之，今猥被以大罪，恐其遂畔，夫餘之屬，必有和者，匈奴未克，夫餘穢貊復起，此大憂也。」莽不尉安。穢貊遂反。詔尤擊之。尤誘高句驪侯騊至斬焉。傳首長安，莽大說，下書曰：「……今年刑在東方，誅貊之部先縱焉……予甚嘉之，其更名高句驪爲下句驪」……於是貊人愈犯邊，東北與西南夷皆亂云。（同上，頁 1738）

（莽）滔天虐民，窮凶極惡，毒流諸夏，亂延蠻貊，猶未足逞其欲焉。（同上，頁 1759）

范曄《後漢書》

（建武）二十五年春正月，遼東徼外貊人寇右北平、漁陽、上谷、太原。遼東太守祭肜招降之。（卷一〈光武帝紀〉，頁 59）

注：貊人，濊貊國人也。

百蠻貢職，烏桓濊貊咸來助祭。（卷二〈明帝紀〉，頁 67）

（安帝元初）五年……夏六月，高句驪與穢貊寇玄菟。（卷五〈安帝紀〉，頁 105）

建光元年春正月，幽州刺史馮煥率二郡太守討高句驪穢貊。不

克……夏四月，濊貊復與鮮卑寇遼東。遼東太守蔡諷追擊，戰
歿。……冬十二月，高句驪、馬韓、濊貊圍玄菟城。夫餘王遣子
與州郡並力討破之。（同上，頁 106）

延光元年春二月，夫餘王遣子將兵救玄菟，擊高句驪、馬韓、濊
貊，破之。遂遣使貢獻。（同上，頁 106）

建寧元年……十二月，鮮卑及濊貊寇幽、並二州。（卷八〈靈帝
紀〉，頁 134）

王莽篡位，貊人寇邊。建武之初，復來朝貢，時遼東太守祭肜威
讋北方，聲行海表，於是濊貊、倭、韓，萬里朝獻……東夷率皆
土著，憙飲酒歌舞，或冠弁衣錦，器用俎豆，所謂中國失禮，求
之四夷者也。（卷 85〈東夷列傳〉，頁 1003）

夫餘國在玄菟北千里，南與高句驪，東與挹婁，西與鮮卑接，北
有弱水，地方二千里，本濊地也。初北夷索離國王出行，其侍兒
於後姙身。王還，欲殺之。侍兒曰：「前見天上有氣，大如鷄子
來降我，因以有身。」王囚之。後遂生男。王令置於豕牢，豕以
口氣噓之，不死。復徙於馬蘭，馬亦如之。王以為神，乃聽母收
養，名曰東明。東明長而善射。王忌其猛，復欲殺之。東明奔
走，南至掩㴲水，以弓擊水，魚鼈皆聚浮水上，東明乘之得度，
因至夫餘而王之焉。於東夷之域最為平敞，土宜五穀，出名馬、
赤玉、貂豽。大珠如酸棗。以員柵為城，有宮室、倉庫、牢獄。
其人麤大、強勇而謹厚，不為寇鈔。以弓矢刀矛為兵。以六畜名
官，有馬加、牛加、狗加。其邑落皆主屬諸加。食飲用俎豆，會
同拜爵洗爵，揖讓升降。以臘月祭天，大會連日，飲食歌舞，名
曰迎鼓。是時斷刑獄，解囚徒。有軍事亦祭天，殺牛以蹄占吉
凶。行人無晝夜好歌吟，音聲不絕。其俗用刑嚴急，被誅者皆沒

其家人爲奴婢。盜一責十二。男女淫皆殺之。尤治惡妒婦，旣殺
復尸於山上。兄死妻嫂，死則有椁無棺，殺人殉葬，多者以百
數。其王葬用玉匣，漢朝常豫以玉匣付玄菟郡，王死則迎取以葬
焉。（同上，頁 1003）

高句驪在遼東之東千里，南與朝鮮、濊貊，東與沃沮，北與夫餘
接，地方二千里，多大山深谷，人隨而爲居。少田業，力作不足
以自資，故其俗節於飲食，而好修宮室。東夷相傳，以爲夫餘別
種，故言語法則多同。而跪拜曳一脚，行步皆走。凡有五族：有
消奴部、絕奴部、順奴部、灌奴部、桂婁部。本消奴部爲王，稍
微弱，後，桂婁部代之。其官有相加、對盧、沛者、古鄒、大加、
主部、優臺、使者、帛衣、先人。武帝滅朝鮮，以高句驪爲縣，
使屬玄菟，賜鼓吹伎人。其俗淫，皆潔淨自憙。暮夜，輒男女羣
聚爲倡樂。好祠鬼神、社稷、零星，以十月祭天，大會，名曰東
盟。其國東有大穴，號襚神，亦以十月迎而祭之。其公會衣服，
皆錦繡金銀以飾。大加、主簿皆着幘如冠，幘而無後。小加着折
風，形如弁。無牢獄，有罪，諸加評議便殺之，沒入妻子爲奴
婢。其婚姻皆就婦家，生子長大，然後將還，便稍營送終之具，
金銀財幣，盡於厚葬，積石爲封，亦種松柏。其人性凶急，有氣
力，習戰鬥，好寇鈔，沃沮東濊皆屬焉。（同上，頁 1004）
句驪，一名貊耳。有別種依小水爲居，因名小水貊。出好弓，所
謂貊弓是也。王莽（時）……誘句驪侯騶入塞，斬之，傳首長
安，莽大悅，更名高句驪王爲下句驪侯。於是貊人寇邊愈甚……
元初五年，復與濊貊寇華麗城。建光元年春……將兵出塞擊之，
捕斬濊貊渠帥，獲兵馬財物。（句驪王）宮……潛遣三千人攻玄
菟遼東……於是發廣陽、漁陽、右北平、涿郡屬國……同救之，

而貊人已去。夏，復與遼東鮮卑八千餘人攻遼隊。秋，宮遂率馬
韓、濊貊數千騎圍玄菟。夫餘王遣子尉仇臺將二萬餘人，與州郡
並力討破之，斬首五百餘級。是歲宮死，子遂成立……明年遂成
還漢生口，詣玄菟降。詔曰：「……鮮卑、濊貊連年寇鈔，驅略
小民，動以千數……」遂成死，子伯固立。其後濊貊率服，東垂
少事。（同上，頁 1004-5）

東沃沮在高句驪蓋馬大山之東，東濱大海，北與挹婁、扶餘，南
與濊貊接。其地東西夾，南北長可折，方千里，土肥美，背山向
海。宜五穀，善田種。有邑落長帥。人性質直強勇，便持矛步
戰。言語、飲食、衣服、居住，有似句驪。其葬，作大木槨長十
餘丈，開一頭為戶。新死者先假埋之，令皮肉盡乃取骨置槨中。
家人皆共一槨，刻木為主，隨死者為數焉。武帝滅朝鮮，以沃沮
地為玄菟郡，後為夷貊所侵，徙郡於高句驪西北，更以沃沮為
縣，屬樂浪東部都尉。至光武罷都尉官，後皆以封其渠帥為沃沮
侯。其土迫小，介於大國之間，遂臣屬句驪，句驪復置其中大人
為使者，以相兼領，責其租稅貂布（編者按：一作貊布）、魚、
鹽、海中食物。發美女為婢妾焉。又有北沃沮，一名置溝婁，去
南沃沮八百餘里，其俗皆與南同。（同上，頁 1005）

韓有三種：一曰馬韓，二曰辰韓，三曰弁韓。馬韓在西，有五十
四國，其北與樂浪，南與倭接。辰韓在東，十有二國，其北與濊
貊接。弁韓在辰韓之南，亦十有二國，其南亦與倭接。凡七十八
國，伯濟是其一國焉。大者萬餘戶，小者數千家，各在山海間
地，合為四千餘里，東西以海為限，皆古之辰國也。馬韓最大，
共立其種為辰王，都目支國，盡王三韓之地。其諸國先王皆是馬
韓種人焉。……辰韓耆老，自言秦之亡人避苦役適韓國，馬韓割

東界地與之。其名國爲邦，弓爲弧，賊爲寇，行酒爲行觴，相呼爲徒，有似秦語，故或名之爲秦韓……國出鐵，濊倭馬韓並從市之。凡諸貿易，皆以鐵爲貨……初朝鮮王準爲衞滿所破，乃將其餘眾數千人走入海攻馬韓，破之，自立爲韓王……靈帝末，韓濊並盛，州縣不能制，百姓苦亂，多流亡入韓者。（同上，頁1006-7）

仁聲惠於北狄，武義動於南鄰，是以旃裘之王，胡貉之長，移珍來享，抗手稱臣。（卷八七〈揚雄傳〉，頁1529）

注：師古曰：貉，東北夷。

東攄烏桓，蹂轔濊貊。（卷一一〇〈杜篤傳〉，頁929）

陳壽《三國志》

（獻帝）延康元年……三月……濊貊、扶餘、單于、焉支、于闐王皆各遣使奉獻。（〈魏志〉卷二〈文帝紀〉，頁36）

建安十年始定冀州，濊貊貢良弓，燕代獻名馬。（同上引《典論·自序》，頁50）

（正始）七年春二月，幽州刺史毋丘儉討高句驪。夏五月，討濊貊。皆破之。（〈魏志〉卷四〈三少帝紀〉齊王，頁73）

（景元）二年……秋七月，樂浪外夷，韓、濊貊各率其屬來朝貢。（同上陳留王，頁86）

高句麗、濊貊與（公孫）淵爲仇，並爲寇鈔。（〈魏志〉卷八〈公孫度傳〉引〈魏名臣奏〉，頁154）

文帝初，北狄強盛，侵擾邊塞，乃使豫持節護烏丸校尉，牽招解雋，並護鮮卑，自高柳以東濊貊，以西鮮卑數十部……各有分界，乃共要誓，皆不得以馬中國市。（〈魏志〉卷二六〈田豫傳〉，頁448）

正始中，（毋丘）儉以高句驪數侵叛，督諸軍步騎萬人出玄菟從
諸道討之……六年，復征之……過沃沮千有餘里，至肅愼氏南界
刻石紀功，刊丸都之山，銘不耐之城，諸所誅納八千餘口。（〈**魏
志**〉卷二十八〈毋丘儉傳〉，頁 469）

〈英雄記〉曰……（烏丸）北捍玁狁，東拒濊貊，世守北陲，爲
百姓保障。（〈**魏志**〉卷三十〈東夷傳〉烏丸條注引，頁 512）

〈**魏書**〉曰……其至韃遂盛，控弦數萬騎，數道入塞，趣五原寧
貊，攻匈奴南單于……檀石槐……乃分其地爲中、東、西三部，
從右北平練至遼，遼接夫餘、貊爲東部。（同上鮮卑條注引，頁
513）

夫餘在長城之北，去玄菟千里。南與高句麗，東與挹婁，西與鮮
卑接，北有弱水，方可二千里，戶八萬，其民土著。有宮室、倉
庫、牢獄，多山林廣澤，於東夷之域最平敞，土地宜五穀，不生
五果。其人麤大，性強勇謹厚，不寇鈔。國有君王，皆以六畜名
官，有馬加、牛加、豬加、狗加、犬使、犬使者、使者。邑落有豪
民，民下戶皆爲奴僕。諸加別主四出道，大者主數千家，小者數百
家。食飲皆用俎豆，會同拜爵洗爵，揖讓升降。以殷正月祭天，
國中大會，連日飲食歌舞，名曰迎鼓；於是時斷刑獄，解囚徒。
在國衣尚白，白布大袂袍袴履革鞜，出國則尚繪繡錦罽，大人加
狐狸狖白黑貂之裘，以金銀飾帽。譯人傳辭，皆跪，手據地，竊
語。用刑嚴急，殺人者死，沒其家人爲奴婢，竊盜一責十二。男
女淫、婦人妬，皆殺之。尤憎妬婦，已殺，尸之國南山上至腐
爛，女家欲得，輸牛馬乃與之。兄死妻嫂，與匈奴同俗。其國善
養牲，出名馬、赤玉、貂狖、美珠，珠大者如酸棗。以弓矢刀矛
爲兵，家家自有鎧仗，國之耆老，自說古之亡人。作城柵皆圓，

有似牢獄。行道晝夜無老幼皆歌，通日聲不絕。有軍事亦祭天，
殺牛觀蹄以占吉凶，蹄解者爲凶，合者爲吉。有敵，諸加自戰，
下戶俱擔糧飲食之。其死，夏月皆用兵殺人徇葬，多者數百；厚
葬，有棺無槨。夫餘本屬玄菟，漢末公孫度雄張海東，威服外
夷，夫餘王尉仇臺更屬遼東，時句麗、鮮卑強，度以夫餘在二虜
之間，妻以宗女。尉仇臺死，簡位居立，無適子，有孽子麻余。
位居死，諸加共立麻余。牛加兄子名位居，爲大使，輕財善施，
國人附之，時時遣使詣京都貢獻。正始中，幽州刺史毋丘儉討句
麗，遣玄菟太守王頎詣夫餘。位居遣犬加郊迎，供軍糧。季父牛
加有二心，位居殺季父父子，籍沒財物，遣使簿斂送官。舊夫餘
俗，水旱不調，五穀不熟，輒歸咎於王，或言當易，或言當殺。
麻余死，其子依慮年六歲，立以爲王。漢時夫餘王葬用玉匣，常
豫以付玄菟郡。王死，則迎取以葬。公孫淵伏誅，玄菟庫猶有玉
匣一具。今夫餘庫有玉璧珪瓚數代之物，傳世以爲寶；耆老言，
先代之所賜也。其印文言：「濊王之印」。國有故城，名濊城，
蓋本濊貊之地，而夫餘王其中，自謂亡人，抑有似也。(〈魏志〉
卷三十〈東夷傳〉夫餘，頁 516-7)

高句麗在遼東之東千里，南與朝鮮、濊，東與沃沮，北與夫餘
接。都於丸都之下，方可二千里，戶三萬。多大山深谷，無原
澤，隨山谷以爲居，食澗水，無良田，雖力佃作，不足以實口
腹。其俗節食，好治宮室，於所居之左右立大屋祭鬼神，又祠靈
星、社稷。其人性凶急，喜寇鈔。其國有王，其官有相加、對
盧、沛者、古雛、大加、主簿、優臺丞、使者、皁衣、先人，尊
卑各有等級。東夷舊語，以爲夫餘別種；言語諸事，多與夫餘
同，其性氣衣服有異。本有五族，有涓奴部、絕奴部、順奴部、

灌奴部、桂婁部，本涓奴部爲王，稍微弱，今桂婁部代之。漢時
賜鼓吹技人，常從玄菟郡受朝服衣幘，高句麗令主其名籍，後稍
驕恣，不復詣郡，於東界築小城，置朝服衣幘其中，歲時來取
之，今胡猶名此城爲幘溝漊；溝漊者，句麗名城也。其置官，有
對盧則不置沛者，有沛者則不置對盧，王之宗族，其大加皆稱古
雛加。涓奴部本國主，今雖不爲王，適統大人，得稱古雛加，亦
得立宗廟，祠靈星、社稷。絕奴部世與王婚，加古雛之號。諸大
加亦自置使者、皁衣、先人，名皆達於王，如卿大夫之家臣，會
同坐起，不得與王家使者、皁衣、先人同列。其國中大家不佃
作，坐食者萬餘口，下戶遠擔米糧魚鹽供給之。其民喜歌舞，國
中邑落，暮夜男女羣聚，相就歌戲。無大倉庫，家家自有小倉，
名之爲桴京。其人潔清自喜，善藏釀。跪拜申一腳，與夫餘異，
行步皆走。以十月祭天，國中大會，名曰東盟。其公會衣服皆錦
繡金銀以自飾，大加、主簿頭著幘，如幘而無後；其小加著折
風，形如弁。其國東有大穴，名隧穴，十月，國中人會，迎隧神
還於國，東上祭之，置木隧於神坐。無牢獄，有罪，諸加評議便
殺之，沒入妻子爲奴婢。其俗作婚姻，言語已定，女家作小屋於
大屋後，名壻屋，壻暮至女家戶外，自名跪拜，乞得就女宿，如
是者再三，女父母乃聽，使就小屋中宿，傍頓錢帛，至生子已長
大，乃將婦歸家。其俗淫。男女已嫁娶便稍作送終之衣。厚葬，
金銀財幣盡於送死，積石爲封，列種松栢。其馬皆小，便登山。
國人有氣力，習戰鬥，沃沮、東濊皆屬焉。又有小水貊，句麗作
國，依大水而居，西安平縣北有小水南流入海，句麗別種，依小
水作國，因名之爲小水貊。出好弓，所謂貊弓是也。王莽初發高
麗兵以伐胡，強迫遣之，皆亡出塞爲寇盜，遼西大尹田譚追擊

之，爲所殺。州郡縣歸咎於句麗侯騶，嚴尤奏言：「貊人犯法，
罪不起於騶，且宜安慰，今猥被之大罪，恐其遂反」，莽不聽，
詔尤擊之。尤誘，期句麗侯騶至而斬之，傳送其首詣長安。莽大
悅，布告天下，更名高句麗爲下句麗。（同上高句麗，頁517-8）
東沃沮在高句麗蓋馬大山之東，濱海而居，其地形東北狹，西南
長，可千里。北與挹婁、夫餘，南與濊貊接。戶五千，無大君
王，世世邑落各有長帥。其言語與句麗大同，時時小異，漢初燕
亡人衛滿王朝鮮時，沃沮皆屬焉。漢武元封二年伐朝鮮，殺滿孫
右渠，分其地爲四郡，以沃沮城爲玄菟郡，後爲夷貊所侵，徙郡
句麗西北，今所謂玄菟故府是也。沃沮還屬樂浪，漢以土地廣
遠，在單單大領之東分治東部都尉，治不耐城，別主領東七縣，
時沃沮亦皆爲縣。漢光武六年，省邊郡，都尉由此罷，其後皆以
其縣中渠帥爲縣侯，不耐、華麗、沃沮諸縣皆爲侯國。夷狄更相
攻伐，唯不耐濊侯至今猶置功曹主簿，諸曹皆濊民作之。沃沮諸
邑落渠帥皆自稱三老，則故縣國之制也。國小，迫於大國之間，
遂臣屬句麗，句麗復置其中大人爲使者，使相主領。又使犬加統
責其租賦、貂布、魚、鹽、海中食物，千里擔負致之。又送其美
女以爲婢妾，遇之如奴僕。其土地肥美，背山向海，宜五穀，善
田種。人性質直強勇，少牛馬，便持矛步戰。飲食、居處、衣
服、禮節有似句麗。其葬，作大木槨長十餘丈，開一頭作戶，新
死者皆假埋之，才使覆形，皮肉盡，乃取骨置槨中，舉家皆共一
槨，刻木如生形，隨死者爲數。又有瓦鑑，置米其中，編縣之於
槨戶邊。毋丘儉討句麗，句麗王宮奔沃沮……破之……宮奔北沃
沮。北沃沮一名置溝婁，去南沃沮八百餘里。其俗南北皆同。與
挹婁接，挹婁喜乘船寇鈔，北沃沮畏之，夏月恒在山巖深穴中爲

守備，多月冰凍，船道不通，乃下居村落。（同上東沃沮，頁
518-9）

濊，南與辰韓，北與高句麗、沃沮接，東窮大海，今朝鮮之東皆
其地。戶二萬。昔箕子旣適朝鮮，作八條之教以教之，無門戶之
閉而民不爲盜。其後四十餘世，朝鮮侯淮僭號稱王。陳勝等起，
天下叛秦，燕齊趙民避地朝鮮數萬口。燕人衞滿魋結夷服復來王
之。漢武帝伐滅朝鮮，分其地爲四郡，自是之後，胡漢稍別。無
大君長，自漢以來，其官有侯邑君三老統主下戶，其耆老舊自謂
與句麗同種。其人性愿愨，少嗜欲，有廉恥，不請（編者按：一
作譜）句麗言語，法俗大抵與句麗同，衣服有異，男女衣皆着曲
領，男子繫銀花，廣四寸，以爲飾。自單單大領以西屬樂浪，自
領以東七縣，都尉主之，皆以濊爲民。後省都尉，封其渠帥爲
侯，今不耐濊皆其種也。漢末更屬句麗。其俗重山川，山川各有
部分，不得妄相涉入。同姓不婚，多忌諱疾病，死亡，輒捐棄舊
宅，更作新居。有麻布蠶桑作緜。曉候星宿，豫知年歲豐約。不
以珠玉爲寶。常用十月節祭天，晝夜飲酒歌舞，名之爲舞天。又
祭虎以爲神。其邑落相侵犯，輒相責罰生口牛馬，名之爲責禍。
殺人者償死。少寇盜，作矛長三丈，或數人共持之。能步戰，樂
浪檀弓出其地。其海出班魚皮，土地饒文豹，又出果下馬，漢桓
時獻之。正始六年，樂浪太守劉茂，帶方太守弓遵，以領東濊，
屬句麗興師伐之。不耐侯舉邑降。其八年，詣闕朝貢。詔更拜不
耐濊王，居處雜在民間，四時詣郡朝謁，二郡有軍征賦調，供給
役使，遇之如民。（同上濊，頁 520）

馬韓（編者按：以其地理背景及《後漢書》本傳所記核之，「馬
韓」應作「三韓」），帶方之南，東西以海爲限，南與倭接，方

可四千里。有三種：一曰馬韓，二曰辰韓，三曰弁韓。辰韓者，古之辰國也。馬韓在西，其民土著。種植，知蠶桑作綿布。各有長帥，大者自名爲臣智，其次爲邑借，散在山海間，無城郭……凡五十餘國，大國萬餘家，小國數千家，總十餘萬戶……桓靈之末，韓濊強盛，郡縣不能制，民多流入韓國。建安中，公孫康分屯有縣以南荒地爲帶方郡，遣公孫模張敞等收集遺民，興兵伐韓濊，舊民稍出，是後倭韓遂屬帶方。（同上馬韓，頁 520-21）

辰韓在馬韓之東。其耆老傳世，自言古之亡人避秦役來適韓國，馬韓割其東界地與之。有城柵。其言語不與馬韓同，名國爲邦，弓爲弧，賊爲寇，行酒爲行觴，相呼皆爲徒，有似秦人，非但燕齊之名物也。名樂浪人爲阿殘，東方人名我爲阿，謂樂浪人本其殘餘人。今有名之爲秦韓者。始有六國，稍分爲十二國。

弁辰亦有十二國，又有諸小別邑，各有渠帥，大者名臣智，其次有險側，次有樊濊，次有殺奚，次有邑借……合二十四國，大國四五千家，小國六七百家，總四五萬戶，其十二國屬辰王，辰王常用馬韓人作之，世世相繼，辰王不得自立爲王……國出鐵，韓濊倭皆從取之，諸市買皆用鐵，如中國用錢，又以供給二郡。（同上，頁 522）

魚豢《魏略》

夫餘，其俗停葬五月，以久爲榮，其祭亡者有生有熟，喪主不欲速而他人強之，常諍引以此爲節。其居喪，男女皆純白，婦人着布面衣，去環珮，大體與中國相彷彿也。（裴松之《三國志補注‧魏志》卷三十〈東夷傳〉注引，頁 516）

其國殷富，自先世以來未嘗破壞。（同上，頁 517）

舊志又言，昔北方有槀離之國者，其王者侍婢有身，王欲殺之。

婢云：「有氣如鷄子來下我，故有身。」後生子，王捐之溷中，猪以喙嘘之；徙置馬閑，馬以氣嘘之；不死，王疑以爲天生也。乃令其母收畜之，名曰東明。常令牧馬。東明善射，王恐奪其國也，欲殺之。東明走，南至施掩水，以弓擊水，魚鼈浮爲橋，東明得度，魚鼈乃解散，追兵不得渡。東明因都王夫餘之地。（同上，頁 517）

東沃沮，其嫁娶之法，女年十歲，已相設許，壻家迎之，長養以爲婦；至成人，更還女家，女家責錢，錢畢乃復還壻。（同上，頁 518）

房喬等《晉書》

夫餘國在玄菟北千餘里，南接鮮卑，北有弱水，地方二千里，戶八萬，有城邑宮室。地宜五穀。其人強勇，會同揖讓之儀有似中國。其出使乃衣錦罽，以金銀飾腰。其法，殺人者死，沒入其家；盜者一責十二；男女淫，婦人妬，皆殺之。若有軍事，殺牛祭天，以其蹄占吉凶，蹄解者爲凶，合者爲吉。死者以生人殉葬，有槨無棺，其居喪，男女皆衣純白，婦人着布面衣，去玉佩。出善馬及貂豽美珠，珠大如酸棗。其國殷富，自先世以來未嘗被破。其王印文稱濊王之印，國中有古濊城，本濊貊之城也……太康六年爲慕容廆所襲破，其王依慮自殺，子弟走保沃沮。（卷九四〈四夷列傳〉夫餘，頁2）

蕭子顯《南齊書》

東夷高麗國，西與魏虜接……永明七年，平南參軍顏幼明……與高麗使相次，幼明謂僞主客郎裴叔令曰：「……東夷小貊，臣屬朝廷，今乃敢與我躋踵？」（卷五八〈東南夷傳〉，頁 463）

姚思廉《梁書》

高句麗者，其先出自東明。東明本北夷橐離王之子。離子出行，
其侍兒於後任娠。離王還，欲殺之。侍兒曰：「前見天上有氣如
大鷄子來降我，因以有娠。」王囚之，後遂生男。王置之豕牢，
豕以口氣噓之，不死。王以爲神，乃聽收養。長而善射。王忌其
猛，復欲殺之。東明乃奔走，南至淹滯水，以弓擊水，魚鼈皆浮
爲橋，東明乘之得渡，至夫餘而王焉。其後支別爲句麗種也。其
國，漢之玄菟郡也，在遼東之東，去遼東千里。漢魏時南與朝鮮
穢貊，東與沃沮，北與夫餘接，……其俗節食，好治宮室，於所
居之左立大屋祭鬼神，又祠零星、社稷。……言語諸事，多與夫
餘同，其性氣衣服有異。本有五族；有消奴部、絕奴部、愼奴
部、蓷奴部、桂婁部……其俗好淫，男女多相奔誘。（卷五四
〈諸夷列傳〉東夷，頁 389-90）

百濟者，其先東夷有三韓國：一曰馬韓，二曰辰韓，三曰弁韓。
弁韓辰韓各十二國，馬韓有五十四國……百濟即其一也。後漸強
大，兼諸小國。其國本與句麗在遼東之東，晉世句麗既略有遼
東，百濟亦據有遼西……百濟王號所治城曰固麻，謂邑曰檐魯，
如中國之言郡縣也。其國有二十二檐魯，皆以子弟宗族分據之。
其人形長，衣服淨潔。其國近倭，頗有文身者。今言語服章，略
與高麗同。行不張拱，拜不申足，則異。呼帽曰冠，襦曰複衫，
袴曰褌，其言參諸夏，亦秦韓之遺俗云。（同上百濟，頁 391）
新羅者，其先本辰韓種也。辰韓亦曰秦韓，相去萬里。傳言，秦
世亡人避役來適馬韓，馬韓亦割其東界居之，以秦人，故名之曰
秦韓。其言語名物，有似中國……始有六國，稍分爲十二，新羅
則其一也。其國在百濟東南五千餘里，其地東濱大海，南北與句
麗百濟接。魏時曰新盧，宋時曰新羅或曰斯羅，……其俗呼城曰

健牟羅，其邑在內曰啄評，在外曰邑勒……服牛乘馬，男女有
別。其官名有：子賁旱支、齊旱支、謁旱支、壹告支、奇貝旱
支……其拜及行與高驪相類。無文字，刻木爲信，語言待百濟而
後通焉。（同上新羅，頁 391-2）

姚思廉《陳書》

孫盧肇釁，越貊爲災。（卷一〈高祖本紀〉，頁 14）

魏收《魏書》

高麗者，出自夫餘，自言先祖朱蒙。朱蒙母，河伯女，爲夫餘王
閉於室中，爲日所照，引身避之，日影又逐。旣而有孕，生一
卵，大如五升；夫餘王棄之與犬，犬不食；棄之與豕，豕又不
食；棄之於路，牛馬避之；後棄之野，眾鳥以毛茹之。夫餘王割
剖之，不能破，遂還其母；其母以物裹之，置於暖處，有一男破
殼而出，及其長也，字之曰朱蒙。其俗言朱蒙者，善射也。大餘
人以朱蒙非人所生，將有異志，請除之。王不聽，命之養馬。朱
蒙每私試，知有善惡；駿者減養令瘦，駑者善養令肥。夫餘王以
肥者自乘，以瘦者給朱蒙。後狩於田，以朱蒙善射，限之一矢。
朱蒙雖矢少，殪獸甚多。夫餘之臣又謀殺之。朱蒙母陰知，告朱
蒙曰：「國將害汝，以汝才略，宜適遠方。」朱蒙乃與烏引、烏
速等二人棄夫餘東南走，中道遇一大水，欲濟無梁；夫餘人追之
甚急。朱蒙告水曰：「我是日子，河伯外孫，今日逃走，追兵垂
及，如何得濟？」於是魚鼈並浮爲之成橋；朱蒙得渡，魚鼈乃
解。追兵不得渡。朱蒙遂至普述水，遇見三人，其一著麻衣，一
人著衲衣，一人著水藻衣，與朱蒙紇升骨城，遂居焉，號曰高句
麗，因以爲氏焉。（卷一百〈高句麗列傳〉，頁 1-2a）李敖至
其（高句麗）所居平壤城坊其方事云；遼東南一千餘里，東至柵

城，南至小海，北至舊夫餘，民戶參倍於前。魏時其地東西二千里，南北一千餘里，民皆土著，隨山谷而居，衣布帛及皮……其官名有謁奢、大奢、大兄、小兄之號。頭著折風，其形如弁，旁插鳥羽，貴賤有差。（同上，頁 3a）

百濟國，其先出自夫餘。其國北去高句麗千餘里，處小海之南。其民土著。地多下濕，率皆山居。有五穀。其衣服飲食與高句麗同。延興二年，其王餘慶始遣使上表……又云：臣與高句麗源出夫餘。（卷一百〈百濟列傳〉，頁 5）

豆莫婁國，在勿吉國北千里，去洛六千里，舊北扶餘也，在失韋之東，東至於海，方二千里。其人土著，有宮室倉庫，多山陵廣澤，於東夷之域，最爲平敞。地宜五穀，不生五果。其人長大，性強勇謹厚，不寇鈔。其君長皆以六畜名官，邑落有豪帥。飲食用俎豆。有麻布，衣制類高麗而幅大；其國大人以金銀飾之。用刑嚴急，殺人者死，沒其家人爲奴婢。俗淫，尤惡妬婦，妬者殺之，尸其國南山上，至腐，女家欲得，輸牛馬乃與之。或言本穢貊之地也。（卷一百〈豆莫婁列傳〉，頁 10b）

令狐德棻等《周書》

高麗者，其先出於夫餘，自言始祖曰朱蒙，河伯女感日影所孕也。朱蒙長而有才略，夫餘人惡而逐之土於紇斗骨城，自號曰高句麗，仍以高爲氏。其孫莫來漸盛，擊夫餘而臣之……治平壤城……其外有國內城及漢城，亦別都也。復有遼東玄菟等數十城，皆置官司以相統攝。大官有大對盧，次有太大兄、大兄、小兄、意俟奢、烏拙、太大使者、大使者、小使者、褥奢、翳屬、仙人、並褥、薩凡十三等，分掌內外事焉。其大對盧則以強弱相陵奪而自爲之，不由王之署置也。其刑法：謀反及叛者，先以火

焚爇，然後斬首，籍沒其家；盜者，十餘倍徵贓，若貧不能備，及負公私債者，皆聽評其子女爲奴婢以償之。丈夫衣同袖衫大口袴，白韋帶，黃革履。其冠曰骨蘇，多以紫羅爲之，雜以金銀爲飾；其有官品者，又插二鳥羽於其上以顯異之。婦人服裙襦，裾袖皆爲襈。……兵器有甲弩弓箭戟矟矛鋋。賦稅則絹布及粟，隨其所有，量貧富差等輸之。土田墝薄，居處節儉；然尙容止，多詐僞，言辭鄙穢，不簡親疏。乃至同川而浴，共室而寢，風俗好淫，不以爲愧；有遊女者，夫無常人。婚娶之禮，略無財幣；若受財者，謂之賣婢，俗甚恥之。父母及夫喪，其服制同於華夏，兄弟則限以三月。敬信佛法，尤好淫祀；又有神廟二所：一曰夫餘神，刻木作婦人之象，一曰登高神，云是其始祖，夫餘神之子。並置官司，遣人守護，蓋河伯女與朱蒙云。（卷四九〈異域列傳〉高麗，頁 365-6）

百濟者，其先蓋馬韓之屬國，夫餘之別種。有仇臺者，始國於帶方……王姓夫餘氏，號於羅瑕，民呼爲鞬吉支，夏言竝王也。妻號於陸。夏言妃也。官有十六品……其衣服，男子略同於高麗……婦人衣以袍，而袖微大，在室者編髮盤於首後，垂一道爲飾，出嫁者乃分爲兩道焉……其刑罰：反叛退軍及殺人者，斬；盜者，流，其贓兩倍徵之；婦人犯姦者，沒入夫家爲婢……其王以四仲之月祭天及五帝之神。又每歲四祠其始祖仇臺之廟。（同上百濟，頁 366-7）

李延壽《南史》

百濟者，其先東夷有三韓國：一曰馬韓、二曰辰韓、三曰弁韓。弁韓、辰韓各十二國，馬韓有五十四國，大國萬餘家，小國數千家，總十餘萬戶，百濟即其一也，後漸強大，兼諸小國。其國本

與句麗俱在遼東之東千餘里，晉世句麗旣略有遼東，百濟亦據有遼西……百濟王號所都城曰固麻，謂邑曰檐魯，如中國之言郡縣也。其國之有二十二檐魯，皆以子弟宗族分居之。其人形長，衣服潔淨。其國近倭，頗有文身者，言語服章，略與高麗同……其言參諸夏，亦秦韓之遺俗云。（卷七十九〈夷貊傳〉下，頁906）

李延壽《北史》

高句麗，其先出自夫餘。王嘗得河伯女……生一卵大如五升……有一男破殼而出，及長，字之曰朱蒙。其俗言朱蒙者，善射也……朱蒙至紇升滑城，遂居焉，號曰高句麗，因以高為氏……有神廟二所，一曰夫餘神……一曰高登神……蓋河伯女朱蒙云，（卷九十四〈高麗列傳〉，頁 1386-90）

百濟之國，蓋馬韓之屬也……東明……至夫餘而王焉……其飲食衣服與高麗略同。（同上，頁 1390）

新羅者，其先本辰韓種也……亦曰秦韓……其人辯，有華夏高麗百濟之屬，兼有沃沮不耐韓獩之地。其王本百濟人，自海逃入新羅，遂王其國，初附屬於百濟……風俗刑政衣服略與高句麗百濟同。……田甚良沃，水陸兼種，其五穀果蓏鳥獸物產略與華同。（同上，頁 1392-3）

長孫無忌等《隋書》

八年春正月……壬午，下詔曰：「……高麗小醜，昏迷不恭，崇聚勃碣之間，薦食遼獩之境」。（卷四〈煬帝紀〉，頁 48）

凡日月宿在箕東壁翼軫者，風起。又主口舌，主客蠻夷胡貊，故蠻胡將動，先表箕焉。（卷二十〈天文志〉，頁 291）

（煬）帝巡於塞北，幸啟民帳時，高麗遣使先通於突厥，啟民不敢隱，引之見帝。矩因奏狀曰：「高麗之地，本孤竹國也。周代

以之封於箕子。漢時分爲三郡，晉氏亦統遼東，今乃不臣，別爲外域……當陛下之時，安得不事，使此冠帶之境，仍爲蠻貊之列乎？」（卷六七〈裴矩傳〉，頁 788）

高麗之先，出自夫餘，夫餘王嘗得河伯女，因閉於室內，爲日光隨而照之，感而遂孕，生一大卵，有一男子破殼而出，名曰朱蒙。夫餘之臣，以朱蒙非人所生，咸請殺之，王不聽。及壯，因從獵，所獲居多，又請殺之。其母以告朱蒙。朱蒙棄夫餘東南走，遇一大水，深不可越，朱蒙曰：「我是河伯外孫，日之子也；今有難，而追兵且及，如何得度？」於是魚鼈積而成橋，朱蒙遂度，追騎不得濟而還。朱蒙建國，自號高句麗，以高爲氏……官有：太大兄、次大兄、次小兄、次對盧、次意侯奢、次烏拙、次太大使者、次大使者、次小使者、次褥奢、次翳屬、次仙人、凡十二等，復有內評、外評、五部、褥薩。人皆皮冠，使人加插鳥羽，貴者冠用紫羅，飾以金銀，服大袖衫，大口袴，素皮帶，黃革履。婦人裙襦加襈。……人稅布五匹，穀五石，遊人則三年一稅，十人共細布一匹。租戶一石，次七斗，下五斗。反逆者縛之於柱，爇而斬之，籍沒其家。盜則償十倍，用刑旣峻，罕有犯者。樂有五弦、箏、篳篥、橫吹、簫鼓之屬，吹蘆以和曲；每年初聚於浿水之上，王乘腰輿，列羽儀以觀之，事畢王以衣服入水，分左右爲二部，以水石相濺擲諠呼、馳逐，再三而止。……俗多遊女，有婚嫁者，取男女相悅然卽爲之，男家送豬酒而已，無財聘之禮，或有受財者，人共恥之。死者殯於屋內，經三年擇吉日而葬，居父母及夫之喪服皆三年，兄弟三月。初終哭泣，葬則鼓舞作樂以送之；埋訖，悉取死者生時服翫車馬置於墓側，令葬者爭取而去。敬鬼神，多淫祠。（卷八一〈東夷列傳〉高麗，

頁 905)

百濟之先出自高麗國,其國王有一侍婢忽懷孕,王欲殺之。婢云:
「有物狀如鷄子來感於我,故有娠也。」王捨之。後遂生一男,
棄之厠溷,久而不死,以爲神,命養之,名曰東明。及長,高麗
王忌之,東明懼,逃至淹水,夫餘人共奉之。東明之後有仇臺
者,篤於仁信,始立其國於帶方故地……初以百家濟海,因號百
濟……其居曰居扰城,官有十六品;長曰左平、次大率、次恩
率、德率、次杆率、次奈率、次將德——服紫帶,次施德——皂
帶、次固德——赤帶,次李德——靑帶,次對德——以下皆黃
帶,次文督、次武督、次佐軍、次振武、次剋虞——皆用白帶。
其冠制並同……其人雜,有新羅、高麗、倭等,亦有中國人。其
衣服與高麗略同。婦人不加粉黛,辮髮垂後,已出嫁則分爲兩
道,盤於頭上。……國中大姓有八族:沙氏、燕氏、刕氏、解
氏、貞氏、國氏、木氏、苗氏。婚娶之禮,略同於華,喪制如高
麗。有五穀牛猪鷄,多不火食……每以四仲之月,王祭天及五帝
之神。立其始祖仇臺廟於國城,歲四祠之……百濟自西行三日至
貊云。(同上百濟,頁 907-8)

新羅國在高麗東南,居漢時樂浪之地,或稱斯羅。魏將毋丘儉討
高麗,破之;奔沃沮,其後復歸故國,留者遂爲新羅焉。故其人
雜有華夏、高麗、百濟之屬,兼有沃沮、不耐、韓、獩之地;其
王本百濟人,自海逃入新羅,遂王其國……其先附庸於百濟,後
因百濟征高麗,高麗人不堪戎役,相率歸之,遂致強盛,因襲百
濟,附庸於迦羅國。其官有十七等,其一曰伊罰千,貴爲相國,
次伊尺千,次迎千,次破彌千,次大阿尺千,次阿尺千;次乙吉
千,次沙咄千,次尸伏千,次大奈摩千,次奈摩,次大舍,次小

舍，次大烏，次小烏，次造位；外有郡縣。其文字、甲兵同於中國。選人壯健者悉入軍烽戍邏，俱有屯管部伍。風俗、刑政、衣服略與高麗百濟同。每正月旦相賀，王設宴會班賚羣官，其日拜日月神，至八月十五日設樂，令官人射，賞以馬布。其有大事，則聚羣官評議而定之。服色尚素。婦人辮髮繞頭，以雜彩及珠爲飾。婚嫁之禮，唯酒食而已，輕重隨貧富；新婚之夕，女先拜舅姑，次卽拜夫。死有棺歛，葬起墳陵；王及父母妻子喪，持服一年。（同上新羅，頁 908-9）

劉昫《舊唐書》

高麗者，出自扶餘之別種也。其國都於平壤城，卽漢樂浪郡之故地。其官大者號大對盧，比一品，總知國事，三年一代，若稱職者，不拘年限，交替之日，或不相只服，皆勒兵相攻，勝者爲之，其王但閉宮自守，不能制御。次曰太大兄，比正二品。對盧以下官總十二級，外置州縣六十餘城，大城置傉薩一，比都督。諸城置道使，比刺史。其下各有僚佐，分掌曹事，衣裳、服飾，唯王五綵，以白羅爲冠，白皮小帶，其冠及帶咸以金飾；官之貴者，則靑羅爲冠，次以緋羅，插二鳥羽及金銀爲飾，衫筒袖袴大口，白韋帶，黃革履；國人衣褐戴弁，婦人首加巾幗。好圍棊投壺之戲，人能蹴鞠，食用籩豆，簠簋罇俎罍洗，頗有箕子之遺風。其所居必依山谷，皆以茅草葺舍，唯佛寺神廟及王宮官府乃用瓦。其俗貧窶者多，冬月皆作長坑，下燃熅火以取暖。種田養蠶，略同中國。其法：有謀反叛者，則集眾持火炬競燒灼之，燋爛備體，然後斬首，家悉籍沒；守城降敵，臨陣敗北，殺人行刼者，斬；盜物者，十二倍酬贓；殺牛馬者，沒身爲奴婢；大體用法嚴峻，少有犯者，乃至路不拾遺。其俗多淫。祀事靈星神、日

神、可汗神、箕子神。國城東有大穴，名神隧，皆以十月，王自祭之。（卷一九一〈東夷列傳〉高麗條，頁 1-2a）

百濟國本亦扶餘之別種，嘗爲馬韓故地……其王所居，有東西兩城，所置內官曰：內臣佐平，掌宣納事；內頭佐平，掌庫藏事；內法佐平，掌禮儀事；衞士佐平，掌宿衞兵事；朝廷佐平，掌刑獄事；兵官佐平，掌在外兵事。又外置六帶方，管十郡。其用法：叛逆者死，籍沒其家；殺人者，以奴婢三贖罪；官人受財及盜者，三倍追臟，仍終身禁錮。凡諸賦稅及風土所產，多與高麗同。其王服大袖紫袍、青錦袴、烏羅冠，金花爲飾，素皮帶，烏革履。官人盡緋爲衣，銀花飾冠。庶人不得衣緋紫。歲時伏臘，同於中國。（同上百濟條，頁 11b-12a）

新羅國，本弁韓之苗裔也……其風俗刑法衣服與高麗百濟略同，而朝服尚白，好祭山神。（同上新羅條，頁 17a-18b）

宋祁等《新唐書》

高麗本扶餘別種也……官凡十二級：曰大對盧或曰吐捽，曰鬱折，主圖簿者，曰太大使者，曰帛衣頭大兄，所謂帛衣者先人也，秉國政，三歲一易，善職則否……曰大使者，曰大兄，曰上位使者，曰諸兄，曰小使者，曰過節，曰先人，曰古鄒大加……分五部：曰內部，即漢桂婁部也，亦號黃部；曰北部，即絕奴部也，或號後部；曰東部，即順奴也，或號左部；曰南部，即灌奴部也，亦號前部；曰西部，即消奴部也。（卷二二〇〈東夷列傳〉高麗條，頁 1-2b）

百濟，扶餘別種也。（同上百濟條，頁 15b）

新羅，弁韓苗裔也……謂城爲侵弁羅……其建宮以親屬爲上，其族名第一骨、第二骨以自別兄弟，女姑姨從姊妹皆聘爲妻。王族

　　爲第一骨，妻亦其族，生子皆爲第一骨，不娶第二骨女，雖娶，
　　常爲妾媵。（同上新羅條，頁 19b）

歐陽修《五代史記》

　　渤海，本號靺鞨，高麗之別種也。（卷七四〈四夷傳〉，頁 445）

脫克脫《宋史》

　　高麗本曰高句麗，禹別九州，屬冀州之地，周爲箕子之國，漢之
　　玄菟郡也，在遼東；蓋扶餘之別種。（卷四八七〈外國傳〉三高
　　麗，頁 5817）

　　（高麗）上下以買販爲利入爲事，日中爲虛，用米布貿易。地產
　　銅，不知鑄錢……崇寧後始學皷鑄，有海東通寶、重寶、三韓通
　　寶三種錢，然其俗不便也……信鬼，拘陰陽，病不相視，歛不撫
　　棺；貧者，死則露置中野。歲以建子月祭天。國東有穴號歲神，
　　常以十月望日迎祭，謂之八關齋，禮儀甚盛……俗不知醫……男
　　女自爲夫婦者不禁。夏日同川而浴……性仁柔。惡殺，不屠宰，
　　欲食羊豕，則包以蒿而燔之。刑無慘酷之科，唯惡逆及罵父母
　　者，斬，餘皆杖肋；外郡刑殺，悉送王城。歲以八月減囚，死罪
　　貸流諸島，累赦眂，輕重原之。（同上，頁 5826）

脫克脫《遼史》

　　（遼太祖天顯元年二月）丁未，高麗、濊貊、鐵驪、靺鞨來貢。
　　（卷二〈太祖本紀〉，頁 26）

　　開州鎮國軍節度，本濊貊地……有宮殿……疊石爲城。（卷三八
　　〈地理志〉，頁 199）

　　遼制，屬國屬部，官大有儗王封，小者准部使……高麗國王府，
　　新羅國王府……濊貊國王府。（卷四六〈百官志〉，頁 282-3）
　　烏濊部。（同上，頁 285）

遼本朝鮮故壤，箕子八條之教，流風遺俗，蓋有存者。（卷四九〈禮志〉，頁 309）

徐兢《宣和奉使高麗圖經》

高麗建官，唐武德間有九等：一曰大對靈，總國事，次曰太大兄，次曰鬱折，次曰大大夫人使者，次曰衣頭大兄，掌機密，謀政事，遣發兵馬，造授官爵，次曰大使者，次曰大兄，次曰位使者，次曰上位使者，次曰小兄，次曰諸過節，次曰先人。（卷七，頁 25）

麗政尚簡，訟牒略而不文，官府治事，坐不據按，但登榻指呼而已，吏捧批牘，跪陳於前，上手聽奉，即時批決，了無稽留，已事則棄，不設架閣。（卷二二，頁 76）

給使之賤，視官品而為多寡之數……皆官奴隸也，世代相承為之。（同上，頁 77）

東夷性仁……其男子出於禮義，婦人由於正信，飲食以豆邊，行路者相遜，固異乎蠻貊雜類。（卷四十，頁 138）

任洛《全遼志》

載籍稱舜分十有二州，而以冀東北為幽州，青東北為營州……秦漢以來，中更聖僑，蓋以孤懸之地，而東鄰夫餘濊貊，西逼匈奴烏桓。（卷之一，〈沿革志〉）

遼東踔遠，北控烏桓夫餘，東瞰濊貊朝鮮真番諸部落，夷夏之交，戎馬之區也。（卷之五，〈藝文志〉）

劉謹之等《欽定盛京通志》

幽州，《周官‧職方氏》東北曰幽州，其山鎮曰醫巫閭……又為箕子封國，稷慎濊貊良夷諸國皆屬焉。（卷二三〈歷代建置沿革表〉，頁 1a）

蓋平、復州、寧海、岫巖、鳳凰城，則周之朝鮮，漢之元菟樂
浪，隋之高句麗，而岫巖、鳳凰城又兼接濊地，此古來沿革之大
凡也。（同上，頁 36）

魏樞等《盛京通志》

奉天府，武王封箕子於朝鮮，今府治東南爲朝鮮界。（卷之十
〈建置沿革〉，頁 5a）

韓州，古槀離國也。

佚名《朝鮮志》

檀君肇國，箕子受封，皆都平壤……至我康獻王，建都漢陽，定
爲八道……東曰江原，其東抵大海。本濊貊之地，後爲高句麗所
有。（卷上，頁 1）

（四）諸子及其他

《管子》

（桓公）中救晉公，禽狄王，敗胡貉，破屠何……踰大行與卑耳
之貉(亦作谿)、拘秦夏，西服流沙西虞。（〈小匡〉，頁 126）

桓公曰：「余乘車之會三，兵車之會六。九合諸侯，一匡天下。
北至於孤竹、山戎、穢貉、拘秦夏……」（同上）

《晏子春秋》：

今夫胡貉戎狄之蓄狗也，多者十有餘，寡者五六，然不相傷害。
今束雞豚妄投之，其折骨決皮，可立見也。（〈內篇·諫下〉，
頁 37）

《墨子》

古者禹治天下……北爲防原，派注后之邸，嘑池之竇,洒爲底柱，
鑿爲龍門，以利燕代胡貉與西河之民。（〈兼愛〉中，頁 67-8）

昔者武王將事太山隧傳曰：泰山有道，曾孫周王有事，大事既獲，仁人當作，以只商夏，蠻夷醜貉，雖有周親，不若仁人，萬方有罪，維予一人。（同上，頁 70）

古者封國於天下⋯⋯以攻戰亡者，不可勝數⋯⋯雖北者且不一著何，其所以亡於燕代胡貉之間者，亦以攻戰也。（〈非攻〉中，頁 84-5）

越之東有輆、沐之國者，其長子生，則解而食之，謂之宜弟；大父死，則負大母而棄之，言鬼妻不可與居處。（〈節葬〉下，頁 115-6）

《荀子》

干越夷貉之子，生而同聲，長而異俗，教使之然也。（〈勸學篇〉，頁 2）

今秦⋯⋯北與胡貉為鄰，西有巴戎。（〈強國篇〉，頁 201）

《戰國策》

秦西有巴蜀漢中之利，北有胡貉代馬之用。（卷三〈秦策〉，頁 15）

《山海經》

貉國在漢水東北，地近於燕。（〈海內西經〉，頁 57）

郭注：今扶餘國即濊貉故地，在長城北，去玄菟千里。

孟鳥，在貉國東北，其鳥文赤黃青。東鄉。（同上）

有蔿國，黍食，使四鳥。（〈大荒東經〉，頁 63）

懿行案：蔿國蓋即濊貉也。（《山海經箋疏・大荒東經》，頁 3a）

《古本竹書紀年》

（魏哀王）十七年，邯鄲命史大夫奴遷於九原，又命將軍、大夫、適子、戍吏皆貉服。（頁 31a）

《逸周書》

> 西面者正北方，稷慎，大塵；穢人，前兒，前兒若獼猴立，行聲
> 似小兒。（〈王會〉，頁 186）

> 職方氏掌天下之圖，辨其邦國都鄙，四夷、八蠻、七閩、九貉、
> 五戎、六狄之人民與財用。（〈職方〉，頁 212）

劉安《淮南子》

> 越王句踐，劗髮文身……南面而霸天下，泗上十二諸侯，皆率九
> 夷以朝。胡貉匈奴之國，縱體拖髮，箕倨反言，而國不亡者，未
> 必無禮也。（〈齊俗訓〉，頁 175）

許慎《說文解字》

> 東方貉，从豸。（卷四上，頁 115）

> 貔，豹屬，出貉國。（卷九下，頁 317）

> 貉，北方豸種，从豸各聲。（同上）

晁錯〈守邊備塞議〉

> 臣聞秦時，北攻胡貉，築塞河上……夫胡貉之地，積陰之處也，
> 木皮三寸，冰厚六尺，食肉而飲酪，其人密理，鳥獸氄毛，其性
> 能寒。（《淵鑑類函》卷二三〇〈邊塞部 ——禦邊〉，頁 5b）

桓寬《鹽鐵論》

> 今世俗壞而競於淫靡……求蠻貉之物以眩中國……交萬里之財，
> 曠日費力，無益於用。是以揭夫匹婦，勞罷力屈而衣食不足也。
> （〈力耕〉，頁 4）

> 有司思師望之計，遂先帝之業，志在絕胡貉，擒單于，故未遑扣
> 扃之義，而錄拘儒之論。（〈復古〉，頁 7）

> 夫蠻貉之人，不食之地，何足以煩慮而有戰國之憂哉？（〈憂
> 邊〉，頁 14）

禹平水土，定九州……山川之利足以富百姓。不待蠻貊之地，遠方之物，而用足。（〈未通〉，頁17）

（今）左將伐朝鮮，開臨洮，燕齊困於穢貉。（〈地廣〉，頁19）

古者……不賞無功，不養無用。今蠻貊無功，縣官居肆，廣屋大第，坐稟衣食。百姓或旦暮不瞻，蠻夷或厭酒肉。（〈散不足〉，頁 35）

周累世積德，天下莫不願以為君，故不勞而王，恩施由近及遠，而蠻貊自至。（〈誅秦〉，頁 47）

昔周室盛也，越裳氏來獻，百蠻致貢，其後周衰，諸侯力征，蠻貊分散，各有聚黨，莫能相一。（〈伐功〉，頁 47）

春秋……天下賓服……蠻貊異國，重譯自至。（〈世務〉，頁 49）

故孟賁奮臂，眾人輕之……況以吳楚之士，舞利劍，蹶強弩，以與貉虜騁於中原，一人當百，不足道也。夫如此，則胡無守谷，貉無交兵，力不支漢，其勢必降。（〈論勇〉，頁 52）

聞得賢聖而蠻貊來享，未聞刜殺人主以懷遠也。（同上，頁 53）

揚雄《法言》

聖人之道，譬猶日之中矣，不及則未，過則昃。什一，天下之正也，多則桀，寡則貉。（〈先知〉，頁 27）

聖人之道，猶四瀆也，經營中國，終入大海；它人之道，西北之流也，綱紀夷貉，或入於沱，或淪於漢。（〈君子〉，頁 38）

揚雄《百官箴》

東陌穢貉，羨及東胡。（〈幽州牧箴——古文苑〉卷十四，頁 336）

奚貉伊德，侵玩上國。（〈並州牧箴〉——同上，頁 337）

王充《論衡》

北夷橐離國王侍婢有娠……後產子……名東明，東明善射，王恐奪其國也，欲殺之。東明走……因都夫餘，故北夷有夫餘國焉。（〈吉驗篇〉，頁 18-9）

遼東樂浪，周時被髮椎髻，今戴皮弁；周時重譯，今吟詩書。（〈恢國篇〉，頁 193）

應劭《漢官儀》

正月旦，天子御德陽殿，臨軒，公卿、大夫、百官各陪位朝賀；蠻、貊、胡、羌朝貢畢，見屬郡計吏，皆陛覲。（卷下，頁 44）

應劭《風俗通》

燕，外迫蠻貊，內筰齊晉。（卷上，頁 14）

至於休溷諸狢，南伐晉別，北滅黑姑。（卷上，頁 20）

劉熙《釋名》

貊炙，全體炙之，各自以刀割，出於胡貊之爲也。（卷四〈釋飲食〉，頁 64）

張華《博物志》

越之東有駭、沐之國，其長子生，則解而食之，謂之宜弟；父死，則負其母而棄之，言鬼妻不可與同居。（卷五，頁 29）

北方五狄：一曰匈奴，二曰穢貊，三曰密吉，四曰單于，五曰白屋。（〈逸文〉，頁 68）

穢貊國，南與辰韓，北與句麗、沃沮接，東窮大海……正始六年，樂浪太守劉茂、帶方太守弓遵領東穢，屬句麗伐之，舉邑降之。（同上，頁 74）

干寶《搜神記》

胡床貊槃，翟之器也；羌煮貊炙，翟之食也；自太始以來，中國尚之，貴人富室，必畜其器，吉享嘉賓，皆以爲先，戎翟侵中國

之前兆也。（卷七，頁 51）

王冑《紀遼東》

遼東浿水事襲行，俯拾信神兵。欲知振旅旋歸樂，爲聽凱歌聲。

十乘元戎纔渡遼，扶濊已冰消。詎似百萬臨江水，按轡空廻鑣。

（《古今圖書集成》第二十六卷〈朝鮮部藝文〉，頁 2-1a）

蕭德言等《括地志》

高酈都平襄城，本漢樂浪郡王險城。古云，朝鮮地也。（卷八，頁 12a）

朝鮮高酈貊東沃沮五國之地，國東西千三百里，南北二千里，在京師東。東至大海，四百里；北至營州界，九百二十里；南至新羅國，六百里；北至靺鞨國，千四百里。（同上，頁 12c）

穢貊在高麗南，新羅北，東至大海。（同上）

李昉《太平御覽》

〈東宮舊事〉曰：漆貊炙大函一具。（卷七六〇，頁 6a）

金正喜輯《東古文存》

我先王與先君東明王相好，而誘我臣逃至此，欲完聚以成國家。

（扶餘王帶素讓高句麗琉璃明王書——新莽始建國元年，頁 1）

臣（百濟蓋鹵王）與高麗，源出扶餘，先世之時，篤崇舊欵。

（百濟蓋鹵王遣使朝魏上表——魏孝文延興二年，頁 3）

李齊賢《益齋集》

公……鷄林，彥陽郡人也……擢將軍，鎮東北界，羯貊不敢犯。

（卷第六〈金公行軍記〉，頁 63）

東倭浮海而獻琛，北貊扣關而受廛。（卷第九〈史贊文王〉，頁 129）

金富軾《三國史記》

二十一年（新羅赫居世居西干）……高句麗始祖東明立。（卷第
一〈新羅本紀〉第一，頁2）

四十年，百濟始祖溫祚立。（同上，頁3）

十六年（新羅南解次次雄）春二月，北溟人耕田，得濊王印，獻
之。（同上，頁4）

十七年（新羅儒理尼師今）秋九月，華麗、不耐二縣人連謀，率
騎兵犯北境。貊國渠帥以兵要曲河西，敗之。王喜，與貊國結
好。（同上，頁5-6）

十九年秋八月，貊帥獵得禽獸，獻之。（同上，頁6）

論曰……若新羅，則不止取同姓而已，兄弟子、姑姨、從姊妹皆
聘爲妻。（卷第三〈新羅本紀〉第三，頁1）

九年（眞興王）春二月，高句麗與濊人攻百濟獨山城。百濟請
救。（卷第四〈新羅本紀〉第四，頁4）

始祖東明聖王，姓高氏，諱朱蒙。先是，扶餘王解夫婁老無子，
祭山川求嗣，其所御馬至鯤淵，見大石相對流淚，王怪之，使人
轉其石，有小兒，金色蛙形（蛙一作蝸），王喜曰：「此乃天賚
我令胤乎？」乃收而養之，名曰金蛙。及其長，立爲太子。後，
其相阿蘭弗曰：「日者天降我曰，將使吾子孫立國於此，汝其避
之。東海之濱有地號曰迦葉原，土壤膏腴，宜五穀，可都也。」
阿蘭弗遂勸王移都於彼，國號東扶餘。其舊都有人，不知所從
來，自稱天帝子解慕漱來都焉。及解夫婁薨，金蛙嗣位。於是
時，得女子於太白山南優渤水，問之。曰：「我是河伯之女，名
柳花，與諸弟出游時，有一男子，自言天帝子解慕漱，誘我熊心
山下鴨淥邊室中私之，即往不返。父母責我無媒而從人，遂謫居
優渤水。」金蛙異之，幽閉於室中，爲日所炤，引身避之，日影

又逐而炤之，因而有孕。生一卵，大如五升許。王棄之與犬豕，皆不食。又棄之路中，牛馬避之。後棄之野，鳥覆翼之。王欲剖之，不能破。遂還其母，以物裹之，置於暖處，有一男兒，破殼而出，骨表芙奇，年甫七歲，嶷然異常，自作弓矢，射之，百發百中。扶餘俗語善射爲朱蒙，故以名之。金蛙有七子，常與朱蒙遊戲，其伎能皆不及朱蒙。其長子帶素言於王曰：「朱蒙非人所生，其爲人也勇，若不早圖，恐有後患，請除之。」王不聽。使之養馬。朱蒙知其駿者而減食令瘦，駑者善養令肥。王以肥者自乘，瘦者給朱蒙。後獵於野，以朱蒙善射，與其矢小，而朱蒙殪獸多。王子及諸臣又謀殺之。朱蒙母陰知之，告曰：「國人將害汝，以汝才略，何往而不可。與其遲留而受辱，不若遠適以有爲。」朱蒙乃與鳥伊、摩離、陝父等三人爲友，行至淹㴲水，欲渡無梁，恐爲追兵所迫，告水曰：「我是天帝子，河伯外孫，今日逃走，追者垂及，如何？」於是魚鼈浮出成橋，朱蒙得渡，魚鼈乃解，追騎不得渡。朱蒙行至毛屯谷，遇三人，其一人着麻衣，一人着衲衣，一人着水藻衣。朱蒙問曰：「子等何許人也，何姓名乎？」麻衣者曰：「名再思。」衲衣者曰：「名武骨。」水藻衣者曰：「名默居。」而不言姓。朱蒙賜再思姓克氏，武骨仲室氏，默居少室氏。乃告於眾曰：「我方承景命，欲啟元基，而適遇此三賢，豈非天賜乎！」遂揆其能，各任以事。與之俱至卒本川，觀其土壤肥美，山河險固，遂欲都焉，而未遑作宮室，但結廬於沸流水上居之。國號高句麗，因以高爲氏（一云：朱蒙至卒本扶餘，王無子，見朱蒙，知非常人，以其女妻之，王薨，朱蒙嗣位）。時朱蒙年二十二歲，是漢孝元帝建昭二年。（卷第十三〈高句麗本紀〉第一，頁 1-2）

三十一年（高句麗琉璃明王），漢王莽發我兵伐胡，吾人不欲行，強迫遣之，皆亡出塞，因犯法爲寇。遼西大尹田譚追擊之，爲所殺。州郡歸咎於我。嚴尤奏言：「貊人犯法，宜令州郡且慰安之，今猥被以大罪，恐其遂叛，扶餘之屬，必有和者。匈奴未克，扶餘、穢貊復起，此大憂也。」王莽不聽，詔尤擊之。尤誘我將延丕斬之，傳首京師（兩《漢書》及《南北史》皆云：誘句麗侯騊斬之），莽悅之，更名吾王爲「下句麗侯」布告天下，令咸知焉。於是寇漢邊地愈甚。（同上，頁7）

三十三年……秋八月，王命烏伊、摩離領兵二萬西伐梁貊，滅其國。（同上，頁7）

五十三年（大祖大王）……秋九月，耿夔擊破貊人。（卷第十五〈高句麗本紀〉第三，頁2）

六十六年……夏六月，王與濊貊襲漢玄菟，攻華麗城。（同上，頁2）

六十九年春，漢……將兵來侵，擊殺穢貊渠帥。（同上，頁2）

十二月（六十九年），王率馬韓、濊貊一萬餘騎進圍玄菟城。扶餘王遣子尉仇臺領兵二萬與漢兵並力拒戰，我軍大敗。（同上，頁3）

七十年，王與馬韓、穢貊侵遼東。扶餘王遣兵救之。（同上，頁3）

（新大王二年）拜答夫爲國相，加爵爲沛者，令知內外兵馬，兼領梁貊部落。（卷第十六〈高句麗本紀〉第四，頁2）

二十年（東川王）秋八月，魏遣幽州刺史毋丘儉將萬人，出玄菟，來侵……再戰於梁貊之谷，又敗之。（卷第十七〈高句麗本紀〉第五，頁2）

十二年（中川王）多十二月……魏將尉遲楷將兵來伐，王簡精騎五千，戰於梁貊之谷，敗之，斬首八千餘級。（同上，頁 4）

十一年（西川王），拜達買爲安國相，知內外兵馬事，兼統梁貊肅愼諸部落。（同上，頁 5）

元年（烽上王）春三月，殺安國君達買……國人曰：「微安國君，民不能免梁貊、肅愼之難。今其死矣，其將焉托。」（同上，頁 5）

四年（安原王）春正月，以濊兵六千攻百濟獨山城……不克而退。（卷第十九〈高句麗本紀〉第七，頁 5）

百濟始祖溫祚王。其父鄒牟，或云朱蒙，自北扶餘逃難至卒本扶餘。扶餘王無子，只有三女子，見朱蒙，知非常人，以第二女妻之。未幾，扶餘王薨。朱蒙嗣位。生二子，長曰沸流，次曰溫祚……溫祚都河南慰禮城，以十臣爲輔翼，號曰十濟。時前漢成帝鴻嘉三年也……後以來時百姓樂從，改號百濟。其世系與高句麗同出扶餘，故以扶餘爲氏。（卷第二十三〈百濟本紀〉第一，頁 1）

十六年（聖王）春，移都於泗沘（一名所夫里），國號南扶餘。（卷第二十六〈百濟本紀〉第四，頁 6）

二十六年春正月，高句麗王平成與濊謀攻漢北獨山城。（同上，頁 6）

新羅疆界，古傳記不同……買耽《四夷》述曰：「辰韓在馬韓東，東抵海，北與濊接」。新羅崔致遠曰：「馬韓則高麗，卞韓則百濟，辰韓則新羅也。」此諸說可謂近似。（卷第三十四《雜志》第三〈地理〉一，頁 1）

朔州，買耽《古今郡國志》云：「句麗之東南，濊之西，古貊

地。」蓋今新羅北朔州。善德王六年，唐貞觀十一年，爲牛首

主。景德王改爲朔州。今春州。（卷第三十五《雜志》第四〈地

理〉二，頁5）

溟州，本高句麗河西良（一作何瑟羅），後屬新羅。賈耽《古今

郡國志》云：「今新羅北界溟州，蓋濊之古國，前史以扶餘爲濊

地，蓋誤。」（同上，頁7）

一然《三國遺事》

《周禮・職方氏》掌四夷九貊者，東夷之種，即九夷也……又或

云：今朔州是貊國，或平壤城爲貊國……海東《安弘記》云：九

韓者，一日本，二中華，三吳越，四毛羅（〈東都成立記〉作托

羅），五鷹遊，六靺鞨，七丹國，八女眞，九穢貊。（卷一，頁

4a）

鄭麟趾等《高麗史》

交州，本貊地，後爲高句麗所有。（卷五十八〈地理〉三，第二

冊，頁263）

春州，本貊國。（同上，頁263）

溟州，本濊國。（一云鐵國，一云蘂國），漢武帝……爲臨屯。

（同上，頁270）

佚名《朝鮮史略》

高句麗王與穢貊襲漢玄菟。（卷之一，頁10a）

百濟王責稽爲貊兵所害。（同上，頁16b）

琉璃（高句麗王）……幸而得嗣，降鮮卑，滅梁貊。（同上，頁

42b）

參 考 書 目

一 然

元　　《三國遺事》，明治三十七年刊。

丁 山

民24　《由三代都邑論其民族文化》，《中央研究院歷史語言研究所集刊》
　　　　第五本，上海。

八木奘三郎

1935　〈環居渤海灣之古代民族〉，《禹貢》第四卷第二期，張傳瑞譯，北
　　　　平。

三上次男

1951　〈穢人とその民族的性格について〉㈠，《朝鮮學報》第二輯，昭和
　　　　二十六年，丹波。

1952　〈朝鮮に於ける櫛目文土器社會と穢人──穢人とその民族的性格〉
　　　　㈡，《朝鮮學報》第三輯拔刷，昭和二十七年，丹波。

三品彰英

1943　〈朝鮮史〉，《支那周邊史》，昭和十八年，東京。

小川裕仁

1943　〈滿州史〉，《支那周邊史》，昭和十八年，東京。

干 寶

晉　　《搜神記》，《叢書集成》，上海。

王 充

漢　　《論衡》，《諸子集成》，臺北。

王 胄

隋　　《紀遼東》，《古今圖書集成・邊裔典》第二十六卷。

王先謙

清　　《漢書補注》，臺北：藝文。

　　　《後漢書集解》，臺北：藝文。

　　　《荀子集解》，《諸子集成》，臺北。

王安石

　　宋　　《周官新義》，《叢書集成》，上海。

王伊同

　　民26　〈燕秦西漢與東北〉，《禹貢》第七卷第五期，北平。

王國維

　　民45　〈殷先王考〉，《觀堂集林》，臺北：藝文。

王應麟

　　宋　　《詩地理考》，《叢書集成》，上海。

方濬益

　　民24　《綴遺齋彝器考釋》，上海。

卞鴻儒

　　民19　〈歷史上東北民族之研究〉，《東北叢刊》第二期。

孔穎達

　　唐　　《尙書正義》，臺北：藝文。

　　　《毛詩正義》，臺北：藝文。

　　　《春秋左傳正義》，臺北：藝文。

司馬遷

　　漢　　《史記》，臺北：藝文。

田鳳章

　　民26　〈原始時代東北居民與中國之關係略識〉，《禹貢》第七卷第五期，
　　　　北平。

石璋如

　　民44　〈石器時代之慶州與安陽〉，《中韓文化論集》㈠，《國民基本知識
　　　　叢書》第三輯，臺北。

令狐德棻

　　唐　《周書》，臺北：藝文。

末松保和

　　1933　〈日韓關係〉，《日本歷史》第一冊，東京。

白鳥庫吉

　　1894　〈朝鮮の古代傳說考〉，《史學雜誌》第五編第十二號，東京。

　　1896　〈朝鮮古代王號考〉，《史學雜誌》第七編第二號，東京。

　　1896　〈朝鮮古代官名考〉，《史學雜誌》第七編第四號，東京。

　　1896　〈弱水考〉，《史學雜誌》第七編第十一號，東京。

伏　勝

　　漢　《尚書大傳》，《叢書集成》，上海。

任　洛

　　明　《全遼志》，嘉靖十六年抄本。

池內宏

　　1948　〈眞番郡の位置について〉，《史學雜誌》第五十七卷。

呂不韋

　　秦　《呂氏春秋》，《諸子集成》，臺北。

呂思勉

　　民23　《中國民族史》，上海。

朱右曾

　　清　《逸周書集訓校釋》，《史學叢書》，臺北。

　　　　《古本竹書紀年輯校》，《史學叢書》，臺北。

宋　祁

　　宋　《新唐書》，《四部叢刊》。

杜　佑

　　唐　《通典》，《萬有文庫》，上海。

邢　昺

宋　《論語注疏》，臺北：藝文。

　　《爾雅注疏》，臺北：藝文。

吳大澂

　清　《愙齋集古錄》，涵芬樓。

吳其昌

　民25　《金文世族譜》，《中央研究院歷史語言研究所專刊》之十二，上海。

吳承恩

　清　《山海經地理今釋》，《求恕齋叢書》。

吳省蘭輯

　清　《朝鮮志》，《叢書集成》，上海。

李　濟

　民23　〈城子崖序二〉，《城子崖》，《中央研究院歷史語言研究所中國考古報告集》之一，南京。

　民39　〈中國民族之始〉，《大陸雜誌》第一卷第一期，臺北。

李　昉

　宋　《太平御覽》，嘉慶十三年刊本。

李乃揚

　民45　《韓國通史》，《國民基本知識叢書》第四輯，臺北。

李丙燾譯注

　民46　《三國史記》，四二八九年，朝鮮。

李延壽

　唐　《南史》，臺北：藝文。

　　《北史》，臺北：藝文。

李詠林

　民26　〈十三世紀前期的滿鮮關係〉，《禹貢》第七卷第五期，北平。

李齊賢

元　　《益齋集》，《叢書集成》，上海。

佚　名

　　明　《朝鮮史略》，國立北平圖書館影印本，北平。

那波利貞

　　1929　〈山東の古代住民〉，《歷史と地理》第二十四卷第五、六號，昭和四年。

那珂通世

　　1894　〈朝鮮古史考〉，〈朝鮮樂浪玄菟帶方考〉，〈貊人考〉，〈高句麗考〉，《史學雜誌》第五編，明治二十七年，東京。

　　1896　〈朝鮮古史考〉，〈三國文化考〉，《史學雜誌》第七編，明治二十九年，東京。

屈　原

　　楚　《楚辭》，《叢書集成》，上海。

房　喬

　　唐　《晉書》，《四部叢刊》。

芮逸夫

　　民44　〈韓國古代民族考略〉，《中韓文化論集》㈠，《國民基本知識叢書》第三輯，臺北。

金正喜

　　清　《東古文存》，《叢書集成》，上海。

金富軾

　　1145　《三國史記》，朝鮮史學會，昭和三年，京城。

杜占鰲

　　民26　〈貊〉，《禹貢》第七卷第五期，北平。

林泰輔

　　1893　〈朝鮮古代諸王卵生の傳說〉，《人類學雜誌》第八十七號，明治二十六年，東京。

林惠祥

　　民25　《中國民族史》，《中國文化史叢書》，上海。

松崎壽和

　　1939　〈朝鮮古代交通考〉，《考古學雜誌》第二十九卷，昭和十四年，東
　　　　　京。

和田清

　　1942　〈周代の蠻貊について〉，《東洋學報》第 29 卷。

馬端臨

　　宋　　《文獻通考》，《萬有文庫》，上海。

皇甫謐

　　晉　　《帝王世紀》，《叢書集成》，上海。

段玉裁

　　清　　《說文解字注》，臺北：藝文。

姚思廉

　　唐　　《梁書》，臺北：藝文。

　　　　　《陳書》，臺北：藝文。

長孫無忌

　　唐　　《隋書》，臺北：藝文。

宮崎市定

　　1943　〈支那周邊史總論〉，《支那周邊史》，昭和十八年，東京。

容　庚

　　民28　《金文編》，《中央研究院歷史語言研究所專刊》之一，長沙。

　　民24　《金文續編》，《中央研究院歷史語言研究所專刊》之八，上海。

孫　奭

　　宋　　《孟子注疏》，臺北：藝文。

孫貽讓

　　清　　《墨子閒詁》，《諸子集成》，臺北。

韋昭注

　　吳　《國語》，《國學基本叢書》，臺北。

高誘注

　　漢　《戰國策》，《國學基本叢書》，臺北。

　　　　《淮南子》，《諸子集成》，臺北。

晏　嬰

　　齊　《晏子春秋》，《諸子集成》，臺北。

桓　寬

　　漢　《鹽鐵論》，《諸子集成》，臺北。

晁　錯

　　漢　〈守邊備塞議〉，《淵鑑類函》卷二三〇〈邊塞部〉。

徐　彥

　　唐　《春秋公羊注疏》，臺北：藝文。

徐　競

　　宋　《宣和奉使高麗圖經》，《叢書集成》，上海。

徐亮之

　　民45　《中國史前史話》，香港。

徐中舒

　　民19　《殷人服象及象之南遷》，《中央研究院歷史語言研究所集刊》第二
　　　　　本，北平。

　　民24　《殷周之際史蹟之檢討》，《中央研究院歷史語言研究所集刊》第五
　　　　　本，上海。

凌純聲

　　民23　〈松花江下游的赫哲族〉，《中央研究院歷史語言研究所單刊》甲種
　　　　　之十四，南京。

　　民36　〈苗族調查報告〉，《中央研究院歷史語言研究所單刊》之十八，上海。

　　民43　〈中國古代海洋文化與亞洲地中海〉，《海外》第三卷第十期，臺北。

梁啓超

　　民11　〈中國歷史上民族之研究〉，《國史研究六篇》，民國四十五年，臺
　　　　　　北。

　　　　　　〈歷史上中國民族之觀察〉，《國史研究六篇》，臺北。

脫克脫

　　元　　《宋史》，臺北：藝文。

　　　　　《遼史》，臺北：藝文。

郝懿行

　　清　　《山海經箋疏》，《郝氏遺書》。

鳥居龍藏

　　1896　〈遼東半島に於ける高麗の考古學上の事實〉，《史學雜誌》第七
　　　　　　編，東京。

崔　述

　　清　　《商考信錄》，〈叢書集成〉，上海。

許　慎

　　漢　　《說文解字》，《叢書集成》，上海。

魚　豢

　　魏　　〈魏略〉，裴松之《三國志補注》，臺北：藝文。

郭璞注

　　晉　　《山海經》，《四部叢刊》，上海。

　　　　　《穆天子傳》，《四部叢刊》，上海。

　　　　　《揚雄方言》，《叢書集成》，上海。

郭沫若

　　民21　《兩周金文大系》，昭和七年，東京。

　　民24a　《兩周金文大系圖錄》，昭和十年，東京。

　　民24b　《兩周金文大系考釋》，昭和十年，東京。

黃文山

民32　〈種族主義論〉，《民族學研究集刊》第三期，重慶。

陳　壽

　　晉　《三國志》，臺北：藝文。

陳夢家

　　民24　〈佳夷考〉，《禹貢》第五卷第十期，北平。

馮家昇

　　民25　〈原始時代之東北〉，《禹貢》第六卷第三、四合期（東北研究專
　　　　　號），北平。

　　民26　〈豆莫婁國考〉，《禹貢》第七卷第一、二、三合期，北平。

勞　榦

　　民44　〈中韓關係論略〉，《中韓文化論集》，臺北。

揚　雄

　　漢　　〈百官箴〉，《古文苑》，《叢書集成》，上海。

　　　　　《法言》，《諸子集成》，臺北。

張　華

　　晉　　《博物志》，《叢書集成》，上海。

童　疑

　　民26　〈夷蠻戎狄與東南西北〉，《禹貢》第七卷第十期，北平。

童書業

　　民46　《中國疆域沿革略》，臺北。

歐陽修

　　宋　　《五代史記》，臺北：藝文。

傅斯年

　　民21　《東北史綱》，上海。

　　民22　〈夷夏東西說〉，《慶祝蔡元培先生六十五歲論文集》，《中央研究
　　　　　院歷史語言研究所集刊》外編第一種，北平。

　　民23　《周東封與殷遺民》，《中央研究院歷史語言研究所集刊》第四本，

上海。

程光裕

 民44 《中國歷史地圖集》，《國民基本知識叢書》第三輯，臺北。

喜田貞吉

 1919 〈朝鮮民族とは何ぞや――日韓兩民族の關係を論ず〉，《民族と歷史》第一卷第六號，大正八年。

 1921 〈日鮮兩民族同源論〉，《民族と歷史》第六卷第一號，大正十年。

楊　寬

 民26 〈說虞〉，《禹貢》第七卷第六、七合期，北平。

蒙文通

 民26a 〈赤狄白狄東侵考〉，《禹貢》第七卷第一、二、三合期，北平。

 民26b 〈古代民族移徙考〉，《禹貢》第七卷第六、七合期，北平。

管　仲

 齊 《管子》，《諸子集成》，臺北。

趙汝适

 宋 《諸蕃志》，《叢書集成》，上海。

裴文中

 民37 《中國史前時期之研究》，上海。

裴松之

 宋 《三國志補注》，臺北：藝文。

樂　史

 宋 《太平寰宇記》，明抄本。

鄭　玄

 漢 《周禮注》，《叢書集成》，上海。

  《鄭志》，《叢書集成》，上海。

鄭　樵

 宋 《通志》，《史學叢書》，臺北。

鄭文焯

　　清　　〈高麗國永樂好太王碑釋文籑考〉，《大鶴山房全書》，光緒三十年
　　　　　刊本。

鄭麟趾

　　明　　《高麗史》，明治四十一年刊本。

劉　昫

　　後晉　《舊唐書》，《四部叢刊》。

劉　熙

　　漢　　《釋名》，《叢書集成》，上海。

劉　節

　　民37　《中國古代宗族移殖史論》，上海。

劉謹之

　　清　　《欽定盛京通志》，乾隆四十三年刊本。

戴　德

　　漢　　《大戴禮記》，《叢書集成》，上海。

應　劭

　　漢　　《風俗通義》，《叢書集成》，上海。
　　　　　《漢官儀》，《叢書集成》，上海。

蕭子顯

　　梁　　《南齊書》，臺北：藝文。

蕭德言

　　唐　　《括地志》，《岱南閣叢書》，嘉慶三年刊。

魏　收

　　齊　　《魏書》，《四部叢刊》。

魏　樞

　　清　　《盛京通志》，咸豐三年刊本。

關野貞

1914　〈滿州輯安縣及び平壤附近に於ける高句麗時代の遺蹟〉，《考古學雜誌》第五卷三、四號，大正三年，東京。

羅振玉

民25　《三代吉金文存》，《羅氏百爵齋》。

藤田亮策

1934　〈朝鮮古代文化〉，《日本歷史》第一冊，東京。

顧祖禹

清　《讀史方輿紀要》，《國學基本叢書》，臺北。

顧頡剛等

民25　《中國疆域沿革史》，《國學基本叢書》，長沙。

酈道元

後魏　《水經注》，《史學叢書》，臺北。

亞洲、北美、及
太平洋的鳥生傳說 *

一　鳥生傳說的本質與圖騰信仰

　　鳥生和圖騰信仰是兩個不大相同的概念。前者係指某些民族相信他們的祖先是鳥；後者，可能也與祖先有關，卻不是必然的。

　　圖騰信仰(totemism)的說法很多，我們在這裏自然沒有必要把各家之說，比如 Tylor、Durkhleim、Frazer、Freud、Boas、Hartland、Goldenweiser、Wundt 以及 Waterbury 等等，都拿來重述一遍，但是，有幾個原則是必須了解的：

　　第一、所有原始民族的圖騰均與其社會文化有密切的關係，無論是宗教的或是非宗教的。

　　第二、以圖騰爲祖先崇拜的偶像，只是某些圖騰信仰的特殊化❶。

　　第三、圖騰的禁忌，如禁殺、禁食等，並不是必然的，有時也可以喫或殺❷。

＊　原篇名〈亞洲東北與北美西北及太平洋的鳥生相說〉
❶　參閱 Waterbury, 1952: 14-19；衛惠林，民 32: 54-55。
❷　Frazer (1955: 331)；Freud (1950: 2-3) 列舉禁食、禁殺及禁傷害圖騰的例子；黃文山（民 48: 258-260）對此點有比較客觀的解釋。

我所以特別提出這三點來，是由於鳥生傳說也將涉及這些問題，尤其是第三點，我將描述的崇奉鳥圖騰的人們，比如少昊氏，殷契，他們對於禁殺等事並沒有明確的規定，這與 Frazer 所述某些北美印第安人也喫食他們的圖騰物一事頗為類似。

我們知道，首先使用圖騰 (totem) 這個字的是一個叫做 A. Long 的英國人，時間是在 1791，他當時正作北美印第安人的調查工作。後來就越來越用得普遍。據現在所知，有圖騰制度的原始民族甚多，比如澳洲(Australian)，北美印第安(North American Indian)，太平洋 (Oceanian)，東印度 (East Indian)，非洲 (African)，以及某些阿里安 (Aryan) 和塞米 (Semite) 人❸。自然，這不是包括全體。從另一些文獻上，我們知道西伯利亞 (Siberia)、阿拉斯加 (Alaska)❹、以及中國古時也有❺。這些使用圖騰制的地方，他們的圖騰並不全然是屬於祖先崇拜，有的卻只是一種象徵性的東西而已。鳥圖騰是圖騰崇拜中，一種以鳥為標幟的圖騰，這種圖騰也不限於以祖先為崇拜對象，但鳥圖騰與鳥生神話，在本質上卻是相同的。

從圖騰信仰的特徵上看，我們知道祖先圖騰具有代表祖先的意義；從鳥生神話看，我們也可以明瞭，鳥就是某些人們的祖先。在圖騰或神話的故事中，鳥扮演了人類文明的主角，比如北美印第安人認為 Raven（黑鳥）是一個文化英雄 (culturehero)，因為 Raven 不但創造了人類，也創造了這個世界，甚至世界上的一切❺；殷人把玄(黑)鳥當作他們自己的祖先，契之所以有聖德，就因為他是鳥生。契

---

❸ Freud, 1950: 3.

❹ Garfield, 1948: 1-12; Barbeau, 1950: 1-14.

❺ 請參閱本文下節。

❻ Barbeau, 1950: 324-337.

是屬於神話的一面，　Raven 卻是屬於圖騰的一面，兩方面所表現的形式雖不一樣，實際是一樣的。

鳥生傳說的基本意義自然是以「鳥」爲其祖先，可是，傳說本身的內容很不容易固定，因地域、因時間的推移或變換，故事也會發生許多變化，甚至走了樣❼。從我所得到的資料來看，關於北美西北、亞洲東北及太平洋的鳥生傳說，大致可以分爲下列幾種形態：

第一、只以鳥爲某些文化上的象徵，如少昊氏以鳥名官，並且有一個系統化的組織，因而我們推知其爲鳥圖騰；

第二、因人吃鳥卵而產生其後代、或其文化，如殷契之母吞玄鳥卵而生契，我們可直接判定其爲鳥生；

第三、因剖卵而生，而這個卵可以推知其爲鳥卵、或者係鳥類之卵，如朝鮮東明王之誕生；

第四、相信人類是由鳥卵變成的，如印第安的金魯克人 (Chinook) 及夏威夷人 (Hawaiian) 等等；

第五、因與鳥結婚而產生人類之後代，如西伯利亞的伯利阿特人 (Buriats)；

第六、相信人類是由鳥創造出來的，如部份印第安人相信他們的祖先是由 Raven 所創造。

這六種形態是由許多類型中歸納出來的一個大概❽，它們都與鳥有着直接或間接的關係。有些也許只知道他們是崇拜鳥圖騰，但從圖騰的各種聯繫，我們仍然可以推測出鳥生的結果。當然，這種結果並非絕對的，卻也相當可信。

所以我覺得在某些論點上，把鳥生傳說和鳥圖騰作一種有機的聯

---

❼　參閱本書〈河伯傳說〉及〈獩貊民族〉二章。

❽　請參閱以下各節的討論。

繫，並加以觀察和研究，不僅對於結果有很大的用處，而且可以擴大研究的範圍。

二 亞洲東北的鳥生傳說❾

（一）中國東北的鳥生傳說

中國東北的鳥生傳說，我以為可以分為三方面加以解釋，卽少昊氏、殷契、和滿族。這三種傳說的本質自然也不是截然的可以分開，只是就某些方面而言，它們似乎各有其獨特之處。我曾經在〈濊貊民族文化〉一章中把少昊氏和殷民族連起來觀察❿，就因他們都是屬於鳥圖騰的東方或東北民族集團，現在我也還是這樣相信。不過，在這裏我把他們分開來討論。

1. 少昊氏

一般的傳說，少昊氏是屬於東方的民族，當時他的族人大約散佈於朝鮮、遼東和山東三大半島，稍晚，則以山東為其根據地⓫。這從下面幾點也可以看得出來：

第一是《左傳》定公四年的話，「因商奄之民，命以伯禽，而封於少皞之虛」。卽是要周公到少皞之故地，魯國，去管理那些殷遺民。周公自己雖沒有去，卻把少皞之地望給指明了。這個事實，在《史記・魯周公世家》就說得更清楚些，「封周公旦於少昊之虛曲阜，是為魯公。周公不就封，留佐武王」。《括地志》以為「兗州曲阜縣外城，卽魯公伯禽所築也」。我們要確定那個「外城」卽為伯禽

---

❾ 為敍述方便起見，關於西伯利亞的鳥生傳說，於北美一節中討論。

❿⓫ 參閱本書〈濊貊族〉一節。

所築，實在很難，除非將來地下有實物發現。但是把曲阜當作少昊之
虛，其說卻不止此，《左傳》昭公二十年：

> 公曰：「古而無死，其樂何如？」晏子對曰：「古而無死，
> 則古之樂也，君何得焉。昔爽鳩氏始居此地，季萴因之，有逢伯
> 陵因之，蒲姑氏因之，而後太公因之。」

這中間所舉許多名詞，現今多無法查考，但太公始封於齊，爽鳩氏爲
少昊氏之司寇（詳見下郯子來朝一事）。很顯然，地在山東，爲少昊的
故地。〈帝王世紀〉云：「少昊邑於窮桑，以登帝位，都於曲阜，於
周爲魯。窮桑在魯北」。窮桑究竟在什麼地方，目前似乎尙沒有確切
的證明，可是，曲阜在魯，當無疑問。我們現在無法肯定少昊氏當時
所統治的窮桑和曲阜，面積究有多大，但他的領土範圍在渤海灣沿岸
一帶，可能是對的，就如《山海經·大荒東經》所說：「東海之外大
壑，少昊之國」❷。

　　其次，我們在傳說中明白了少昊氏的活動範圍，進一步就可以討
論這個傳說人物的眞實性。他究竟是什麼時代的人物，歷來說法頗不
一致，孔安國、皇甫謐、鄭樵等都把他當作五帝之一。照傳統的看
法，五帝是有時間順序的，他們都把少昊排在第一位，那麼少昊就是
一位非常古老的帝王了，因爲其末位的堯舜距離當時已甚遠。另有些
人卻也並不這樣看，像司馬遷在〈五帝本紀〉❸裏說：「昔帝鴻氏有

---

❷　另一說見《山海經·西次三經》：「長留之山，其神白帝，少昊居之，
　　實惟員神磈氏之宮。是神也，主司反景」。一般均解釋爲「少昊又爲西
　　方之帝」，我以爲這是不對的。「其神白帝，少昊居之」，應分開讀，
　　這只是在五行及五方位上的分配法則，而不是「白帝少昊」，所以《拾
　　遺記》也稱他「以金德王」，《孔子家語》以「少昊配金」，都是五行
　　之說盛行以後之事。

❸　《史記·五帝本紀》之五帝爲黃帝、顓頊、帝嚳、堯、舜，與《大戴
　　禮》同。

不才子……天下謂之渾沌；少皞氏有不才子，毀信惡忠，崇飾惡言，天下謂之窮奇❶；顓頊氏有不才子……天下謂之檮杌。此三族世憂之，至于堯，堯未能去」。所謂帝鴻氏，顓頊氏，其說法和少昊氏一樣，甚多。從司馬遷的意思來看，三族都去堯未遠，卻是實在的；從《左傳》昭公十七年郯子來朝一節中所謂「我高祖，少皞，摯，之立也」的語意來看，似乎少昊氏距春秋時代也不太遠。我的意思並不是要把春秋和堯併列起來觀察，我以為像少昊、像堯、像夏禹，那樣的一些人物，實際都無法把他們排列時間的順序，他們可能都只是早一些時候的部落首長，也許同時存在於不同的空間，也許有一點前後，實在很難確定。因此，我認為少昊是東方某一個民族對於他們祖先的一個傳說人物，像殷對於契一樣。這個人物可能是一個真實的部落首長，也可能祇是一個神話中的角色。

這個少昊是怎麼來的呢？ 我們可以從史料中來看， 首先是《左傳》昭公十七年云：

> 秋，郯子來朝，公與之宴，昭公問焉，曰：「少皞氏鳥名官，何故也？」郯子曰：「……我高祖少皞，摯，之立也，鳳鳥適至，故紀於鳥，為鳥師而鳥名。鳳鳥氏，歷正也；玄鳥氏，司分者也；伯趙氏，司至者也；青鳥氏，司啟者也；丹鳥氏，司閉者也。祝鳩氏，司徒也；鴡鳩氏，司馬也；鳲鳩氏，司空也；爽鳩氏，司寇也；鶻鳩氏，司事也。五鳩，鳩民者也。五雉為五工正，利器用，正度量，夷民者也。九扈為九農正，扈民無淫者也。自顓頊以來，不能紀遠，乃紀於近，為民師而命以民事，則不能故也」。仲尼聞之，見於郯子而學之。既而告人曰：「吾聞

---

❶ 許多注疏家都以為窮奇是少昊之別名，實非。我以為像渾沌、窮奇、檮杌，這些名詞都是當時的音譯，義不甚明，大抵為對該人的形容語。

之『天子失官，學在四夷』，猶信」。

這麽一大批的鳥官，自然不是憑空虛構，「當初確應該有一段關於少昊建立鳥王國的美麗的神話」❺。這個神話基礎，我以爲就在於他們把一些鳥作爲民族的名稱，也就是鳥圖騰制。以「鳥名官」是後來人們的誤傳，或者史家的誤記，像《左傳》那樣。這種圖騰制不限於少昊氏，當時還有許多別的部落或民族也在實行，比如上列《左傳》中郯子初說的一段話：「吾祖也，我知之。昔者黃帝以雲紀，故爲雲師而雲名；炎帝以火紀，故爲火師而火名；共工氏以水紀，故爲水師而水名；太皞氏以龍紀；故爲龍師而龍名」。每一個部族的圖騰都分得很清楚。他們原不限定以何種事物爲其圖騰制，只要他們相信，無論有生物或無生物或任何一種自然現象，都可以。不過就一般而論，歷史傳說上所見到的，似以動、植物較普遍，這可能由於人們容易想到，而且有一股強大的生殖力。

像少昊氏這樣的圖騰制已經相當典型化，一個大圖騰團裏包括許多小圖騰團。這些小圖騰團可能是人多了，從大圖騰團裏分出來的，於是取了另外一個圖騰名號，但仍然在鳥的範圍中。如果畫成表，該是如下頁所示❻。

這可以說是一個鳥圖騰氏族社會的三部組織。鳥圖騰的初民社會，像現今北美印第安人，往往都有圖騰柱（totem pole），以爲他們圖騰組織的象徵。這種情形，如果《拾遺記》所記神話屬實，那末少昊氏也有過，它說：

少昊以金德王，母曰皇娥……時有神童，容貌絕俗，稱爲白帝之子，卽太白之精，降於水際，與皇娥謹戲……帝子與皇娥泛

❺　袁珂，民 49：82。
❻　參閱陳志良（民 32）一文，這個表係就原表稍加修改而成。

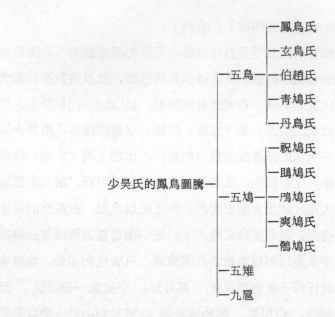

於海上，以桂枝爲表，結薰茅爲旌，刻玉爲鳩，置於表端，言鳩
知四時之候……及皇娥生少昊，號曰窮桑氏●。

把一隻玉鳩放在桂柱的尖端上，豎立於氏族或家門前，這不就是圖騰
柱嗎？而且這個「鳩圖騰」是少昊氏的母族，到了他自己，便是「鳳
鳥氏」了。

從這個說明，我們可以知道，少昊是出生於鳥圖騰，也就是一般
所說的鳥生。因而我認爲郯子那一段話，恰好是把神話歷史化了，
《拾遺記》則作了一次神話的註解，使我們對於那個神話的本質要清
楚得多。跟着《左傳》說的，也還有一些，如《路史後紀》：「少昊
青陽氏，其卽位也，五鳳適至，而乙遺書，故爲鳥紀，鳥師而鳥名」；
如《帝王世紀》：「少昊時有鳳鳥之瑞，以鳥紀官」。這些話對往事一

● 參閱王嘉《拾遺記》。

點也沒有發明，只是重說一遍而已。但《帝王世紀》另有一說：「少昊帝名摯，字青陽，姬姓也。母曰女節，黃帝時大星如虹，下流華渚，女節夢接意感，而生少昊」⑱。陳志良指此為性圖騰，其氏族則仍為鳥圖騰⑲。我以為這可能與顓頊等的傳說混在一起，而顓頊，據說是其母「感虹」而生的⑳。同時，在這裏可以把「摯」這個字加以一點解釋。《說文》云：摯，握持也，从手从執。又云：鷙，擊殺鳥也，从鳥執聲（段玉裁注謂从鳥从執）。實際上古代這兩字是相通的，段注《說文》謂「古字多叚摯為鷙」，怕是事實。那末摯就是鷙，是一種很兇猛的鳥。少昊名摯，與他的圖騰傳說正合；否則，摯對他就沒有意義了。這種用法，古人多有，我們可以舉兩個例子。一是《後漢書・杜詩傳》云：「昔湯武善御眾，故無忿鷙之師」。注謂：「鷙，摯也」。二是〈離騷〉云：「鷙鳥之不羣兮，自前世而固然」。王逸注謂：「鷙，執也。謂能執伏眾鳥鷹鶡之類也」。

　　這樣，我們把少昊氏的神話解釋為鳥生神話，情形就很自然了。

　　2. 殷契

　　關於殷的歷史，我們現在總算明瞭了許多。可是，如果要考證一個傳說，仍然很難，因為這是無法從地下挖出來的。陳夢家曾說：大皞就是炎，少皞就是契。劉節以為「對極了」㉑。我卻不這樣想，少昊與契的傳說，比如鳥圖騰，儘管有些相同處，卻並不完全一樣。當時東方諸民族的部落一定多到不可勝計，傳說自然更多，春秋時候，

⑱　《春秋元命苞》及《河圖玉版》也有同樣的說法。沈約注《竹書紀年》
　　則綜《帝王世紀》及《左傳》兩說而成。

⑲　陳志良，民32: 514。

⑳　顓頊感生的傳說多如此，見《帝王世紀》等書。事實上伏羲（太昊）也
　　有這樣的神話，如《拾遺記》等所說。

㉑　見陳夢家，民 25；劉節，民 27: 196。

還有那麼多個不相統一的國家呢。因此，在這裏我們還是把契的神話作單獨的討論。

這個神話的起點自然該從《詩經》開始。《詩・商頌・玄鳥》云：「天命玄鳥，降而生商，宅殷土芒芒」。玄鳥，一般都解作燕。《毛傳》謂：「玄鳥，鳦也」。又《毛傳・邶風・燕燕》謂：「燕燕，鳦也」。《說文》云：「燕，玄鳥也」。高誘注《淮南子・墜形訓》「燕鴈代飛」亦謂：「燕，玄鳥也」。由此可見漢代人都把燕和玄鳥互訓。何以知玄鳥就是燕？沒有說明。戴震謂：「燕，齊魯之間謂之乙」❷。發音是相同的，江南一帶叫燕爲「燕子」，我又問過許多齊魯燕趙之間的朋友，他們現在也是叫燕子，從沒見人，或見人說過，指着燕子叫：「玄鳥來了」。我以爲玄鳥就是一種「黑色的鳥」，也許是燕，但也許是別的鳥類，比如烏鴉、老鷹等。聞一多認爲「殷的先祖簡狄吞燕卵而生契，而殷人姓子。『子』的籀文作𤕓，『孳』的籀文作𤔲（並見《說文》），而燕的篆文作𧒽，可知殷人姓卽『燕』字」❸。把籀文和篆文合起來看，這說法不大能同意。事實上甲骨文的燕多作𤓪或𤓫而子則爲𠙻或𡥀或𡦢❹。在形態上顯然有些區別。就以玄鳥故事而論，除極少數把它翻譯作燕以外，其餘差不多全是以玄鳥來表達，可見這傳說的普遍性仍然在玄鳥。

如果用現在的語言把玄鳥故事譯過來，該是：「天打發玄鳥下來，做了商人的祖先，於是，他在那一片廣大而荒漠的曠野上，把殷帝國建立起來」。這故事自然太簡單了些，所以後人便把《詩經》裏另一句話加在一起來了解，「有娀方將，帝立子生商」（〈商頌・長

---

❷ 戴震《屈原賦通釋》。

❸ 聞一多，民 45：355。

❹ 金祥恒，民 45：15b；17a。

發〉）。這樣，鳥生的意義還不夠明顯，到《史記》，就完全被描寫出來了，《史記・殷本紀》說：「殷契母曰簡狄，有娀氏之女，爲帝嚳次妃。三人行浴，見玄鳥墮其卵，簡狄取吞之，因孕生契」❷。這已經構成了一個故事的整體，有人物，也有行動。

　　這個鳥生傳說的發展，到後來可以分成三種類型，第一種是《詩經》和《楚辭》，意義尚不十分分明。《詩經》如上所舉：

　　　　天命玄鳥，降而生商，宅殷土芒芒（〈玄鳥〉）。

　　　　有娀方將，帝立子生商（〈長發〉）。

到了〈離騷〉，就稍微有些頭緒了，但〈天問〉和〈九章〉所言仍是非常簡略。

　　　　望瑤臺之偃蹇兮，見有娀之佚女，吾令鴆爲媒兮，鴆告予以不好……鳳皇（一作鳥）既受詒兮，恐高辛之先我（〈離騷〉）。

　　　　簡狄在臺嚳何宜？玄鳥致貽女何喜（〈天問〉）？

　　　　高辛之靈晟兮，遭玄鳥而致詒（〈九章・思美人〉）。

像〈離騷〉所說，已經不是第三人稱，只是作者對着往事，發發牢騷而已。〈天問〉與〈思美人〉所指，則稍屬具體。

　　第二種以《史記》爲首，包括《詩緯・推度災》，《詩緯・含神霧》，《尚書・中侯》及《列女傳》等。所記內容，大致無甚出入。

　　　　殷契母曰簡狄，有娀氏之女，爲帝嚳次妃。三人行浴，見玄鳥墜其卵，簡狄取吞之，因孕生契（《史記・殷本紀》）。

　　　　契母簡娀，浴於玄邱之水，睇玄鳥，銜卵，過而墜之，契母得而吞之，遂生契（《詩緯・推度災》）。

---

　❷　《史記・龜策列傳》云：「自三代之興，各據禎祥，塗山之兆從，而夏啓世；飛燕之卜順，故殷興」。這似乎是說，所謂玄鳥的故事，不過是從龜卜上得來的，則與鳥生何干？

> 元鳥翔水，遺卵于流，娀簡狄吞之，生契，封商（《詩緯‧
> 含神霧》）。

> 玄鳥翔水遺卵，簡娀易拾吞，生契，封商，後崩水。又曰：
> 玄鳥翔水，遺卵于流，娀簡拾吞，生契，封商（《尙書‧中侯》）。

> 簡狄，有娀氏之長女也。與其妹浴於玄丘之水，有玄鳥銜
> 卵，過而墮之，五色甚好。簡狄取而吞之，遂生契焉（劉向《列
> 女傳》）。

這裏比第一階段進步的是，已經把故事的內容說明白了，過程也很淸
楚。但就整個情況來看，它尙停滯在簡狄、玄鳥卵、生契和封商四種
關係上，與第一種情形，尤其是〈離騷〉所言，似乎沒有什麼新的發
展，除了把內容整理得像一個故事以外。

第三種情形就不大同了，比如《呂氏春秋》說：

> 有娀氏有二佚女，爲之九成之臺。飲食必以鼓，帝令燕往視
> 之，鳴若謚隘，二女受而爭搏之，覆以玉筐。少選，前而視之，
> 遺卵北飛，遂不及。二女作歌，一終曰：「燕燕往飛」。實始爲
> 北音。

這個故事大體是從《詩經》和《楚辭》的綜合的翻譯，並且加了一點
新的意見。其中最大的差異是在有娀氏之女沒有吞燕卵，而實始爲北
音。

這段文章寫得並不十分通順，可能是從幾個地方抄過來的，並且
沒有找到故事的中心。王嘉《拾遺記》就好得多：

> 商之始也，由有神。簡狄遊於桑野，見黑鳥遺卵於地，有五
> 色文，作八百字，簡狄拾之，貯以玉筐，覆以朱紱。夜夢神母謂
> 之曰：「爾懷此卵，卽生聖子，以繼金德」。狄乃懷卵。一年而
> 有娠，經十四月而生契。祚以八百，叶卵之文也。雖遭旱厄，後

嗣興焉。

很顯然，這段話是經過修改的，並且加上了一些災祥的字眼。可是也更像一個神話。這一類的說法還很多，再抄兩則如下：

> 殷商成湯，初高辛氏之世妃曰簡狄，以春分玄鳥至之日，從帝祀郊禖，與其妹浴於玄丘之水。有玄鳥銜卵而墜之，五色甚好，二人競取，覆以二筐。簡狄先得而吞之，遂孕。剖胸而生契。長爲堯司徒，成功於民，受封於商（沈約注《竹書紀年》）。

> 高辛之世，妃曰簡狄，以春分玄鳥至之日，從帝祀郊禖，有玄鳥銜卵而墮之。簡狄得而吞之，遂孕。匈剖而生契（《宋書‧符瑞志》）。

這兩則故事又加以兩條新的線索，一是「春分玄鳥至」，一是「祀郊禖」。兩者皆源出於《禮記》。《禮記‧月令仲春》云：「是月也，玄鳥至。至之日以大牢祠于高禖，天子親往」。因此，就牽涉到另一種解釋，以爲在仲春之月，男女在「濮上桑間」談情，而以「玄鳥至」爲候。白鳥淸在〈殷周の感生傳說の解釋〉一文中，頗贊成此說●。這也許可能，至少在許多文獻中曾經顯示過這種傾向，而許多邊疆民族也還有這樣的事。不過，就故事的原始性而論，早期《詩經》和《楚辭》的作者並沒有這樣暗示過。

就整個傳說發展的過程來判斷，我們似乎可以相信殷契的「鳥生」神話。至於發展到後來產生一些新的變化，那是任何一個神話必然有的現象。社會的範圍擴大了，人的知識越來越多，這就是使許多歷史事件增加附會的原因。

我們還必須提到另一件事，那就是關於秦的傳說。《史記‧秦本

● 白鳥淸，1926：485-508。

紀》說：「秦之先，帝顓頊之苗裔，孫曰女脩。女脩織，玄鳥隕卵，女脩吞之，生子大業」。這個傳說的內容，除了幾個人名以外，幾乎和契的傳說完全相同，這是相關的還是各自獨立？史家多以為是司馬遷從〈殷本紀〉抄去的，我說不然，這一定是當司馬遷寫《史記》時所發現的另一個傳說，於是就記下來了，至於這個傳說與殷關係到何種程度，那是另一回事。

秦之統一中國是從西方蹶起的，但由《史記‧秦本紀》來看，秦民族原來似乎也是一個東方的部落，跟着殷人打天下。殷人由東向西邁進的時候，秦也由今河南山西一帶遷移到了西方。秦，嬴姓，《說文》謂「少昊之姓也」，我覺得不如說是少昊的圖騰。我們在上面曾經討論過，屬於少昊的圖騰很多，「嬴」圖騰怕也是其中的一個。

3. 滿洲

《滿洲實錄》[27]卷一寫滿洲的起源時，這樣說：

滿洲原起於長白山之東北，布庫哩山下，一泊名布勒瑚里。初，天降三仙女浴於泊，長名恩古倫，次名正古倫，三名佛庫倫，浴畢上岸，有神鵲銜一朱果置佛庫倫衣上，色甚鮮妍。佛庫倫愛之不忍釋手，遂銜口中，甫著衣，其果入腹中，即感而成孕。……佛庫倫後生一男，生而能言，倏爾長成……（自言）：「我乃天女佛庫倫所生，姓愛新覺羅，名布庫哩雍順……」（於是）共奉布庫哩雍順為主……其國定號滿洲，乃其始祖也。歷數世，後其子孫暴虐，部屬遂叛。於六月間將鄂多理攻破，盡殺其闔族子孫，內有一幼兒名樊察，脫身走到曠野。後兵追之，會有一神鵲棲兒頭上。追兵謂人首無鵲棲之理，疑為枯木樁，遂回。

於是樊察得出，遂隱其身以終焉。滿洲後世子孫俱以鵲爲神❷，
　故不加害。

這個故事的內容有些與殷契相同，但也有些不同。相同的是三個人都
在池子裏洗澡，因吃東西而懷孕；不同的是一個吞玄鳥卵而生契，一
個吃的卻是一粒朱果。這事與殷究有多少關係，我們尙未敢遽然斷
定，可是與鳥的關係仍然很密切。第一，那粒朱果是由神鵲帶來，鵲
與玄（黑）鳥，可能爲同類。遺卵與遺果的區別，也許是地理環境的
影響所致，因爲滿洲爲叢林地帶，植物性的食料比動物性的食料要多
些，也較容易採集些。第二，樊察的頭上有一只神鵲，這事很重要，
我以爲可能就是圖騰柱，樊察得免於難，是躱在圖騰柱後面把敵騙過
了。而在原始民族，誰也不敢去砍伐圖騰柱的，因爲這是他們的生命
的來源。第三，滿洲人俱以鵲爲神，就顯然地把它當作圖騰，而不准
加害了。如果如《武皇帝實錄》所言，俱以鵲爲其祖先，則尤見其重
要。

假使用殷契的神話來解釋這個故事，那就必然是屬於鳥生傳説。
北美的印第安人，常常把他們所信奉的祖先作爲圖騰柱，用來膜拜。
這些祖先，不管是鷹、蛇、鱷魚……都一樣。

（二）朝鮮的鳥生傳説

朝鮮的鳥生傳説比較複雜，原因是故事的原始形態有些模糊，容
易引起誤解。比如關於朱蒙這一個故事，就有許多種不同的解釋，今
西龍認爲與老獺稚傳説有關❷，松本信廣認爲與安南丁部領出世傳説

---

❷　《武皇帝實錄》作「俱以鵲爲祖」。

❷　今西龍，1937：57-81。

有關❸，鳥居龍藏認爲和清太祖之傳說同一形式❹，鍾敬文則認爲此乃發生於中國的同一傳說的分化❷。這就是說，這個故事已經遍佈於東南亞和東北亞，眞是夠廣大的了。

但是，在這裏，我的看法卻又不一樣。我們知道，任何一個傳說從甲地傳到乙地然後傳到丙地，它的內容必然會發生變化。這些變化，有的是因地理環境而引起，有的因民族性或其他習慣而引起。我們現在要了解的不是傳說的演變，而是它的本質。朱蒙❸傳說的本質是什麼呢？我認爲該先從兩個故事說起，這兩個故事，在同類故事中是比較早期的，一個是〈高麗國永樂好太王碑〉：

> 惟昔始祖鄒牟王之創基也，出自北夫餘，天帝之子，母河伯女郎剖卵降出。生子有聖名□□□□□命駕巡東南下，路由夫餘奄利大水，王臨津言曰：「我是皇天之子，母河伯女郎，鄒牟王，爲我連葭浮龜」。應聲即爲我連葭浮龜，然後造渡沸流谷忽本西城山上而建都焉。

從這個簡略的故事裏，我們可以獲知鄒牟（即朱蒙）王者有二事，一是與天有關係，一是由卵變成的。可是這兩點卻都很模糊，第一，就亞洲的歷史來看，每一個皇帝差不多全和天有些關係，這裏並不能顯示其特殊性；其次，所謂「卵」是什麼卵呢？卵的種類太多，無法確定。

這塊碑建立的年代，據劉節等的考定，相當於中國晉安帝義熙十年九月二十九日❸。假如這年代是對的，那麼時間已經很晚了。不

---

❸ 松本信廣，1933：6。

❹ 鳥居龍藏，1913：145-146。

❷ 鍾敬文，民 24：143-155。

❸ 朱蒙之異譯甚多，如東明、鄒牟，其實均爲一人。參閱本書〈濊貊民族文化〉。

❸ 劉節，民 14：11-54。又朝鮮《三國史記》及《東國通鑑》所記亦大略如是。楊守敬、羅振玉等人亦頗考訂之。

過，照傳說的本身及其原始性來判斷，刻上去雖是晚些，流傳於當時怕已經是很久遠了。許多傳說都是如此，朝鮮尤其特別些，因為他們所有的文獻一般都晚出。

這話其實和「天命玄鳥，降而生商」的意義差不多，只是把「鳥」變換成了「卵」，結果就得費許多猜測，而且似乎不太能接得起來。

另一個故事是《論衡・吉驗篇》裏的說法：

> 北夷橐離國王侍婢有娠，王欲殺之。婢對曰：「有氣大如雞子從天而下我，故有娠」。後產子，捐於豬溷中，豬以口氣噓之，不死；復徙置馬欄中，欲使馬藉殺之，馬復以口氣噓之，不死。王疑以為天子，令其母收取奴畜之，名東明。令牧牛馬。東明善射，王恐奪其國也，欲殺之。東明走，南至淹滤水，以弓擊水，魚鼈浮為橋，東明得渡；魚鼈解散，追兵不得渡。因都王夫餘，故北夷有夫餘國焉。

大體看來，兩個故事的內容無多少出入，地點也吻合。只是這裏不言「卵」，而說「雞子」。雞子有兩說，《說文》謂「雛，雞子也」，即小雞；《本草綱目》謂「雞子，即雞卵也」。無論小雞或雞卵，都與雞有關係；而雞或雛，籀文均從鳥，也就是說與鳥有若干關係。事實上，「隹」也是鳥之一種，《說文》指其為「鳥之短尾總名也，象形」；而鳥，「長尾禽總名也」。所以隹與鳥，早期只是尾巴上的分類。那麼，從《論衡》和〈好大王碑〉的傳說來分析，我們認定朱蒙（東明）是鳥生當不為過，即是說，朝鮮人傳說他們的祖先是由鳥生出來的。

兩個傳說建立的時間，〈好大王碑〉為晉安帝義熙十年，當公元第五世紀初；《論衡》成書於東漢章帝時，為公元第一世紀之末，《論衡》早於〈好大王碑〉三百餘年。我們自然可以說，王充是最初

把這個傳說寫下來的人，但這個傳說的發源地恐怕仍然是朝鮮，王充可能是聽來的，或者從別的書上抄過來的。

後來，朝鮮人寫歷史時，有的就把「卵」直接指明爲「鳥卵」，自然也有仍不加以改變的； 同時， 還有些類似的傳說，足以證明這個「鳥生」的迷信勢力相當大。下面兩個例子是間接抄自《李朝實錄》的資料：

(1) 漢神雀三年壬戌歲（四月甲寅），天帝遣太子降遊扶余王古都，號解慕漱，從天而下……城北青河河伯有三女，長曰柳花……（王與女婚）王知天帝子妃，以別室置之。其女懷牖中日曜，因以有娠。神雀四年癸亥歲，夏四月，生朱蒙，啼聲甚偉，骨表英奇。初生左腋生一卵，大如五升許。王怪之曰：「人生鳥卵，可爲（謂）不祥」。使人置之馬牧，羣馬不踐； 棄於深山，百獸皆護。雲陰之日， 卵上恒有日光。王取卵送母養之， 卵終乃開， 得一男……（引自《李朝實錄》）❸ 。

(2) 建州夷酋， 佟奴兒哈赤， 本名東猹， 我國訛稱其國爲老可赤，此名酋名， 非國名。酋本姓佟， 其後或稱金， 以女眞種故也；或稱雀者，其母吞雀卵而生酋故也（引自《李朝實錄》）❸ 。

這種傳說到後來傳播得很混亂，內容也多半有些變化，因而引起許多不同的看法。除前面所說的那些人把它和老獺稚傳說混爲一談的不計外，尙有林泰輔認爲係由印度的佛教徒傳來的❸；內藤虎次郎認爲係

---

❸ 今西龍（1937）引李奎報〈東明王篇〉序轉引於《世宗王實錄》。

❸ 稻葉君山《夫餘系說話の展開》所轉錄，1928: 1–17。

❸ 林泰輔在〈朝鮮古代諸王卵生の傳說〉中（1893）尙無傳自佛教之說，但在其〈加羅の起源續考〉（1894）一文中，就這樣把它肯定下來了。

一個「感太陽的靈氣而生子以爲帝王」的傳說，係東北亞洲所共有的❸；白鳥庫吉則認爲其原始形態，如〈好太王碑〉，與佛教無關，但後來就是佛教徒的假造了❸。

我以爲處理一個傳說應該以它的原始形態爲基礎，然後一步一步地去加以辨識，那些是原來的，那些是附會上去的，因爲任何一個傳說總是越傳越多。把主題認清了，問題也就較易解決。白鳥氏承認這個鳥生傳說的原始形態沒有受佛教的影響，這看法是對的，即使從中國早期的文獻來看，也沒有佛教意識的跡象可尋。比如《論衡》所說就是如此，魚豢《魏略》的說法也是如此。裴松之《三國志補注・魏志》卷三十〈東夷傳〉注引《魏略》云：

舊志又言，昔北方有槀離之國者，其王者侍婢有身，王欲殺之，婢云：「有氣如雞子來下我，故有身」。後生子，土捐之溷中，猪以喙噓之；徒置馬閑，馬以氣噓之；不死。王疑以爲天生也，乃令其母收畜之，名曰東明，常令牧馬。東明善射，王恐奪其國也，欲殺之。東明走，南至掩施水，以弓擊水，魚鼈浮爲橋，東明得度；魚鼈乃解散，追兵不得度。東明因都王夫餘之地。

---

❸　內藤虎次郎（1919）雖然不認爲這就是屬於一個民族，却是屬於一個傳說系統。

❸　白鳥庫吉在〈朝鮮の古代傳說考〉一文中，舉了兩個例子，他說《智度論》卷八云：「人道蓄生四種生，卵生、濕生、化生、胎生。卵生、濕生如毗舍佉彌伽羅三十二子，毗舍佉母人生三十二卵，卵剖生三十二男，皆爲力士。彌加羅大兒字也，此母人得三道如是等名卵生人云云」（頁15）。《學古源流考》卷一云：「福晉云，我從前生博囉咱時，夜夢與一白色人同寢迄，復產一卵，此子生卵中，觀此當是一有福佳兒……」（頁15）。我們以爲這兩個故事實際上與朝鮮的鳥生傳說並不盡同，甚至有很大的距離。

這個傳說與《智度論》所敍述的唯一相像之處是「卵生」，可是卵生的種類甚多，我們不能因爲有些像便指爲同出一源，或認爲便是由印度傳來的。事實上中國有關於這類的傳說亦復不少，如《山海經・大荒南經》云：「有卵民之國，其民皆生卵」。郭璞注謂「卽卵生也」。我想這也就是卵生的傳說。張華《博物志》亦云：「《徐偃王志》云，徐君宮人娠而生卵……母覆暖之，遂孵成兒」❹。這個說法，不更像朱蒙傳說嗎？只是它沒有表明究竟是什麼卵，我們便無法說它是鳥生了。反之像《東國史略》所記：「（百濟）始祖金首露立。初，九子酋長得金合於龜峰，開視之，有六金卵皆化爲男，奇偉長大。衆推始生者爲主，姓金氏，以始見名首露，國號大駕洛，餘五人各爲五伽倻主」（卷一，頁 7a）。又如朝鮮《三國史記・新羅本紀》云：「高墟村長蘇伐公望楊山麓……見有大卵，剖之，有嬰兒出焉，則收而養之」❹。像這些例子，與《智度論》比較起來，幾乎可說是由一個傳說演化出來的，我們也可以說是受了佛教的影響，甚至是由佛教徒杜撰的。

以後，這個故事在中國和朝鮮的歷史上，因作者觀點的不同，往往有些不同的說法；但很明顯的，它們都是根據一種傳說演變而來的，這從各種說法的內容可以很容易地判定。這些說法可以歸納爲下列三類。

1. 卵生

這派以《魏書》、《隋書》、《北史》、朝鮮《三國史記》及《東國通鑑》等爲代表。《魏書》最早，而《三國史記》敷衍最甚。在此，

---

❹　任昉《述異記》也記載此事，內容大致差不多遠。

❹　西村豐 (1903)、佚名 (1893)，均有相同的記載。

我舉《三國史記》爲例，該書〈高句麗本紀〉第一云[42]：

　　始祖東明聖王，姓高氏，諱朱蒙。先是，扶餘王解夫婁老無
子，祭山川求嗣，其所御馬至鯤淵，見大石相對流淚，王怪之，
使人轉其石，有小兒，金色蛙形（蛙一作蝸）。王喜曰：「此乃
天賚我令胤乎」？乃收而養之，名曰金蛙。及其長，立爲太子。
後，其相阿蘭弗曰：「日者天降我曰，將使吾子孫立國於此，汝
其避之。東海之濱有地號曰迦葉原，土壤膏腴，宜五穀，可都
也」。阿蘭弗遂勸王移都於彼，國號東扶餘。其舊都有人，不知
所從來，自稱天帝子解慕漱來都焉。及解夫婁薨，金蛙嗣位。於
是時，得女子於太白山南優渤水，問之，曰：「我是河伯之女，
名柳花，與諸弟子出游時，有一男子，自言天帝子解慕漱，誘我
於熊心山下鴨淥邊室中私之，即往不返。父母責我無媒而從人，
遂謫居優渤水」。金蛙異之，幽閉於室中，爲日所炤，引身避
之，日影又逐而炤之，因而有孕。生一卵，大如五升許。王棄之
與犬、豕，皆不食；又棄之路中，牛馬避之；後棄之野，鳥覆翼
之。王欲剖之，不能破，遂還其母，以物裹之，置於暖處，有一
男，破殼而出，骨表英奇，年甫七歲，嶷然異常，自作弓矢，射
之，百發百中。扶餘俗語善射爲「朱蒙」，故以名之。金蛙有七
子，常與朱蒙遊戲，其伎能皆不及朱蒙。其長子帶素言於王曰：
「朱蒙非人所生，其爲人也勇，若不早圖，恐有後患，請除之」。
王不聽，使之養馬。朱蒙知其駿者而減食令瘦，駑者善養令肥。
王以肥者自乘，瘦者給朱蒙。後獵於野，以朱蒙善射，與其矢
小，而朱蒙殪獸多。王子及諸臣又謀殺之。朱蒙母陰知之，告

---

[42]　該書成於中國之宋代。

曰：「國人將害汝，以汝才略，何往而不可，與其遲留而受辱，
不若遠適以有為」。朱蒙乃與烏伊、摩離、陝父等三人為友，行
至淹滯水，欲渡無梁，恐為追兵所迫，告水曰：「我是天帝子，
河伯外孫，今日逃走，追者垂及，如何」？於是魚鼈浮出成橋，
朱蒙得渡，魚鼈乃解，追騎不得渡。朱蒙行至毛屯谷，遇三人，
其一人着麻衣，一着衲衣，一人着水藻衣。朱蒙問曰：「子等何
許人也，何姓名乎」？麻衣者曰：「名再思」。衲衣者曰：「名
武骨」。水藻衣者曰：「名默居」。而不言姓。朱蒙賜再思姓克
氏，武骨仲室氏，默居少室氏。乃告於眾曰：「我方承景命，
欲啟元基，而適遇此三賢，豈非天賜乎」。遂揆其能，各任以
事。與之俱至卒本川，觀其土壤肥美，山河險固，遂欲都焉，而
未遑作宮室，但結廬於沸流水上居之，國號高句麗，因以高為氏
（一云，朱蒙至卒本扶餘，王無子見朱蒙，知非常人，以其女妻
之，王薨，朱蒙嗣位）。時朱蒙年二十二歲，是漢孝元帝建昭二
年（頁 1-2）。

除小部份外，與《魏書・高句麗列傳》、《北史・高麗列傳》及《隋
書・東夷列傳》均無不同，《東國通鑑》則是由《三國史記》抄過去
的。這一類的特徵是只言卵生，但從「以物裹之置於暖處」一語來
看，這個卵是否屬於禽類，我們沒有積極的證據，可是有些書如《李
朝實錄》，則直接說是「鳥卵」。

　2. 雞子生

這種說法自然是直接從《魏略》和《論衡》承受過來的，《梁
書》也是這樣說：

　　高句驪者，其先出於東明。東明本北夷橐離王之子。離子出
　　行，其侍兒於後妊娠。離王還，欲殺之，侍兒曰：「前見天上有

氣如大雞子來降我，因以有娠」。王囚之，後遂生男。王置之豕
牢，豕以口氣噓之，不死。王以爲神，乃聽收養。長而善射，王
忌其猛，復欲殺之。東明乃奔走，南至淹滯水，以弓擊水，魚鼈
皆浮爲橋，東明乘之得渡，至夫餘而王焉。其後支別爲句驪種也
（〈諸夷列傳〉）。

《隋書・百濟傳》與此所言略同。前一類把「雞子」變成「卵」，變
的原因不明，也許是基於卵即爲雞卵這一常識的想法，因爲一般人最
容易接觸到而又最容易聯想到的卵是雞卵。

3. 感日影而生

許多日本作家往往把朱蒙傳說聯結到「感日精」這一個問題上，
主要原因是故事中河伯女所生的那個卵，是由於日影「照」出來的。
但後來《周書》說：

> 高麗者，其先出於夫餘，自言始祖曰朱蒙，河伯女感日影所
> 孕也。朱蒙長而有材略，夫餘人惡而逐之於紇斗骨城，自號曰高
> 句麗，仍以高爲氏（〈異域列傳〉）。

把「卵」字省掉，意義就變得多了，一眼看去，像是另外一個傳說。
《眉叟記言》說：「檀君之後有解夫婁，夫婁禱於鯤淵得金蛙。以類
金蛙命曰金蛙，悅優勃水女，感日影照身生朱蒙」[43]。這不是完全相
同嗎？不過，我以爲這全是由上面兩類傳說節簡而成，以致走了樣。
這個傳說比較早期的記載，如《論衡》、《魏略》，如〈好太王碑〉，
都沒有談到「日影照射」這回事，顯然是好事者加上去的。

我在本節的開始便提到過，要明白朱蒙傳說的本質，首先便需了
解〈好太王碑〉和王充《論衡》所述說的關於朱蒙這個人及其故事的

---

[43] 本故事引自白鳥庫吉（1894）。

情形，現在我們總算知道了。在比較的研究之下，我們認爲：

（1）朱蒙與天有密切的關係；

（2）朱蒙是卵生，但這個卵是雞卵或雀卵，雞、雀屬鳥類，所以也卽是鳥生；

（3）感日神話是後來附會上去的，起初與朱蒙無關。

三　北美西北的鳥生傳說

（一）北美西北

一提起北美的神話和傳說，我們就很容易地聯想到那些矗立於 Alaska、British Columbia、Washington、Idaho，和 Oregon 的圖騰柱（totem poles），因爲每一根柱子幾乎都有一個美麗的故事，有創造神，有自然神，有動物神，有鳥神……。

這些神裏面，有兩個是英雄式的，並且都有創造的本領。一個是 Coyote，一種小的狼；一個是 Raven，一種黑色的鳥，也許是烏鴉。

Coyote 和 Raven 並沒有什麼關聯，只是在創造印第安人（Indians）的神話上有某些方面的相似性，這也許是傳說的混淆，很難說。

Coyote 是一個萬能的英雄，這裏只舉一個創造人的例子，故事是這樣的：

很久以前，當獸形人（animal people）來到地球上時，克勒·埃魯姆湖（Lake Cle Elum）邊的山上已經住着一個怪物，它的名字叫畏希普希（Wishpoosh）。畏希普希和人們都要靠湖裏的魚類來維持生活，可是這些魚類卻被怪物霸佔了，人們簡直餓得沒法生存，於是他們請求 Coyote 幫忙把怪物去掉。Coyote 終

於答應了。Coyote 和 Wishpoosh 打了許久，從山上打到湖裏，結果 Coyote 打敗了， Wishpoosh 發了狠，把一切的東西都殺死掉。

Coyote 於是跑去問他的姊姊。依照她的辦法，Coyote 變成一根樹枝在水面上飄浮。怪物無意中便把它喫了。 Coyote 在肚子裏把怪物處死，又從怪物的喉管裏爬出來。

他說:「用這個怪物的軀體，我可以重新造一些人，讓他們住在大河 (big river) 沿岸」。

於 是 他 把 怪 物 的 下 部 造成金魯克印第安人 (Chinook Indians)，用怪物的腿造成克利克特印第安人 (Klickitat Indians)，怪物的手臂造成客由斯印第安人 (Casuse Indians)，肋骨造成雅克瑪印第安人 (Yakima Indians)，頭造成尼妶‧濮斯印第安人 (Nez Perce Indians)，他又撿起那些頭髮、血液和腰子造成蛇河印第安人 (Snake River Indians)，並且是最殘暴的一種印第安人。這樣，Coyote 用怪物 Wishpoosh 的各部份創造了所有印第安民族，他又回到大河去了。

可是他忘了兩件事，第一，他沒有替這個新民族造一張嘴，第二，沒有把眼睛打開來。

當他回到大河時，他發現這些人都餓着，他只好趕忙替他們切一張嘴和把眼睛打開來。

Coyote 作得那麼匆忙， 而刀子（石刀）又那末鈍，以致有些嘴造得不正而且太大。這就是現在沿海岸印第安人有着一張醜陋嘴巴的緣因❹。

---

❹　Clark, 1953: 172-175，本故事係由原文節譯。

這個神話的內容，我們可以看出，完全是依照現在印第安人的某些特徵而創造的，這就是哥倫比亞河（Columbia R.）流域的印第安民族。事實上 Coyote 不但能造人，連這條河（Columbia R.）也是他創造的，他又會給人們帶來火，幫人們解決困難❹。

Raven 也是一個很了不得的英雄，他給世界（印第安人的世界）帶來月亮、星星和太陽，也帶來光。有些地方傳說，印第安人也是他造的，比如 Tlingit, Haida 等地。在 Tlingit 的人們說：

> Raven 開始要去造人，起初用石頭，造得太遲鈍，厭惡地把他扔了。然後用樹葉子造，並且讓他活下來（Haida 的傳說卻不是這樣，那地方以為人是在貝殼裏被 Raven 發現的）。

> 樹葉子到了秋天便要 脫 落， 消 滅， 因 此， 人 就 必 需 死 亡……❻。

> Raven 旣然創造了人，於是又教他們生活，教他們如何去打仗，去創造不同的藝術……❼。

這種創造人的過程雖不太一樣，原料也不相同，但是，和 Coyote 一樣，Raven 是某些印第安人的製造者。在 Haida 又有一個傳說：「在那斯和斯克那河（Nass and Skeena R.）的人們說，很久以前，有一個老酋長和他的獨生女兒住着。她把光放在三個盒子裏，Raven 神想拿走，但沒有成功。他注意到她每天都到河裏去取水，並且常常就在河裏飲水。於是他變成一根像針樣的樹葉子，當她飲水時就把它喫

---

❹ Clark, 1953: 88, 187-189, 96-98. Coyote 也是一個動物神，所創造的東西甚多，這只是幾個例子而已。

❻ Alexander 在 *American* (*North of Mexico*) 一書中也有同樣的記載(1916: 259-260)。

❼ Barbeau, 1950: 357-358.

了。慢慢地，她懷孕了。不久就生了一個小孩……」⑱。故事的結束雖
是描寫 Raven 如何從她那裏把太陽偷走，但 Raven 卻成了印第安
的族人。

把這兩個故事合併起來，我們可以看出，Raven 造人的手續及其
經過，與 Coyote 造人的方法頗多類似之處。

Raven 雖然是鳥類，從上述的故事中，我們尚看不出「鳥生」的
跡象。下面這個傳說就要清晰得多了。這個故事是描寫 Raven 出生
的情形：

在某一個地方，生存的人就只有那一對兄妹，除此便什麼也
沒有。因此她過得很寂寞。有一天，她爬到岩石上去，看到一池
子清泉，坐下來，她便哭了，她想她該是多麼寂寞。一邊哭，一
邊又看到了池子裏的一塊小白玉，拿起來一看，很像一個蛋。於
是她把它喫了，還以爲會被哽死。可是不久，她知道自己有了孩
子，但不敢讓她的兄弟知道，她怕他會把嬰兒殺掉。

孩子生出來，就是Raven，很快就長大了，要藏起來眞不容
易。她沿着海灘走，要求林中的獸和天上的鳥幫助她。她碰到每
一件東西都問：「你能幫忙嗎？」她要把孩子鍛鍊得又強壯，又
勇敢，使她的兄弟無法害他。最後，白鶴（crane）答應她說：
「我可以訓練你的孩子」。但她又問：「你能做些什麼呢？」白
鶴說：「我能多天泡在水裏像夏天一樣，我將使你的孩子也學會
這些」。於是，她高高興興地把孩子交給白鶴。白鶴每天把孩子
帶到冷水裏去，慢慢地，孩子變得強壯而又年青。這是人們使孩

---

⑱　Barbeau 1950: 327. 同樣的故事，在印第安人的許多地方都有（Alaska
也有）。那些故事全把 Raven 當作她們的兒子，這是很特殊的，因爲
Raven 是一個英雄式的神。

子勇敢的老法子……●。

這個故事流傳在 Tlingit 一帶。所提到的，主要有三點：第一，那個女孩因爲喫了蛋才生 Raven，而 Raven 是一隻黑鳥，可見這個蛋應該釋爲「鳥卵」；第二，幫她訓練 Raven 的是 Crane，Crane 也是一隻鳥，爲同類；第三，蛋被喫掉的情形，和前述 Raven 的母親喫針樹葉差不多，而前述的 Raven 是印第安人之創造者。把這三種情形聯結起來，我們似乎可以理解某些印第安人的鳥生傳說是有來由的。

這個例子也許還不十分明顯，我們可以再看一個住在哥倫比亞河口 (Columbia River) 的金魯克印第安人 (Chinook Indians) 的神話：

很久以前，南風老人旅行到北方時，碰到一個老婦人，那是一個巨人。

南風要求她說：「你能給我些食物嗎？我餓得很呢」。

「沒有食物」，女巨人回答說，「不過，這兒有一個網，如果你願意，可以拿去打些魚」。

南風老人用網在海裏捉到了一條小鯨魚，他用刀子把鯨魚切開來，並且將脂肪取出。

這時，老女巨人卻叫起來，「別用刀子橫切，你該往下切的」。

南風不聽她那一套，把魚橫切開來，將脂肪取出，看着這條魚變成一隻大鳥。

這隻鳥眞大，飛到天空裏，連太陽也遮住了；翅膀的聲音足

● Garfield, 1948: 15-16.

以撼動地球。這就是雷鳥。

雷鳥向北飛，棲止於靠可倫比亞河口的馬鞍山 (Saddleback Mountain) 上。

在那裏下了一巢的卵。老婦人跟着鳥來，找着了它的鳥巢。她打開一個卵，卻是壞的，便把它拋向山下，可是這個卵在谷裏變成了一個印第安人。

老婦人把其他的卵也砸破了，都拋下山去，這些卵也變成了印第安人。每一個雷鳥的卵都變成一個印第安人。

當雷鳥回來時，發見卵不見了。它跑到南風那裏，想一起去找老女人報復，可是縱使每年都到北方去，仍然沒有找到她。這就是創造金魯克人的來由……❺⓪。

這個故事很明顯的述說金魯克印第安人是由鳥卵生的，唯一的不同是，生這些卵的雷鳥乃由一條鯨魚化生而成。在變化的過程中，似乎還經過了一點巫術作用。

（二）西伯利亞

不但北美和阿拉斯加，在西伯利亞 (Siberia) 也有同樣的神話。西伯利亞的柯利阿克人 (Koryak) 相信：「Raven 不只創造了這個世界，也創造了一切的生物」；他們認為，Rig-Raven 就是他們的祖先，也是一個文化英雄 (culture-hero) ❺①。西伯利亞有些民族，如 Buriats, Yakuts，相信人們如果殺了一隻鳥，就會死亡；Yakuts 人以天鵝 (swan) 為圖騰，他們決不喫它❺②；Buriats人認為鷹(eagle)

---

❺⓪ Clark, 1953: 135-136.

❺① Barbeau, 1950: 338, .

是他們父系的祖先，而天鵝（swan）是他們的母親❸。關於這件事，Buriats 人有一個很典型的傳說，他們說：

> 有一天，三隻天鵝在湖裏游泳，將脫下來的羽衣（feather-garments）放在岸上。一個獵人把她們中的一件外套拿走，於是就和她結婚。許多年以後，他答應他的妻子去試一試那件衣服。可是，她就從帳幕的煙洞（smoke-hole）中飛走了，並且叫着：「以後，每年春天當我飛往北方，而秋天飛回南方時，你必須用祀典祭祀我」❸。

從這些話，我們可以知道，西伯利亞的鳥生神話是很實在的，它沒有北美洲那樣的具有原始性的動物形態，也不像中國和朝鮮那樣具有高度的神秘色彩。故事說得非常簡單，一個原始的獵人和一個女人（由鳥變成的女人）結婚，生兒子，這就是後來的 Buriats 人。

四　太平洋的鳥生傳說

這裏所說的太平洋，並不包括全個太平洋中的島嶼，係指某些特別地區，即那些比較北方的島嶼，就是玻利尼西亞（Polynesia）及密克羅尼西亞（Micronesia）的一部份。

我不敢斷定，這些島嶼或島嶼上的民族與文化一定和北美或東北亞有什麼關係，只是它們在地位上比較接近，從聯想上，我們也許可以拿來作一點文化上的比較觀察。觀察或比較，不一定限於同類，異類也做得到。

---

❸至❸　Amstrong, 1958: 49, 58–59. 按西伯利亞的地理位置雖在亞洲東北，但其鳥生傳說，與北美的實屬同一類型。

　　可惜的是，在密克羅尼西安人 (Micronesian) 中，我們沒有找到鳥生的神話。從 Mariana Islands、Caroline Islands、Marshall Islands 和 Gilbert Islands 這些較大的羣島中，也一樣沒有。不知是紀錄不詳的緣故，還是真的沒有？只有留待以後再說。

　　屬於玻利尼西安人 (Polynesian) 的一些較大島嶼，如 Hawaii、Tahiti、Samoa 和 Maori 等地，卻都有鳥生傳說。比如夏威夷人 (Hawaiian) 認爲 Raven 是他們祖先靈魂的化身，這種說法在北美也有❺❺。又有一種傳說，說夏威夷島的誕生，是由於一隻大鳥下了一枚蛋在太平洋上，這就是後來的夏威夷❺❻。我們固然不能根據這個故事而認定它的人們也是從鳥卵裏長出來的，可是，如果與上述一事加以比較研究，就不難發現其與鳥類的重大關係，而可以了解夏威夷人所以對鳥崇拜的原因。

　　Samoa 的誕生也和 Hawaii 相似：天神 Tagaloa 的兒子 Tuli 變成了一隻鳥，從天上下來，可是他在水面上找不到休息的地方，Tagaloa 於是爲他造了一個島——Samoa，後來又替他造了男人和女人，最後，Tagaloa 的女兒也變成一隻鳥下來了❺❼。從這個故事裏，我們無法知道它與鳥生傳說關係到何種程度，但由於兩個鳥形的創造者，使我們聯想到它的人們可能相信這是他們的祖先。

　　Maori 人相信：他們最初的女人是由一隻卵化生出來的，卵變成鳥，Tane' 再把鳥變成一個少女；Tane' 是他們的神❺❽。

---

❺❺　Heverdahl, 1952: 152。同樣的說法也見於 Waterbury (1952: 58) 的書中，他雖沒有指明地點，意思却是一樣的。

❺❻　Andersen, 1928: 362.

❺❼　Andersen, 1928: 383–384.

❺❽　Andersen, 1928: 407–408.

在上述三個地方，Hawaii、Samoa 和 Maori，我們雖然沒有找出一個鳥生傳說的完整的故事，可是也總知道那些地方的人們與鳥類關係的一個大概。

傳說本就容易走樣，卽使是同一個傳說，從甲地到了乙地，也必然有些變換。所以我們認爲，像玻利尼西亞的那些傳說，本質上可能係屬於鳥生傳說一類。

Waterbury 認爲「鳥神的傳說係起源於太平洋地區，然後才散佈到各地去」❺❾之說雖未必盡然，但其所謂「中國的商、周以及夏威夷的鳥舞，似乎都與祖先有些關係」❻⓪一語，我們倒覺得有些道理。

我們還得談一下臺灣。臺灣也是南太平洋上的一個島，並且靠近中國的南海岸。在那裏的泰雅族 (Atayal) 有一個鳥變人的故事，不過與別的地方稍有不同，他們傳說：

> 昔時，烏鴉和 tȼ'iɔp'itȼ'iɔp'i 鳥游水，垂頭涉水。但不久烏鴉被水冲去而溺死，tȼ'iɔp'i 鳥涉過水。於是這鳥的形容逐漸變化，在那裏出現一男一女，他們成爲夫婦，和睦度日，生有子女❻❶。

這種人好像是由鳥蛻化而成，頗爲特殊。另外屬於泰雅族的還有幾個傳說與鳥有關，但主要卻是石生❻❷。排灣族 (Paiwan) 有太陽卵生的傳說❻❸，也許與太陽系神話的關係要密切些。

---

❺❾ Waterbury, 1952: 63.

❻⓪ Waterbury, 1952: 138.

❻❶至❻❸ 許世珍，民 45: 166；164–165；171–172。

五　結論

關於這幾個地方的鳥生傳說，現在總算有了一個大致的輪廓。我們不妨先把它們各自的特徵提出來說一說。

1. 亞洲東北的鳥生傳說

這個地區是從中國的山東算起經朝鮮而至西伯利亞。朝鮮的傳說與中國的幾乎同一形態，從各方面看，應該是屬於同一來源，其起源地點可能係渤海灣。其特徵如下：

（1）有故事的完整性，鳥生之跡甚為明顯；

（2）鳥本身並非神話中的主角，它只是卵的來源；

（3）鳥的顏色是黑的，玄鳥；

（4）傳說的內容可分為三種形態：中國本部和朝鮮是一型，滿洲是一型（部份與朝鮮同），西伯利亞又是一型（部份與北美同）。

2. 北美西北的鳥生傳說

這個地區是從美國的西北部，如 Oregon、Washington、Columbia、California 經 Canada 而至 Alaska，甚至西伯利亞（Siberia）。各地的傳說，除某些細節稍有出入外，大致都相同。其特徵為：

（1）有故事的完整性，但鳥生之跡不十分明顯；

（2）鳥是人格化的神，一切都由它作主；

（3）鳥多為黑色，但種類不一，有 Raven、Eagle、Swan 等。

3. 太平洋的鳥生傳說

這個地區分佈甚廣，本節祇就 Polynesia 的 Hawaii 等地加以論略。事實上，屬於 Indonesian Sumatra、Java, Borneo 等地也有鳥生傳說。像 Hawaii、Samoa、Maori 這些地方，雖有鳥生傳說的痕

跡，但其觀念甚爲模糊，有時甚至看不出來。它的特徵是：

（1）沒有一個完整的故事；

（2）什麼顏色的鳥也不知道；

（3）內容沒有一定的情節。

根據上列三個地區鳥生傳說的特徵，我們幾乎無法確定它們究竟有些什麼關聯。很顯然，它們並不起源於某一個特定地點，也沒有一個固定的形式及內容；即使是從變的形態裏去找，我們也很難找到多少相同之處。不過，話又得說回來，儘管沒有一個相同的故事，他們都把鳥當作自己的祖先卻是千眞萬確的。這一點，無論是在西伯利亞、阿拉斯加、哥倫比亞、夏威夷、朝鮮、或中國，全一樣。這個，我想就是未開化民族的想法，他們總以爲，人和其他動物是淵源於一個共同的祖先[64]。

　　附記： 本文寫作承凌純聲師指導， 李亦園兄訂正。 謹此並致謝忱。

參 考 書 目

王　嘉

　　晉　　《拾遺記》，《漢魏叢書》。

今西龍

　　1937　〈朱蒙傳說及老獺稚傳說〉（鍾敬文譯），《國立北平研究院院務彙報》第七卷第四期，北平。

內藤虎次郎

---

[64] Spence （1949： 22） 認爲「原始民族多相信人和動物的形態來源於一個共同祖先」。

　1919　〈東北亞細亞諸國の開闢傳說〉，《民族と歷史》第一卷第四號，東京。

白鳥庫吉

　1894　〈朝鮮の古代傳說考〉，《史學雜誌》第五編第十二號，明治27年，東京。

白鳥清

　1926　〈殷國の感生傳說の解釋〉，《東洋學報》第十五卷，大正 15 年，東京。

西村豐

　1903　《朝鮮史》上卷，衡陽。

林泰輔

　1893　〈朝鮮古代諸王卵生の傳說〉，《人類學雜誌》第八十七號，明治26年，東京。

　1894　〈加羅の起源續考〉，《史學雜誌》第五編第三號，明治 27 年，東京。

金祥恒

　民45　《續甲骨文編》，臺北。

金富軾

　1145　《三國史記》，朝鮮史學會，京城。

松本信廣

　1933　〈老獺稚傳說の安南異傳〉，《民俗學》第五卷第十二號，東京。

袁　珂

　1960　《中國古代神話》，中華。

陳志良

　1943　〈始祖誕生與圖騰主義〉，《說文月刊》第二卷，重慶。

陳夢家

　1936　〈商代的神話與巫術〉，《燕京學報》第 20 期，北平。

許世珍

    1956　〈臺灣高山族的始祖創生傳說〉，《民族學研究所集刊》第二期，臺
         北。

鳥居龍藏

    1913　《有史以前の日本》，東京。

黃文山

    1959　〈中國古代社會的圖騰文化〉，《黃文山學術論叢》，臺北。

聞一多

    1956　《神話與詩》，北平。

劉　節

    1929　〈好大王碑考釋〉，《國學論叢》第二卷第一號，上海。

    1938　《中國古代宗教移殖史論》，上海。

稻葉君山

    1928　〈夫餘系說話の展開〉，《民族》第三卷第三期，東京。

鍾正文

    1935　〈老獺稚傳說之發生地〉，《民族學研究》第一卷第一號，昭和十
         年，東京。

衞惠林

    1945　〈中國古代圖騰制度論略〉，《民族學研究集刊》第三期，重慶。

戴　震

    清　　《屈原賦通釋》，臺北：世界。

佚　名

    1893　《東國史略》，朝鮮。

    1934　《滿洲實錄》，《國學文庫》，北平。

Alexander, H. B.

    1916　North Ameaican, in *Mythology of all Races*. Boston.

Amstrong, E. A.

1950　*Folklore of Birds.* London.

Andersen, J. C.

1928　*Myths and Legends of the Polynesians.* London.

Barbeau, M.

1950　*Totem Poles.* Otawa.

Clark, E. E.

1953　*Indian Legends of the Pacific Northwest.* Berkeley.

Frazer, J. G.

1955　*The Golden Bough,* Part V, Vol. II. London.

Freud, S.

1950　*Totem and Taboo.* London.

Garfield, V. E. and L. A. Forrest

1948　*The Wolf and the Raven.* Seattle.

Heyerdahl, T.

1952　*American Indians in the Pacific.* Stockholm.

Spence, L.

1949　*The Outlines of Mythology.* London.

Waterbury, F.

1952　*Bird-deities in China.* Switzerland.

滄海叢刊已刊行書目 (六)

書　　　名	作　　者	類	別
卡薩爾斯之琴	葉　石　濤	文	學
青　囊　夜　燈	許　振　江	文	學
我永遠年輕	唐　文　標	文	學
分　析　文　學	陳　啓　佑	文	學
思　　想　起	陌　上　塵	文	學
心　酸　記	李　　喬	文	學
離　　　訣	林　蒼　鬱	文	學
孤　　獨　園	林　蒼　鬱	文	學
托　塔　少　年	林文欽編	文	學
北　美　情　逅	卜　貴　美	文	學
女　兵　自　傳	謝　冰　瑩	文	學
抗　戰　日　記	謝　冰　瑩	文	學
我　在　日　本	謝　冰　瑩	文	學
給青年朋友的信 (上)(下)	謝　冰　瑩	文	學
冰　瑩　書　柬	謝　冰　瑩	文	學
孤寂中的廻響	洛　　夫	文	學
火　　天　使	趙　衛　民	文	學
無塵的鏡子	張　　默	文	學
大　漢　心　聲	張　起　鈞	文	學
回首叫雲飛起	羊　令　野	文	學
康　莊　有　待	向　　陽	文	學
情愛與文學	周　伯　乃	文	學
湍　流　偶　拾	繆　天　華	文	學
文　學　之　旅	蕭　傳　文	文	學
鼓　　瑟　集	幼　　柏	文	學
種　子　落　地	葉　海　煙	文	學
文　學　邊　緣	周　玉　山	文	學
大陸文藝新探	周　玉　山	文	學
累　盧　聲　氣　集	姜　超　嶽	文	學
實　用　文　纂	姜　超　嶽	文	學
林　下　生　涯	姜　超　嶽	文	學
材與不材之間	王　邦　雄	文	學
人　生　小　語 (一)(二)	何　秀　煌	文	學
兒　童　文　學	葉　詠　琍	文	學

滄海叢刊已刊行書目 (四)

書　　　　　名	作　　者	類	別
歷　史　圈　外	朱　　桂	歷	史
中國人的故事	夏　雨　人	歷	史
老　　臺　　灣	陳　冠　學	歷	史
古史地理論叢	錢　　穆	歷	史
秦　　漢　　史	錢　　穆	歷	史
秦漢史論稿	刑　義　田	歷	史
我　這　半　生	毛　振　翔	歷	史
三　生　有　幸	吳　相　湘	傳	記
弘　一　大　師　傳	陳　慧　劍	傳	記
蘇曼殊大師新傳	劉　心　皇	傳	記
當代佛門人物	陳　慧　劍	傳	記
孤　兒　心　影　錄	張　國　柱	傳	記
精　忠　岳　飛　傳	李　　安	傳	記
八十憶雙親 合刊 師友雜憶	錢　　穆	傳	記
困勉強狷八十年	陶　百　川	傳	記
中國歷史精神	錢　　穆	史	學
國　史　新　論	錢　　穆	史	學
與西方史家論中國史學	杜　維　運	史	學
清代史學與史家	杜　維　運	史	學
中　國　文　字　學	潘　重　規	語	言
中　國　聲　韻　學	潘　重　規 陳　紹　棠	語	言
文　學　與　音　律	謝　雲　飛	語	言
還鄉夢的幻滅	賴　景　瑚	文	學
葫　蘆　・　再　見	鄭　明　娳	文	學
大　地　之　歌	大　地　詩　社	文	學
青　　　　　春	葉　蟬　貞	文	學
比較文學的墾拓在臺灣	古添洪 陳慧樺 主編	文	學
從比較神話到文學	古添洪 陳慧樺	文	學
解　構　批　評　論　集	廖　炳　惠	文	學
牧　場　的　情　思	張　媛　媛	文	學
萍　踪　憶　語	賴　景　瑚	文	學
讀　書　與　生　活	琦　　君	文	學

滄海叢刊巳刊行書目 (三)

書　名	作　者	類　別
不　疑　不　懼	王　洪　鈞	教　　育
文　化　與　教　育	錢　　穆	教　　育
教　育　叢　談	上　官　業　佑	教　　育
印　度　文　化　十　八　篇	糜　文　開	社　　會
中　華　文　化　十　二　講	錢　　穆	社　　會
清　代　科　擧	劉　兆　璸	社　　會
世　界　局　勢　與　中　國　文　化	錢　　穆	社　　會
國　　家　　論	薩　孟　武　譯	社　　會
紅　樓　夢　與　中　國　舊　家　庭	薩　孟　武	社　　會
社　會　學　與　中　國　研　究	蔡　文　輝	社　　會
我　國　社　會　的　變　遷　與　發　展	朱　岑　樓　主　編	社　　會
開　放　的　多　元　社　會	楊　國　樞	社　　會
社　會、文　化　和　知　識　份　子	葉　啓　政	社　　會
臺　灣　與　美　國　社　會　問　題	蔡　文　輝 蕭　新　煌　主　編	社　　會
日　本　社　會　的　結　構	福　武　直　著 王　世　雄　譯	社　　會
三　十　年　來　我　國　人　文　及　社　會 科　學　之　回　顧　與　展　望		社　　會
財　經　文　存	王　作　榮	經　　濟
財　經　時　論	楊　道　淮	經　　濟
中　國　歷　代　政　治　得　失	錢　　穆	政　　治
周　禮　的　政　治　思　想	周　世　輔 周　文　湘	政　　治
儒　家　政　論　衍　義	薩　孟　武	政　　治
先　秦　政　治　思　想　史	梁　啓　超　原　著 賈　馥　茗　標　點	政　　治
當　代　中　國　與　民　主	周　陽　山	政　　治
中　國　現　代　軍　事　史	劉　馥　著 梅　寅　生　譯	軍　　事
憲　法　論　集	林　紀　東	法　　律
憲　法　論　叢	鄭　彥　棻	法　　律
師　友　風　義	鄭　彥　棻	歷　　史
黃　　帝	錢　　穆	歷　　史
歷　史　與　人　物	吳　相　湘	歷　　史
歷　史　與　文　化　論　叢	錢　　穆	歷　　史

滄海叢刊已刊行書目 (二)

書　　　名	作　　者	類　　　別		
語　言　哲　學	劉　福　增	哲		學
邏　輯　與　設　基　法	劉　福　增	哲		學
知識・邏輯・科學哲學	林　正　弘	哲		學
中　國　管　理　哲　學	曾　仕　強	哲		學
老　子　的　哲　學	王　邦　雄	中	國　哲	學
孔　學　漫　談	余　家　菊	中	國　哲	學
中　庸　誠　的　哲　學	吳　　怡	中	國　哲	學
哲　學　演　講　錄	吳　　怡	中	國　哲	學
墨　家　的　哲　學　方　法	鐘　友　聯	中	國　哲	學
韓　非　子　的　哲　學	王　邦　雄	中	國　哲	學
墨　　家　　哲　　學	蔡　仁　厚	中	國　哲	學
知　識、理　性　與　生　命	孫　寶　琛	中	國　哲	學
逍　遙　的　莊　子	吳　　怡	中	國　哲	學
中國哲學的生命和方法	吳　　怡	中	國　哲	學
儒　家　與　現　代　中　國	章　政　通	中	國　哲	學
希　臘　哲　學　趣　談	鄔　昆　如	西	洋　哲	學
中　世　哲　學　趣　談	鄔　昆　如	西	洋　哲	學
近　代　哲　學　趣　談	鄔　昆　如	西	洋　哲	學
現　代　哲　學　趣　談	鄔　昆　如	西	洋　哲	學
現　代　哲　學　述　評 (一)	傅　佩　榮　譯	西	洋　哲	學
懷　海　德　哲　學	楊　士　毅	西	洋　哲	學
思　想　的　貧　困	章　政　通	思		想
不　以　規　矩　不　能　成　方　圓	劉　君　燦	思		想
佛　　學　　研　　究	周　中　一	佛		學
佛　　學　　論　　著	周　中　一	佛		學
現　代　佛　學　原　理	鄭　金　德	佛		學
禪　　　　　　　話	周　中　一	佛		學
天　　人　　之　　際	李　杏　邨	佛		學
公　　案　　禪　　語	吳　　怡	佛		學
佛　教　思　想　新　論	楊　惠　南	佛		學
禪　　學　　講　　話	芝峯法師譯	佛		學
圓　滿　生　命　的　實　現（布　施　波　羅　蜜）	陳　柏　達	佛		學
絕　　對　　與　　圓　　融	霍　韜　晦	佛		學
佛　學　研　究　指　南	關　世　謙　譯	佛		學
當　代　學　人　談　佛　教	楊惠南編	佛		學

滄海叢刊已刊行書目 (一)

書　　　名	作　者	類　　　別
國父道德言論類輯	陳立夫	國父遺教
中國學術思想史論叢 (一)(二)(三)(四)(五)(六)(七)(八)	錢　穆	國　學
現代中國學術論衡	錢　穆	國　學
兩漢經學今古文平議	錢　穆	國　學
朱子學提綱	錢　穆	國　學
先秦諸子繫年	錢　穆	國　學
先秦諸子論叢	唐端正	國　學
先秦諸子論叢（續篇）	唐端正	國　學
儒學傳統與文化創新	黃俊傑	國　學
宋代理學三書隨劄	錢　穆	國　學
莊子纂箋	錢　穆	國　學
湖上閒思錄	錢　穆	哲　學
人生十論	錢　穆	哲　學
晚學盲言	錢　穆	哲　學
中國百位哲學家	黎建球	哲　學
西洋百位哲學家	鄔昆如	哲　學
現代存在思想家	項退結	哲　學
比較哲學與文化 (一)(二)	吳森	哲　學
文化哲學講錄 (一)(二)(三)(四)	鄔昆如	哲　學
哲學淺論	張康譯	哲　學
哲學十大問題	鄔昆如	哲　學
哲學智慧的尋求	何秀煌	哲　學
哲學的智慧與歷史的聰明	何秀煌	哲　學
內心悅樂之源泉	吳經熊	哲　學
從西方哲學到禪佛教 ——「哲學與宗教」一集——	傅偉勳	哲　學
批判的繼承與創造的發展 ——「哲學與宗教」二集——	傅偉勳	哲　學
愛的哲學	蘇昌美	哲　學
是與非	張身華譯	哲　學

國立中央圖書館出版品預行編目資料

中國古文化／文崇一著。﹘﹘初版。﹘﹘
臺北市：東大出版：三民總經銷，
民79
　　　　面；　　　公分
含參考書目
ISBN 957-19-0070-2（精裝）。﹘﹘
ISBN 957-19-0071-0（平裝）

1.中國﹘文化﹘論文，講詞等
630.7

ⓒ 中　國　古　文　化

著　　者　文崇一
發行人　劉仲文
出版者　東大圖書股份有限公司
總經銷　三民書局股份有限公司
印刷所　東大圖書股份有限公司
　　　　地址／臺北市重慶南路一段
　　　　六十一號二樓
　　　　郵撥／〇一〇七一七五﹘﹘〇
初　版　中華民國七十九年八月
編　號　E 54075
基本定價　伍元柒角捌分
行政院新聞局登記證局版臺業字第〇一九七號

中
國
古
文
化
編號 E 54075
東大圖書公司

有著作權‧不准侵害

ISBN 957-19-0071-0(平裝)